TONIKAWA

FLY ME TO THE MOON

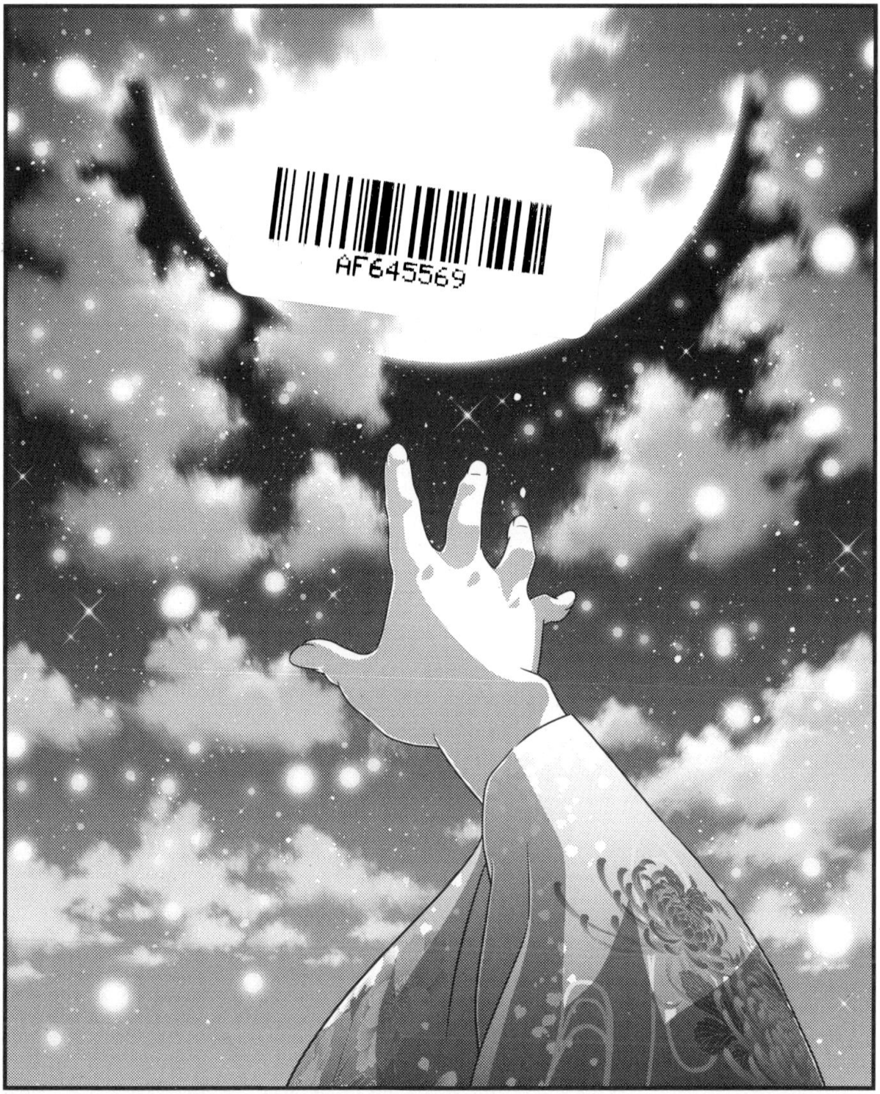

1

Kenjiro Hata

Inhalt

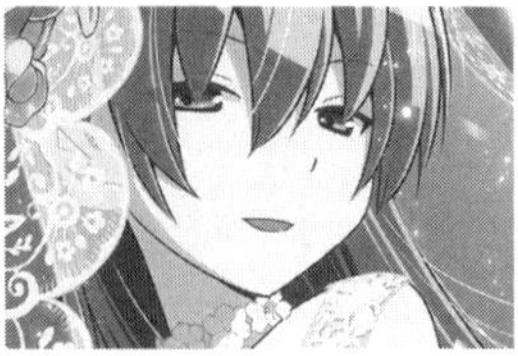

1. Kapitel: Mondlicht, eine Botschaft der Liebe **3**

Veröffentlicht in der 12. Ausgabe 2018 der *Shonen Sunday* ab Seite 9, Verkaufsstart: 14.02.2018. Autorenkommentar aus der Inhaltsübersicht: Ich arbeite hart daran, meinen Verlust in NEM* wieder reinzuholen! Das Wetter in Tokyo zum Verkaufsstart: Heiter.

* eine Kryptowährung

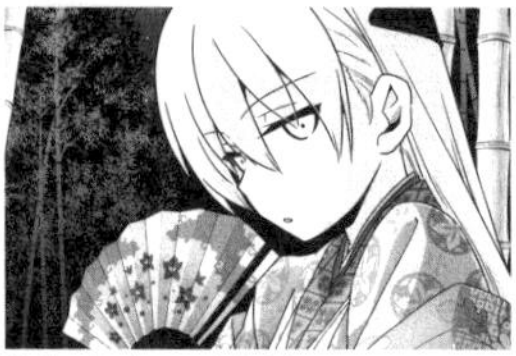

2. Kapitel: … und sie lebten glücklich bis an ihr Ende **29**

Veröffentlicht in der 12. Ausgabe 2018 der *Shonen Sunday* ab Seite 45, Verkaufsstart: 14.02.2018. Autorenkommentar aus der Inhaltsübersicht: Ich arbeite hart daran, meinen Verlust in NEM wieder reinzuholen! Das Wetter in Tokyo zum Verkaufsstart: Heiter.

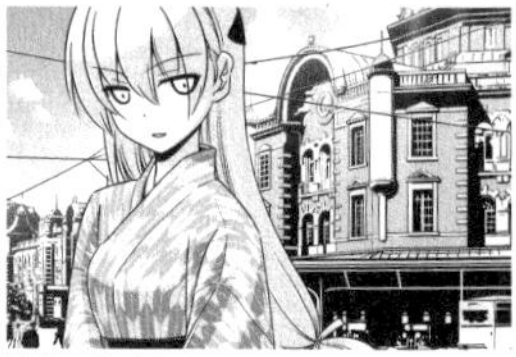

3. Kapitel: Das ist leichter als ein Pakt mit Kyubey und hat mehr Gewicht als die Entscheidung, ein Magical Girl zu werden **63**

Veröffentlicht in der 13. Ausgabe 2018 der *Shonen Sunday* ab Seite 79, Verkaufsstart: 21.02.2018. Autorenkommentar aus der Inhaltsübersicht: Q: Viel Erfolg allen Examenskandidaten! Welcher Song soll sie unterstützen? A: „Ah! Gyakuten Ou"**. Das Wetter in Tokyo zum Verkaufsstart: Bewölkt.

** aus dem Anime *Yatterman*, ein typisch heroisches Stück

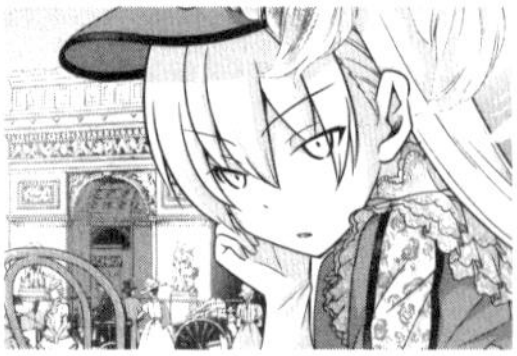

4. Kapitel: Etwas, das nur du anfassen darfst **85**

Veröffentlicht in der 14. Ausgabe 2018 der *Shonen Sunday* ab Seite 75, Verkaufsstart: 28.02.2018. Autorenkommentar aus der Inhaltsübersicht: Q: Haben Sie in letzter Zeit ein neues Wort gelernt? A: Babahera. Wer nicht weiss, was das ist, sollte mal jemanden aus Akita fragen. Das Wetter in Tokyo zum Verkaufsstart: Heiter.

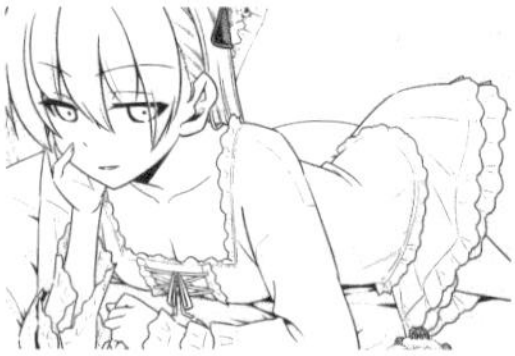

5. Kapitel: Araragi sagte einmal: Ich mag alles an dir **101**

Veröffentlicht in der 15. Ausgabe 2018 der *Shonen Sunday* ab Seite 63, Verkaufsstart: 07.03.2018. Autorenkommentar aus der Inhaltsübersicht: Q: Welches Buch oder welchen Manga haben Sie bis heute am häufigsten gelesen? A: *Kaze no Hanuman*. Den zweiten Band habe ich immer dabei. Das Wetter in Tokyo zum Verkaufsstart: Bewölkt.

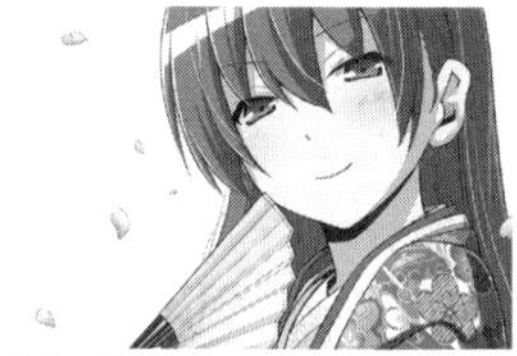

6. Kapitel: Nachts zu Donki zu gehen ist aufregend, zum Supermarkt zu gehen, der nachts offen hat, auch **121**

Veröffentlicht in der 16. Ausgabe 2018 der *Shonen Sunday* ab Seite 119, Verkaufsstart: 14.03.2018. Autorenkommentar aus der Inhaltsübersicht: Q: Was haben Sie das erste Mal alleine selbst gekocht? A: Als Kind habe ich oft kalten Tofu auf Reis gemacht, aber vielleicht gab es das nur bei uns zu Hause. Das Wetter in Tokyo zum Verkaufsstart: Heiter.

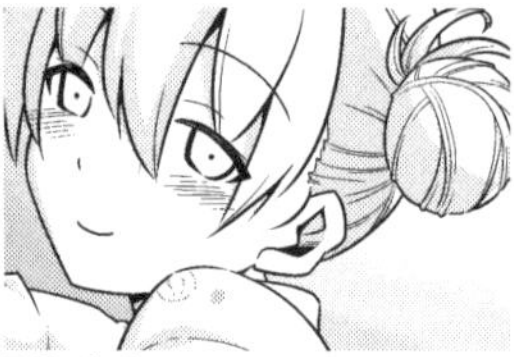

7. Kapitel: Schlaf, aus dem selbst Luna einen nicht wecken könnte – Tiefschlaf **139**

Veröffentlicht in der 17. Ausgabe 2018 der *Shonen Sunday* ab Seite 135, Verkaufsstart: 20.03.2018. Autorenkommentar aus der Inhaltsübersicht: Q: Gibt es etwas, bei dem Sie es schade finden, dass es nicht mehr auf dem Markt ist oder Sie es nicht mehr sehen? A: Die „*Comic GOTTA*". Das Wetter in Tokyo zum Verkaufsstart: Bewölkt.

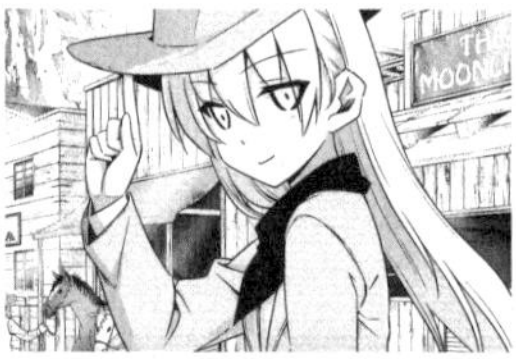

8. Kapitel: Das Leckerste auf der Welt ist Essen, zu dem man eingeladen wird – Haaach, würd ich jetzt gern Sushi essen! **163**

Veröffentlicht in der 18. Ausgabe 2018 der *Shonen Sunday* ab Seite 103, Verkaufsstart: 28.03.2018. Autorenkommentar aus der Inhaltsübersicht: Q: Bald ist der 1. April. Ist Ihnen mal was passiert, das man kaum glauben kann? A: In der Wohnung, in der ich gerade lebe, hat mein Großvater gewohnt, als er Student war (Zufall). Das Wetter in Tokyo zum Verkaufsstart: Heiter.

TONIKAWA 1

FLY ME TO THE MOON

1. Kapitel: Mondlicht, eine Botschaft der Liebe

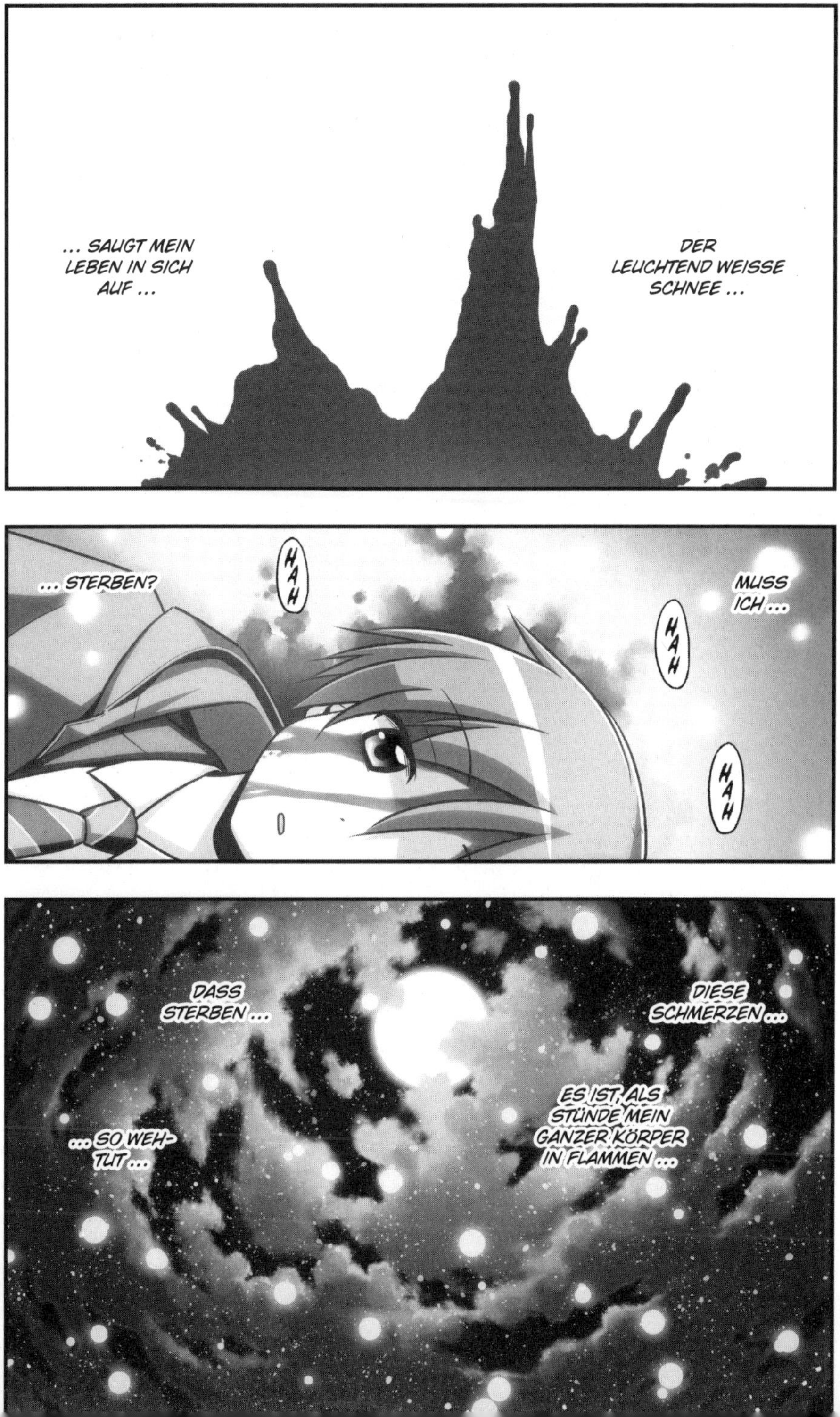

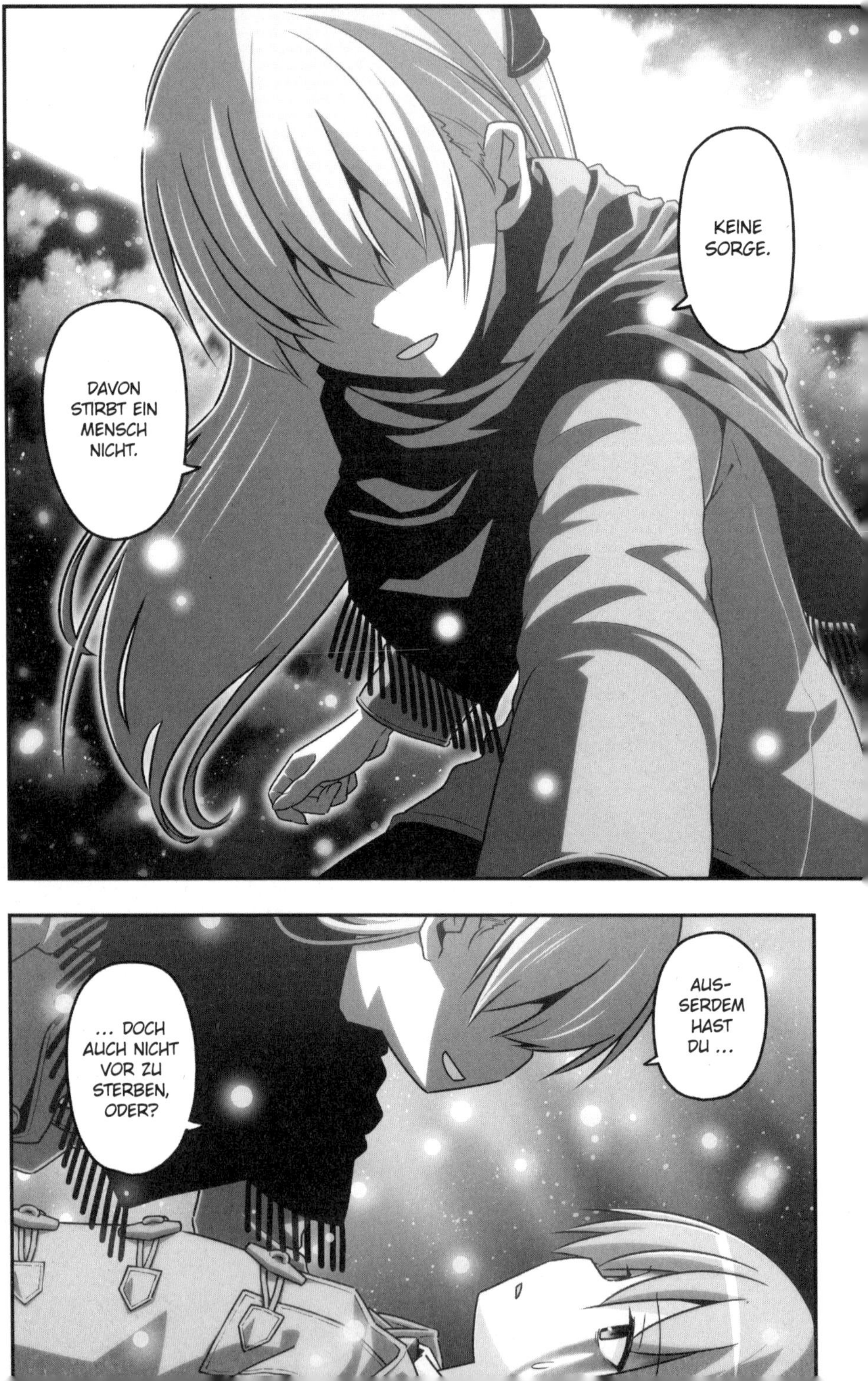
KEINE SORGE.
DAVON STIRBT EIN MENSCH NICHT.
AUS-SERDEM HAST DU …
… DOCH AUCH NICHT VOR ZU STERBEN, ODER?

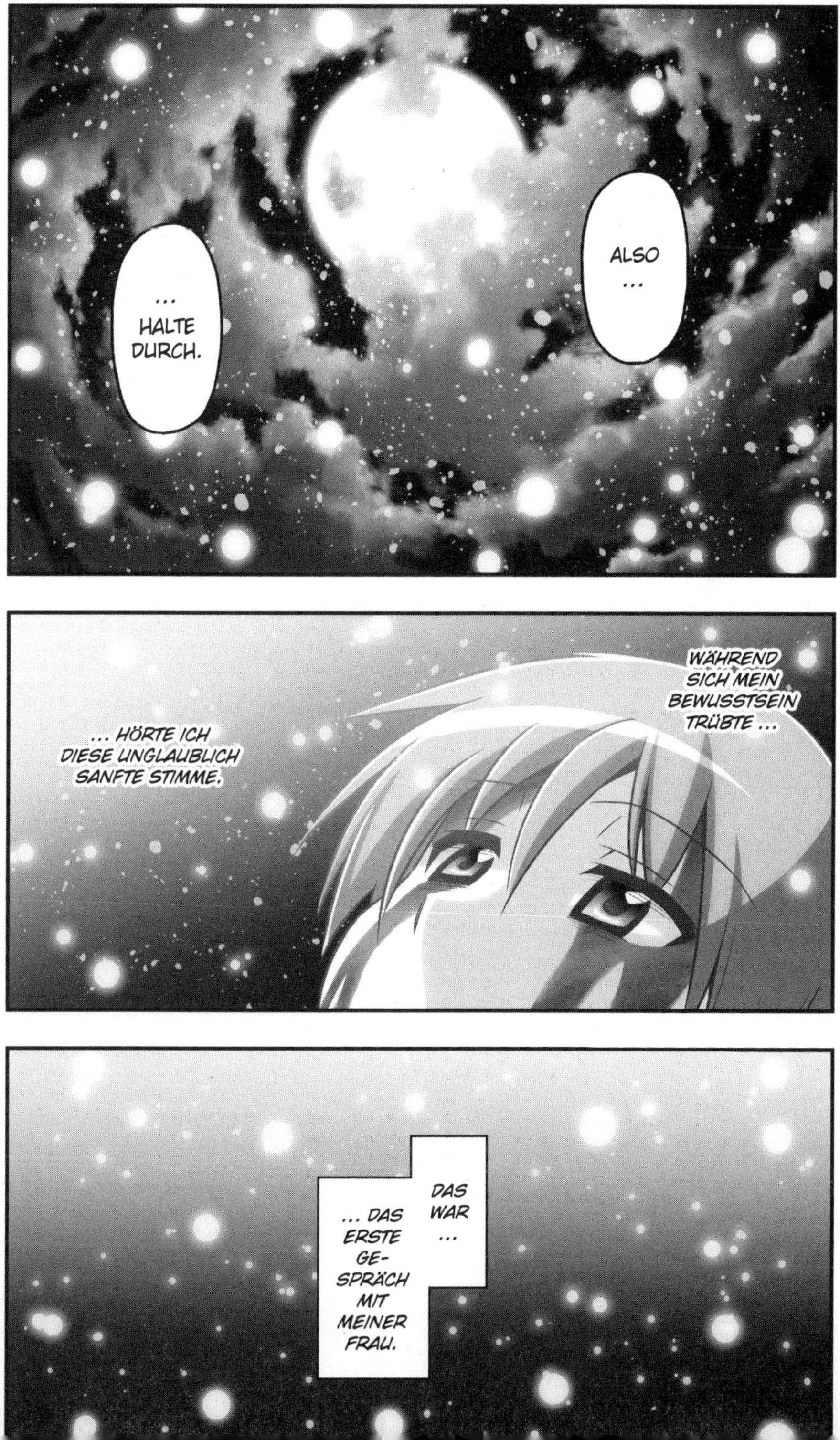
ALSO …
… HALTE DURCH.
WÄHREND SICH MEIN BEWUSSTSEIN TRÜBTE …
… HÖRTE ICH DIESE UNGLAUBLICH SANFTE STIMME.
DAS WAR …
… DAS ERSTE GE-SPRÄCH MIT MEINER FRAU.

1. Kapitel: Mondlicht, eine Botschaft der Liebe

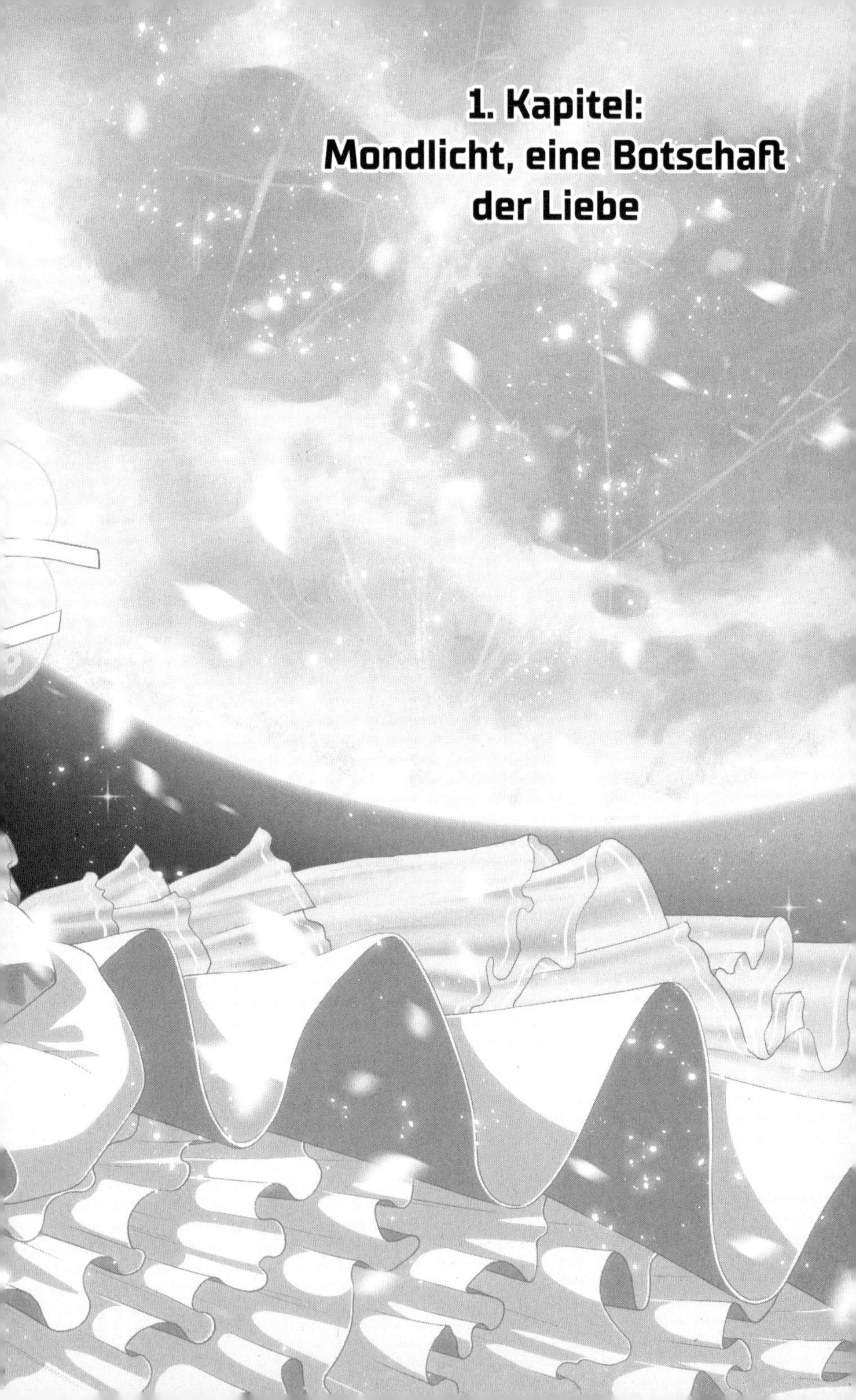

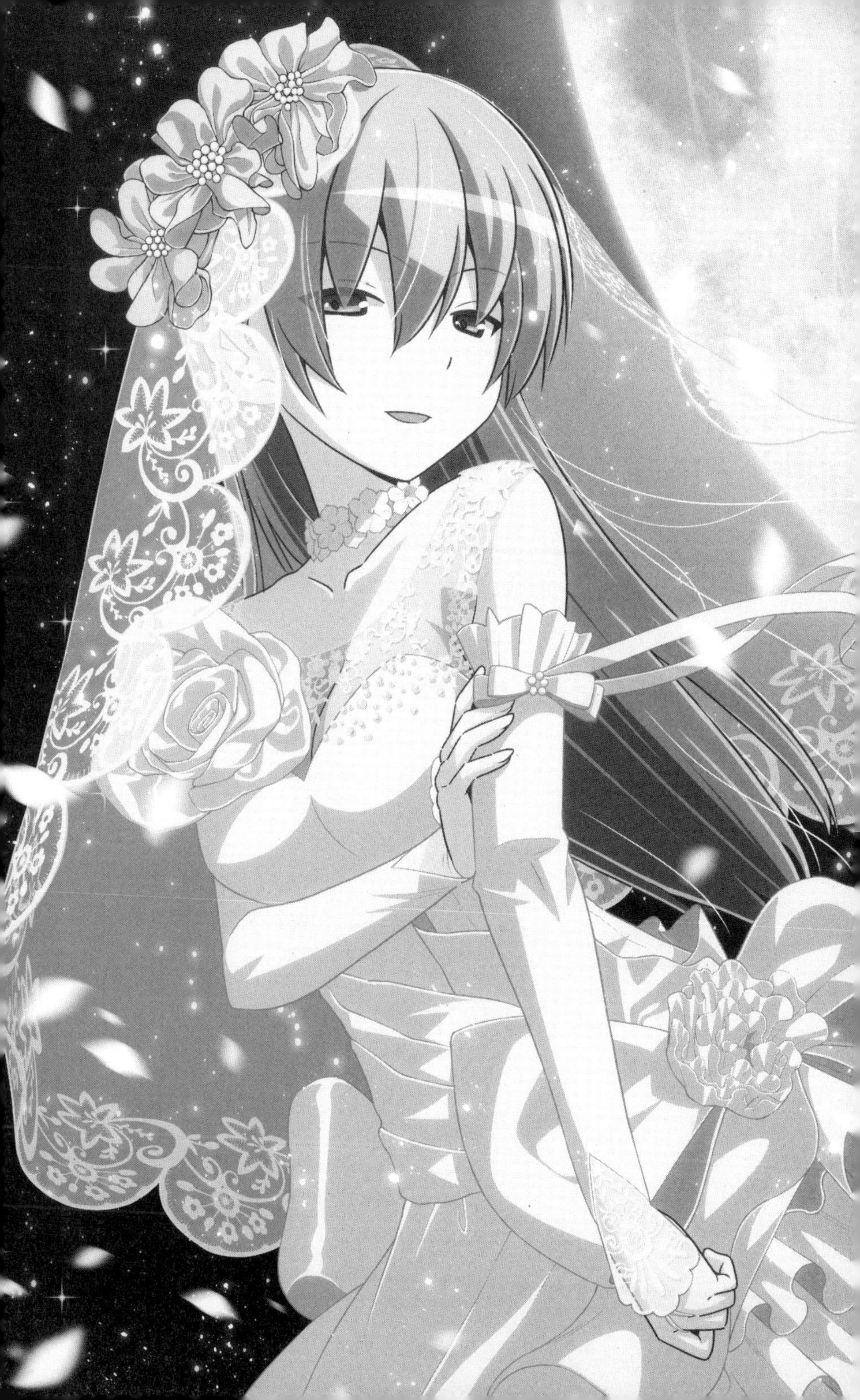

TONIKAWA

FLY ME TO THE MOON

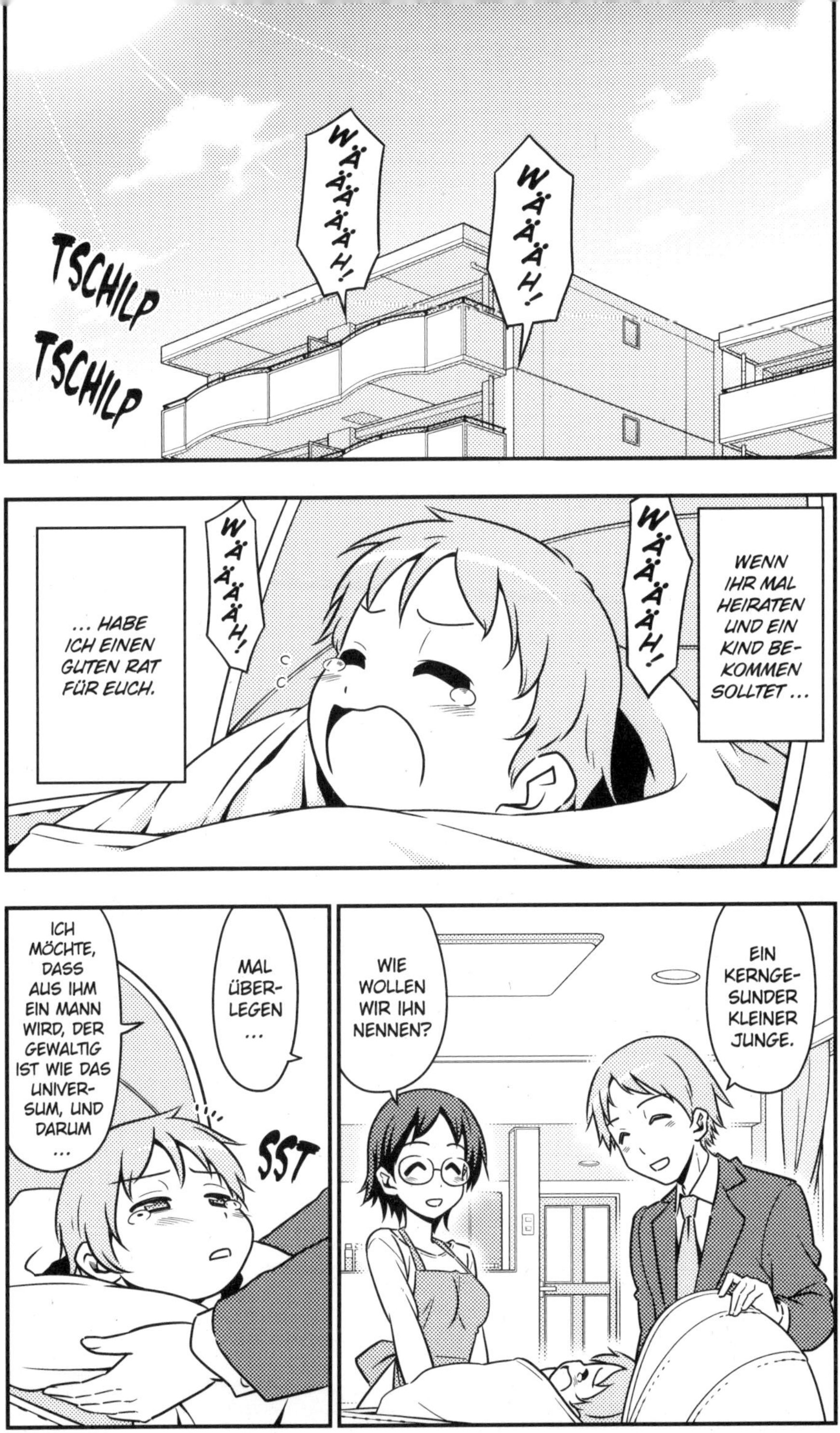
WÄÄÄH!
WÄÄÄH!
TSCHILP
TSCHILP
WENN IHR MAL HEIRATEN UND EIN KIND BEKOMMEN SOLLTET …
WÄÄÄÄH!
WÄÄÄH!
… HABE ICH EINEN GUTEN RAT FÜR EUCH.
EIN KERNGESUNDER KLEINER JUNGE.
WIE WOLLEN WIR IHN NENNEN?
MAL ÜBERLEGEN …
ICH MÖCHTE, DASS AUS IHM EIN MANN WIRD, DER GEWALTIG IST WIE DAS UNIVERSUM, UND DARUM …
SST

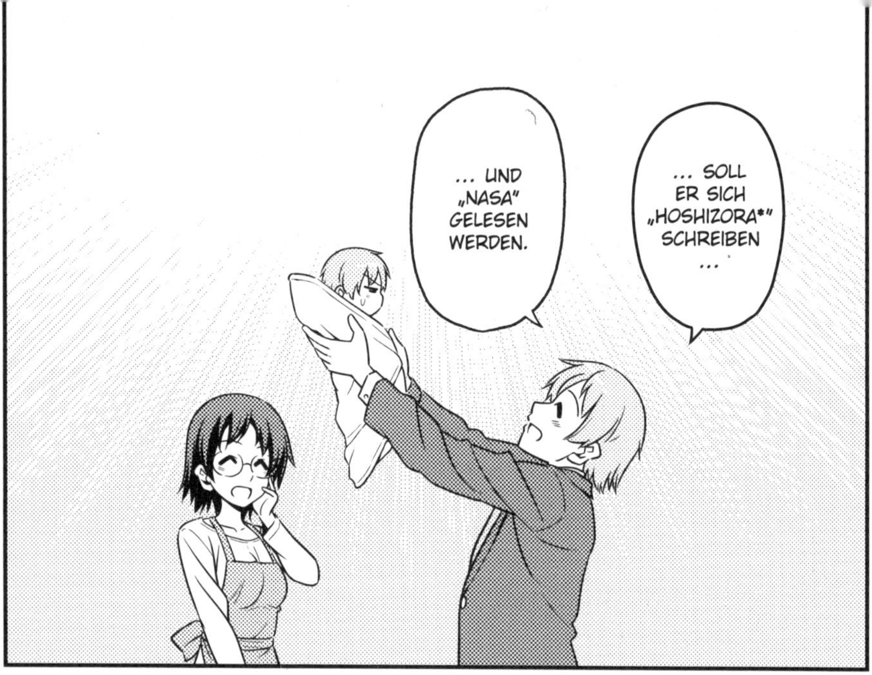

* STERNENHIMMEL

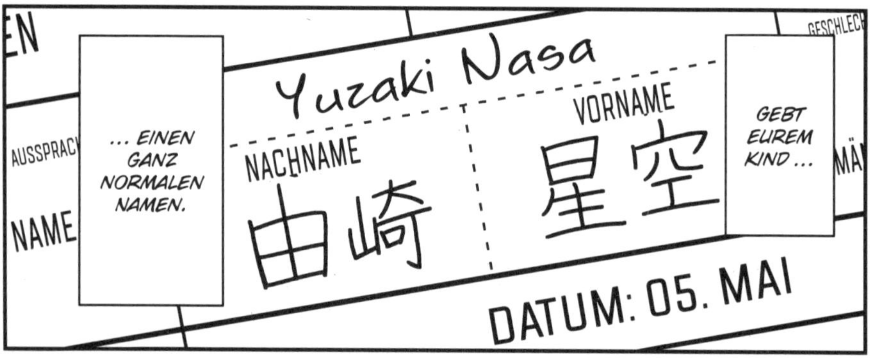

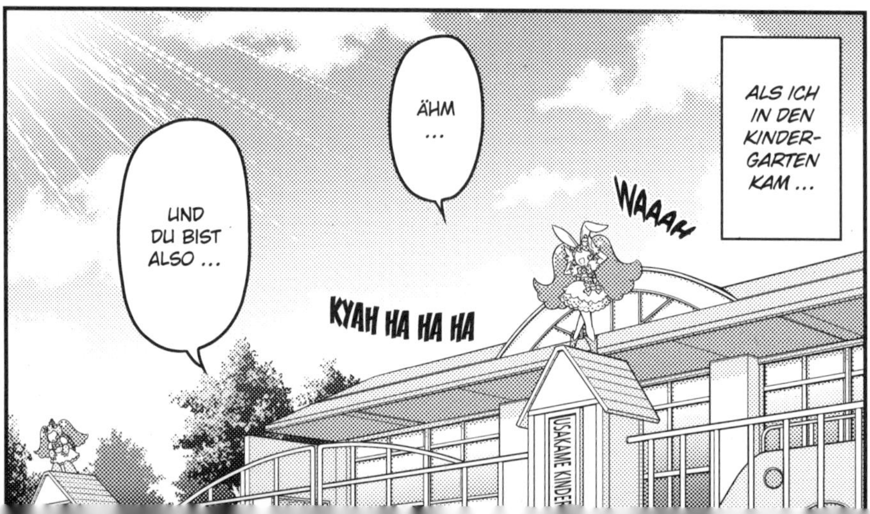

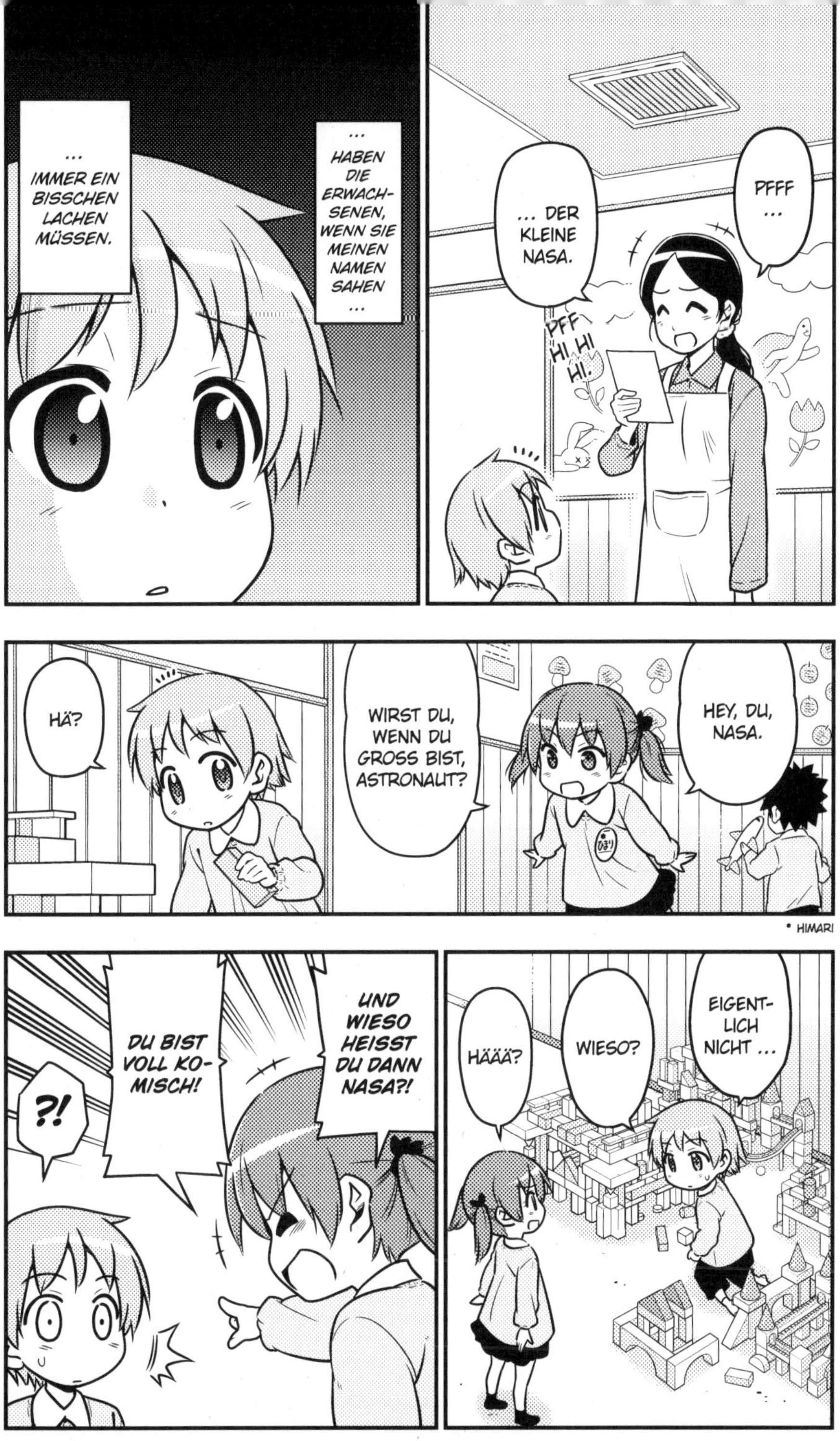
PFFF ...
... DER KLEINE NASA.
PFF HI HI HI.
... HABEN DIE ERWACHSENEN, WENN SIE MEINEN NAMEN SAHEN ...
... IMMER EIN BISSCHEN LACHEN MÜSSEN.
HEY, DU, NASA.
WIRST DU, WENN DU GROSS BIST, ASTRONAUT?
HÄ?
* HIMARI
EIGENTLICH NICHT ...
WIESO?
HÄÄÄ?
UND WIESO HEISST DU DANN NASA?!
DU BIST VOLL KOMISCH!
?!

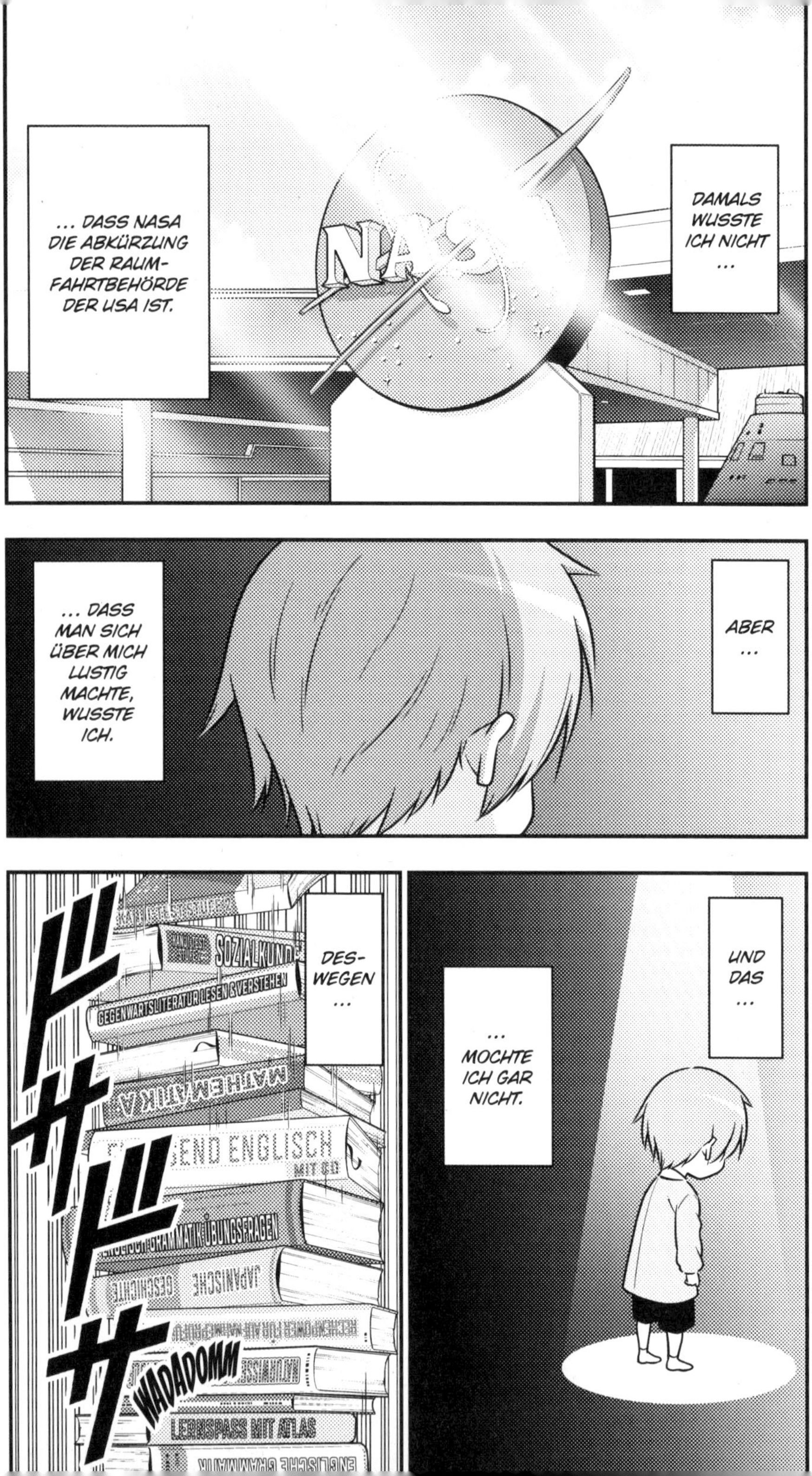
DAMALS WUSSTE ICH NICHT …
… DASS NASA DIE ABKÜRZUNG DER RAUM-FAHRTBEHÖRDE DER USA IST.
ABER …
… DASS MAN SICH ÜBER MICH LUSTIG MACHTE, WUSSTE ICH.
UND DAS …
… MOCHTE ICH GAR NICHT.
DES-WEGEN …
SOZIALKUNDE
GEGENWARTSLITERATUR LESEN & VERSTEHEN
LERNSPASS MIT ATLAS
WADADOMM

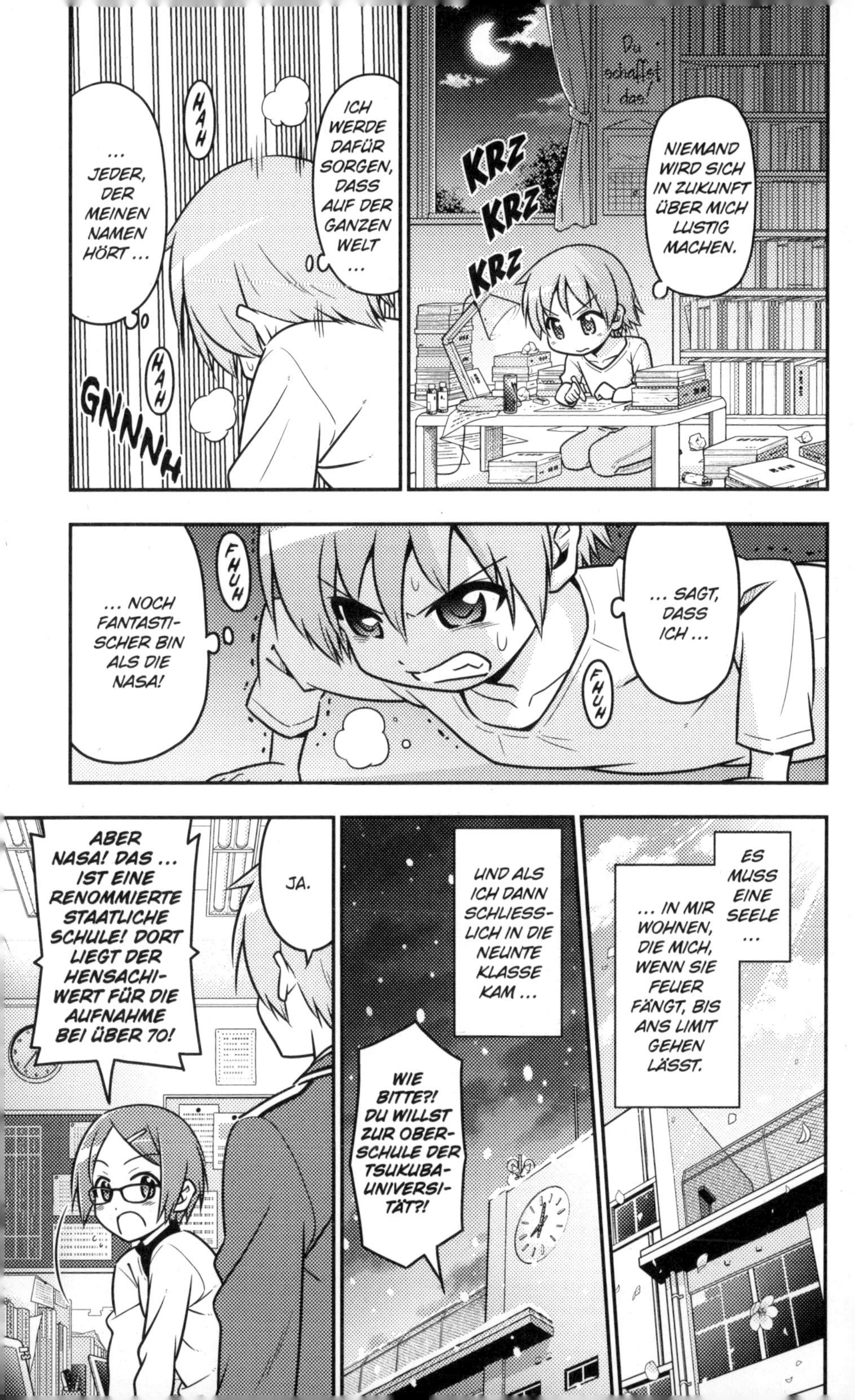
Du schaffst das!
NIEMAND WIRD SICH IN ZUKUNFT ÜBER MICH LUSTIG MACHEN.
KRZ KRZ KRZ
ICH WERDE DAFÜR SORGEN, DASS AUF DER GANZEN WELT …
HAH
… JEDER, DER MEINEN NAMEN HÖRT …
HAH
GNNNNH
… SAGT, DASS ICH …
FHUH
FHUH
… NOCH FANTASTISCHER BIN ALS DIE NASA!
ES MUSS EINE SEELE …
… IN MIR WOHNEN, DIE MICH, WENN SIE FEUER FÄNGT, BIS ANS LIMIT GEHEN LÄSST.
UND ALS ICH DANN SCHLIESSLICH IN DIE NEUNTE KLASSE KAM …
WIE BITTE?! DU WILLST ZUR OBERSCHULE DER TSUKUBA-UNIVERSITÄT?!
JA.
ABER NASA! DAS … IST EINE RENOMMIERTE STAATLICHE SCHULE! DORT LIEGT DER HENSACHIWERT FÜR DIE AUFNAHME BEI ÜBER 70!

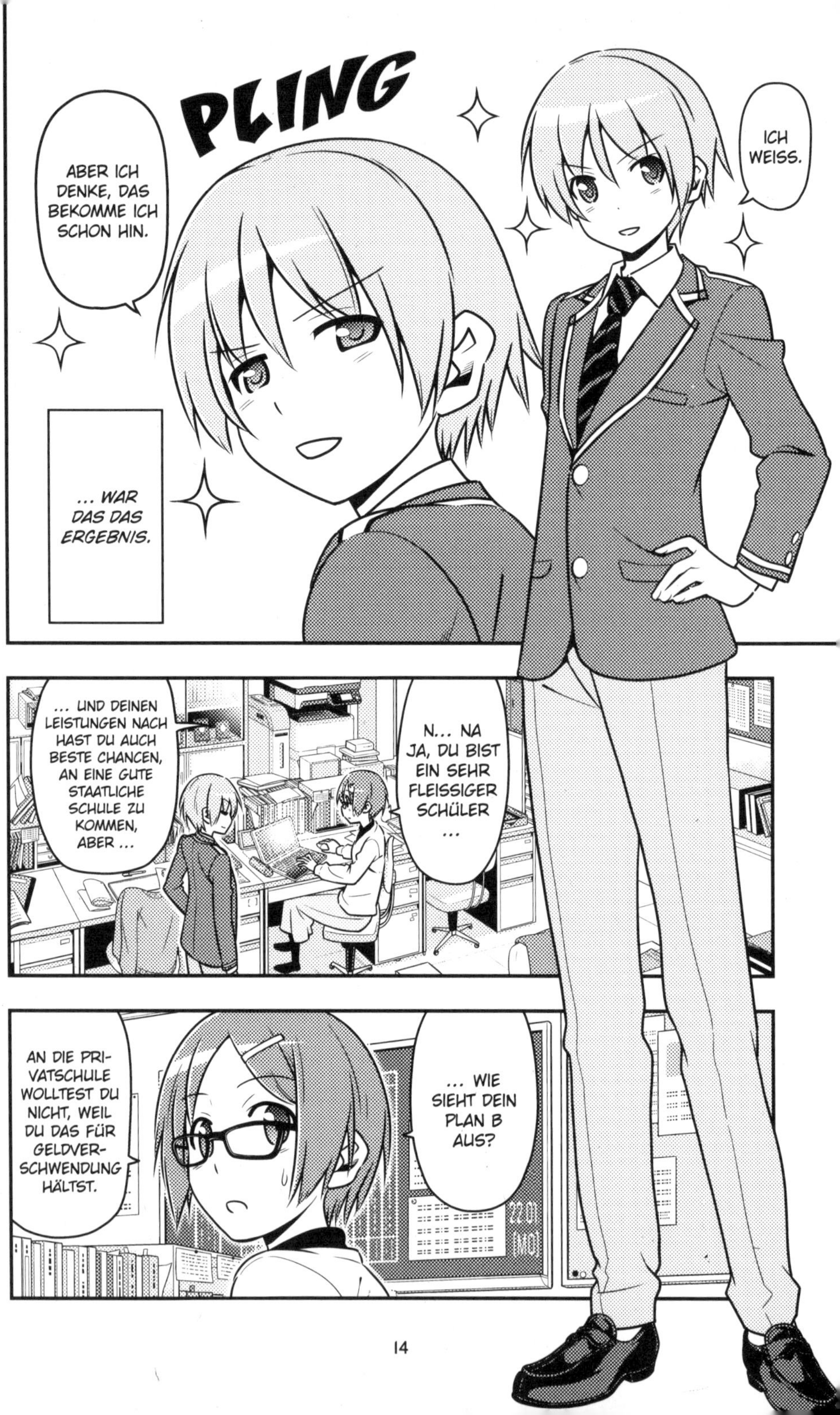
PLING
ICH WEISS.
ABER ICH DENKE, DAS BEKOMME ICH SCHON HIN.
... WAR DAS DAS ERGEBNIS.
N... NA JA, DU BIST EIN SEHR FLEISSIGER SCHÜLER ...
... UND DEINEN LEISTUNGEN NACH HAST DU AUCH BESTE CHANCEN, AN EINE GUTE STAATLICHE SCHULE ZU KOMMEN, ABER ...
... WIE SIEHT DEIN PLAN B AUS?
AN DIE PRIVATSCHULE WOLLTEST DU NICHT, WEIL DU DAS FÜR GELDVERSCHWENDUNG HÄLTST.

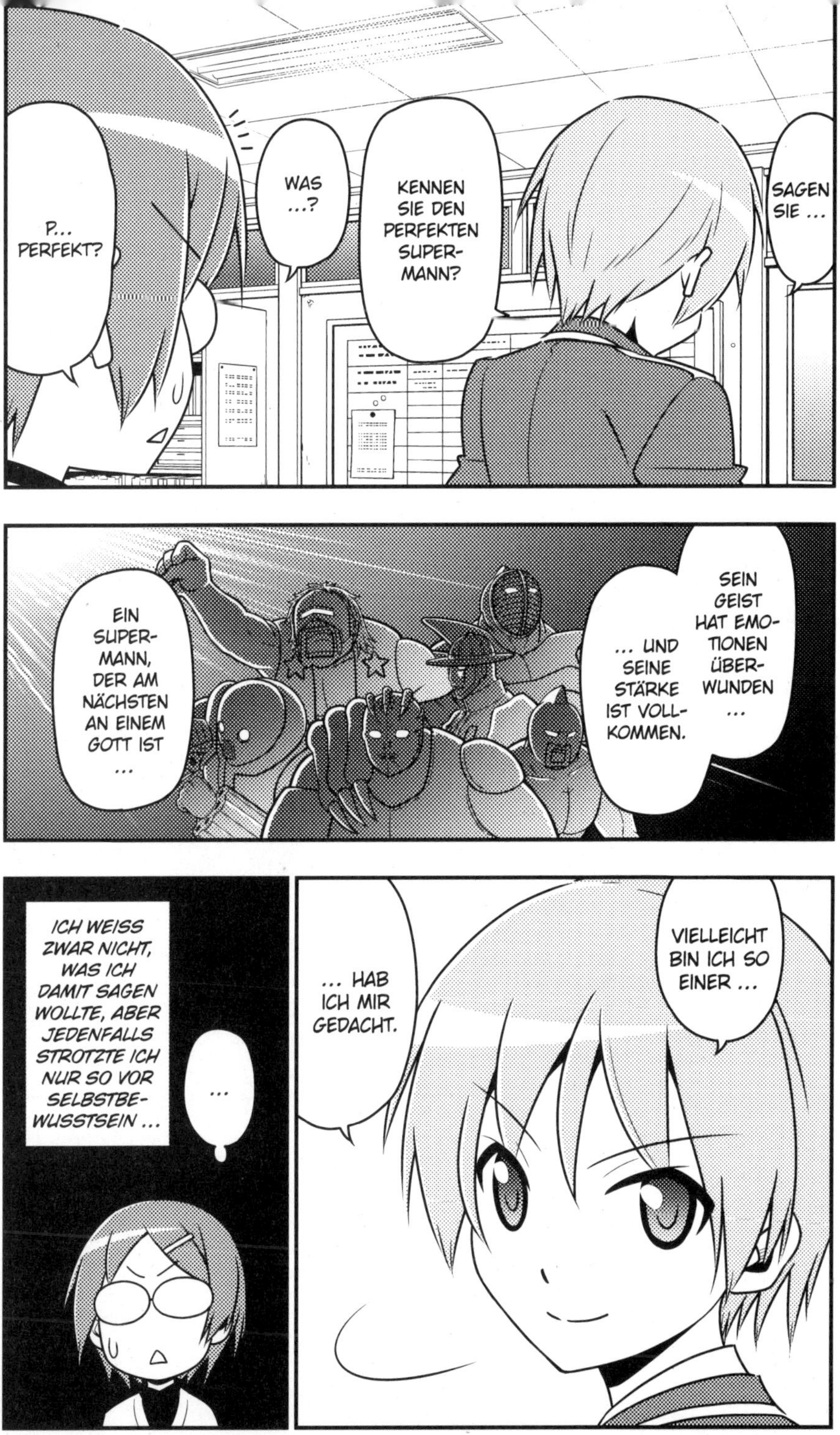
SAGEN SIE …
KENNEN SIE DEN PERFEKTEN SUPER-MANN?
WAS …?
P… PERFEKT?
SEIN GEIST HAT EMO-TIONEN ÜBER-WUNDEN …
… UND SEINE STÄRKE IST VOLL-KOMMEN.
EIN SUPER-MANN, DER AM NÄCHSTEN AN EINEM GOTT IST …
VIELLEICHT BIN ICH SO EINER …
… HAB ICH MIR GEDACHT.
…
ICH WEISS ZWAR NICHT, WAS ICH DAMIT SAGEN WOLLTE, ABER JEDENFALLS STROTZTE ICH NUR SO VOR SELBSTBE-WUSSTSEIN …

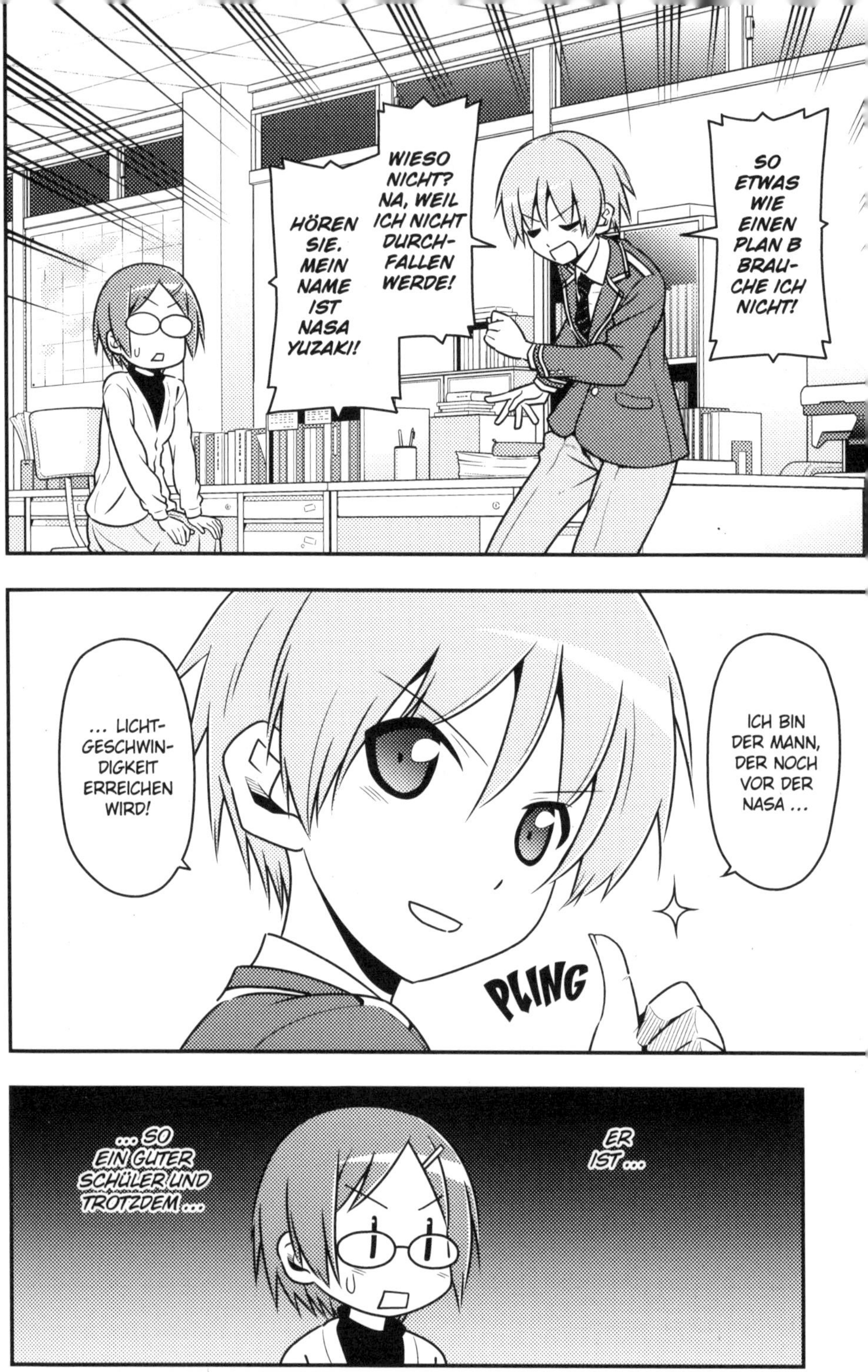
SO ETWAS WIE EINEN PLAN B BRAUCHE ICH NICHT!
WIESO NICHT? NA, WEIL ICH NICHT DURCHFALLEN WERDE!
HÖREN SIE. MEIN NAME IST NASA YUZAKI!
ICH BIN DER MANN, DER NOCH VOR DER NASA ...
... LICHTGESCHWINDIGKEIT ERREICHEN WIRD!
PLING
ER IST ...
... SO EIN GUTER SCHÜLER UND TROTZDEM ...

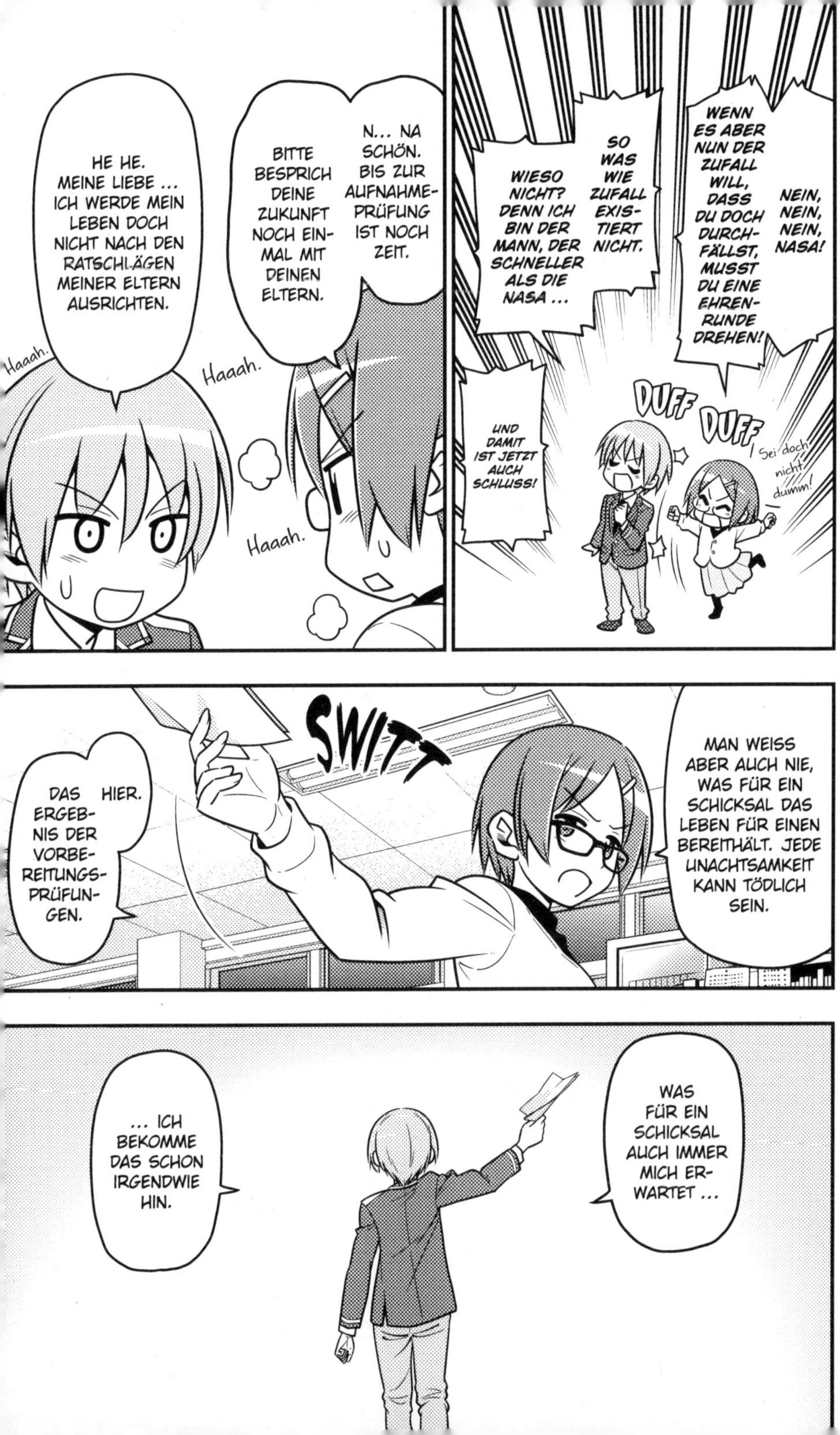
NEIN, NEIN, NEIN, NASA!
WENN ES ABER NUN DER ZUFALL WILL, DASS DU DOCH DURCHFÄLLST, MUSST DU EINE EHRENRUNDE DREHEN!
SO WAS WIE ZUFALL EXISTIERT NICHT.
WIESO NICHT? DENN ICH BIN DER MANN, DER SCHNELLER ALS DIE NASA ...
UND DAMIT IST JETZT AUCH SCHLUSS!
DUFF DUFF
Sei doch nicht dumm!
N... NA SCHÖN. BIS ZUR AUFNAHMEPRÜFUNG IST NOCH ZEIT.
BITTE BESPRICH DEINE ZUKUNFT NOCH EINMAL MIT DEINEN ELTERN.
HE HE. MEINE LIEBE ... ICH WERDE MEIN LEBEN DOCH NICHT NACH DEN RATSCHLÄGEN MEINER ELTERN AUSRICHTEN.
Haaah.
Haaah.
Haaah.
MAN WEISS ABER AUCH NIE, WAS FÜR EIN SCHICKSAL DAS LEBEN FÜR EINEN BEREITHÄLT. JEDE UNACHTSAMKEIT KANN TÖDLICH SEIN.
SWITT
DAS HIER. ERGEBNIS DER VORBEREITUNGSPRÜFUNGEN.
WAS FÜR EIN SCHICKSAL AUCH IMMER MICH ERWARTET ...
... ICH BEKOMME DAS SCHON IRGENDWIE HIN.

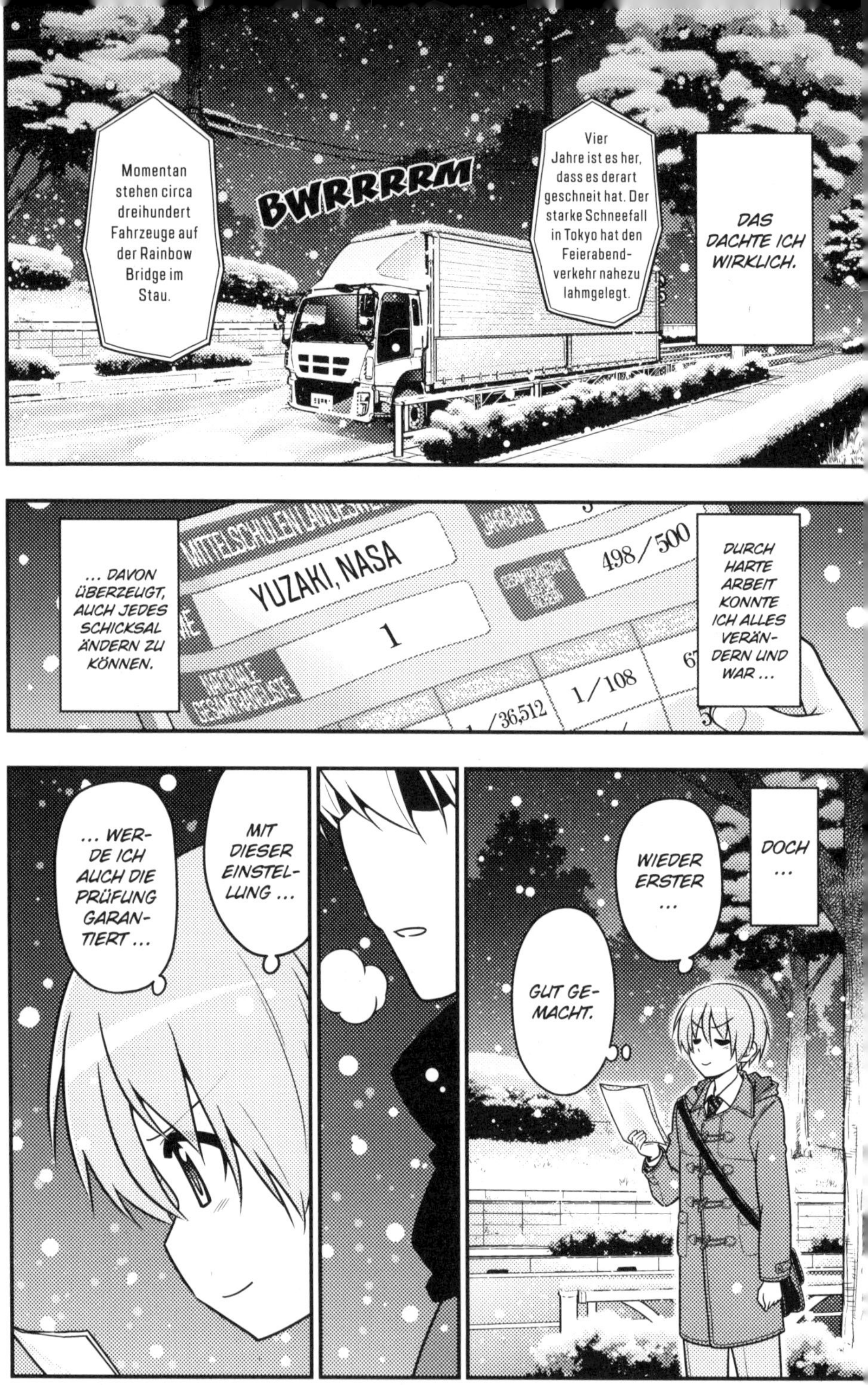
DAS DACHTE ICH WIRKLICH.
Vier Jahre ist es her, dass es derart geschneit hat. Der starke Schneefall in Tokyo hat den Feierabendverkehr nahezu lahmgelegt.
BWRRRRM
Momentan stehen circa dreihundert Fahrzeuge auf der Rainbow Bridge im Stau.
DURCH HARTE ARBEIT KONNTE ICH ALLES VERÄNDERN UND WAR …
YUZAKI, NASA
1
498 / 500
1/108
… DAVON ÜBERZEUGT, AUCH JEDES SCHICKSAL ÄNDERN ZU KÖNNEN.
DOCH …
WIEDER ERSTER …
GUT GEMACHT.
MIT DIESER EINSTELLUNG …
… WERDE ICH AUCH DIE PRÜFUNG GARANTIERT …

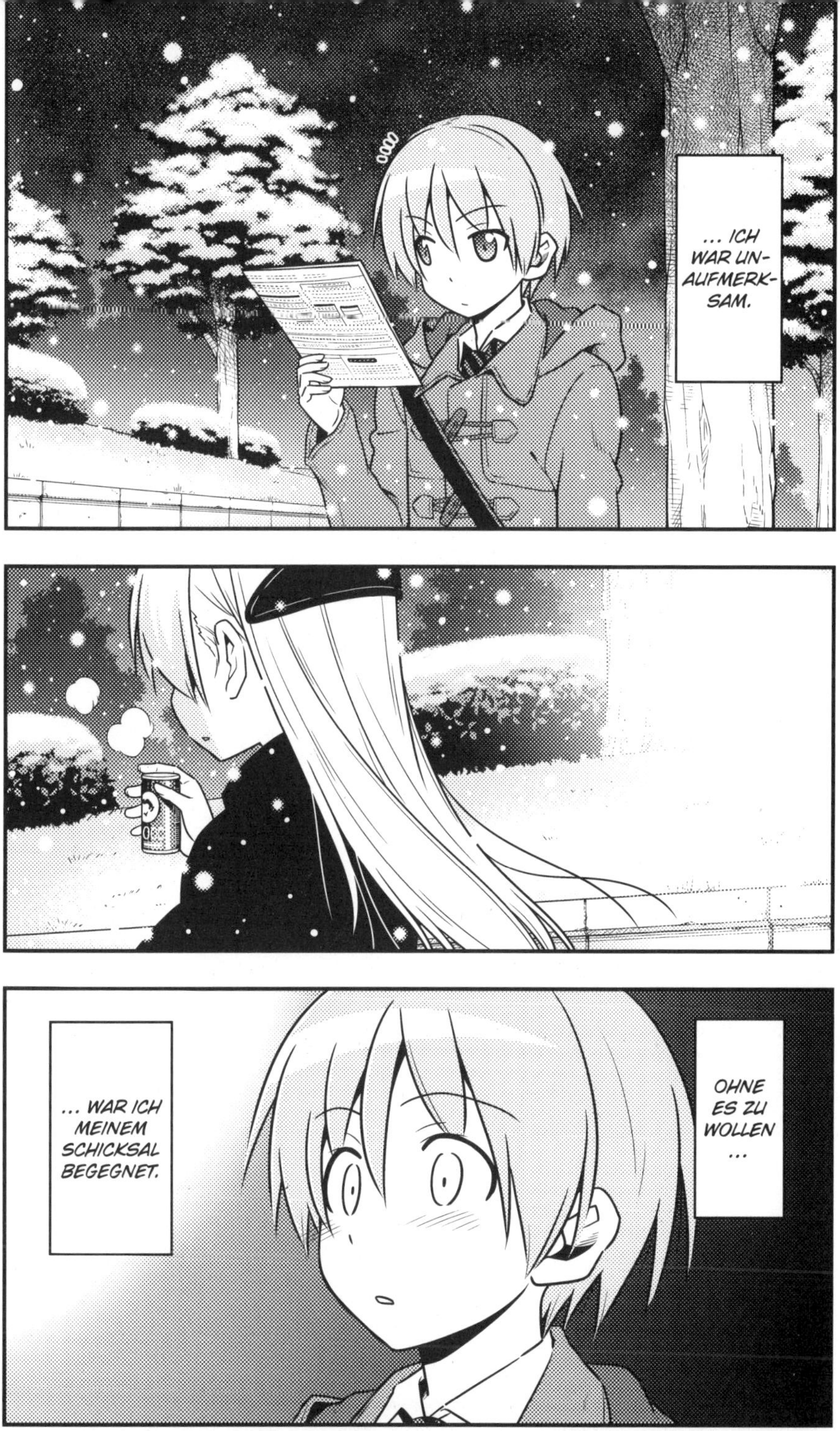
… ICH WAR UN-AUFMERK-SAM.
OHNE ES ZU WOLLEN …
… WAR ICH MEINEM SCHICKSAL BEGEGNET.

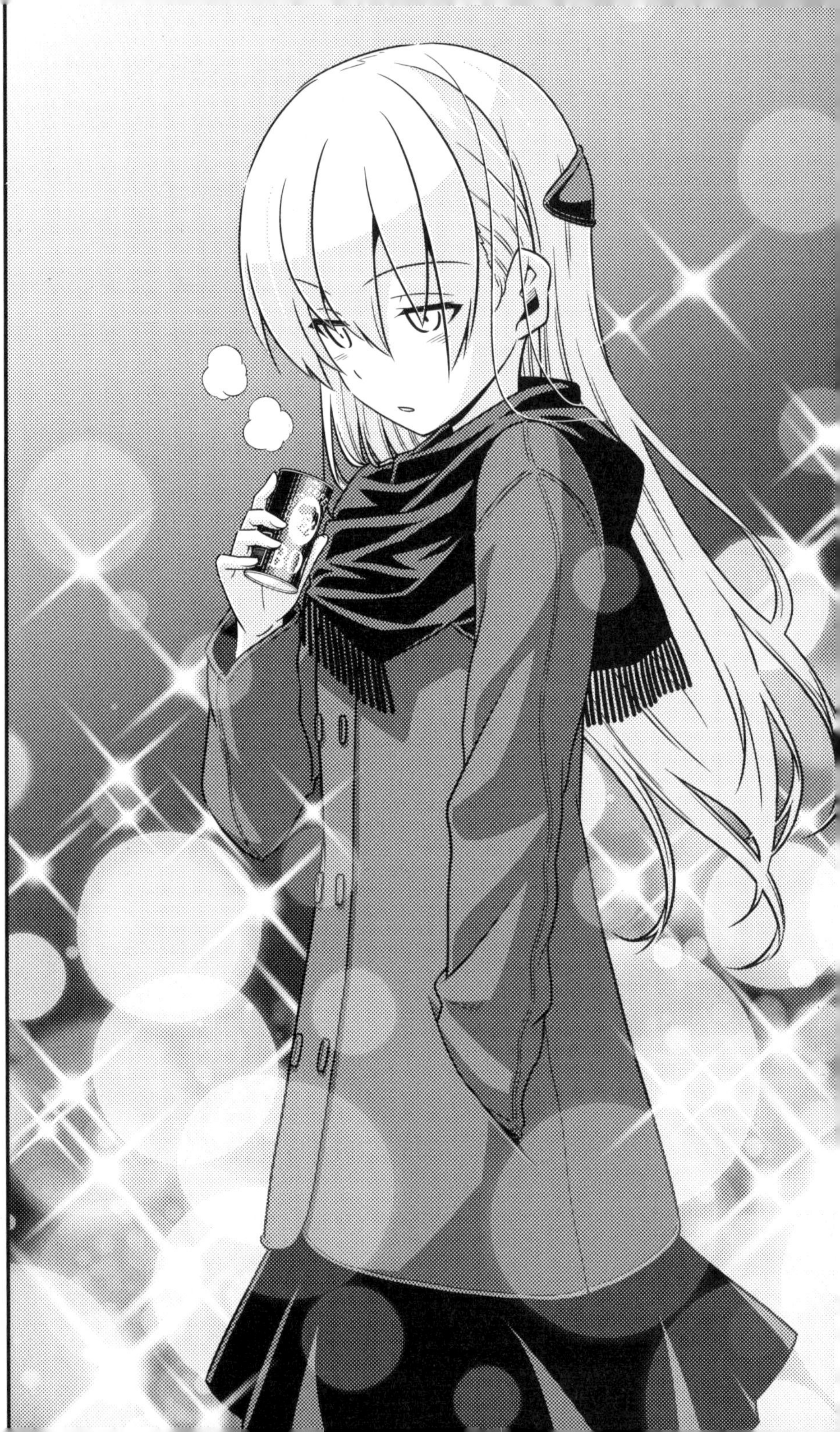

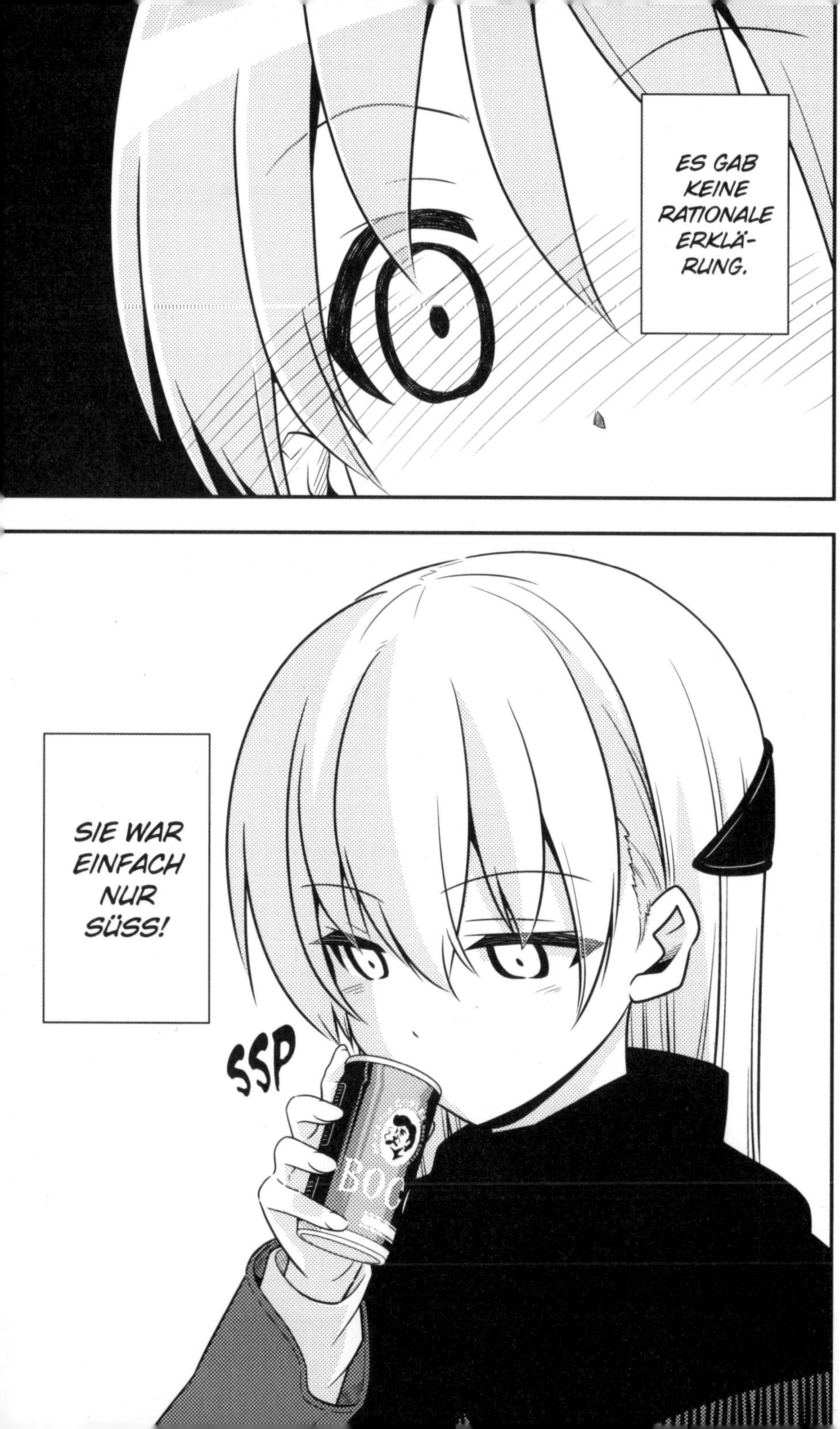
ES GAB KEINE RATIONALE ERKLÄ-RUNG.
SIE WAR EINFACH NUR SÜSS!
SSP

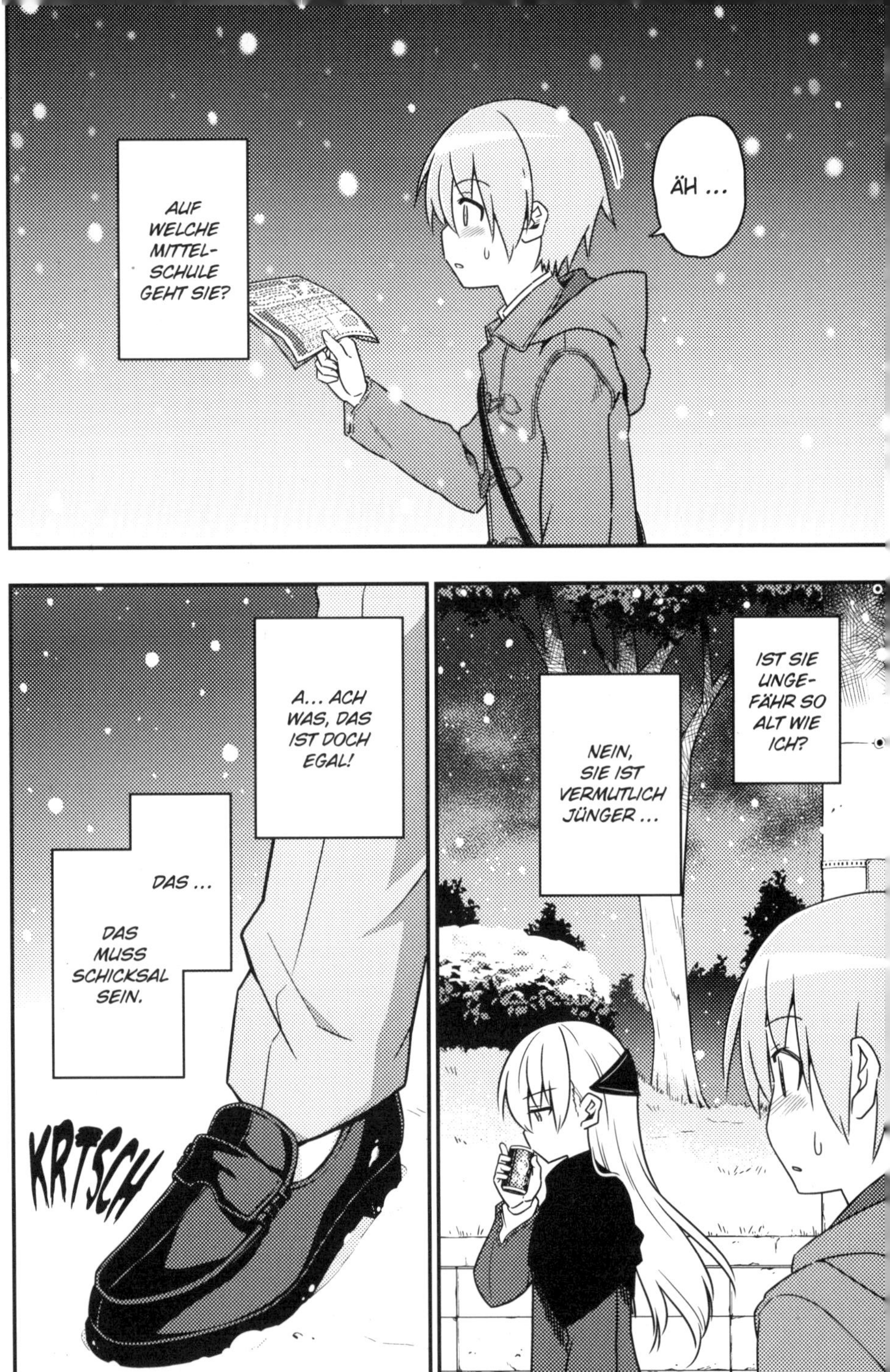
ÄH ...
AUF WELCHE MITTEL-SCHULE GEHT SIE?
IST SIE UNGE-FÄHR SO ALT WIE ICH?
NEIN, SIE IST VERMUTLICH JÜNGER ...
A... ACH WAS, DAS IST DOCH EGAL!
DAS ...
DAS MUSS SCHICKSAL SEIN.
KRTSCH

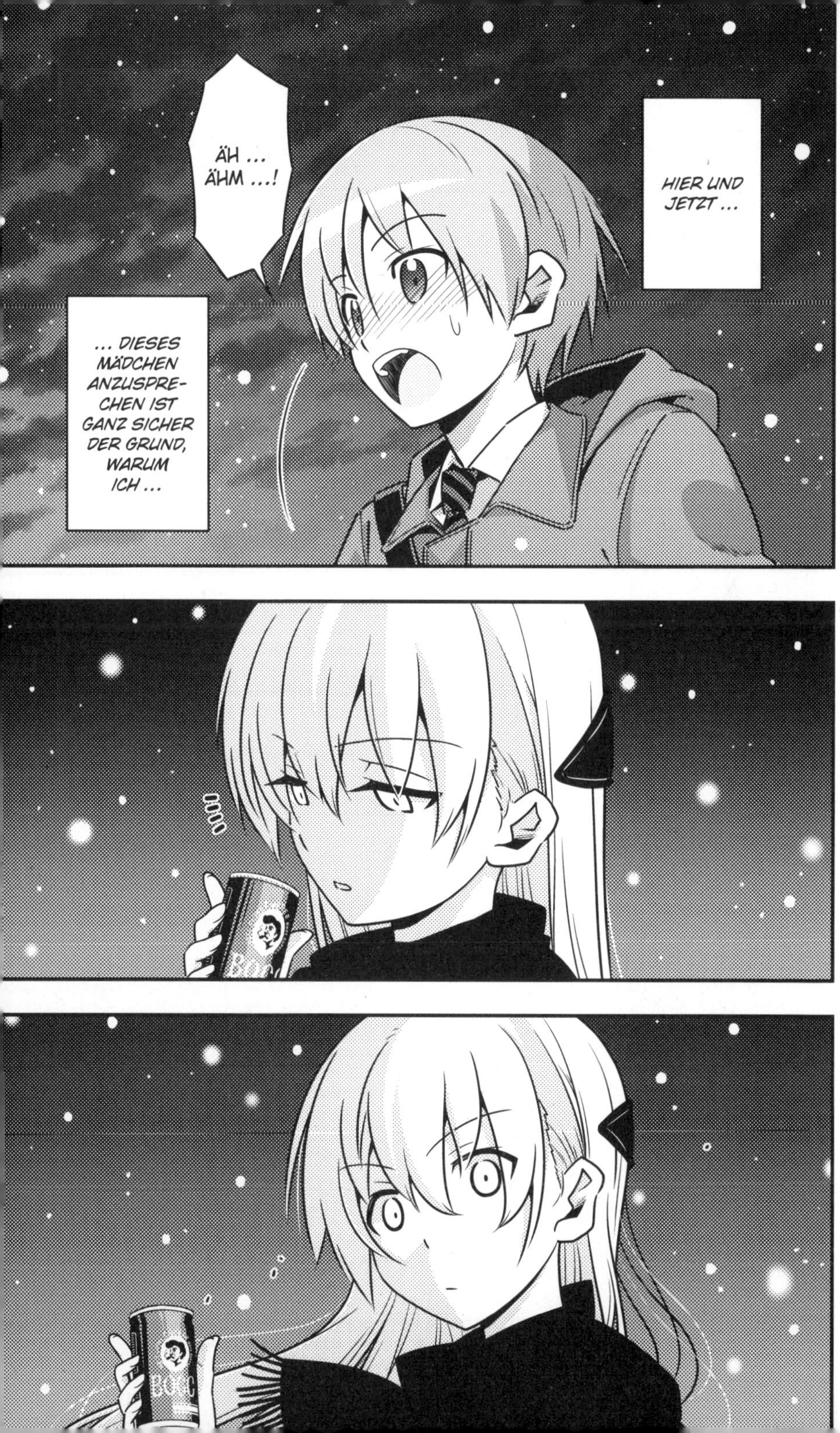
HIER UND JETZT …
ÄH … ÄHM …!
… DIESES MÄDCHEN ANZUSPRECHEN IST GANZ SICHER DER GRUND, WARUM ICH …

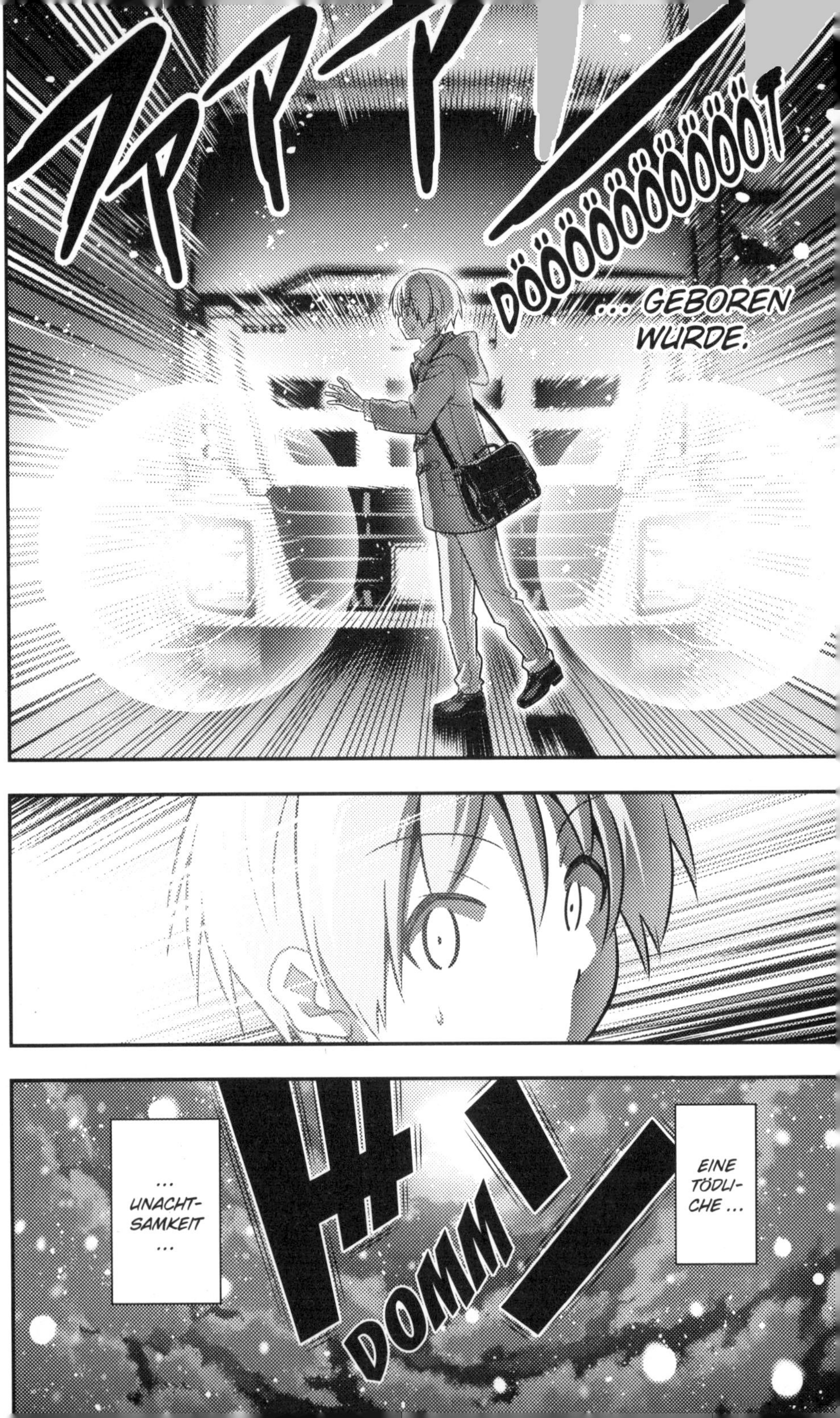
DÖÖÖÖÖÖÖÖÖÖT
... GEBOREN WURDE.
EINE TÖDLICHE ...
DOMM
... UNACHTSAMKEIT ...

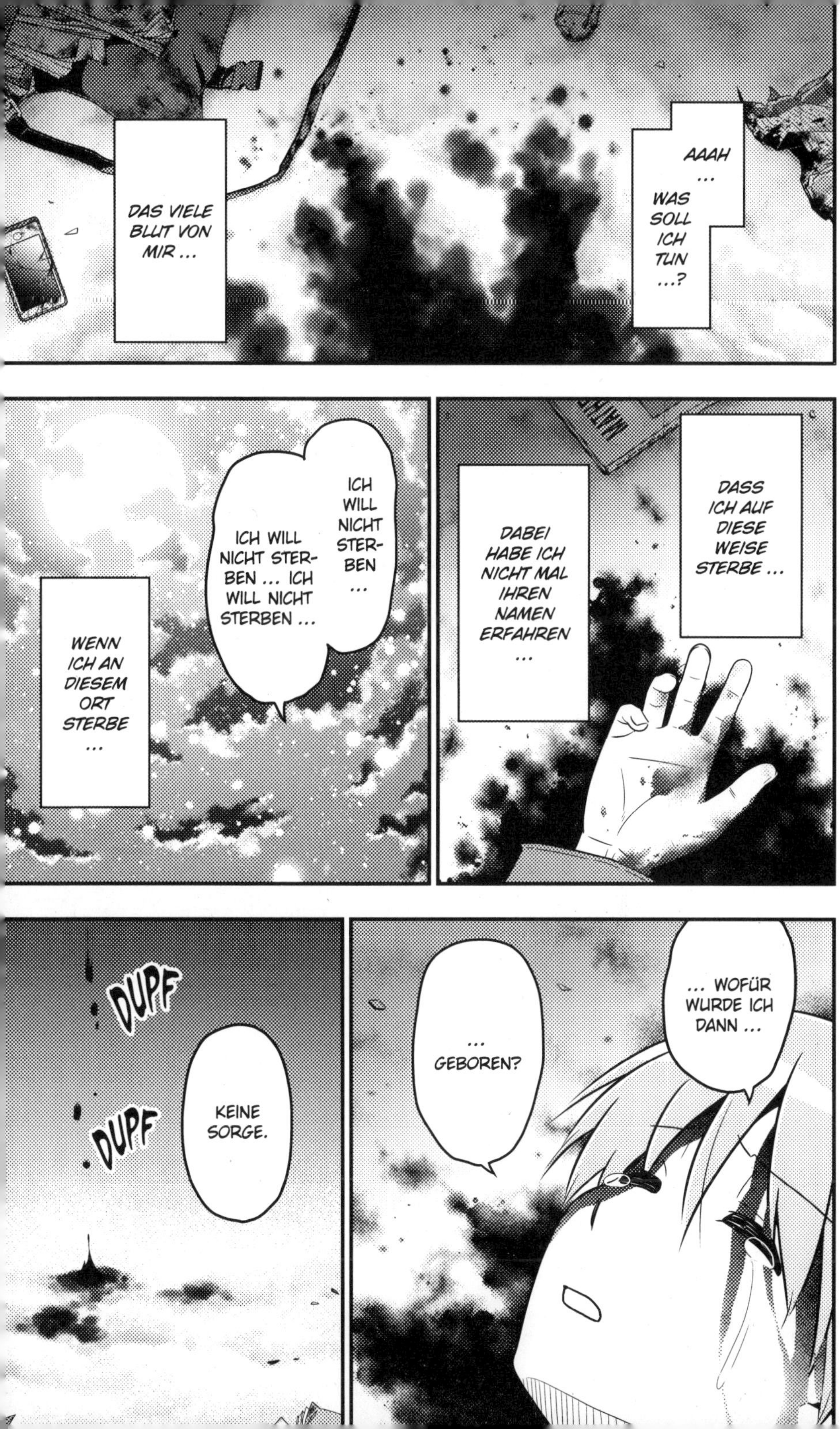
AAAH … WAS SOLL ICH TUN …?
DAS VIELE BLUT VON MIR …
DASS ICH AUF DIESE WEISE STERBE …
DABEI HABE ICH NICHT MAL IHREN NAMEN ERFAHREN …
ICH WILL NICHT STERBEN …
ICH WILL NICHT STERBEN … ICH WILL NICHT STERBEN …
WENN ICH AN DIESEM ORT STERBE …
… WOFÜR WURDE ICH DANN …
… GEBOREN?
KEINE SORGE.
DUPF
DUPF

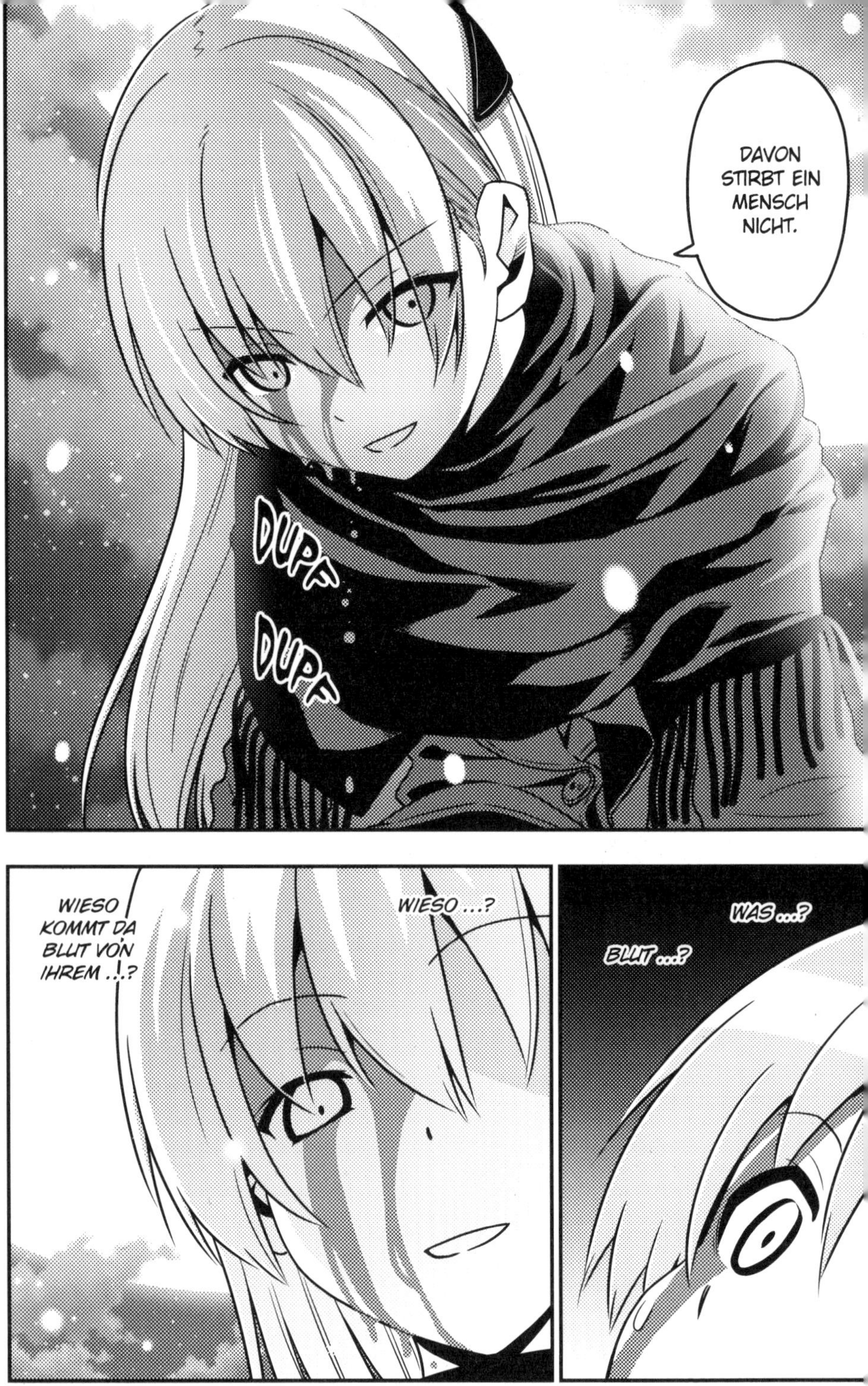
DAVON STIRBT EIN MENSCH NICHT.
DUPF
DUPF
WAS ...?
BLUT ...?
WIESO ...?
WIESO KOMMT DA BLUT VON IHREM ...!?

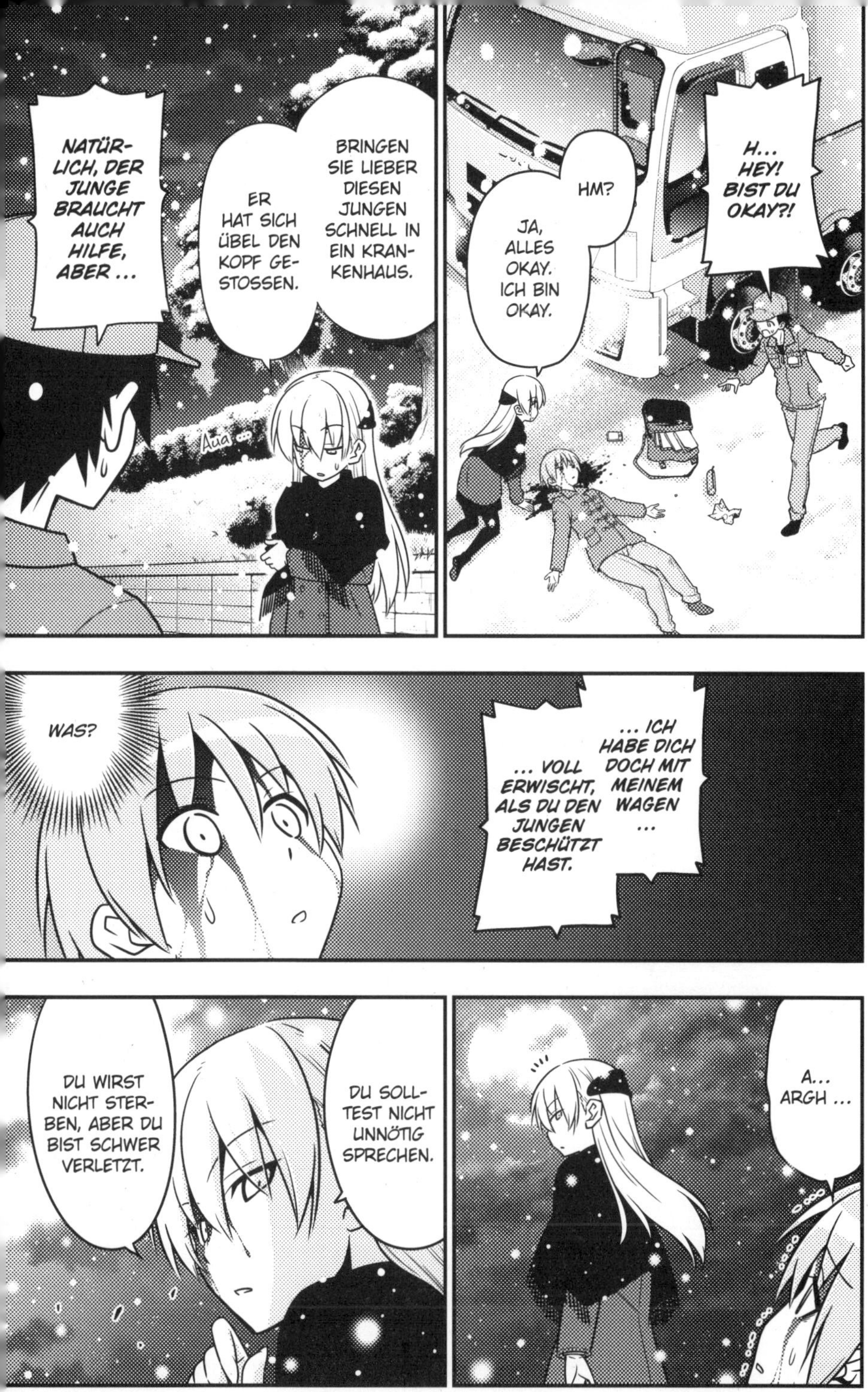
H... HEY! BIST DU OKAY?!
HM?
JA, ALLES OKAY. ICH BIN OKAY.
BRINGEN SIE LIEBER DIESEN JUNGEN SCHNELL IN EIN KRANKENHAUS.
ER HAT SICH ÜBEL DEN KOPF GESTOSSEN.
Aua ...
NATÜRLICH, DER JUNGE BRAUCHT AUCH HILFE, ABER ...
... ICH HABE DICH DOCH MIT MEINEM WAGEN ...
... VOLL ERWISCHT, ALS DU DEN JUNGEN BESCHÜTZT HAST.
WAS?
A... ARGH ...
DU SOLLTEST NICHT UNNÖTIG SPRECHEN.
DU WIRST NICHT STERBEN, ABER DU BIST SCHWER VERLETZT.

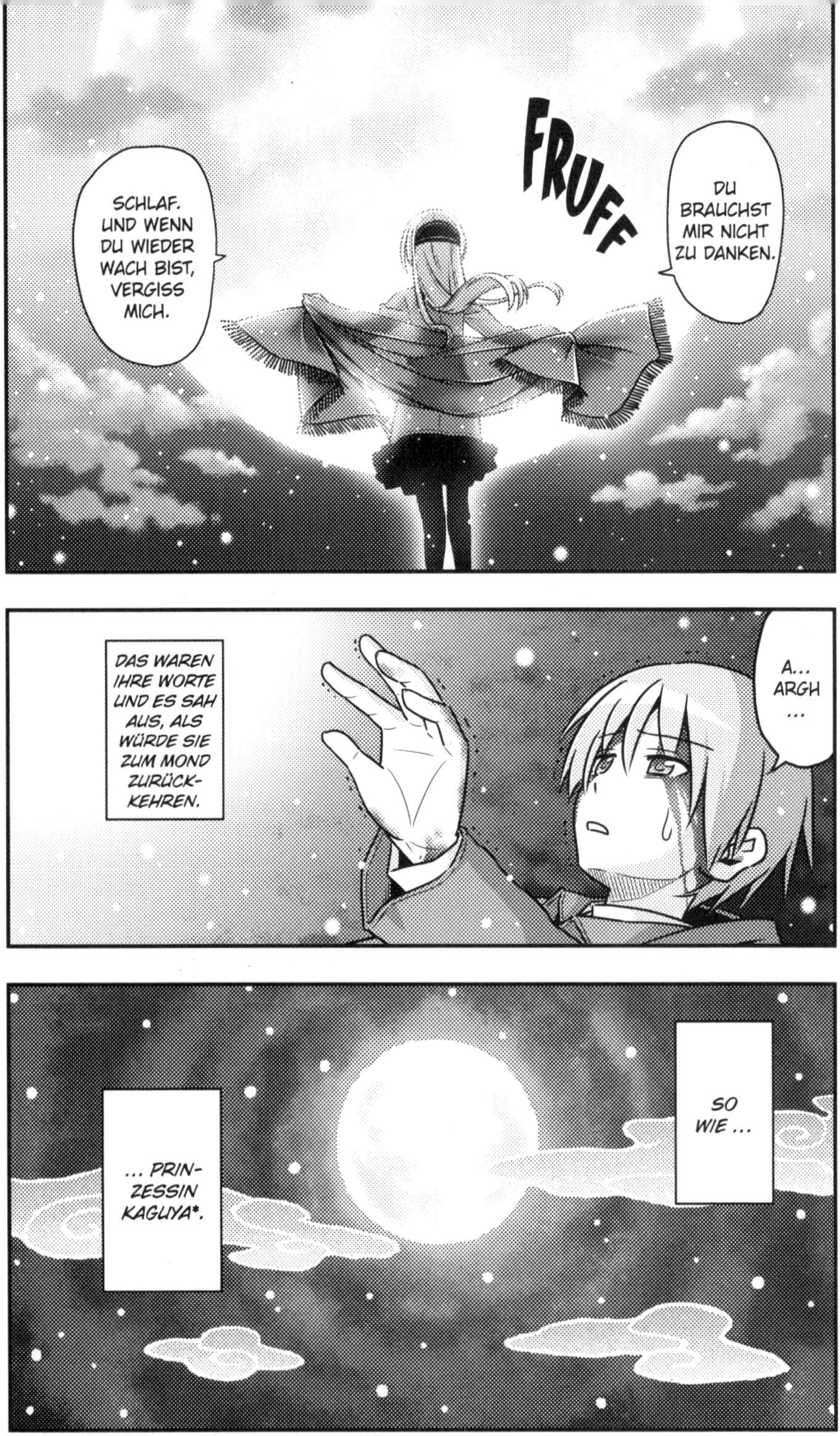

* MONDPRINZESSIN AUS DER ERZÄHLUNG „DIE GESCHICHTE VOM BAMBUSSAMMLER“

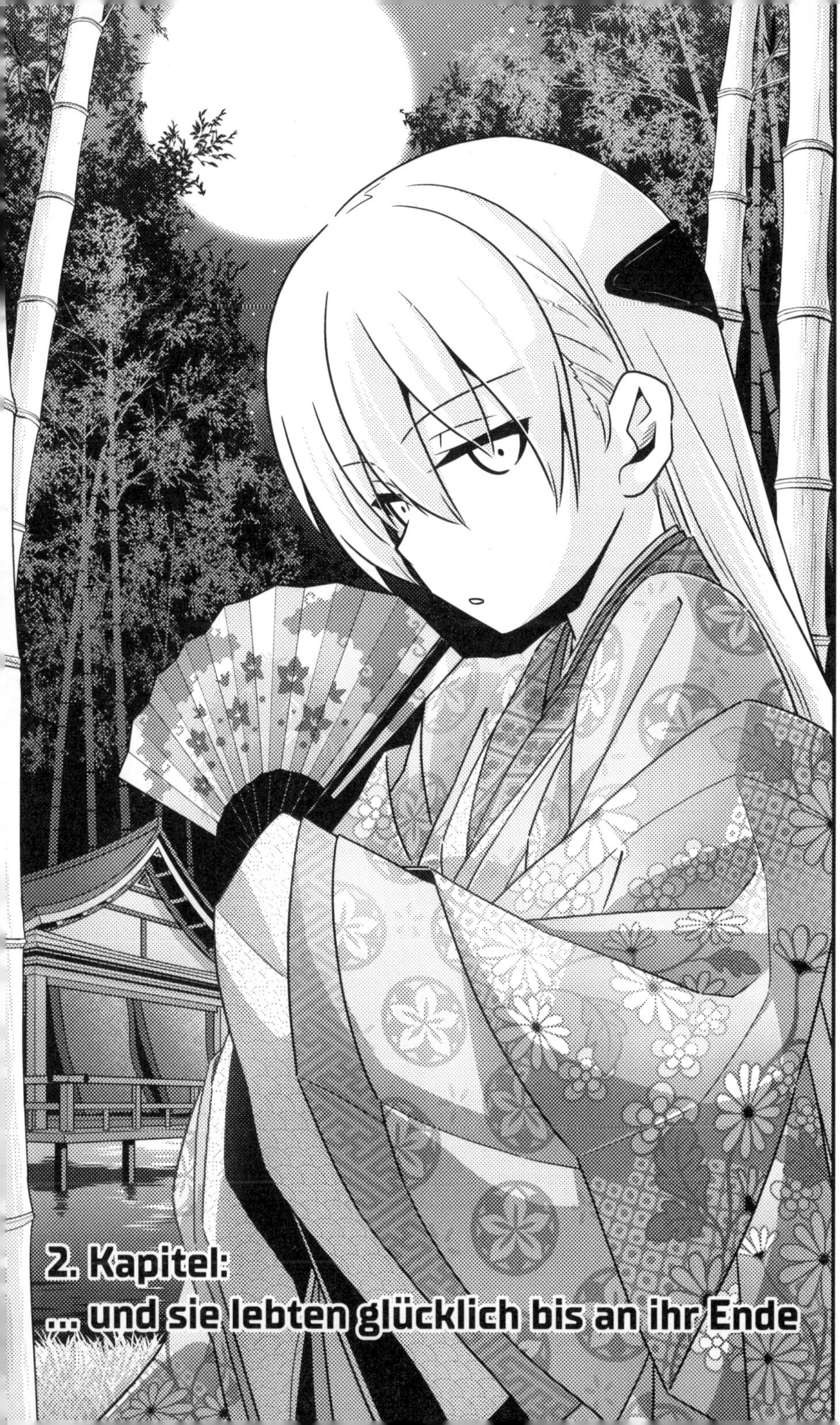
2. Kapitel:
... und sie lebten glücklich bis an ihr Ende

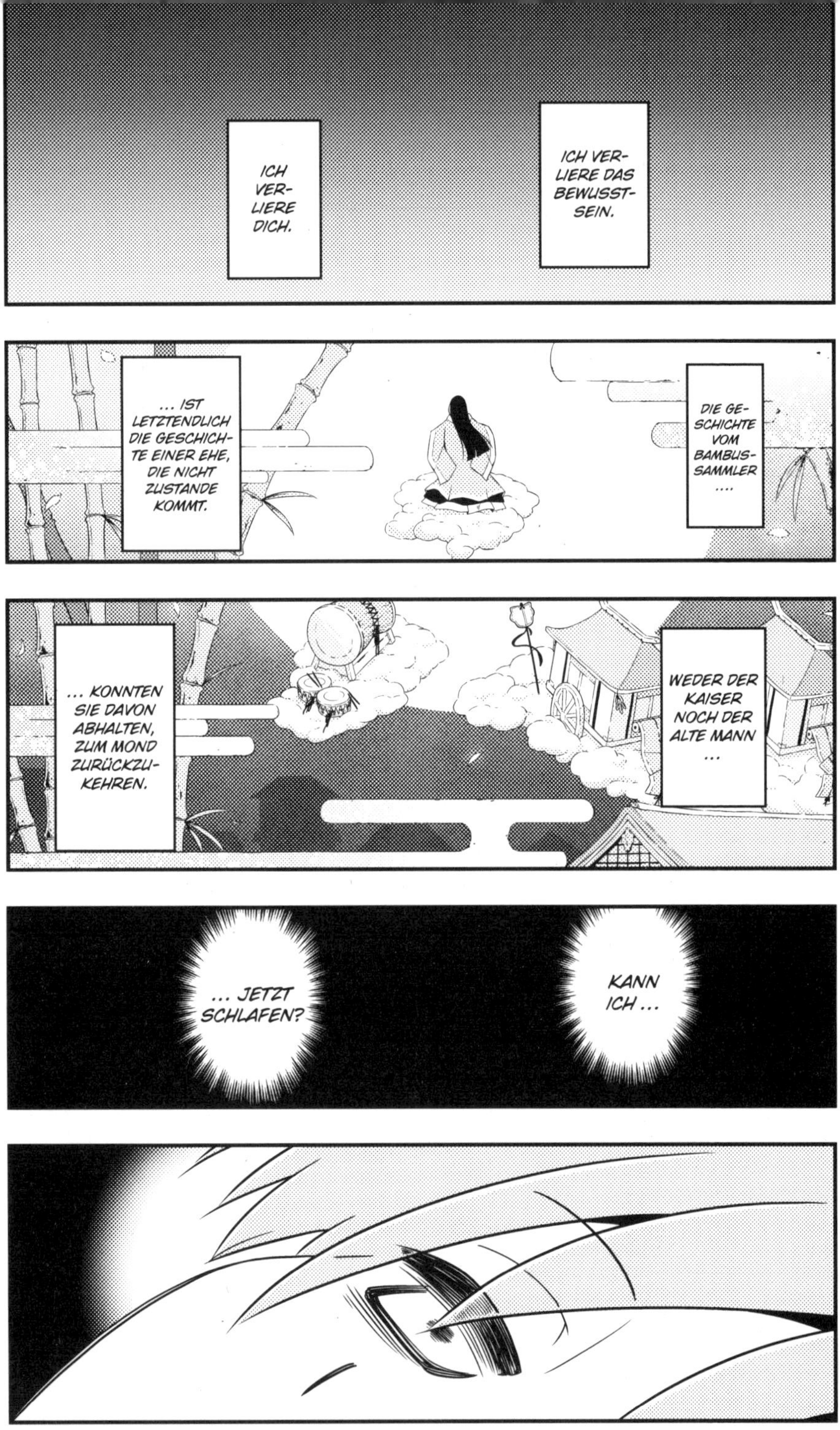
ICH VERLIERE DAS BEWUSSTSEIN.
ICH VERLIERE DICH.
DIE GESCHICHTE VOM BAMBUSSAMMLER ....
... IST LETZTENDLICH DIE GESCHICHTE EINER EHE, DIE NICHT ZUSTANDE KOMMT.
WEDER DER KAISER NOCH DER ALTE MANN ...
... KONNTEN SIE DAVON ABHALTEN, ZUM MOND ZURÜCKZUKEHREN.
KANN ICH ...
... JETZT SCHLAFEN?

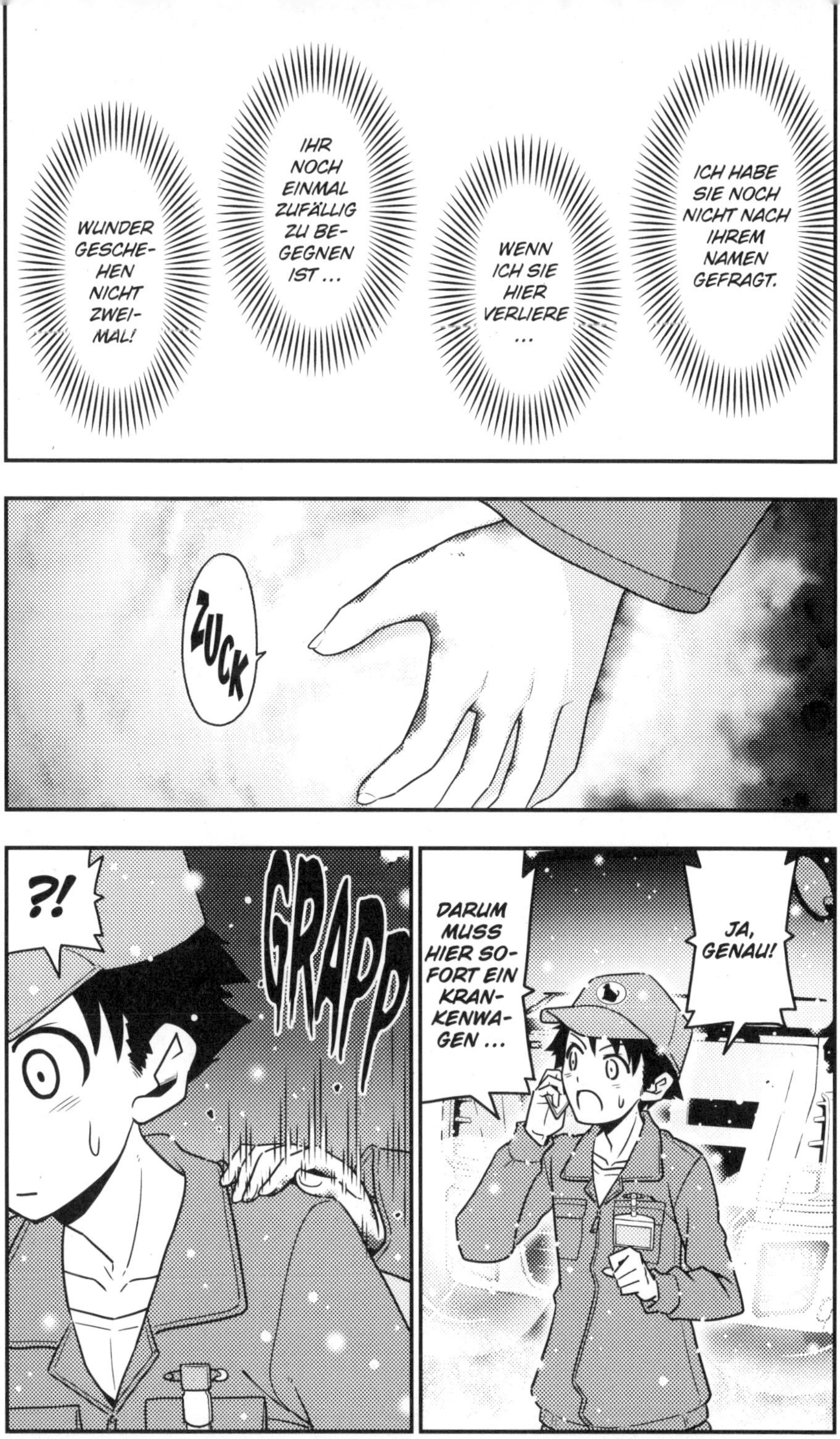
ICH HABE SIE NOCH NICHT NACH IHREM NAMEN GEFRAGT.
WENN ICH SIE HIER VERLIERE …
IHR NOCH EINMAL ZUFÄLLIG ZU BEGEGNEN IST …
WUNDER GESCHEHEN NICHT ZWEIMAL!
ZUCK
JA, GENAU!
DARUM MUSS HIER SOFORT EIN KRANKENWAGEN …
GRAPP
?!

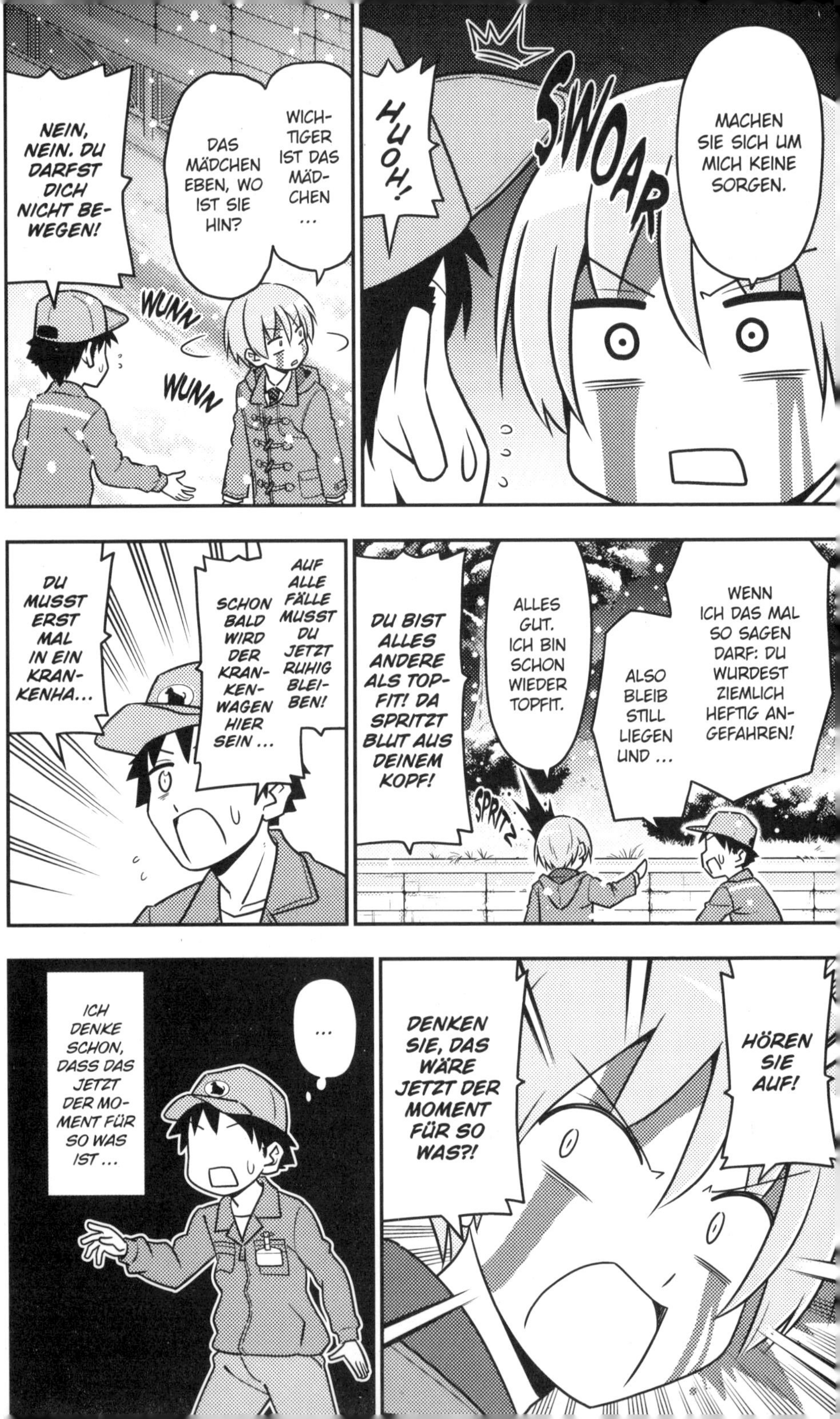
SWOAR
MACHEN SIE SICH UM MICH KEINE SORGEN.
HUOH!
WICHTIGER IST DAS MÄDCHEN …
DAS MÄDCHEN EBEN, WO IST SIE HIN?
WUNN
WUNN
NEIN, NEIN. DU DARFST DICH NICHT BEWEGEN!
WENN ICH DAS MAL SO SAGEN DARF: DU WURDEST ZIEMLICH HEFTIG ANGEFAHREN!
ALSO BLEIB STILL LIEGEN UND …
ALLES GUT. ICH BIN SCHON WIEDER TOPFIT.
SPRITZ
DU BIST ALLES ANDERE ALS TOPFIT! DA SPRITZT BLUT AUS DEINEM KOPF!
AUF ALLE FÄLLE MUSST DU JETZT RUHIG BLEIBEN!
SCHON BALD WIRD DER KRANKENWAGEN HIER SEIN …
DU MUSST ERST MAL IN EIN KRANKENHA …
HÖREN SIE AUF!
DENKEN SIE, DAS WÄRE JETZT DER MOMENT FÜR SO WAS?!
…
ICH DENKE SCHON, DASS DAS JETZT DER MOMENT FÜR SO WAS IST …

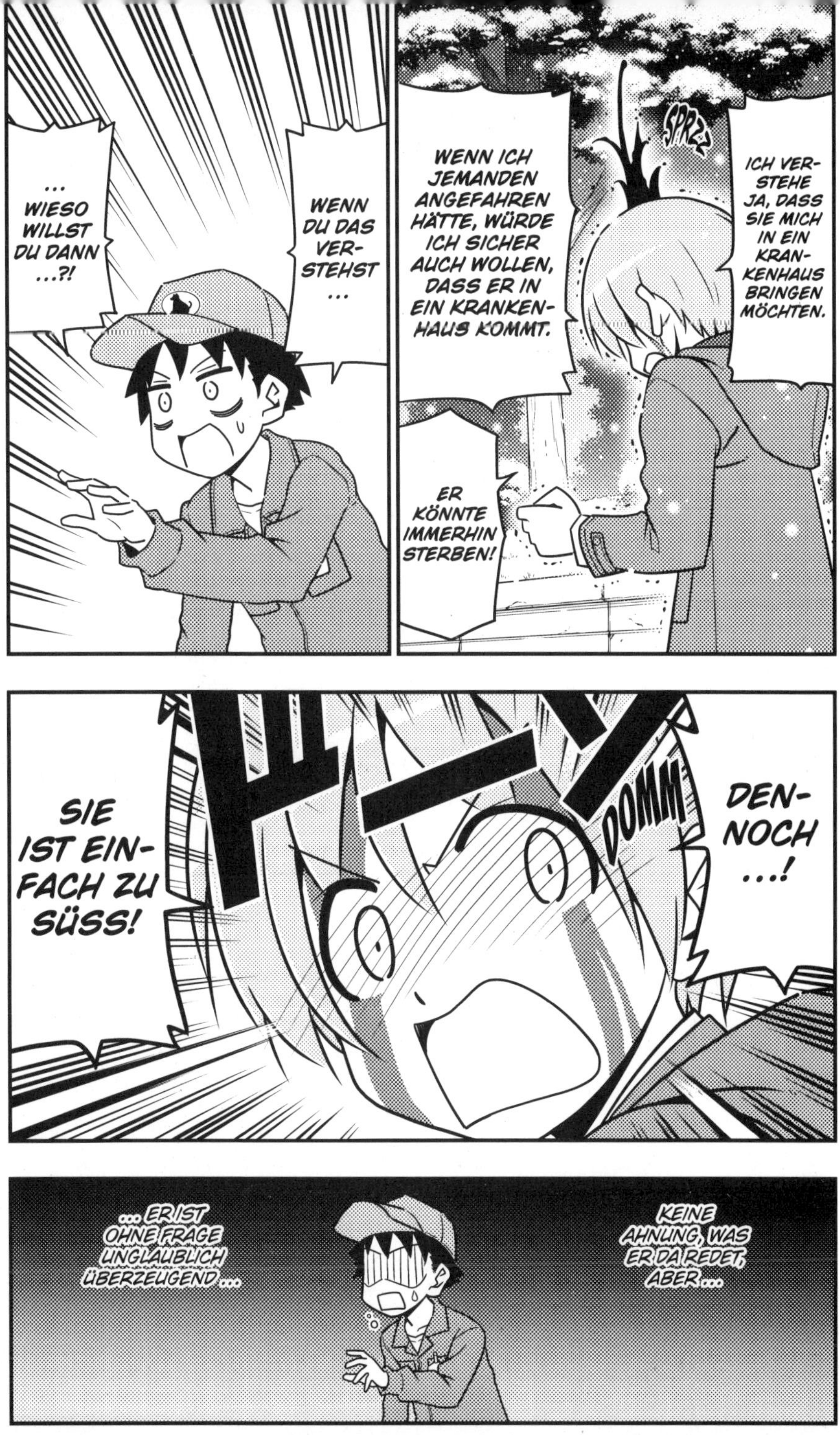
ICH VERSTEHE JA, DASS SIE MICH IN EIN KRANKENHAUS BRINGEN MÖCHTEN.
WENN ICH JEMANDEN ANGEFAHREN HÄTTE, WÜRDE ICH SICHER AUCH WOLLEN, DASS ER IN EIN KRANKENHAUS KOMMT.
ER KÖNNTE IMMERHIN STERBEN!
WENN DU DAS VERSTEHST ...
... WIESO WILLST DU DANN ...?!
DOMM
DENNOCH ...!
SIE IST EINFACH ZU SÜSS!
KEINE AHNUNG, WAS ER DA REDET, ABER ...
... ER IST OHNE FRAGE UNGLAUBLICH ÜBERZEUGEND ...

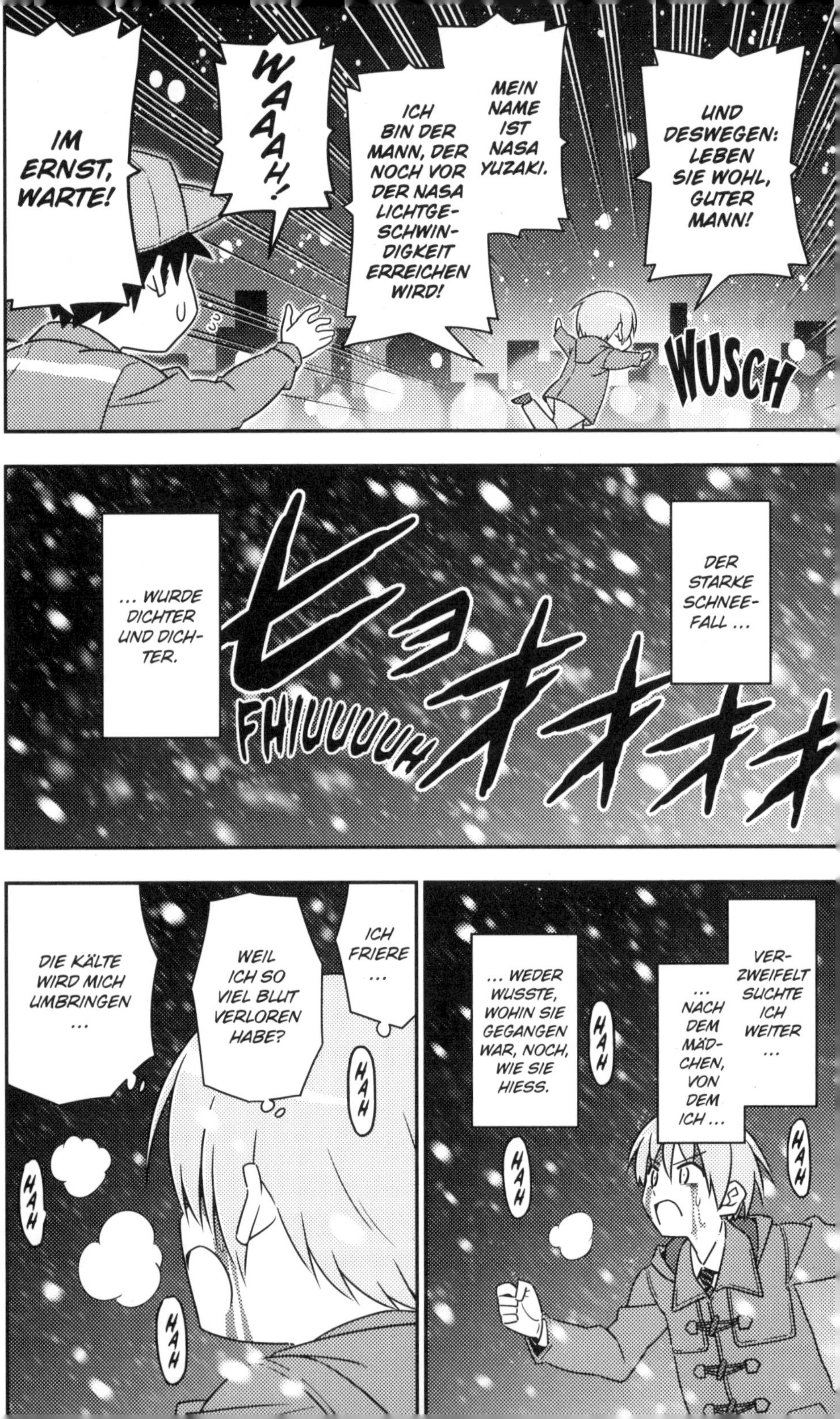
UND DESWEGEN: LEBEN SIE WOHL, GUTER MANN!
MEIN NAME IST NASA YUZAKI.
ICH BIN DER MANN, DER NOCH VOR DER NASA LICHTGESCHWINDIGKEIT ERREICHEN WIRD!
WUSCH
WAAAAH!
IM ERNST, WARTE!
DER STARKE SCHNEEFALL …
ヒョオオオ
FHIUUUUH
… WURDE DICHTER UND DICHTER.
VERZWEIFELT SUCHTE ICH WEITER …
… NACH DEM MÄDCHEN, VON DEM ICH …
… WEDER WUSSTE, WOHIN SIE GEGANGEN WAR, NOCH, WIE SIE HIESS.
HAH
HAH
HAH
ICH FRIERE …
WEIL ICH SO VIEL BLUT VERLOREN HABE?
DIE KÄLTE WIRD MICH UMBRINGEN …
HAH
HAH
HAH

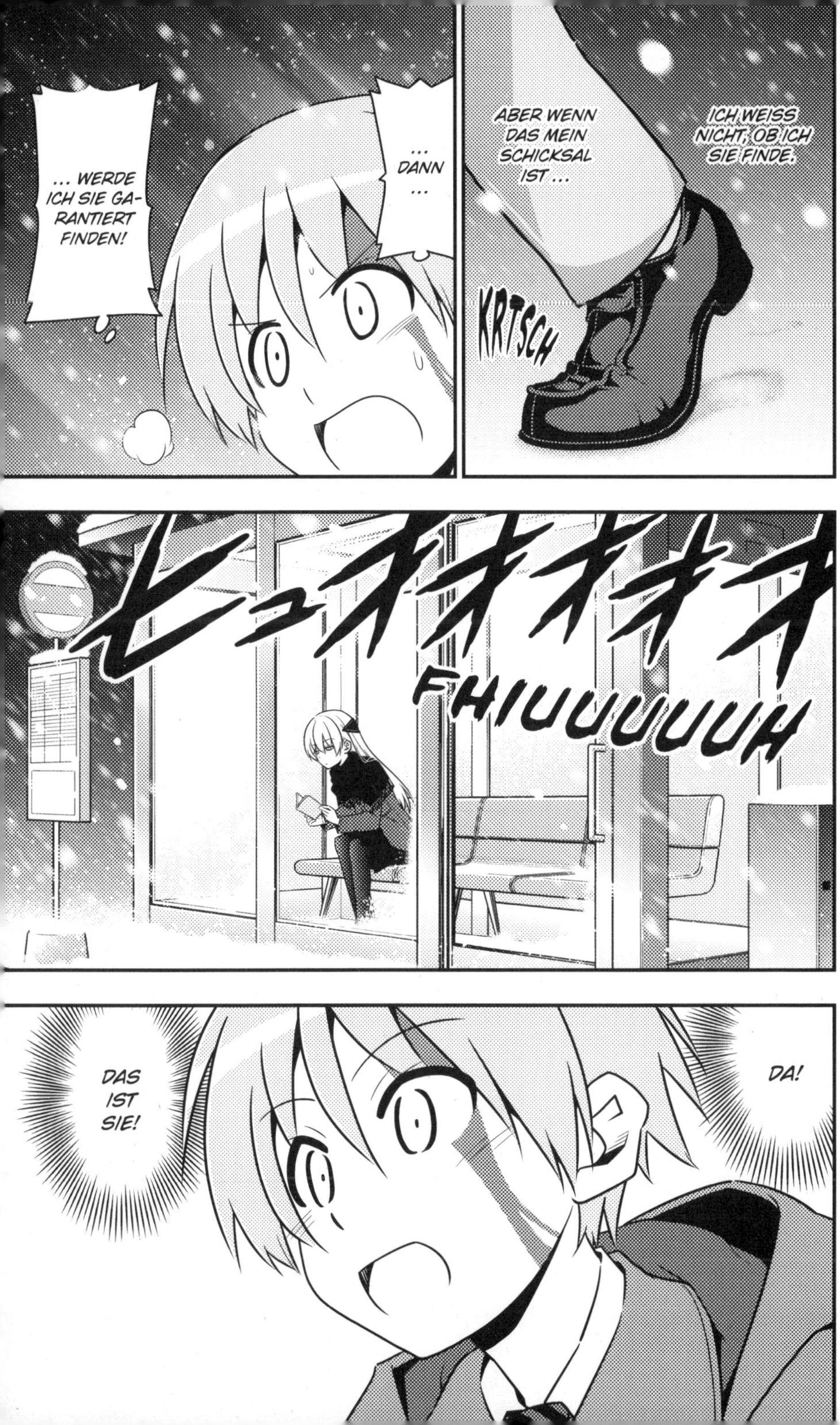
ICH WEISS NICHT, OB ICH SIE FINDE.
ABER WENN DAS MEIN SCHICKSAL IST ...
KRTSCH
... DANN ...
... WERDE ICH SIE GA-RANTIERT FINDEN!
ヒュオオオオオ
FHIUUUUUUUH
DA!
DAS IST SIE!

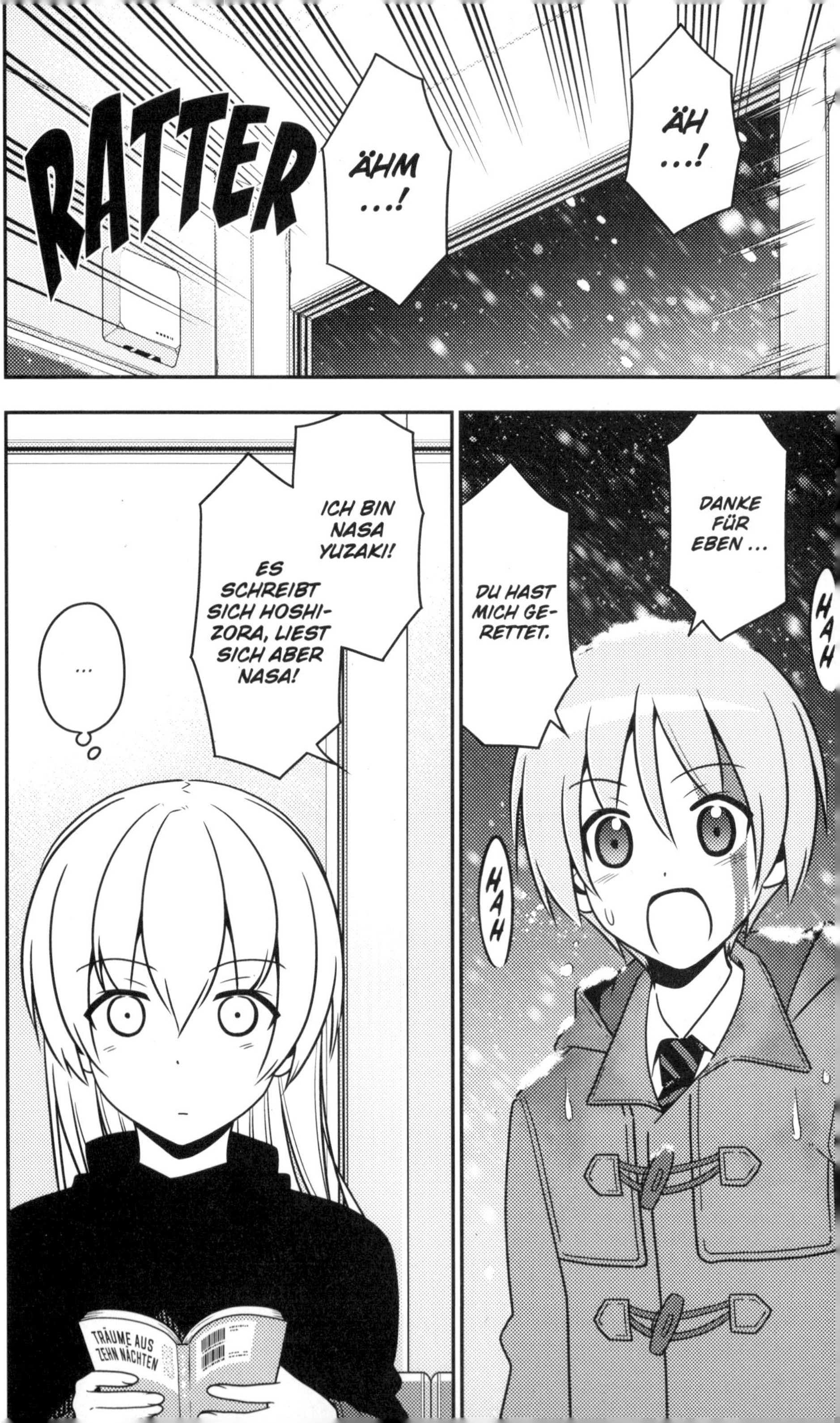
RATTER
ÄH ...!
ÄHM ...!
DANKE FÜR EBEN ...
HAH HAH
DU HAST MICH GE-RETTET.
HAH HAH
ICH BIN NASA YUZAKI!
ES SCHREIBT SICH HOSHI-ZORA, LIEST SICH ABER NASA!
...
TRÄUME AUS ZEHN NÄCHTEN

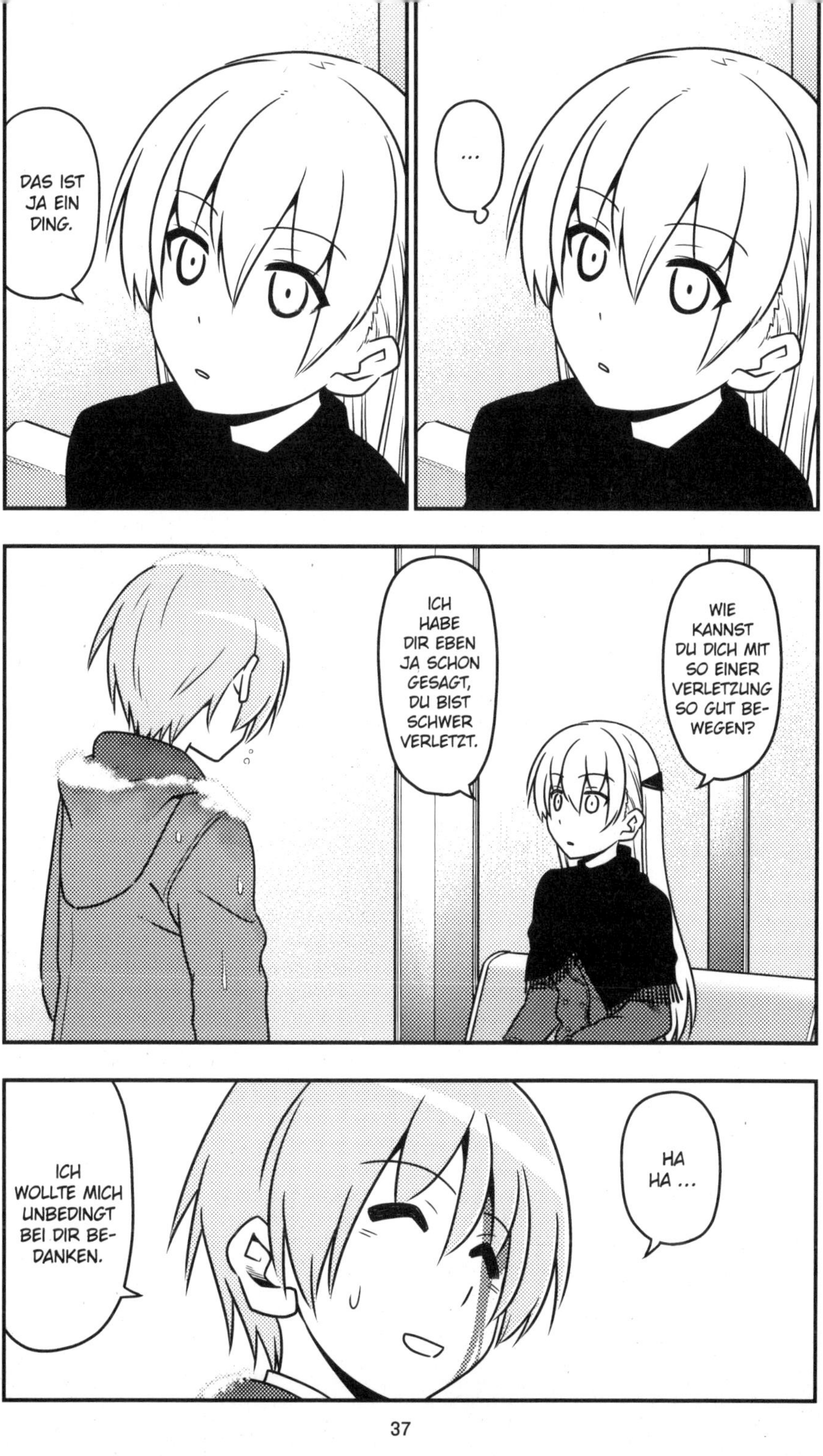
…
DAS IST JA EIN DING.
WIE KANNST DU DICH MIT SO EINER VERLETZUNG SO GUT BEWEGEN?
ICH HABE DIR EBEN JA SCHON GESAGT, DU BIST SCHWER VERLETZT.
HA HA …
ICH WOLLTE MICH UNBEDINGT BEI DIR BEDANKEN.

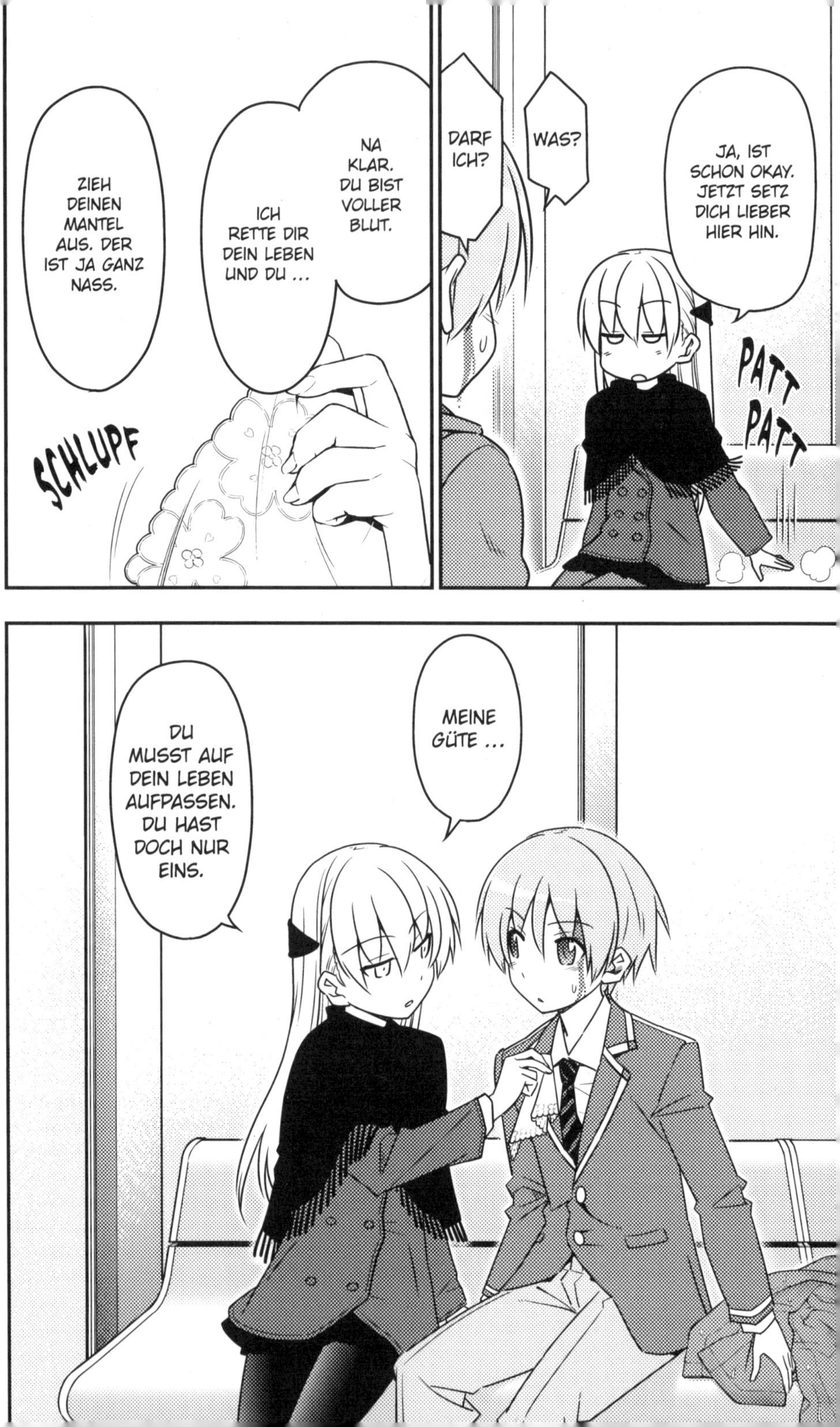

JA, IST SCHON OKAY. JETZT SETZ DICH LIEBER HIER HIN.
PATT PATT
WAS?
DARF ICH?
NA KLAR. DU BIST VOLLER BLUT.
ICH RETTE DIR DEIN LEBEN UND DU …
ZIEH DEINEN MANTEL AUS. DER IST JA GANZ NASS.
SCHLUPF
MEINE GÜTE …
DU MUSST AUF DEIN LEBEN AUFPASSEN. DU HAST DOCH NUR EINS.

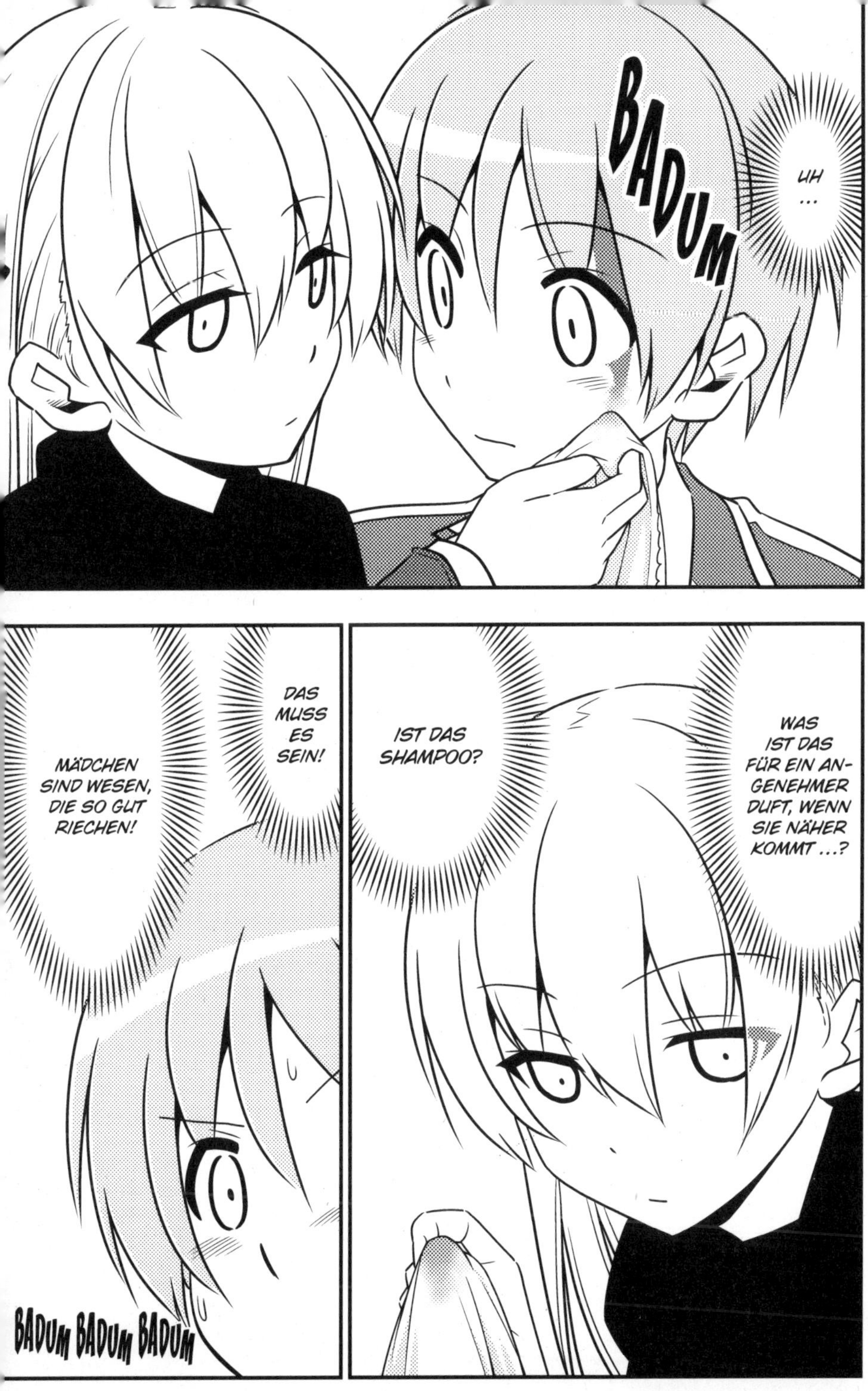
BADUM
UH …
WAS IST DAS FÜR EIN ANGENEHMER DUFT, WENN SIE NÄHER KOMMT …?
IST DAS SHAMPOO?
DAS MUSS ES SEIN!
MÄDCHEN SIND WESEN, DIE SO GUT RIECHEN!
BADUM BADUM BADUM

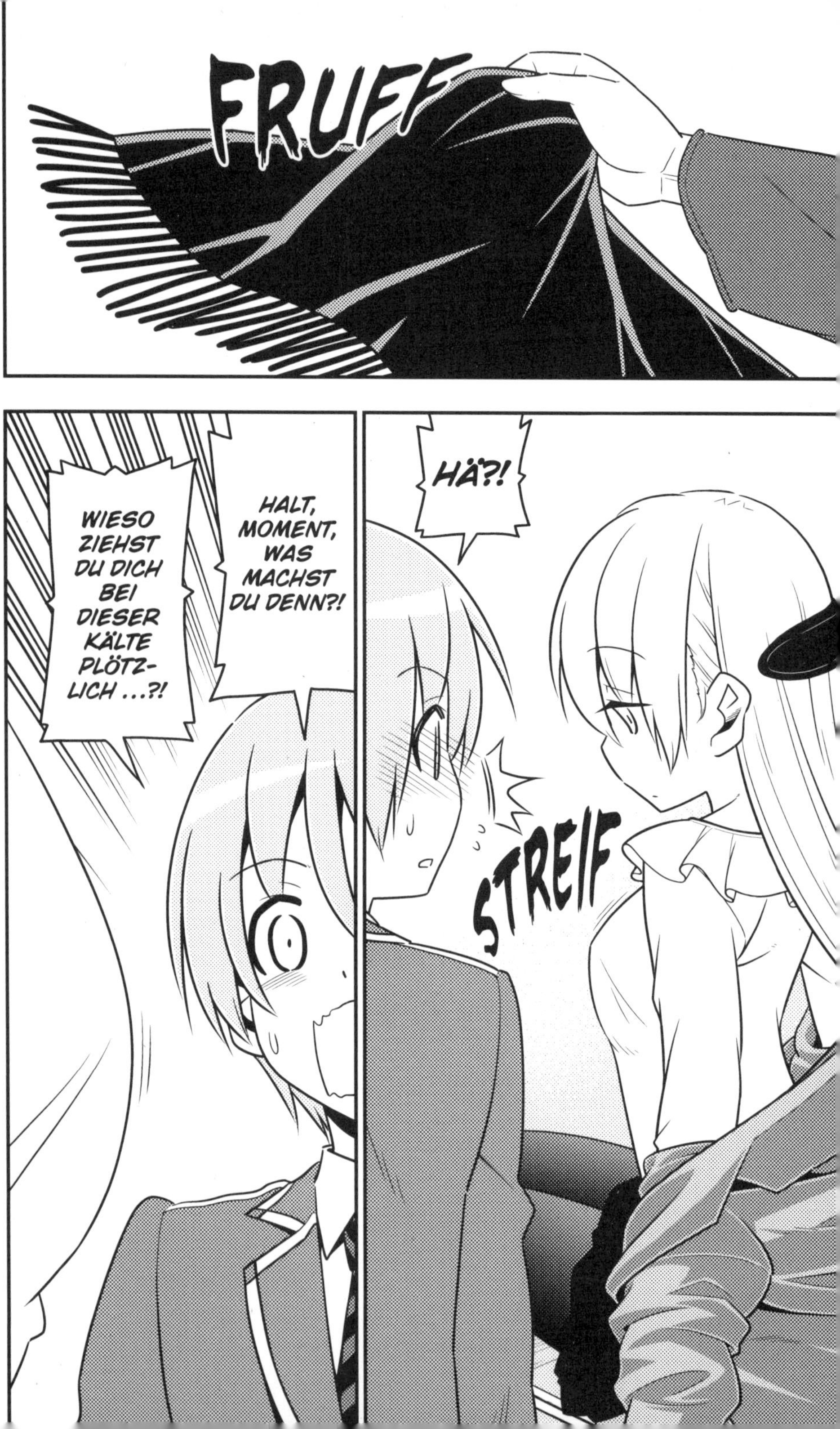
FRUFF
HÄ?!
STREIF
HALT, MOMENT, WAS MACHST DU DENN?!
WIESO ZIEHST DU DICH BEI DIESER KÄLTE PLÖTZLICH ...?!

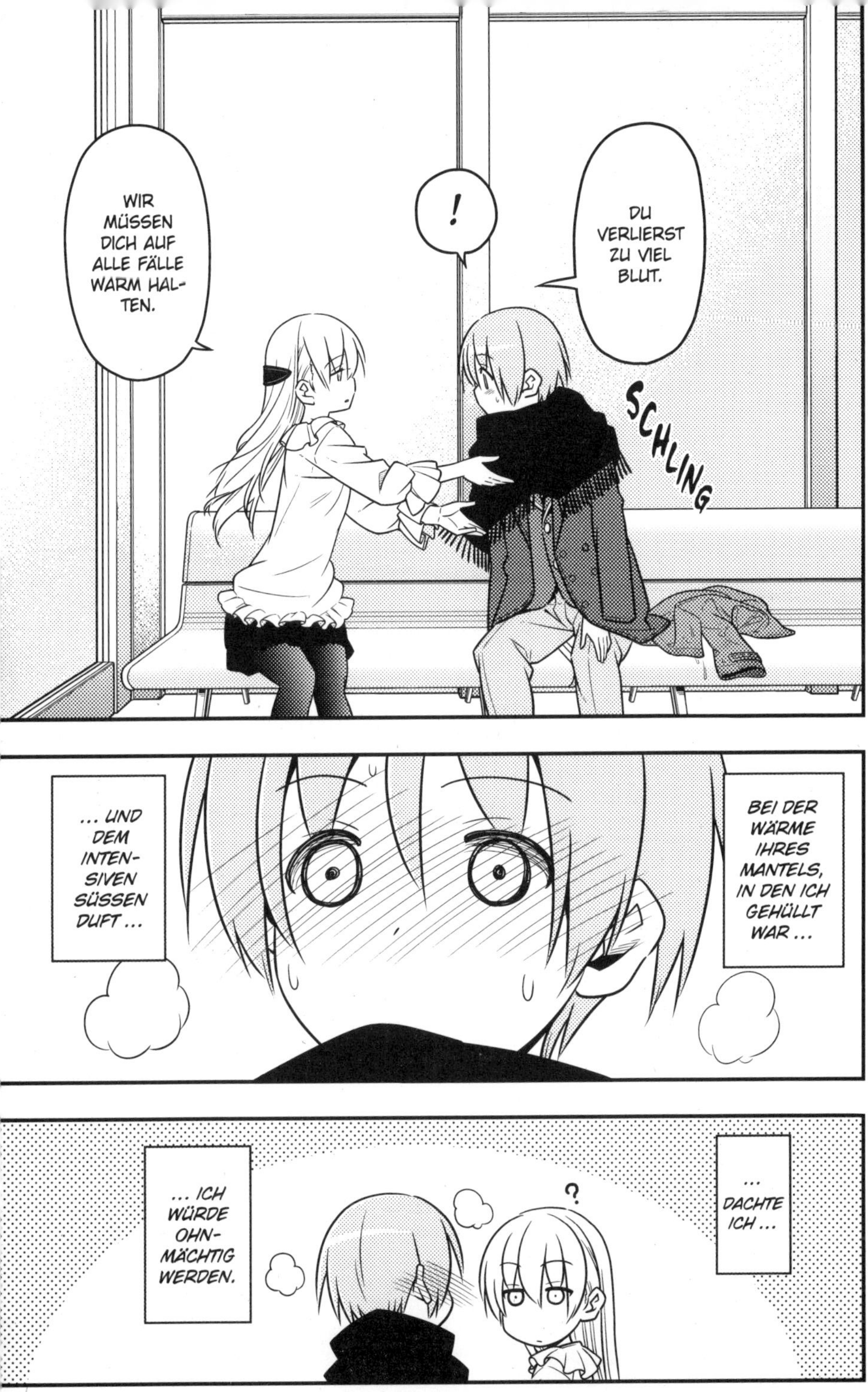
DU VERLIERST ZU VIEL BLUT.
!
WIR MÜSSEN DICH AUF ALLE FÄLLE WARM HAL-TEN.
SCHLING
BEI DER WÄRME IHRES MANTELS, IN DEN ICH GEHÜLLT WAR …
… UND DEM INTEN-SIVEN SÜSSEN DUFT …
… DACHTE ICH …
… ICH WÜRDE OHN-MÄCHTIG WERDEN.
?

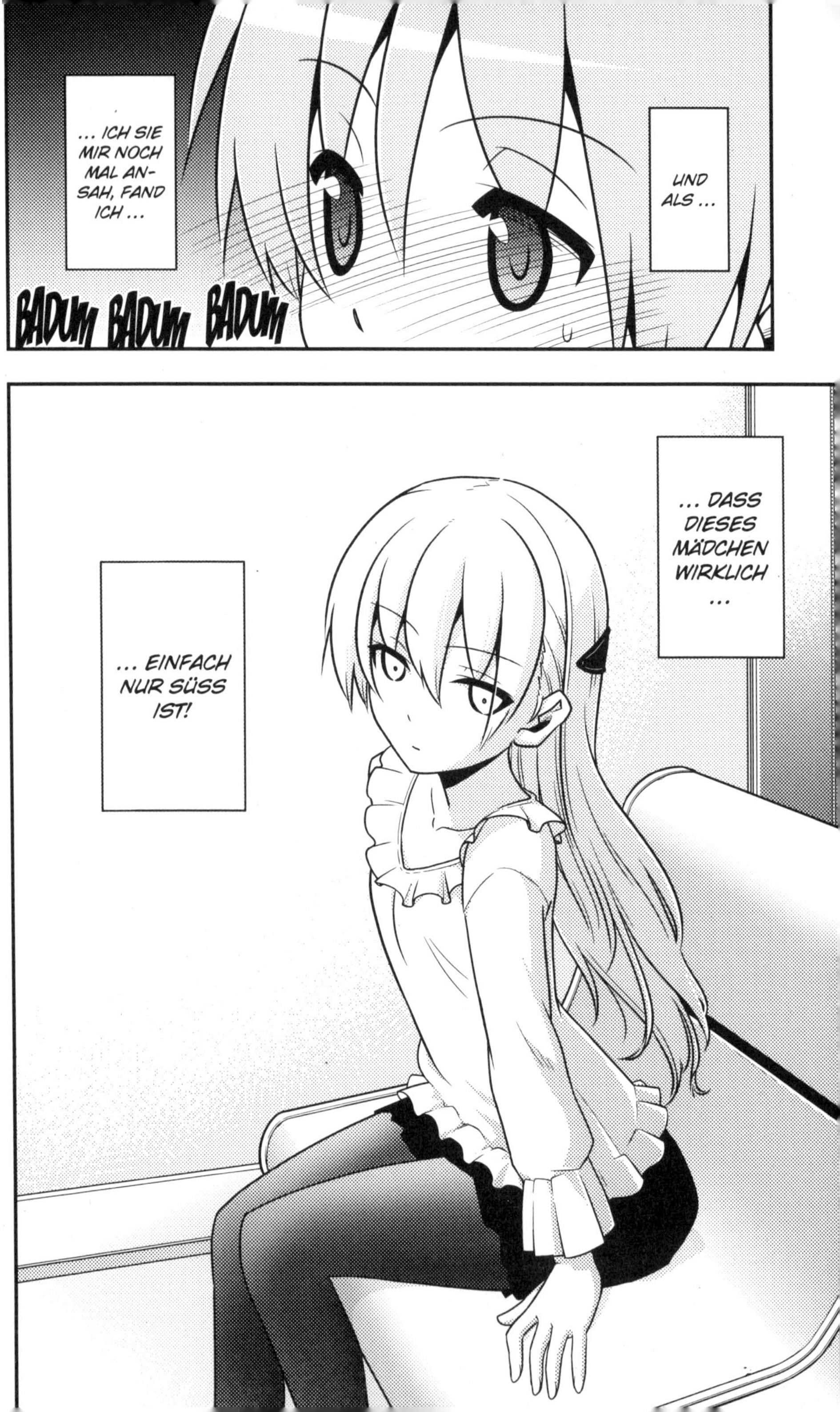
UND ALS …
… ICH SIE MIR NOCH MAL AN-SAH, FAND ICH …
BADUM BADUM BADUM
… DASS DIESES MÄDCHEN WIRKLICH …
… EINFACH NUR SÜSS IST!

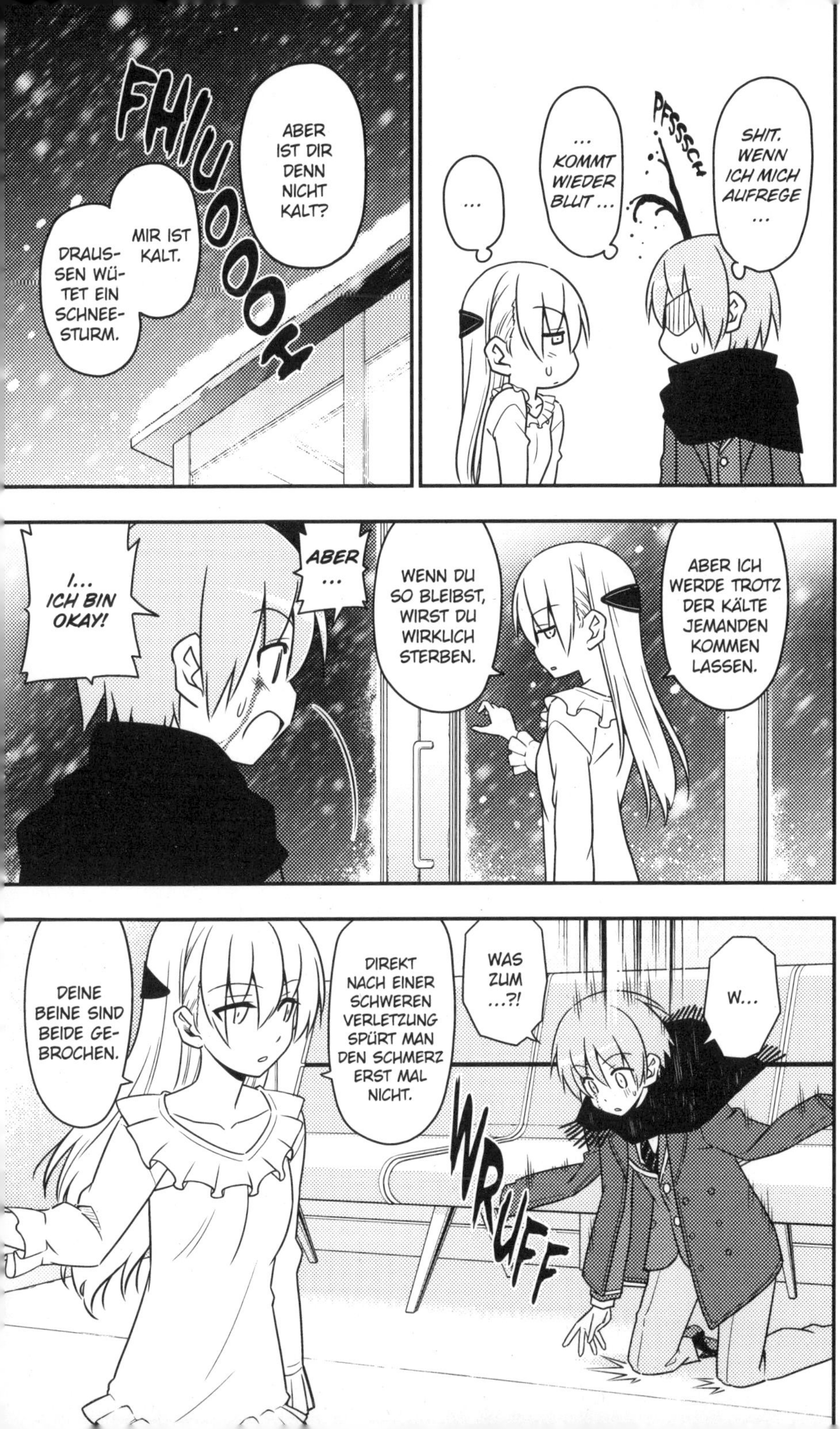
SHIT. WENN ICH MICH AUFREGE …
PFSSSCH
… KOMMT WIEDER BLUT …
…
ABER IST DIR DENN NICHT KALT?
FHIUOOOOH
MIR IST KALT.
DRAUS-SEN WÜTET EIN SCHNEE-STURM.
ABER ICH WERDE TROTZ DER KÄLTE JEMANDEN KOMMEN LASSEN.
WENN DU SO BLEIBST, WIRST DU WIRKLICH STERBEN.
ABER …
I… ICH BIN OKAY!
W…
WAS ZUM …?!
WRUFF
DIREKT NACH EINER SCHWEREN VERLETZUNG SPÜRT MAN DEN SCHMERZ ERST MAL NICHT.
DEINE BEINE SIND BEIDE GE-BROCHEN.

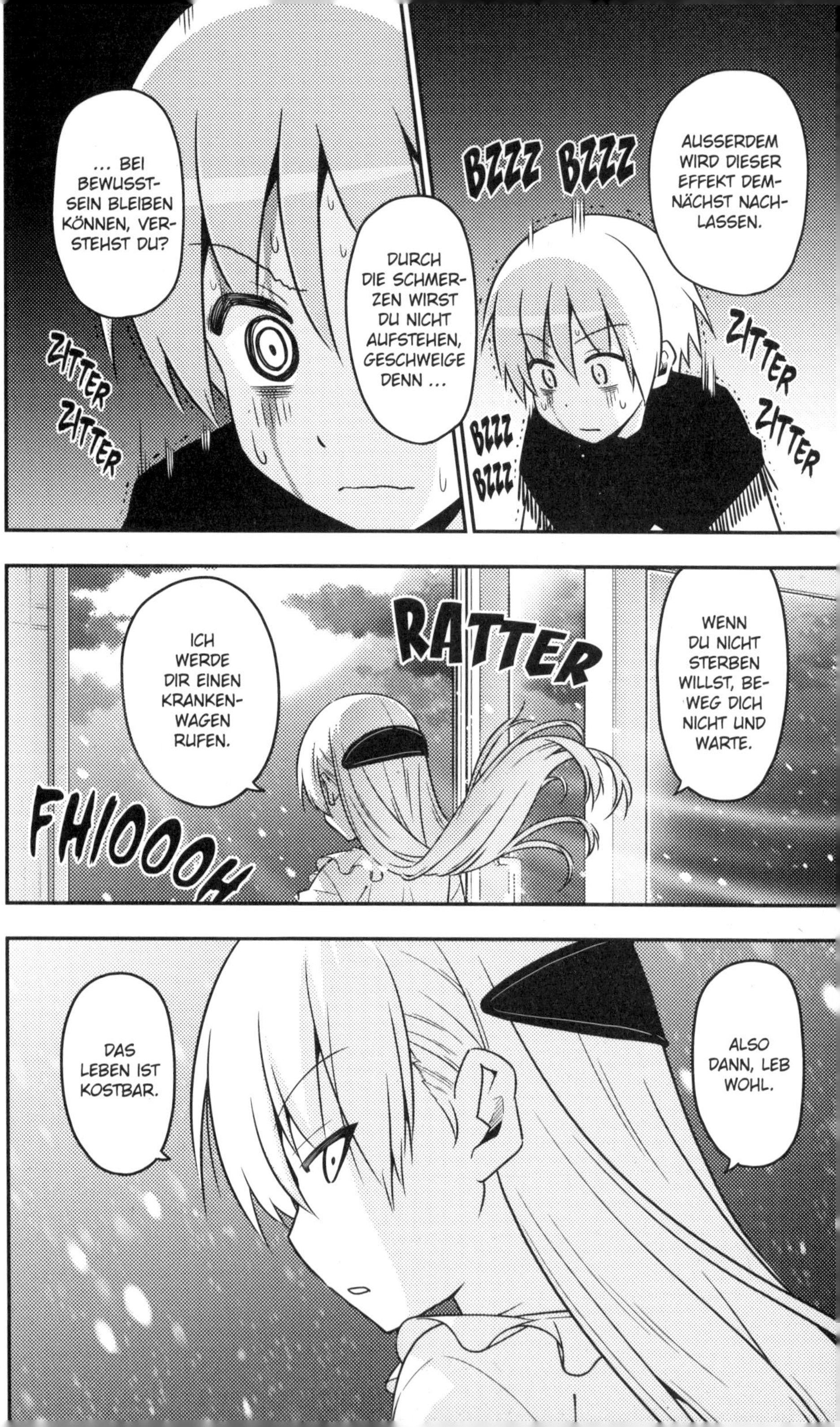
AUSSERDEM WIRD DIESER EFFEKT DEM-NÄCHST NACH-LASSEN.
BZZZ BZZZ
ZITTER ZITTER
BZZZ BZZZ
DURCH DIE SCHMER-ZEN WIRST DU NICHT AUFSTEHEN, GESCHWEIGE DENN …
… BEI BEWUSST-SEIN BLEIBEN KÖNNEN, VER-STEHST DU?
ZITTER ZITTER
WENN DU NICHT STERBEN WILLST, BE-WEG DICH NICHT UND WARTE.
RATTER
ICH WERDE DIR EINEN KRANKEN-WAGEN RUFEN.
FHIOOOH
ALSO DANN, LEB WOHL.
DAS LEBEN IST KOSTBAR.

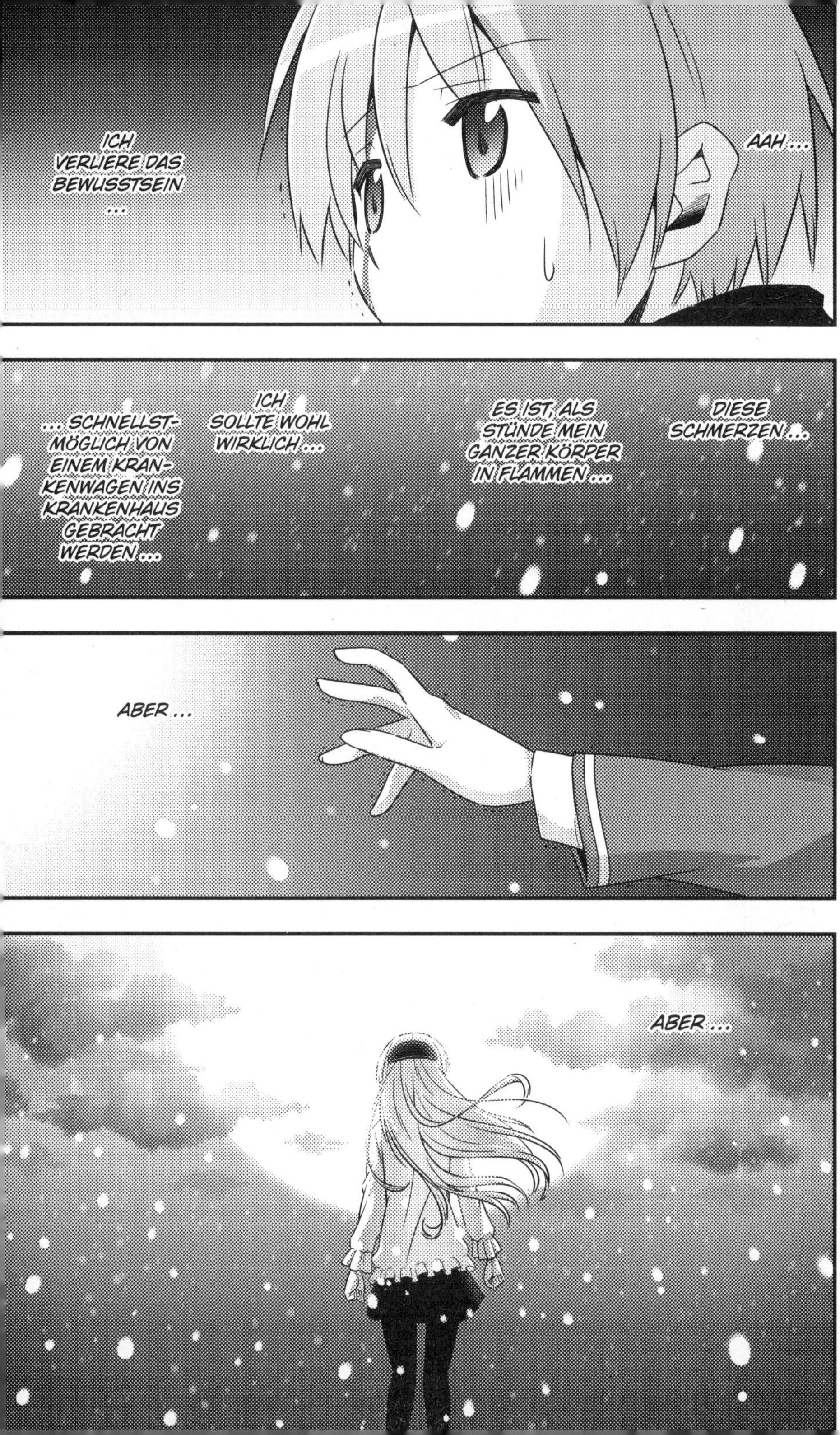
AAH …
ICH VERLIERE DAS BEWUSSTSEIN …
DIESE SCHMERZEN …
ES IST, ALS STÜNDE MEIN GANZER KÖRPER IN FLAMMEN …
ICH SOLLTE WOHL WIRKLICH …
… SCHNELLST-MÖGLICH VON EINEM KRAN-KENWAGEN INS KRANKENHAUS GEBRACHT WERDEN …
ABER …
ABER …

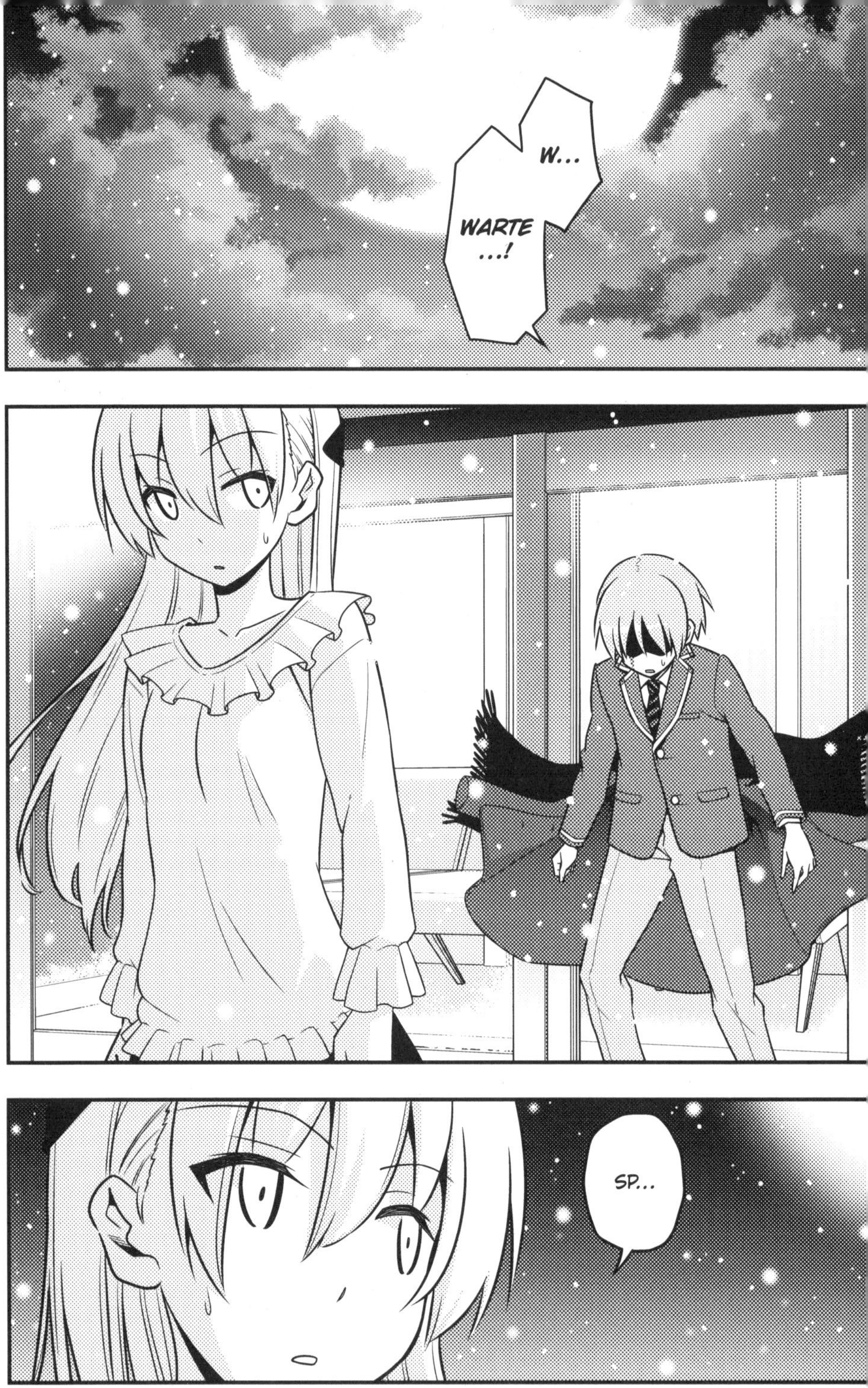
W...
WARTE ...!
SP...

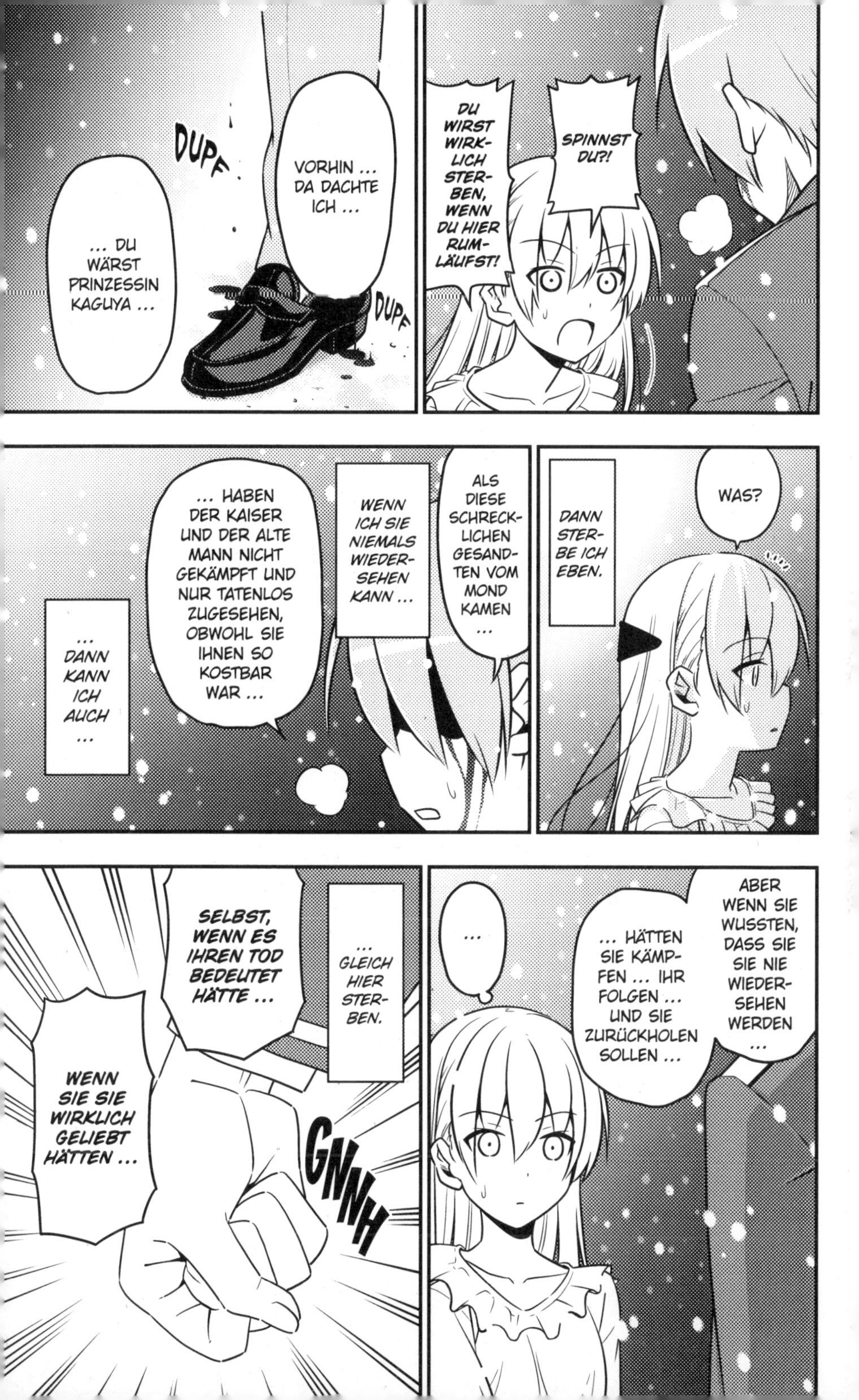
SPINNST DU?!
DU WIRST WIRKLICH STERBEN, WENN DU HIER RUMLÄUFST!
DUPF
VORHIN … DA DACHTE ICH …
… DU WÄRST PRINZESSIN KAGUYA …
DUPF
WAS?
DANN STERBE ICH EBEN.
ALS DIESE SCHRECKLICHEN GESANDTEN VOM MOND KAMEN …
WENN ICH SIE NIEMALS WIEDERSEHEN KANN …
… HABEN DER KAISER UND DER ALTE MANN NICHT GEKÄMPFT UND NUR TATENLOS ZUGESEHEN, OBWOHL SIE IHNEN SO KOSTBAR WAR …
… DANN KANN ICH AUCH …
ABER WENN SIE WUSSTEN, DASS SIE SIE NIE WIEDERSEHEN WERDEN …
… HÄTTEN SIE KÄMPFEN … IHR FOLGEN … UND SIE ZURÜCKHOLEN SOLLEN …
…
… GLEICH HIER STERBEN.
SELBST, WENN ES IHREN TOD BEDEUTET HÄTTE …
WENN SIE SIE WIRKLICH GELIEBT HÄTTEN …
GNNH

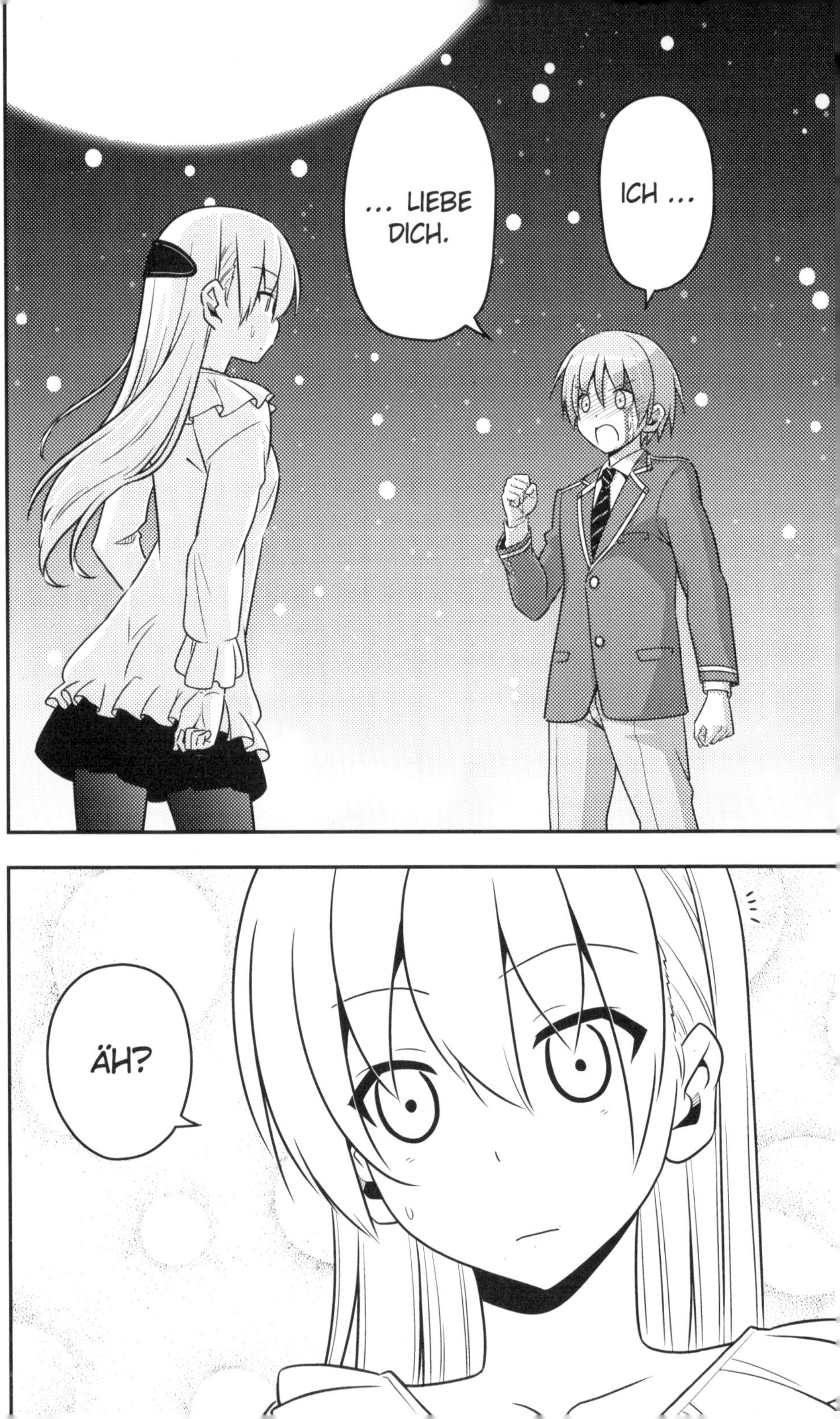
ICH …
… LIEBE DICH.
ÄH?

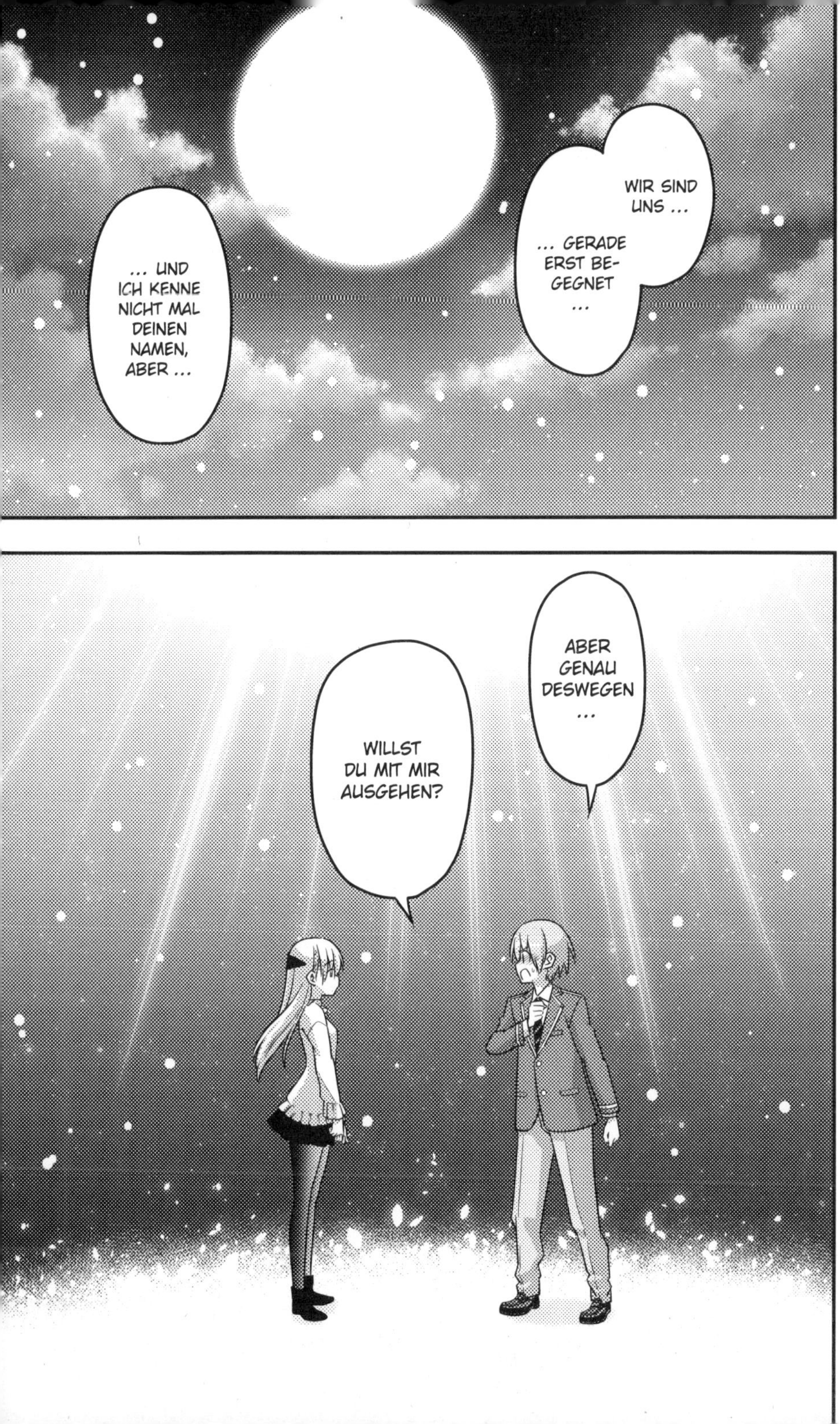
WIR SIND UNS …
… GERADE ERST BEGEGNET …
… UND ICH KENNE NICHT MAL DEINEN NAMEN, ABER …
ABER GENAU DESWEGEN …
WILLST DU MIT MIR AUSGEHEN?

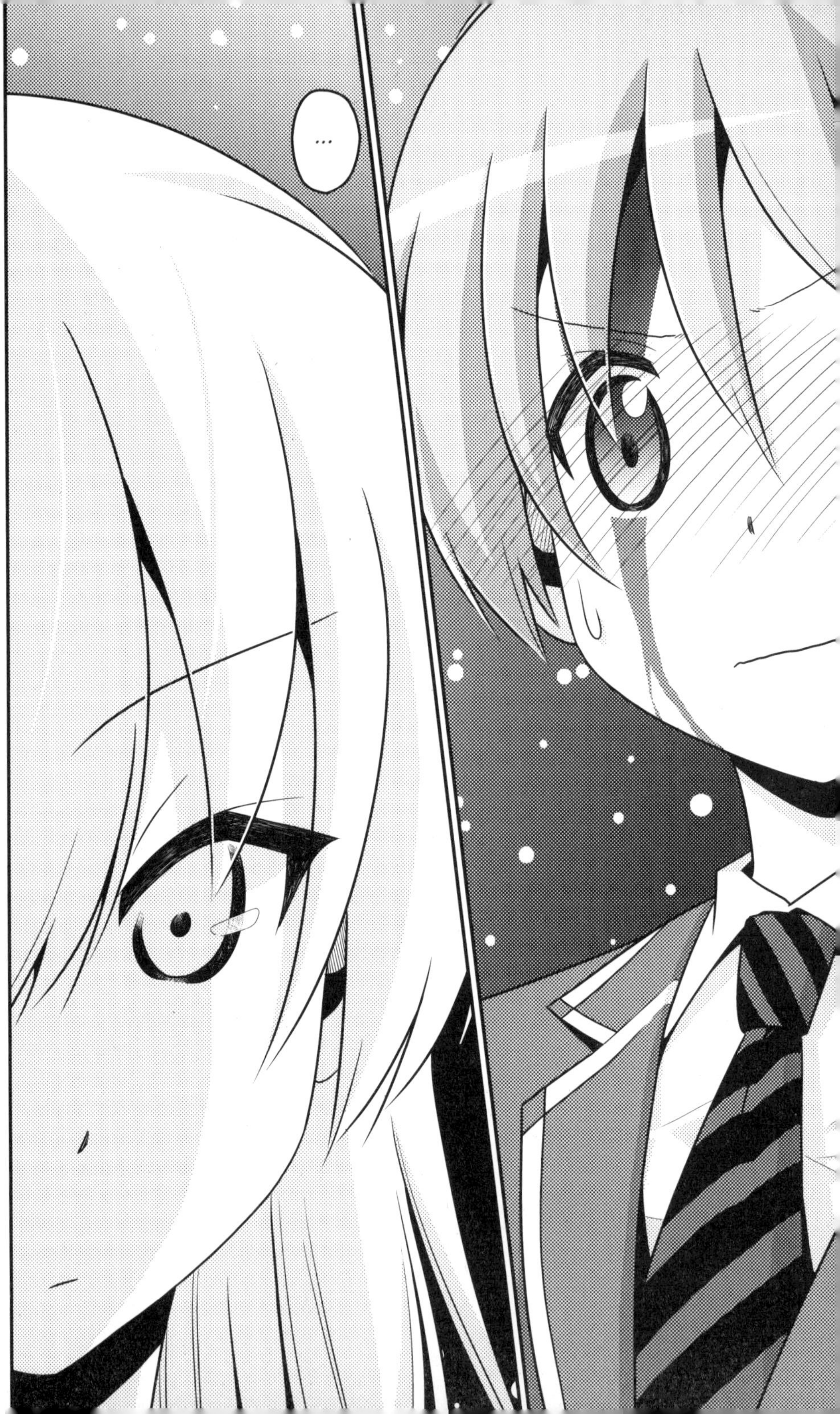

SSST
KRTSCH
MEINET-
WEGEN.

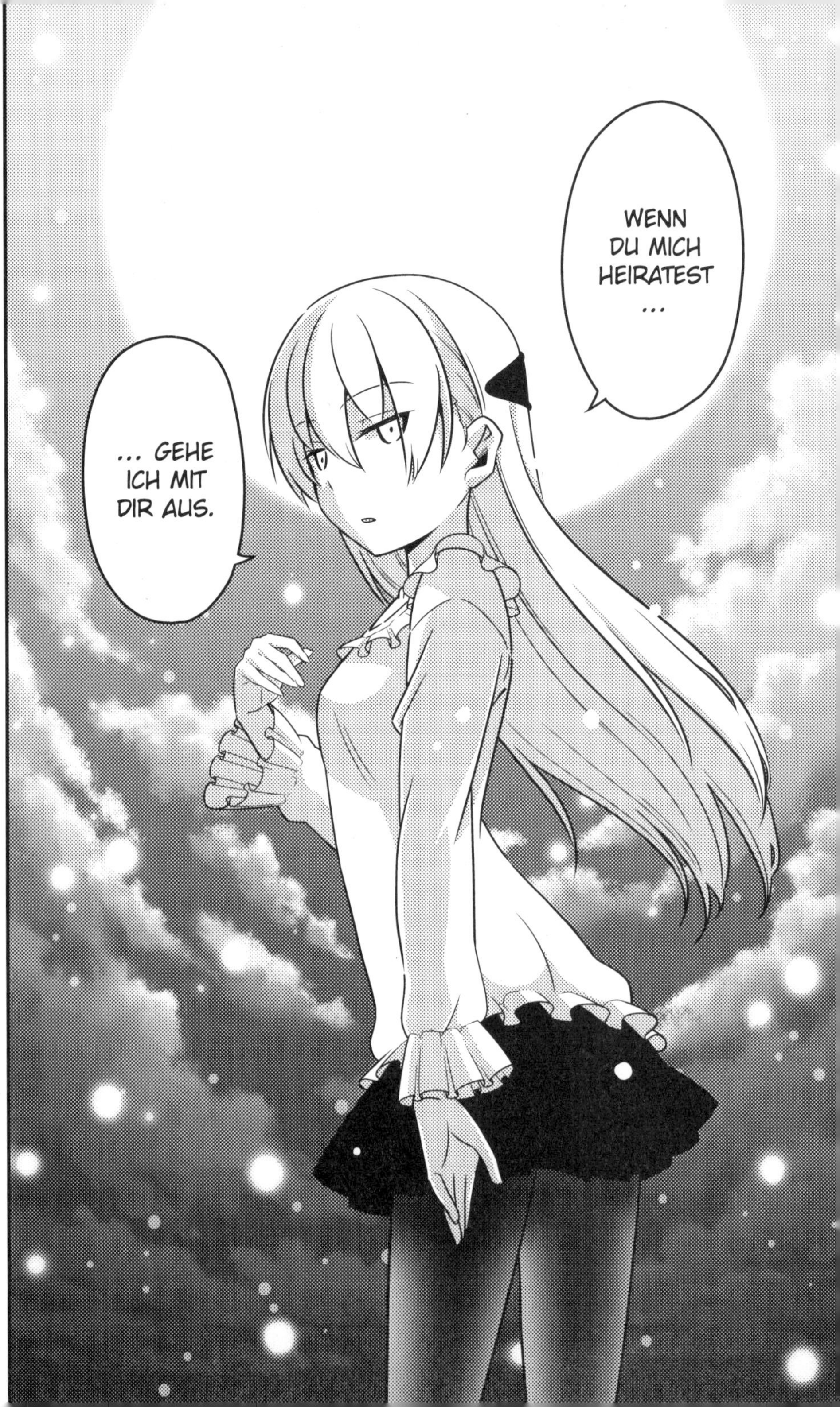

WENN DU MICH HEIRATEST …
… GEHE ICH MIT DIR AUS.

AUF MEINE …
… PROMPTE ANTWORT IN DIESEM MOMENT WERDE ICH NOCH …
… MEIN LEBEN LANG …
… STOLZ SEIN.
JA!
SEHR GERNE!

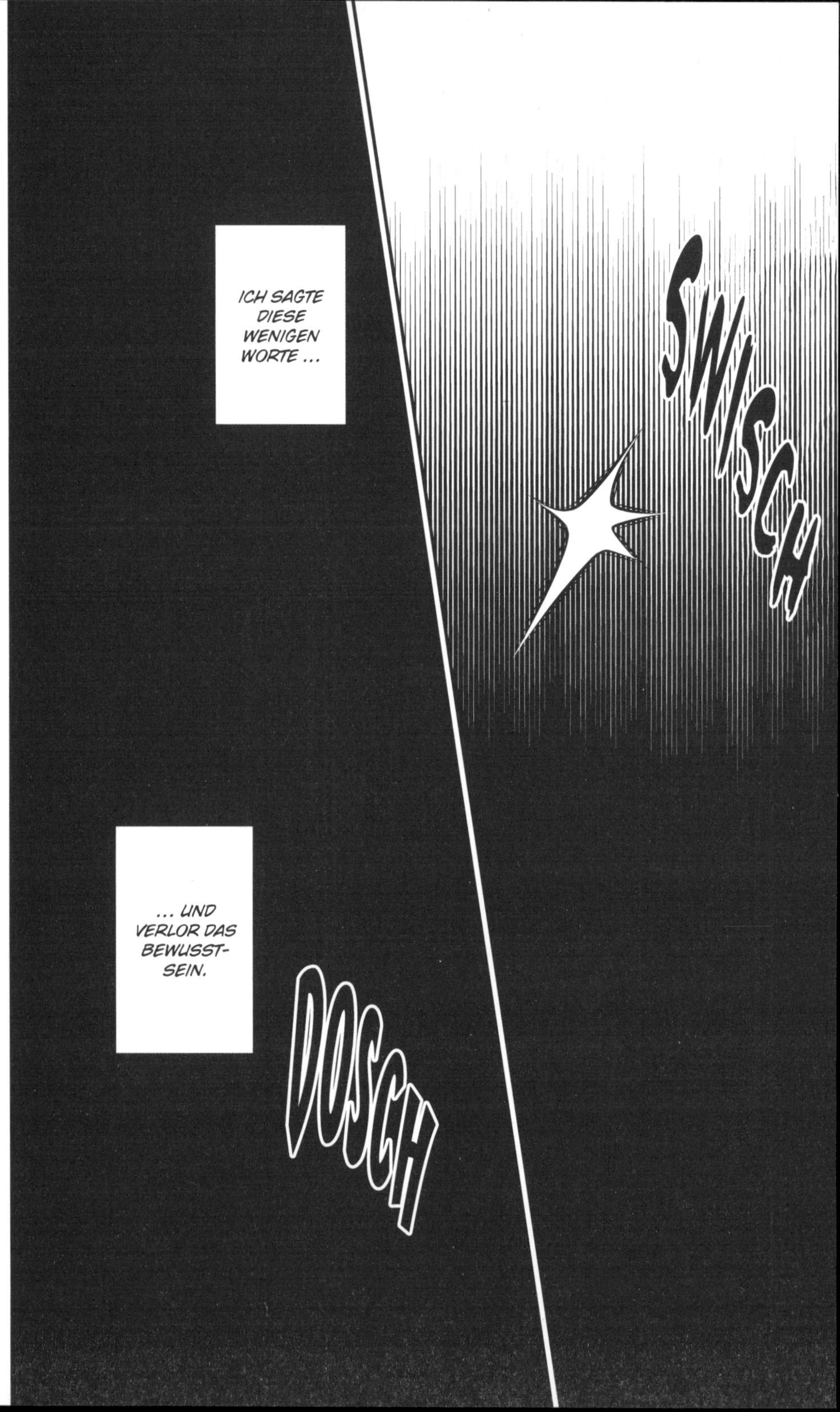
SWISCH
ICH SAGTE DIESE WENIGEN WORTE ...
... UND VERLOR DAS BEWUSST-SEIN.
DOSCH

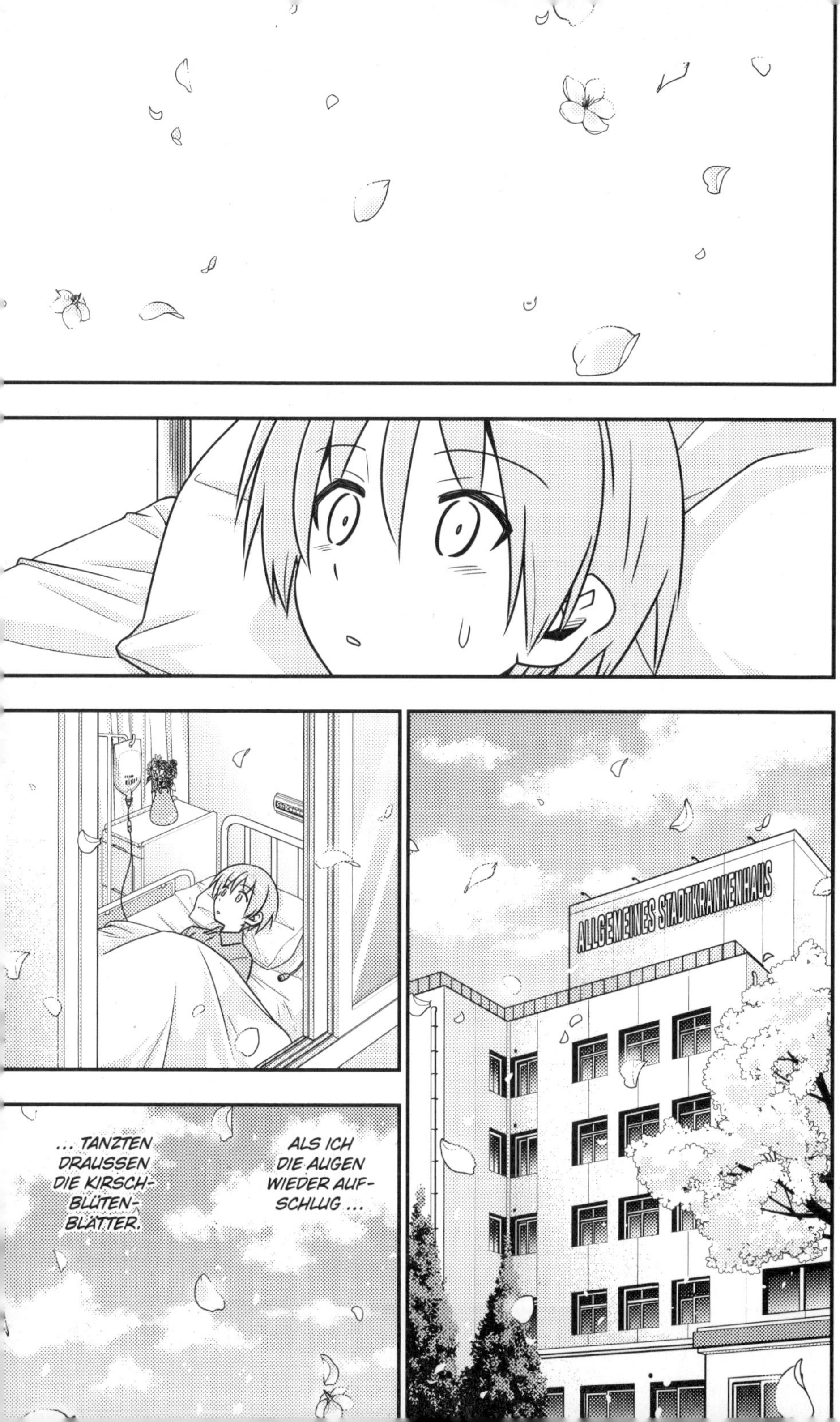
ALLGEMEINES STADTKRANKENHAUS
ALS ICH DIE AUGEN WIEDER AUFSCHLUG ...
... TANZTEN DRAUSSEN DIE KIRSCHBLÜTENBLÄTTER.

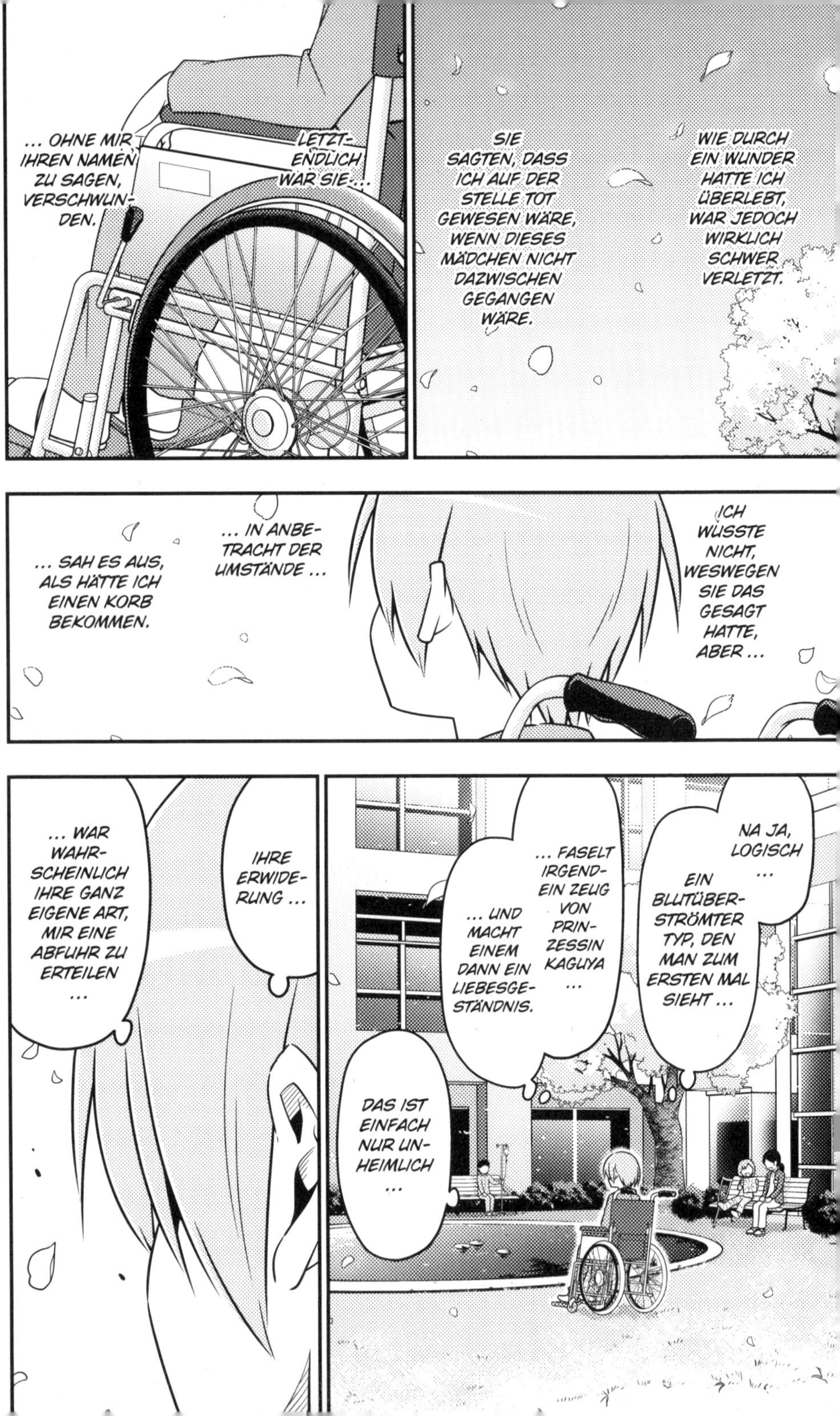
WIE DURCH EIN WUNDER HATTE ICH ÜBERLEBT, WAR JEDOCH WIRKLICH SCHWER VERLETZT.
SIE SAGTEN, DASS ICH AUF DER STELLE TOT GEWESEN WÄRE, WENN DIESES MÄDCHEN NICHT DAZWISCHEN GEGANGEN WÄRE.
LETZTENDLICH WAR SIE ...
... OHNE MIR IHREN NAMEN ZU SAGEN, VERSCHWUNDEN.
ICH WUSSTE NICHT, WESWEGEN SIE DAS GESAGT HATTE, ABER ...
... IN ANBETRACHT DER UMSTÄNDE ...
... SAH ES AUS, ALS HÄTTE ICH EINEN KORB BEKOMMEN.
NA JA, LOGISCH ...
EIN BLUTÜBERSTRÖMTER TYP, DEN MAN ZUM ERSTEN MAL SIEHT ...
... FASELT IRGENDEIN ZEUG VON PRINZESSIN KAGUYA ...
... UND MACHT EINEM DANN EIN LIEBESGESTÄNDNIS.
DAS IST EINFACH NUR UNHEIMLICH ...
IHRE ERWIDERUNG ...
... WAR WAHRSCHEINLICH IHRE GANZ EIGENE ART, MIR EINE ABFUHR ZU ERTEILEN ...

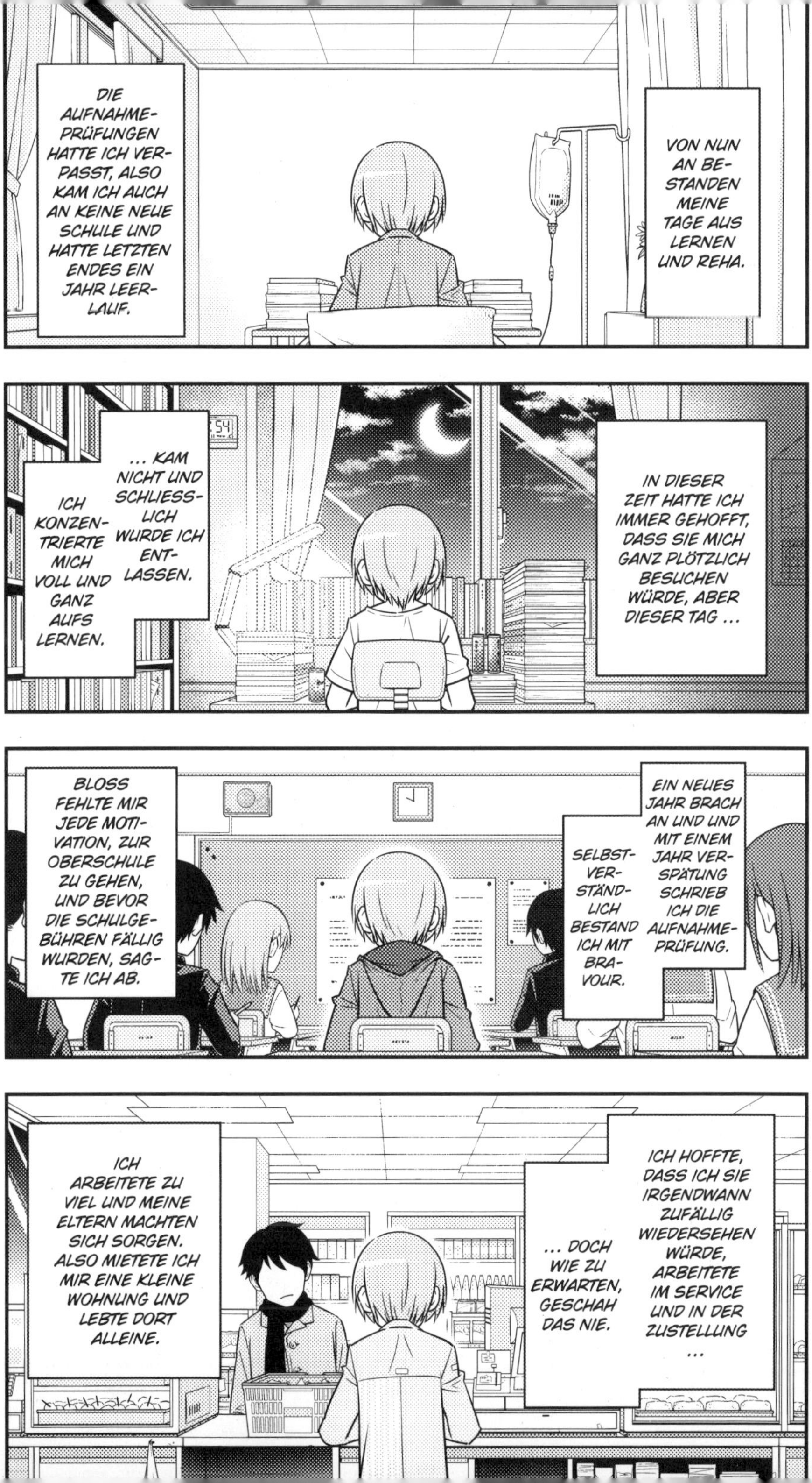

VON NUN AN BESTANDEN MEINE TAGE AUS LERNEN UND REHA.
DIE AUFNAHMEPRÜFUNGEN HATTE ICH VERPASST, ALSO KAM ICH AUCH AN KEINE NEUE SCHULE UND HATTE LETZTEN ENDES EIN JAHR LEERLAUF.
IN DIESER ZEIT HATTE ICH IMMER GEHOFFT, DASS SIE MICH GANZ PLÖTZLICH BESUCHEN WÜRDE, ABER DIESER TAG …
… KAM NICHT UND SCHLIESSLICH WURDE ICH ENTLASSEN.
ICH KONZENTRIERTE MICH VOLL UND GANZ AUFS LERNEN.
EIN NEUES JAHR BRACH AN UND UND MIT EINEM JAHR VERSPÄTUNG SCHRIEB ICH DIE AUFNAHMEPRÜFUNG.
SELBSTVERSTÄNDLICH BESTAND ICH MIT BRAVOUR.
BLOSS FEHLTE MIR JEDE MOTIVATION, ZUR OBERSCHULE ZU GEHEN, UND BEVOR DIE SCHULGEBÜHREN FÄLLIG WURDEN, SAGTE ICH AB.
ICH HOFFTE, DASS ICH SIE IRGENDWANN ZUFÄLLIG WIEDERSEHEN WÜRDE, ARBEITETE IM SERVICE UND IN DER ZUSTELLUNG …
… DOCH WIE ZU ERWARTEN, GESCHAH DAS NIE.
ICH ARBEITETE ZU VIEL UND MEINE ELTERN MACHTEN SICH SORGEN. ALSO MIETETE ICH MIR EINE KLEINE WOHNUNG UND LEBTE DORT ALLEINE.

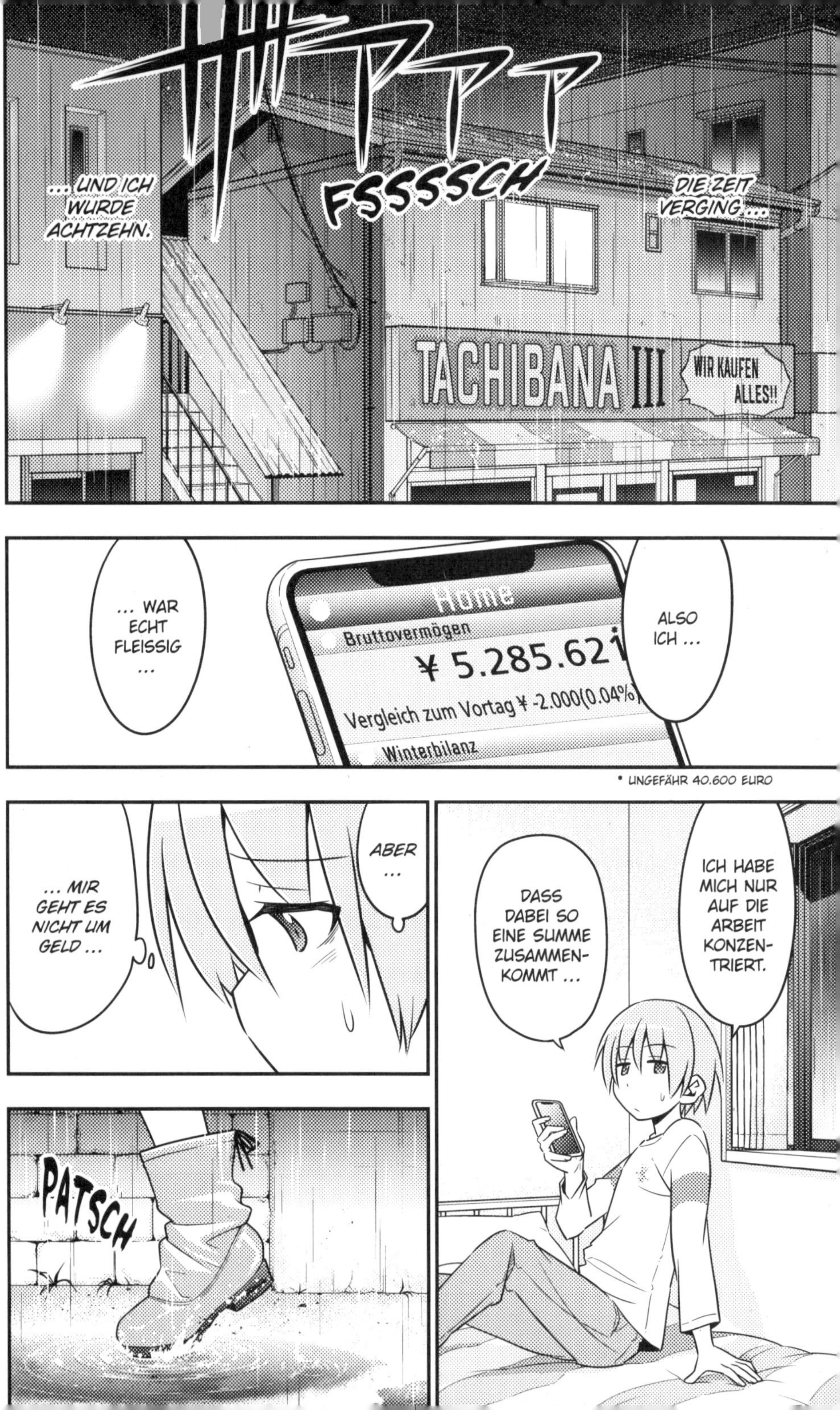

FSSSSCH
DIE ZEIT VERGING …
… UND ICH WURDE ACHTZEHN.
TACHIBANA III
WIR KAUFEN ALLES!!
ALSO ICH …
Home
Bruttovermögen
¥ 5.285.621*
Vergleich zum Vortag ¥ -2.000(0.04%)
Winterbilanz
… WAR ECHT FLEISSIG …
* UNGEFÄHR 40.600 EURO
ICH HABE MICH NUR AUF DIE ARBEIT KONZENTRIERT.
DASS DABEI SO EINE SUMME ZUSAMMENKOMMT …
ABER …
… MIR GEHT ES NICHT UM GELD …
PATSCH

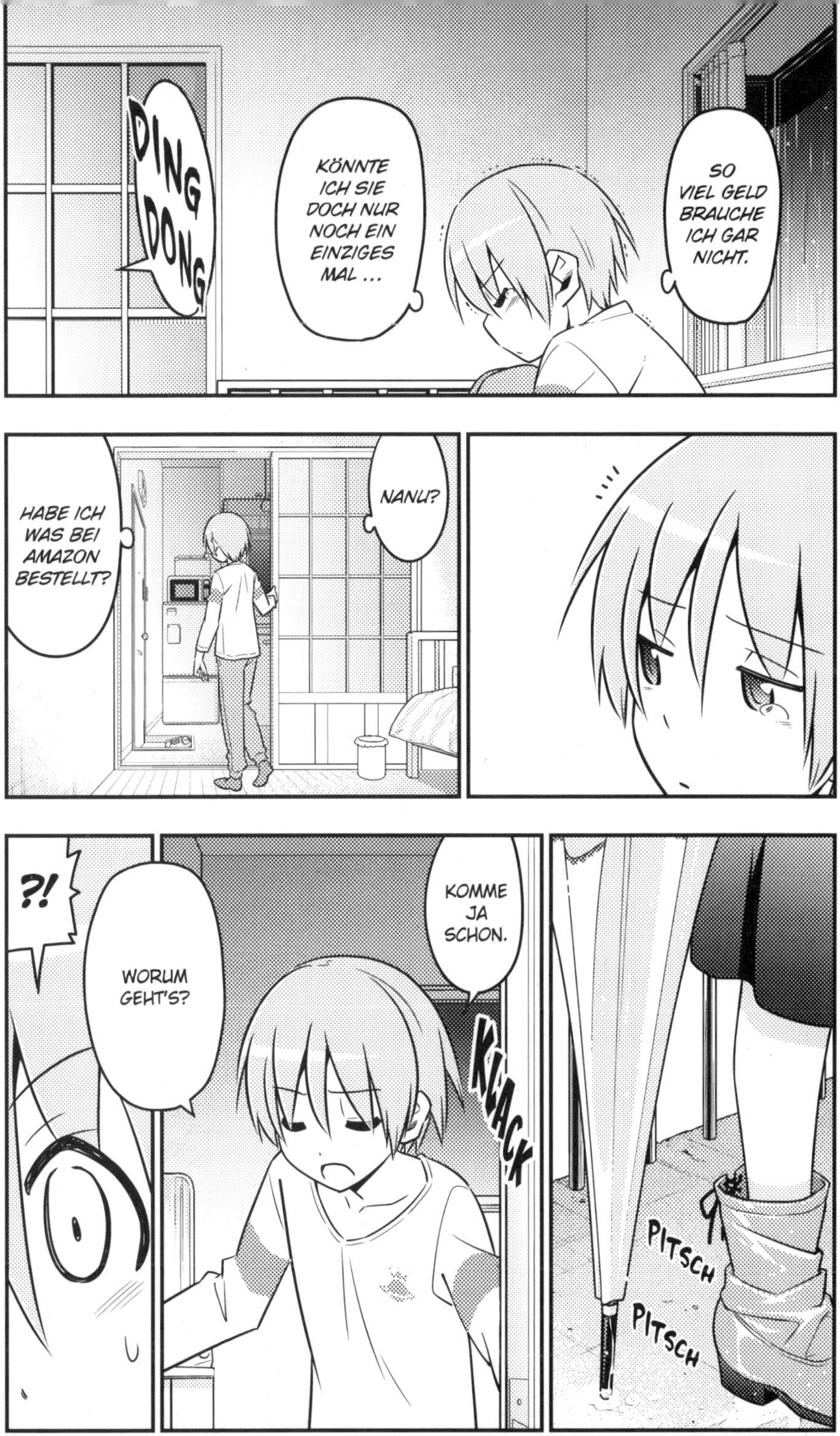
SO VIEL GELD BRAUCHE ICH GAR NICHT.
KÖNNTE ICH SIE DOCH NUR NOCH EIN EINZIGES MAL ...
DING DONG
NANU?
HABE ICH WAS BEI AMAZON BESTELLT?
PITSCH
PITSCH
KOMME JA SCHON.
KNACK
?!
WORUM GEHT'S?

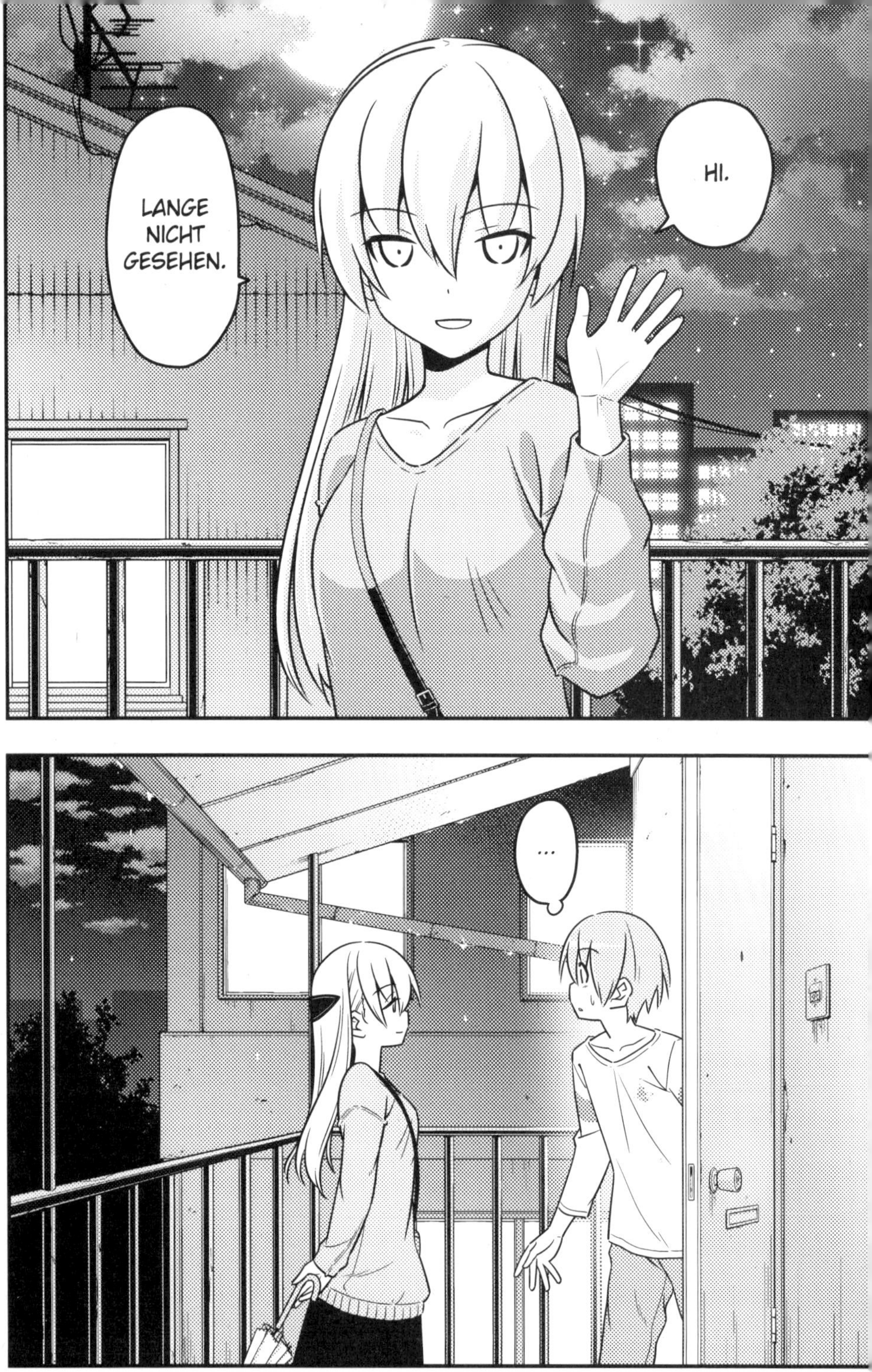
HI.
LANGE NICHT GESEHEN.
...

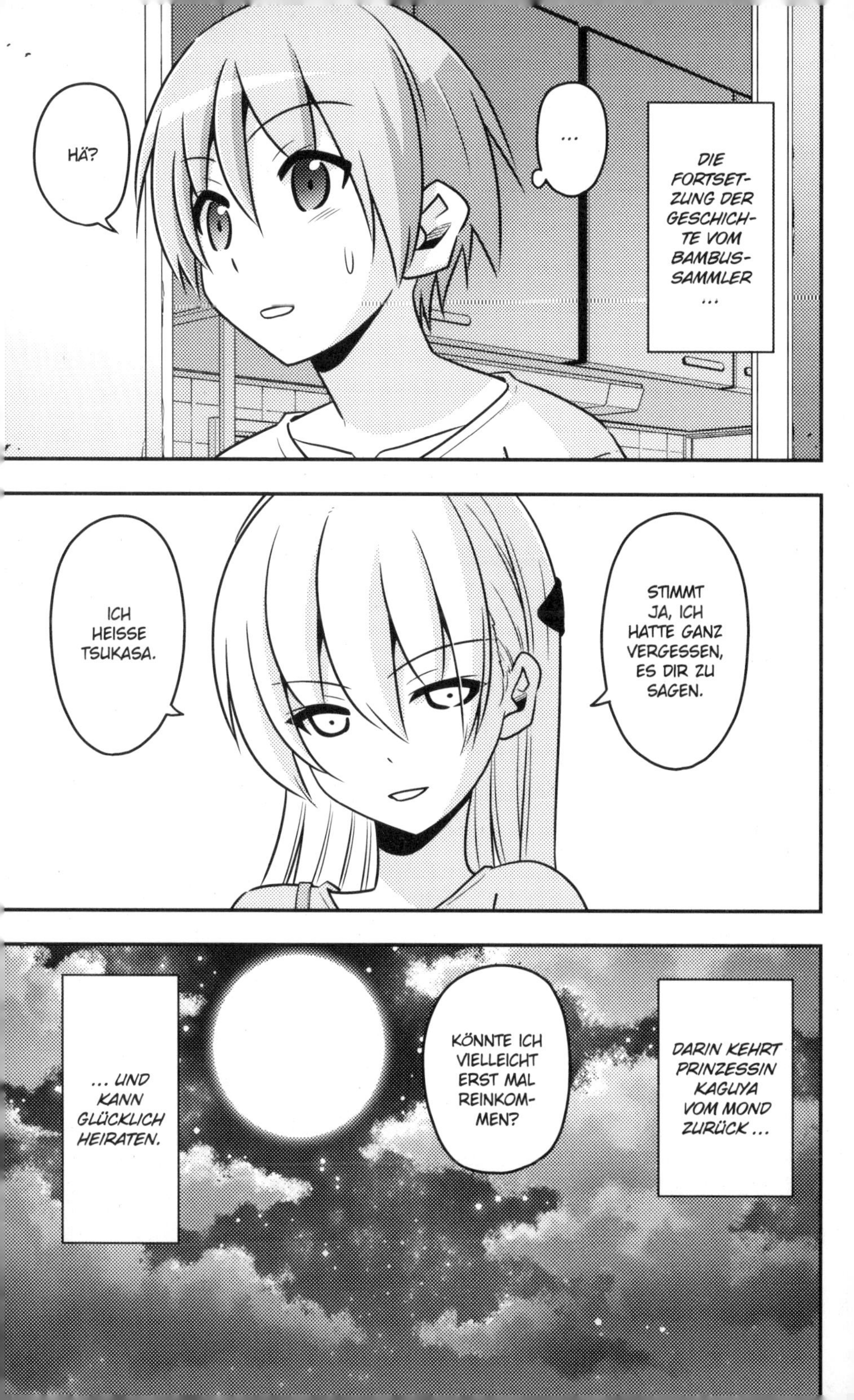
DIE FORTSETZUNG DER GESCHICHTE VOM BAMBUSSAMMLER …
…
HÄ?
STIMMT JA, ICH HATTE GANZ VERGESSEN, ES DIR ZU SAGEN.
ICH HEISSE TSUKASA.
DARIN KEHRT PRINZESSIN KAGUYA VOM MOND ZURÜCK …
KÖNNTE ICH VIELLEICHT ERST MAL REINKOMMEN?
… UND KANN GLÜCKLICH HEIRATEN.

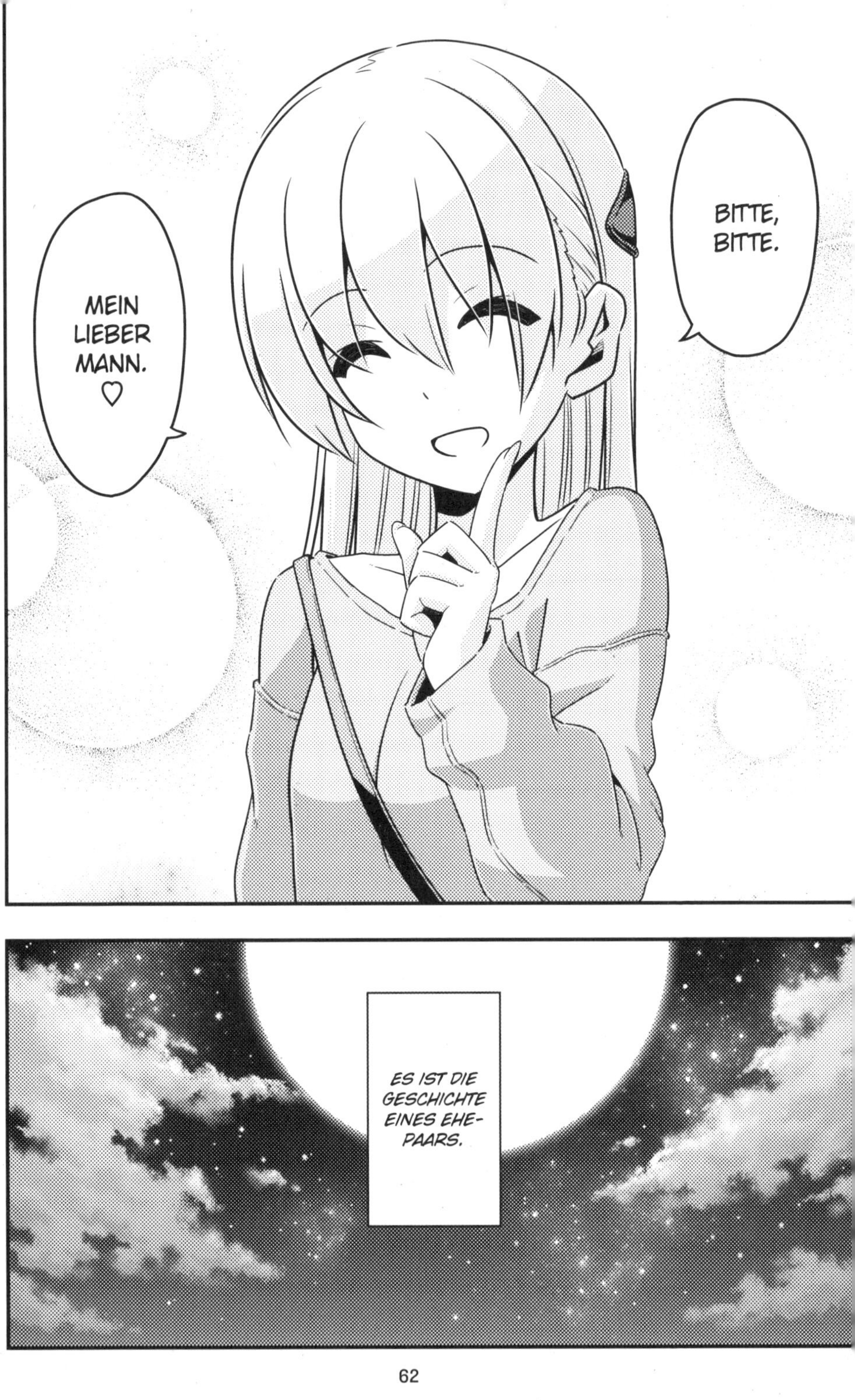
BITTE, BITTE.
MEIN LIEBER MANN. ♡
ES IST DIE GESCHICHTE EINES EHE- PAARS.

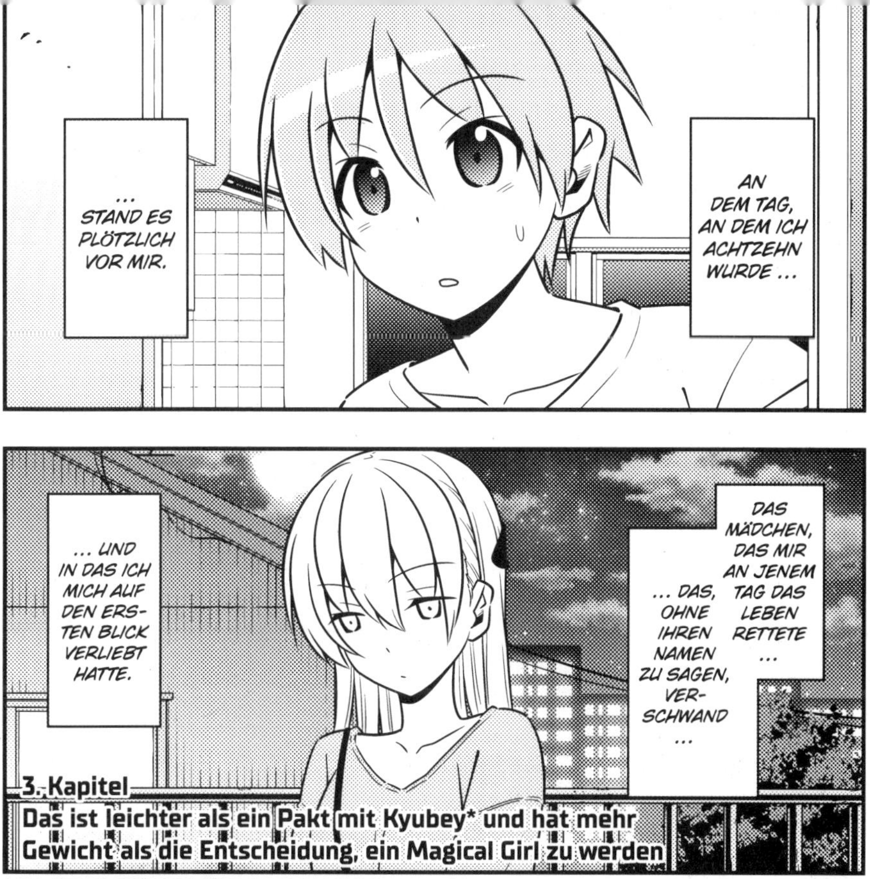

* DAS WÜNSCHE ERFÜLLENDE WESEN AUS *PUELLA MAGI MADOKA MAGICA*

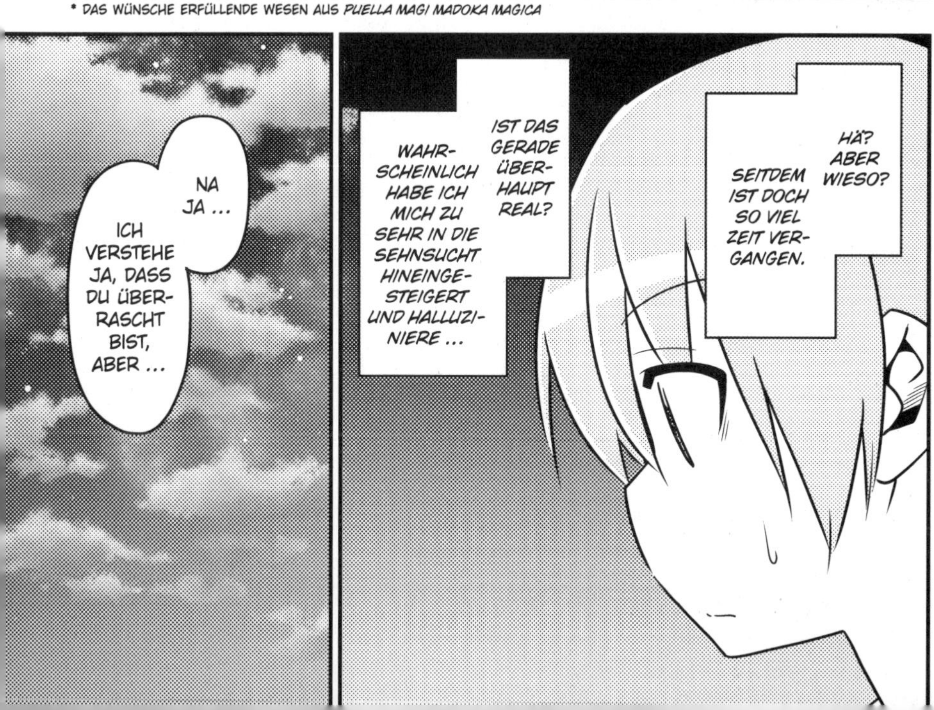

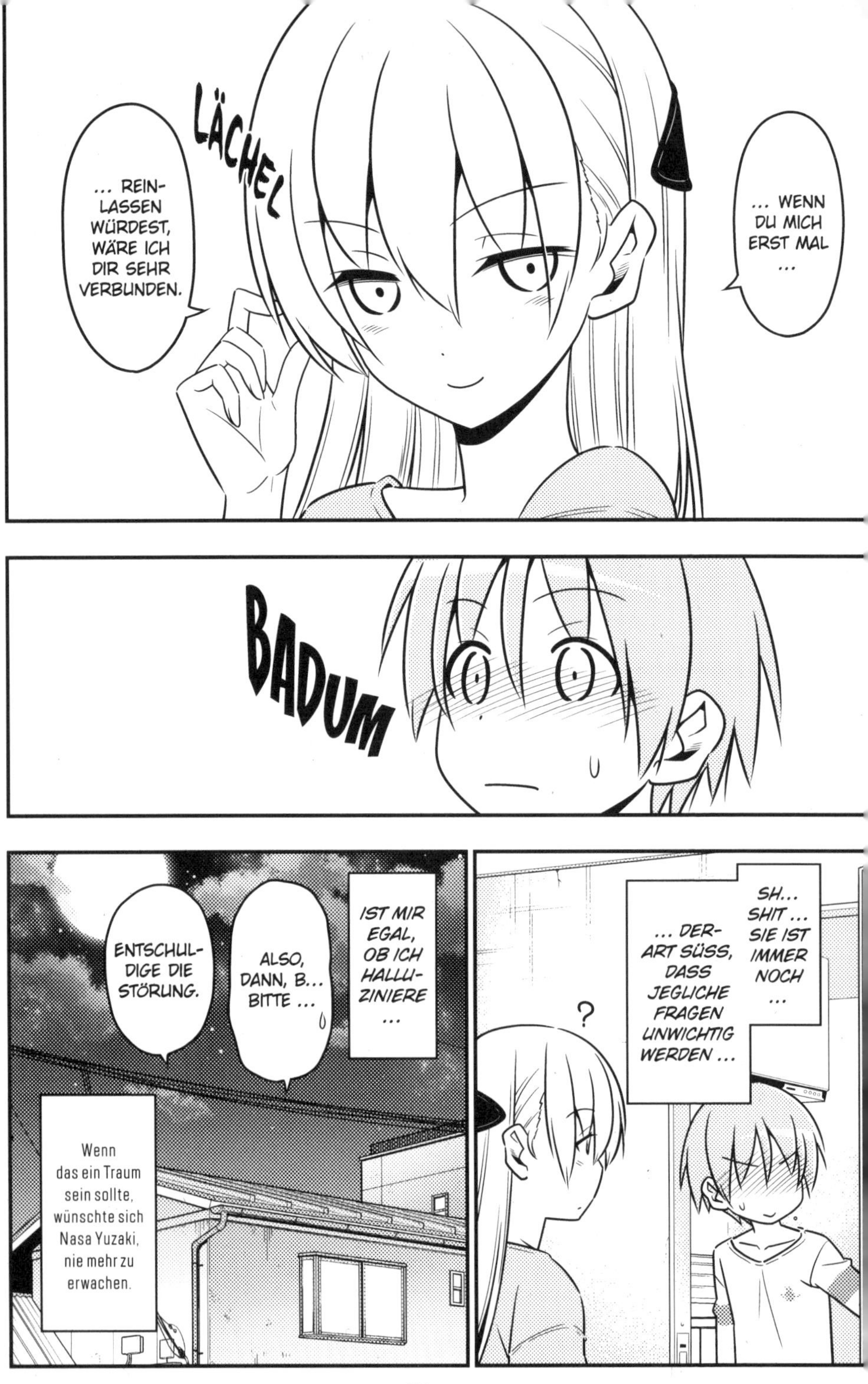
… WENN DU MICH ERST MAL …
LÄCHEL
… REIN-LASSEN WÜRDEST, WÄRE ICH DIR SEHR VERBUNDEN.
BADUM
SH… SHIT … SIE IST IMMER NOCH …
… DER-ART SÜSS, DASS JEGLICHE FRAGEN UNWICHTIG WERDEN …
?
IST MIR EGAL, OB ICH HALLU-ZINIERE …
ALSO, DANN, B… BITTE …
ENTSCHULDIGE DIE STÖRUNG.
Wenn das ein Traum sein sollte, wünschte sich Nasa Yuzaki, nie mehr zu erwachen.

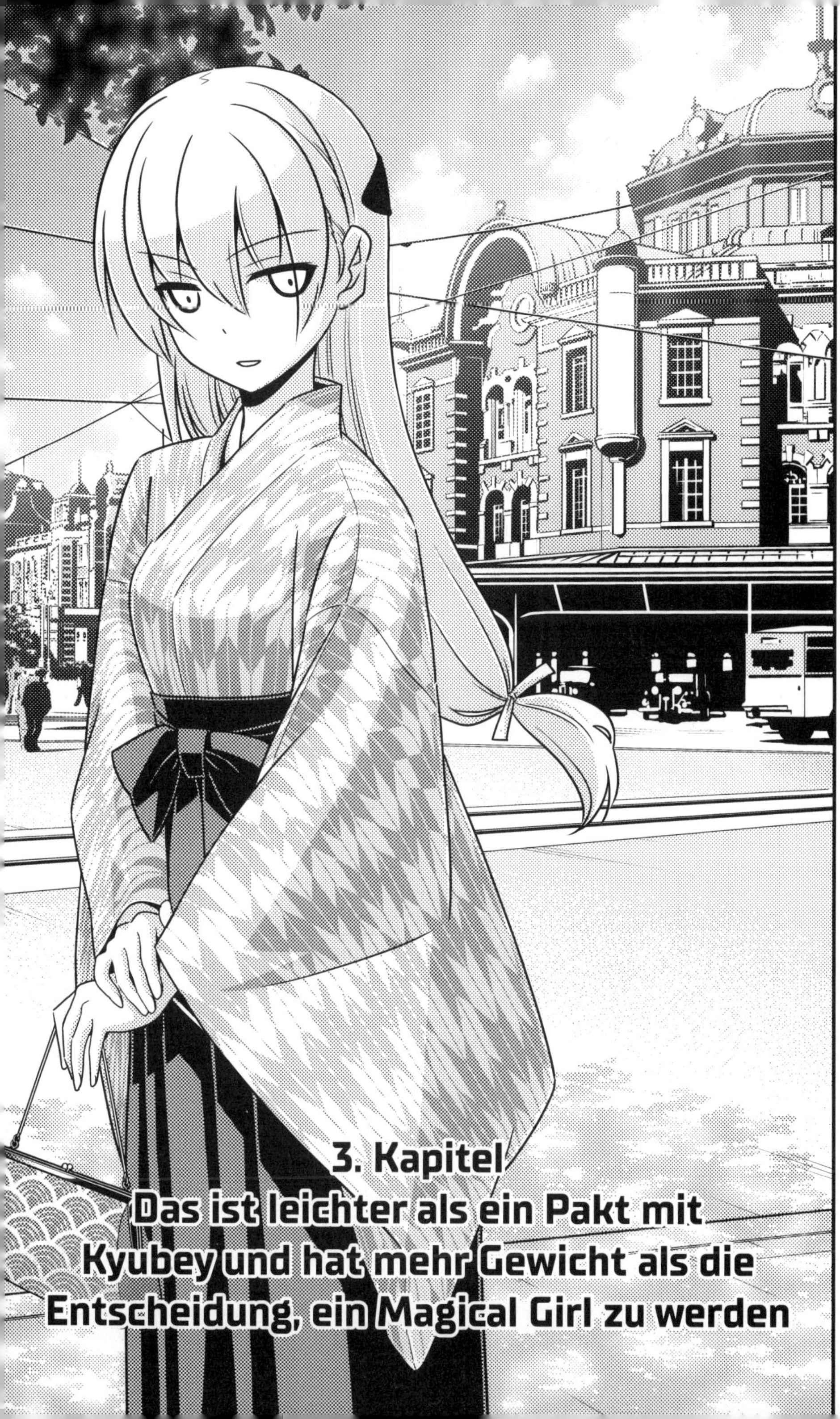
3. Kapitel
Das ist leichter als ein Pakt mit Kyubey und hat mehr Gewicht als die Entscheidung, ein Magical Girl zu werden

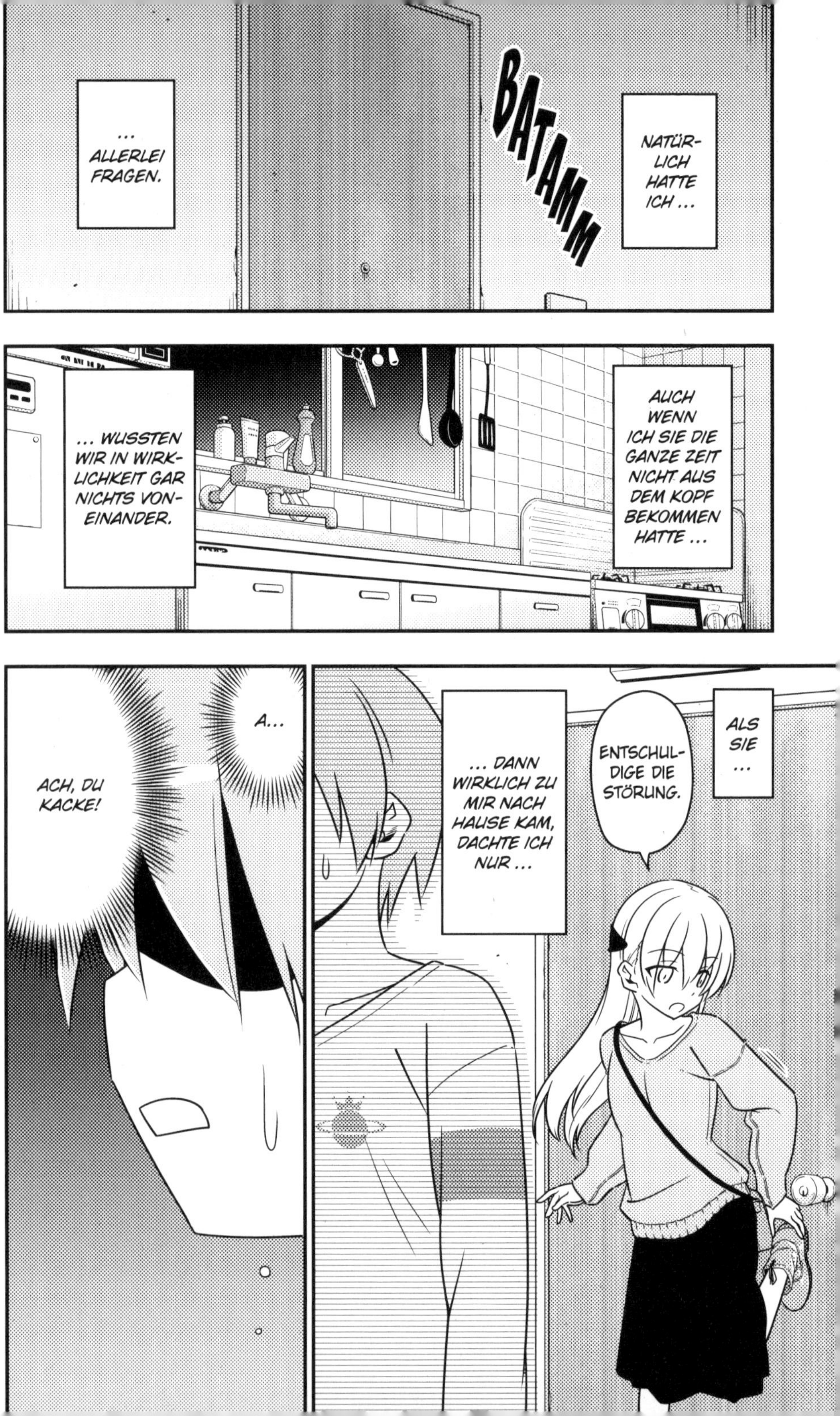
NATÜRLICH HATTE ICH …
BATAMM
… ALLERLEI FRAGEN.
AUCH WENN ICH SIE DIE GANZE ZEIT NICHT AUS DEM KOPF BEKOMMEN HATTE …
… WUSSTEN WIR IN WIRKLICHKEIT GAR NICHTS VONEINANDER.
ALS SIE …
ENTSCHULDIGE DIE STÖRUNG.
… DANN WIRKLICH ZU MIR NACH HAUSE KAM, DACHTE ICH NUR …
A…
ACH, DU KACKE!

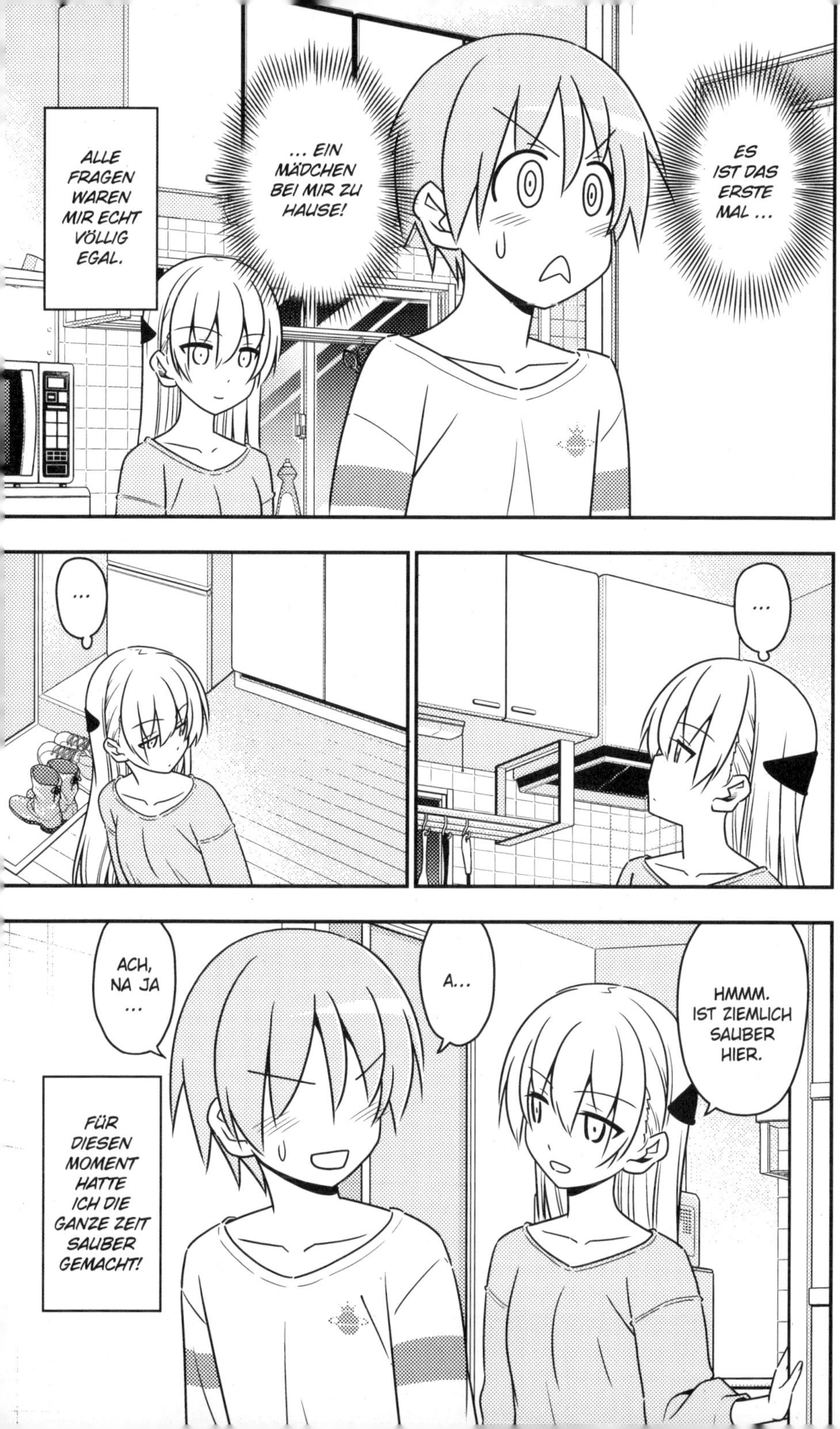
ES IST DAS ERSTE MAL ...
... EIN MÄDCHEN BEI MIR ZU HAUSE!
ALLE FRAGEN WAREN MIR ECHT VÖLLIG EGAL.
...
...
HMMM. IST ZIEMLICH SAUBER HIER.
A...
ACH, NA JA ...
FÜR DIESEN MOMENT HATTE ICH DIE GANZE ZEIT SAUBER GEMACHT!

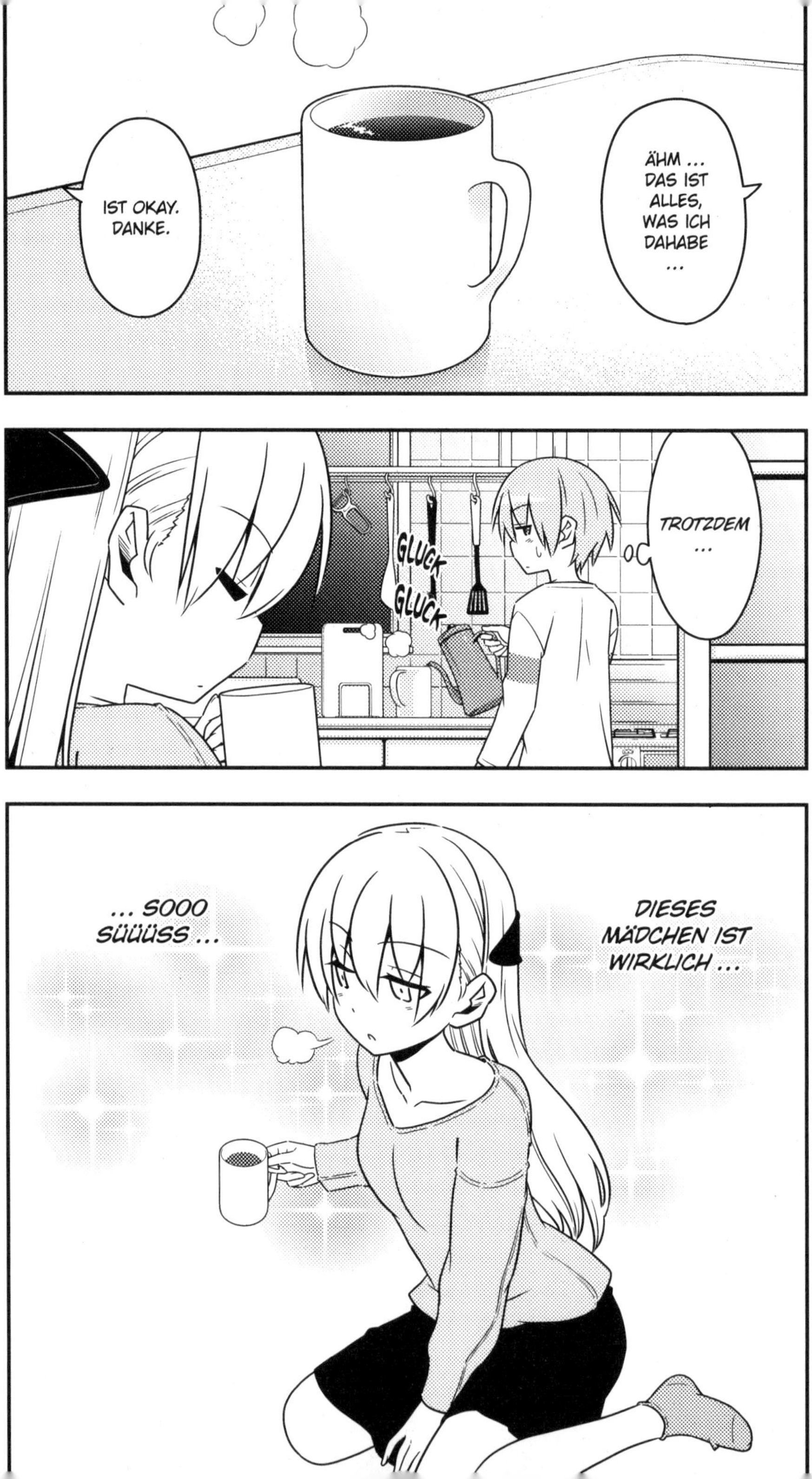
ÄHM … DAS IST ALLES, WAS ICH DAHABE …
IST OKAY. DANKE.
TROTZDEM …
GLUCK GLUCK
DIESES MÄDCHEN IST WIRKLICH …
… SOOO SÜÜÜSS …

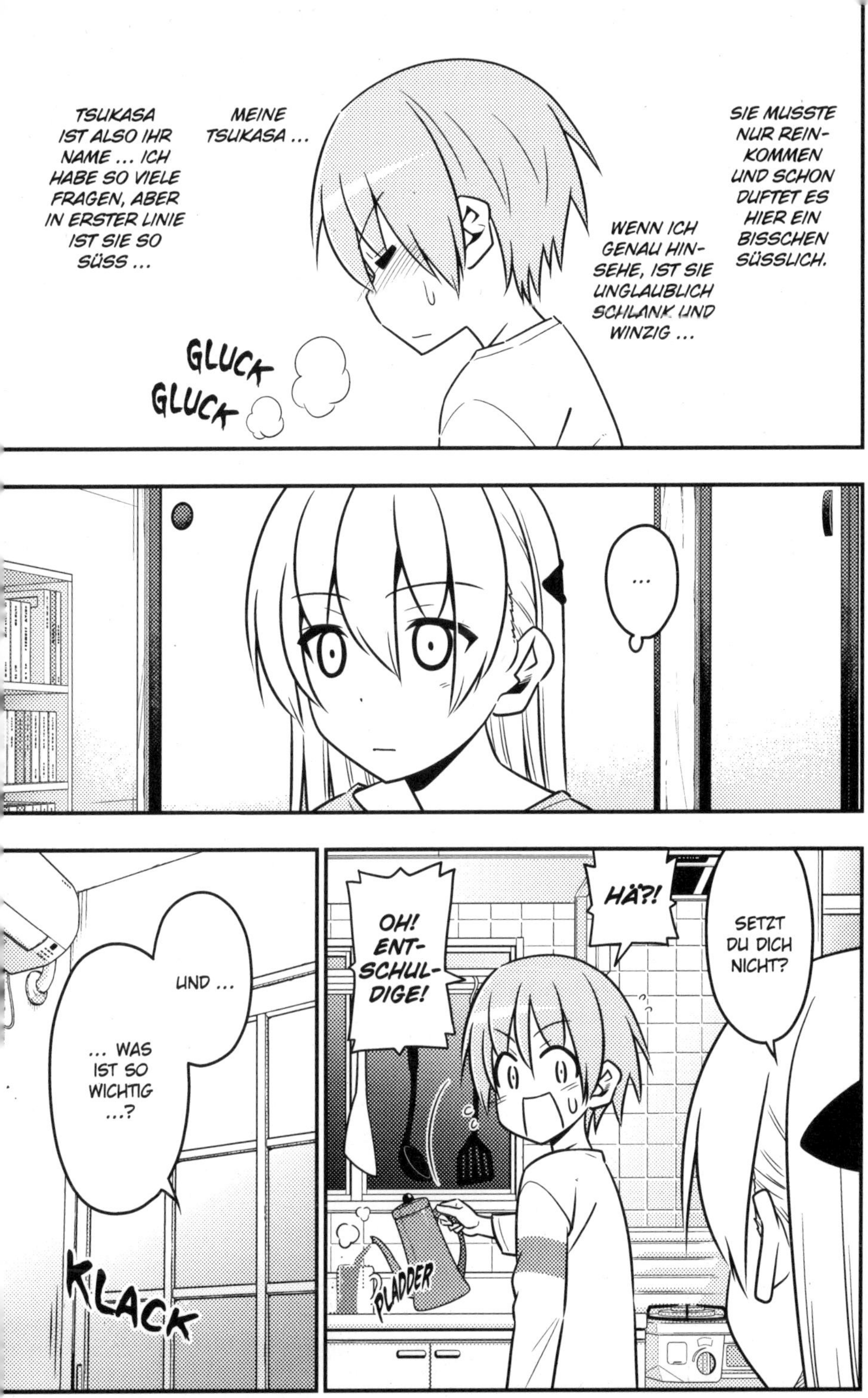
SIE MUSSTE NUR REIN-KOMMEN UND SCHON DUFTET ES HIER EIN BISSCHEN SÜSSLICH.
WENN ICH GENAU HIN-SEHE, IST SIE UNGLAUBLICH SCHLANK UND WINZIG ...
MEINE TSUKASA ...
TSUKASA IST ALSO IHR NAME ... ICH HABE SO VIELE FRAGEN, ABER IN ERSTER LINIE IST SIE SO SÜSS ...
GLUCK
GLUCK
...
SETZT DU DICH NICHT?
HÄ?!
OH! ENT-SCHUL-DIGE!
PLADDER
UND ...
... WAS IST SO WICHTIG ...?
KLACK

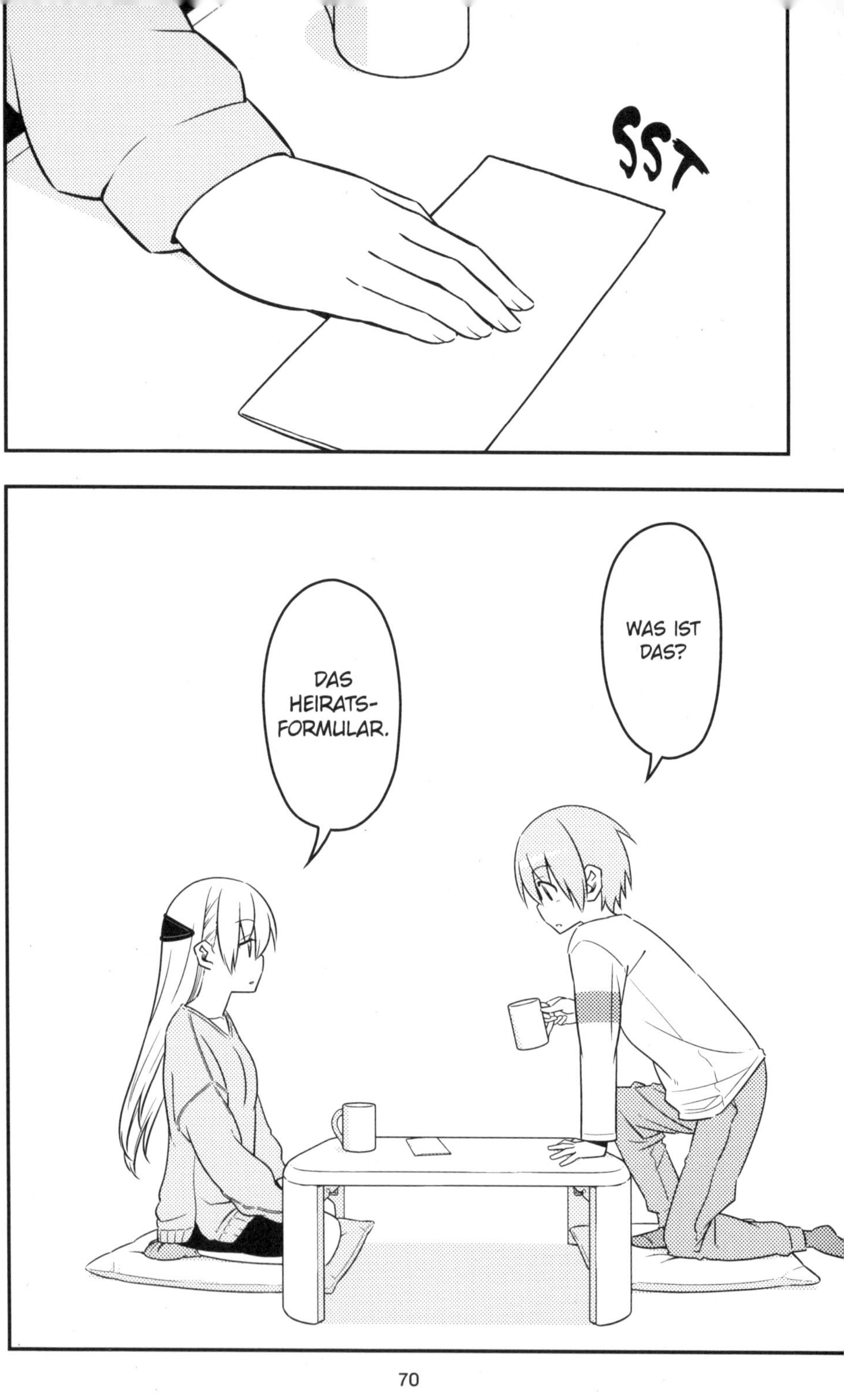
SST
WAS IST DAS?
DAS HEIRATS-FORMULAR.

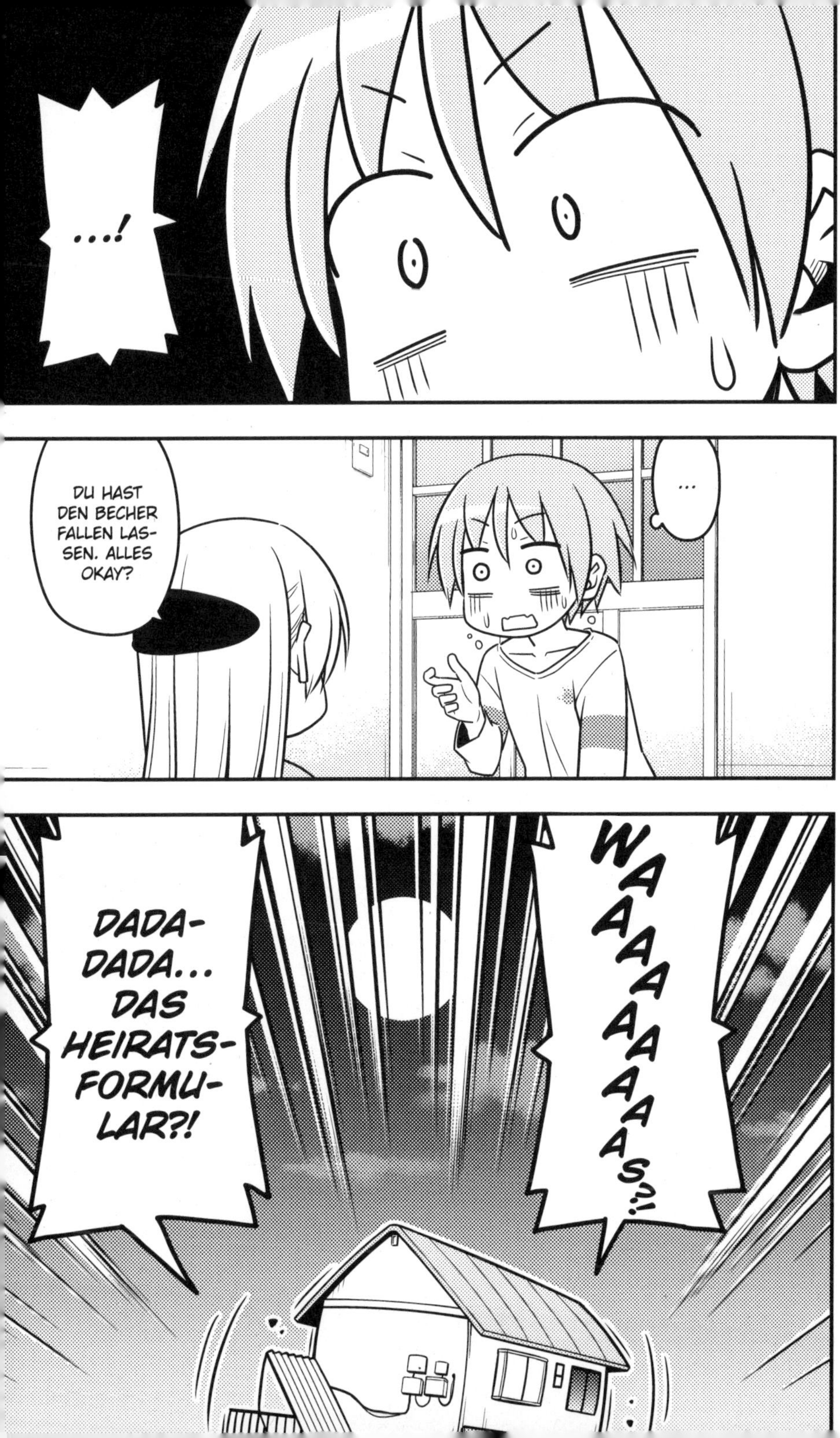
...!
DU HAST DEN BECHER FALLEN LAS-SEN. ALLES OKAY?
...
WAAAAAAAAAAAS?!
DADA-DADA... DAS HEIRATS-FORMU-LAR?!

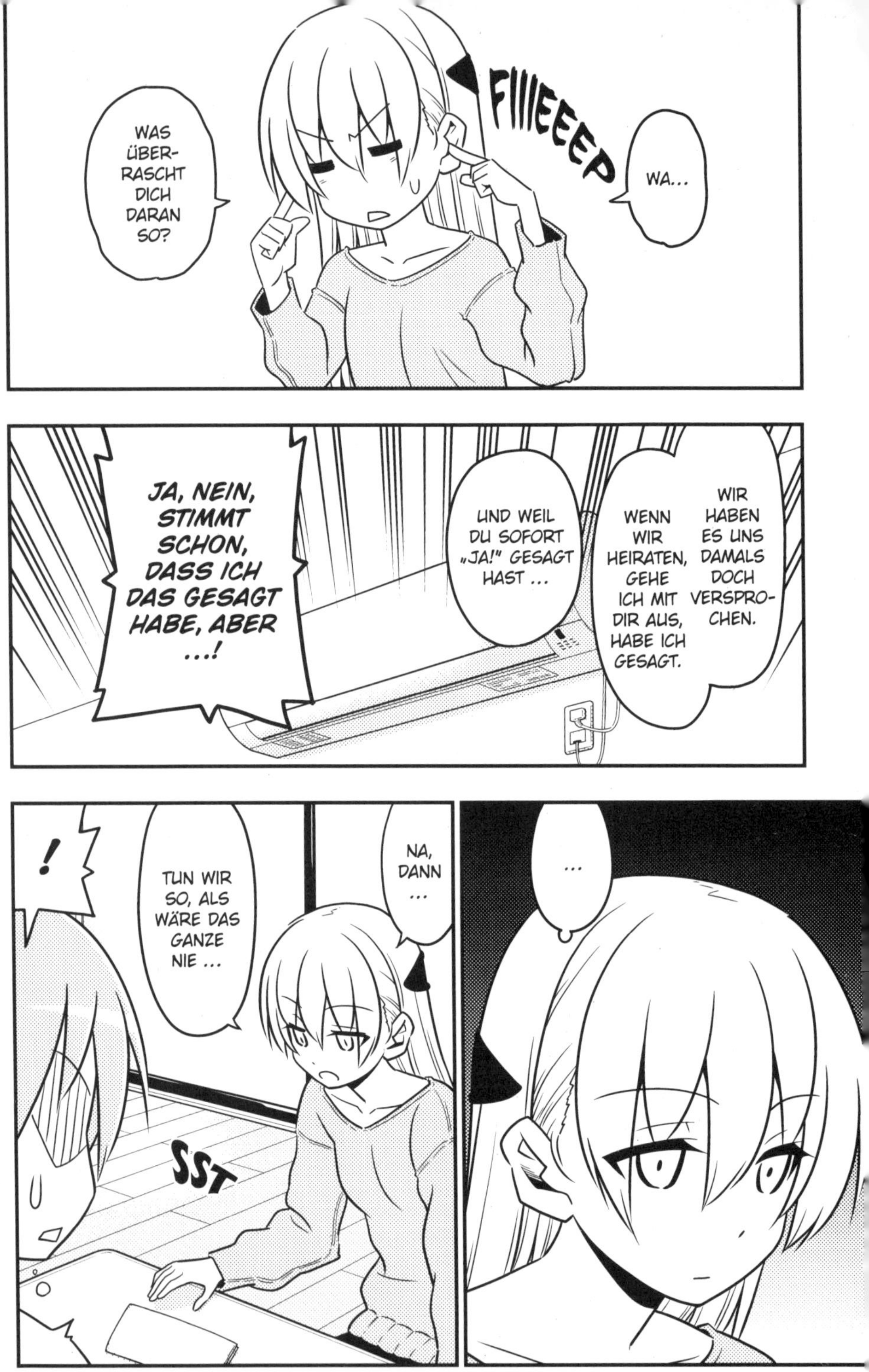
FIIIEEEP
WA…
WAS ÜBERRASCHT DICH DARAN SO?
WIR HABEN ES UNS DAMALS DOCH VERSPROCHEN.
WENN WIR HEIRATEN, GEHE ICH MIT DIR AUS, HABE ICH GESAGT.
UND WEIL DU SOFORT „JA!" GESAGT HAST …
JA, NEIN, STIMMT SCHON, DASS ICH DAS GESAGT HABE, ABER …!
…
NA, DANN …
TUN WIR SO, ALS WÄRE DAS GANZE NIE …
SST
!

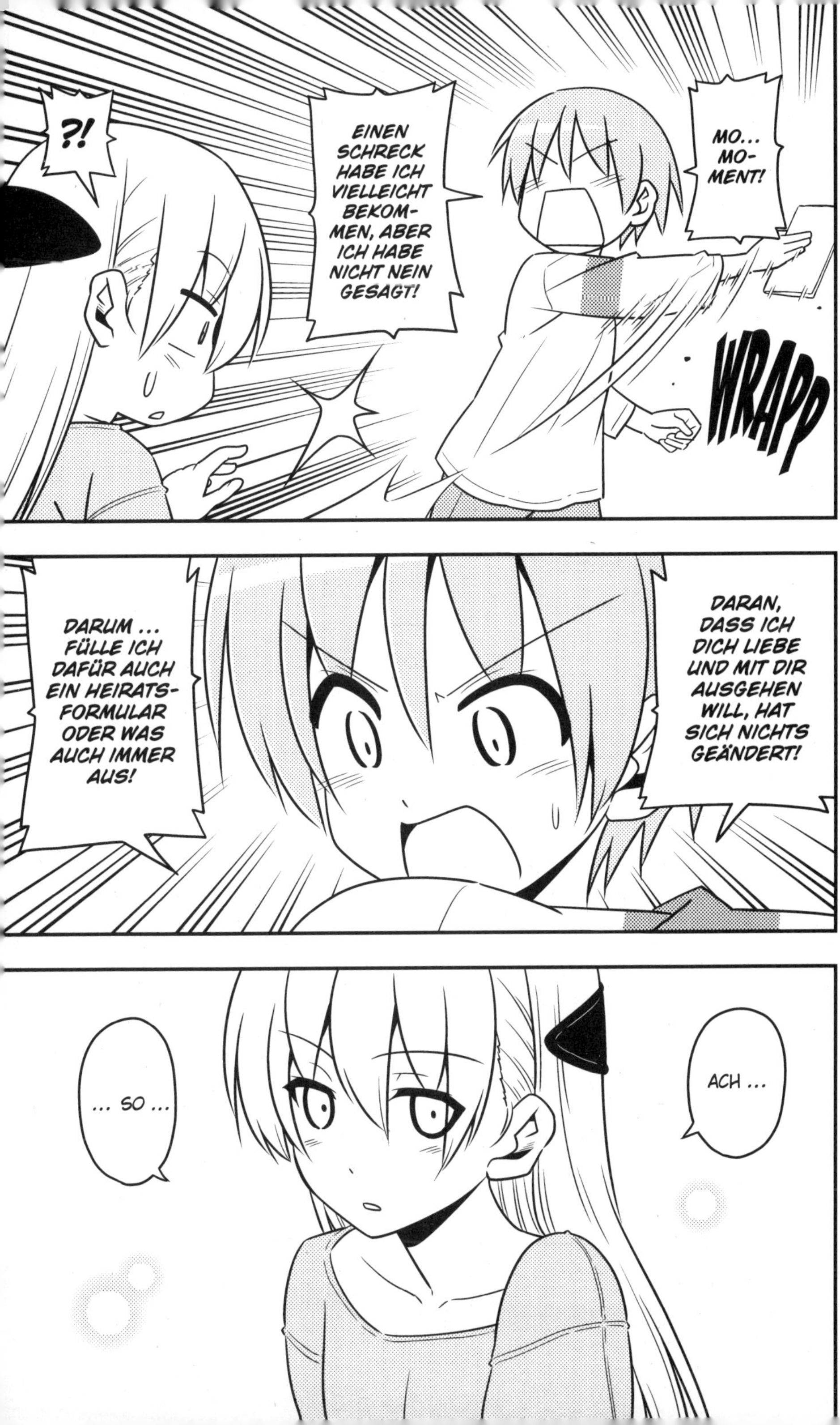
MO... MO-MENT!
WRAPP
EINEN SCHRECK HABE ICH VIELLEICHT BEKOM-MEN, ABER ICH HABE NICHT NEIN GESAGT!
?!
DARAN, DASS ICH DICH LIEBE UND MIT DIR AUSGEHEN WILL, HAT SICH NICHTS GEÄNDERT!
DARUM ... FÜLLE ICH DAFÜR AUCH EIN HEIRATS-FORMULAR ODER WAS AUCH IMMER AUS!
ACH ...
... SO ...

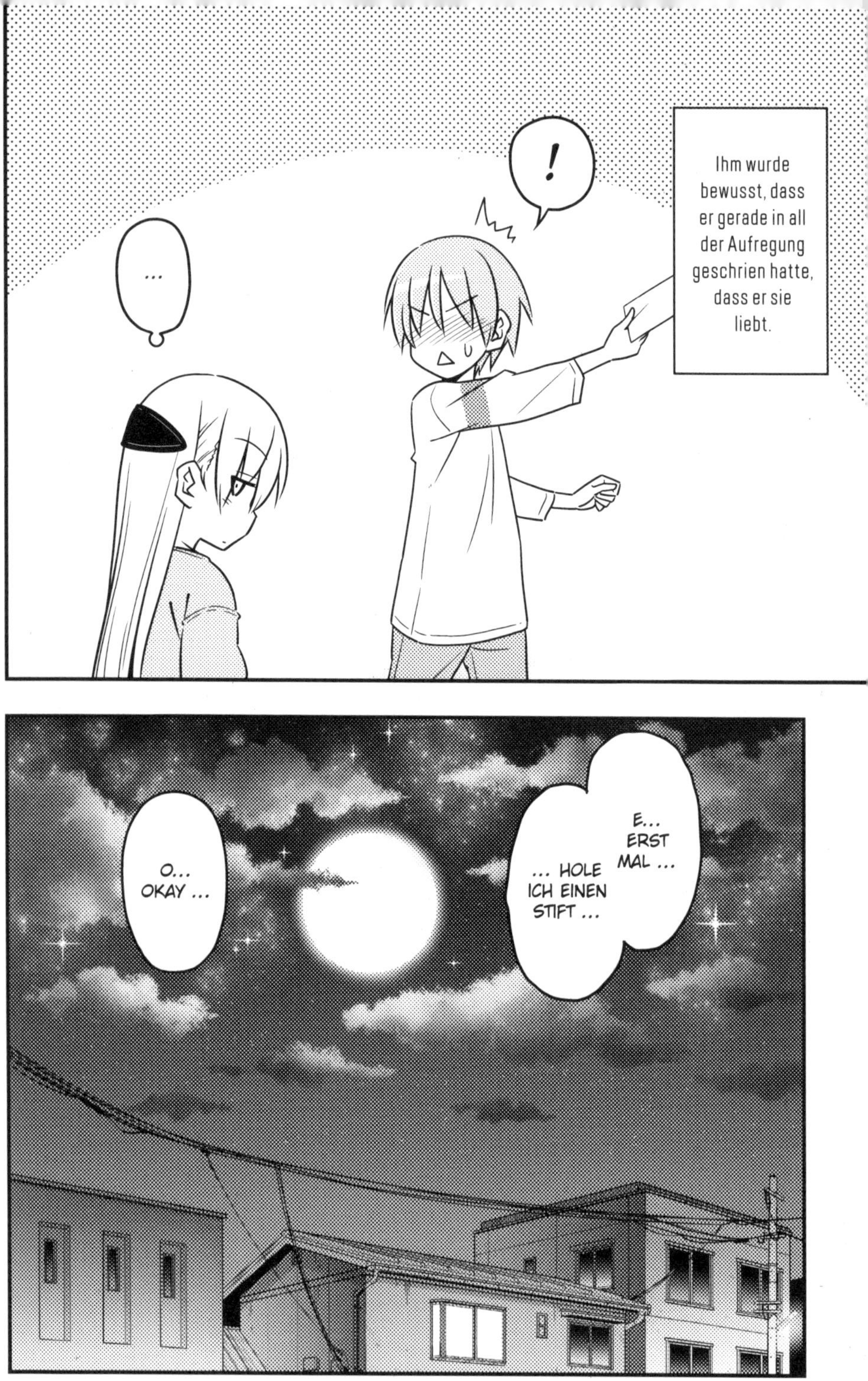
Ihm wurde bewusst, dass er gerade in all der Aufregung geschrien hatte, dass er sie liebt.
!
...
E... ERST MAL ...
... HOLE ICH EINEN STIFT ...
O... OKAY ...

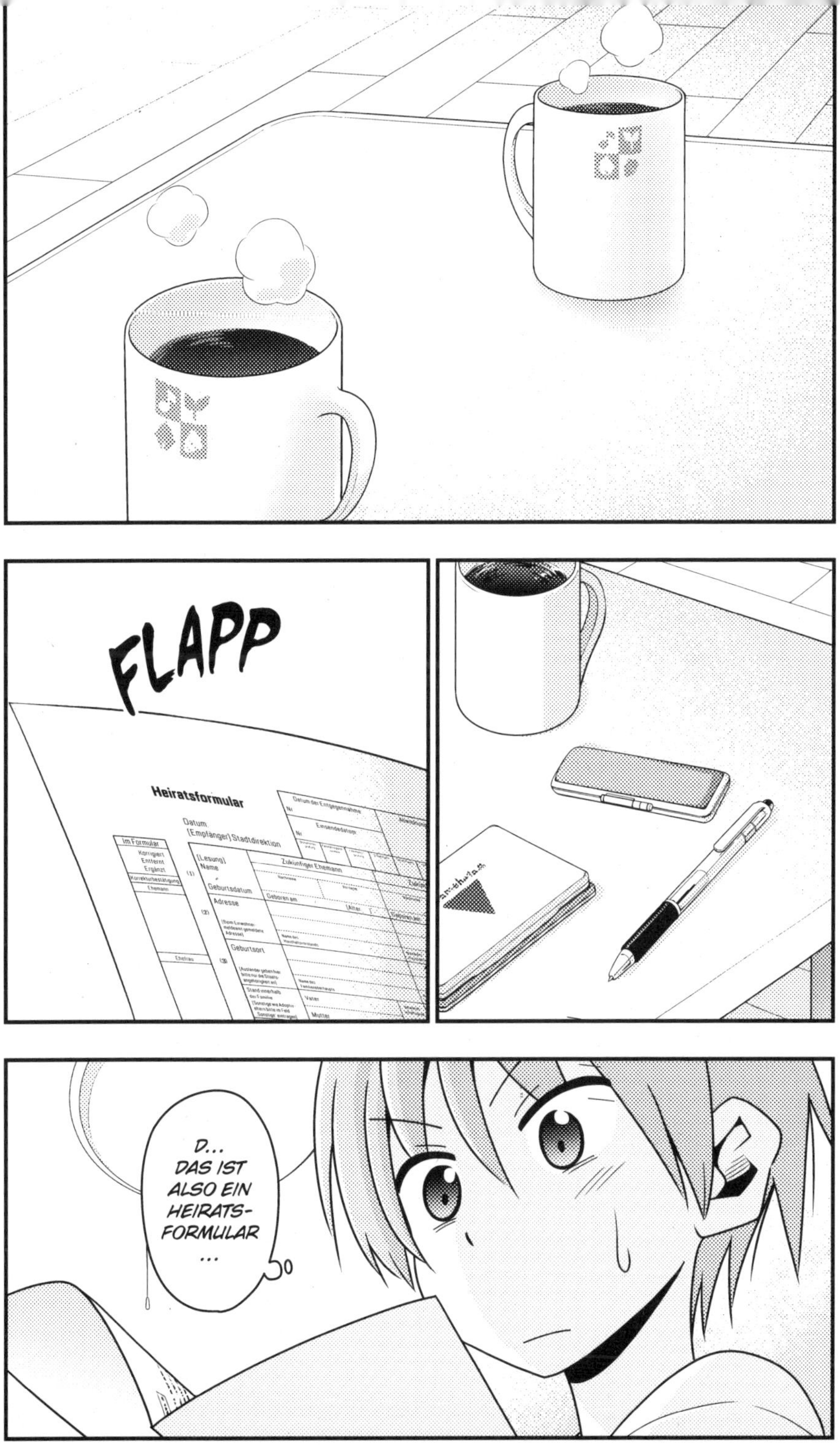
FLAPP
Heiratsformular
Datum
(Empfänger) Stadtdirektion
Datum der Entgegennahme
Einsendedatum
Im Formular
Korrigiert
Entfernt
Ergänzt
Korrekturbestätigung
Ehemann
Ehefrau
(Lesung) Name
Zukünftiger Ehemann
Geburtsdatum
Geboren am
Adresse
Geburtsort
Vater
Mutter
D... DAS IST ALSO EIN HEIRATS-FORMULAR ...

Hinweise zum Ausfüllen des Formulars

Bitte benutzen Sie zum Ausfüllen keinen Bleistift oder löschbare Tinte.
Bitte füllen Sie das Formular vorher aus und reichen es am Tag der Hochzeit oder zum Beginn des Zusammenlebens ein. Dies kann auch an einem Sonn- oder Feiertag geschehen.
Sollten Sie das Formular beim Bezirksamt Tokyo einreichen, genügt eine einfache Ausfertigung. (Sollten Sie sich an einer anderen Stelle anmelden wollen, fragen Sie bitte dort direkt nach den Annahmekriterien.)
Beim Einreichen des Formulars bei einem anderen Bezirksamt als dem, welches für Ihren eingetragenen Wohnsitz zuständig ist, wird das Original des Familienregisters oder eine beglaubigte Kopie des vollständigen Familienregisters benötigt.

Trauzeugen		
Name Siegel	Tsukuyomi, Tokiko (Siegel)	Kaginoji, Shiori (Siegel)
Geburtsdatum	Geboren am: 23.04. (Alter: 81)	Geboren am: 20.10. (Alter: 44)
Adresse:	Toranomon, Minami-ku 1-28	Minami-Aoyama, Minato-ku 1-32
Geburtsort	Toranomon, Minami-ku 1-28	Minami-Aoyama, Minato-ku 1-32

→ Bei „Name des Familienoberhaupts" tragen Sie bitte den Namen der Person, die am Anfang des Familienregisters steht, ein.

☐ Zutreffendes bitte ankreuzen.

→ ☑ Sollte die Person des markierten Kästchens im Familienregister noch nicht als Familienoberhaupt eingetragen sein, tragen Sie bitte den gewünschten Wohnort ein, damit ein neues Familienregister angelegt wird.

→ Bei Vorehen geben Sie bitte die letzte Ehe an. Eheähnliche Gemeinschaften werden nicht berücksichtigt.

Bitte achten Sie darauf, dass bei einer Änderung der Adresse oder des Haushaltsvorstands durch die Heirat, ein Antrag auf Adressänderung bzw. eine offizielle Mitteilung über die Änderung des Haushaltsvorstandes notwendig ist. Sollten Sie diese zusammen mit dem Antrag auf Eheschließung einreichen, tragen Sie bitte als Adresse und Haushaltsvorstand die neue Adresse oder den neuen Haushaltsvorstand ein.
Da wir außerhalb der Geschäftszeiten (sams-, sonn- und feiertags) keine Ummeldungen annehmen können, bitten wir Sie, uns während der Geschäftszeiten zu benachrichtigen.

Kontakt (Ehemann/Ehefrau/Sonstige):
Telefon:
Mobil (Privat/Geschäftlich): [ ]

- **Die Unterschrift muss vom Antragsteller selbst geleistet werden.**
- **Bitte benutzen Sie für jede Person ihr eigenes Siegel.**

Heiratsformular

Datum der Entgegennahme: Nr.:	Abwicklungsdatum:
Einsendedatum: Nr.:	Standesamt

Dokumentenprüfung	Familienregistervermerk	Vermerksprüfung	Fragebogen	Genehmigung	Anhänge	Meldebescheinigung	Meldung

Datum:
(Empfänger) Stadtdirektion

Im Formular
Korrigiert Entfernt Ergänzt
Korrekturbestätigung
Ehemann
Ehefrau

		Zukünftiger Ehemann		Zukünftige Ehefrau	
(1)	(Lesung) Name			Tsukuyomi, Tsukasa	
		Nachname	Vorname	Nachname: 月読	Vorname: 司
	Geburtsdatum	Geboren am:	(Alter:)	Geboren am: 03.04.	(Alter: 16)
(2)	Adresse (Beim Einwohnermeldeamt gemeldete Adresse)			7-7, Shibuya-ku, Tokyo	
		Name des Haushaltsvorstands		Name des Haushaltsvorstands	
(3)	Geburtsort (Ausländer geben hier bitte nur die Staatsangehörigkeit an)			1, Chiyoda-ku, Tokyo	
		Name des Familienoberhaupts		Name des Familienoberhaupts	
	Stand innerhalb der Familie (Sonstige wie Adoptiveltern bitte im Feld „Sonstige" eintragen)	Vater Mutter	Verwandtschaftsgrad: Sohn	Vater Taro Mutter Hanako	Verwandtschaftsgrad: Älteste Tochter
(4)	Familienname des Ehepaares nach der Heirat/Neuer Hauptwohnsitz	☑ Nachname des Ehemannes ☐ Nachname der Eherau	Neuer Hauptwohnsitz (Wenn die links als Familienname angegebene Person bereits das Familienoberhaupt ist, tragen Sie ihn nicht ein.)		
(5)	Beginn des Zusammenlebens	Datum:	(Je nachdem, was zuerst eintritt, tragen Sie hier bitte ein, wann Sie geheiratet haben oder seit wann Sie zusammenleben.)		
(6)	Erste Ehe/Vorehe	☐ Erste Ehe Vorehe (☐ Verwitwet ☐ Geschieden Datum:)		☑ Erste Ehe Vorehe (☐ Verwitwet ☐ Geschieden Datum:)	
(7)	Hauptbeschäftigung des Mannes und der Frau in ihren jeweiligen Haushalten vor dem Zusammenleben	Ehemann Ehefrau 1. Haushalte, die ausschließlich in der Landwirtschaft oder zusätzlich zur Landwirtschaft in einem anderen Beruf tätig sind Ehemann Ehefrau 2. Haushalte, die freiberuflich tätig sind oder selbstständig in Handel und Industrie oder im Dienstleistungsgewerbe tätig sind Ehemann Ehefrau 3. Haushalte von Vollzeitbeschäftigten in Unternehmen, privat geführten Geschäften usw. (öffentliche Ämter ausgenommen), deren Anzahl der Mitarbeiter zwischen 1 und 99 liegt (Tagesverträge oder Verträge unter einem Jahr fallen unter 5.) Ehemann Ehefrau 4. Haushalte von Vollzeitbeschäftigten, die nicht unter 3. fallen, oder Haushalte von Vorstandsmitgliedern von Unternehmen (Tagesverträge oder Verträge unter einem Jahr fallen unter 5.) Ehemann Ehefrau 5. Haushalte mit Personen, die in anderen Berufen arbeiten, die nicht unter 1. bis 4. fallen Ehemann Ehefrau 6. Haushalte, in denen keine Person beruflich tätig ist			
(8)	Beruf des Ehemannes und der Ehefrau	(Jahr der Volkszählung: Bitte tragen Sie hier nur etwas ein, wenn Sie sich im Jahr der Volkszählung vom 1. April bis zum 31. März des Folgejahres gemeldet haben.) Beruf Ehemann		Beruf Ehefrau	
	Sonstige				
	Antragsteller Unterschrift und Stempel	Mann Siegel		Frau Siegel	
	Registernummer				

Einzugsdatum	Mann	Datum:	Frau	Datum:

Datum: Empfangszeit: Uhr	
Ehemann	☐ Führerschein ☐ Ausweis ☐ Meldebescheinigung ☐ Sonstiges ☐ Ohne ( )
Abgelehnt	☐ Vorhanden ☐ Nicht vorhanden
Meldung	☐ Erwünscht ☐ Nicht Erwünscht
Ehefrau	☐ Führerschein ☐ Ausweis ☐ Meldebescheinigung ☐ Sonstiges ☐ Ohne ( )
Abgelehnt	☐ Vorhanden ☐ Nicht vorhanden
Meldung	☐ Erwünscht ☐ Nicht Erwünscht
Vertreter	☐ Führerschein ☐ Ausweis ☐ Meldebescheinigung ☐ Sonstiges ☐ Ohne ( )
Versand	Datum:

Beglaubigung	Mitteilung

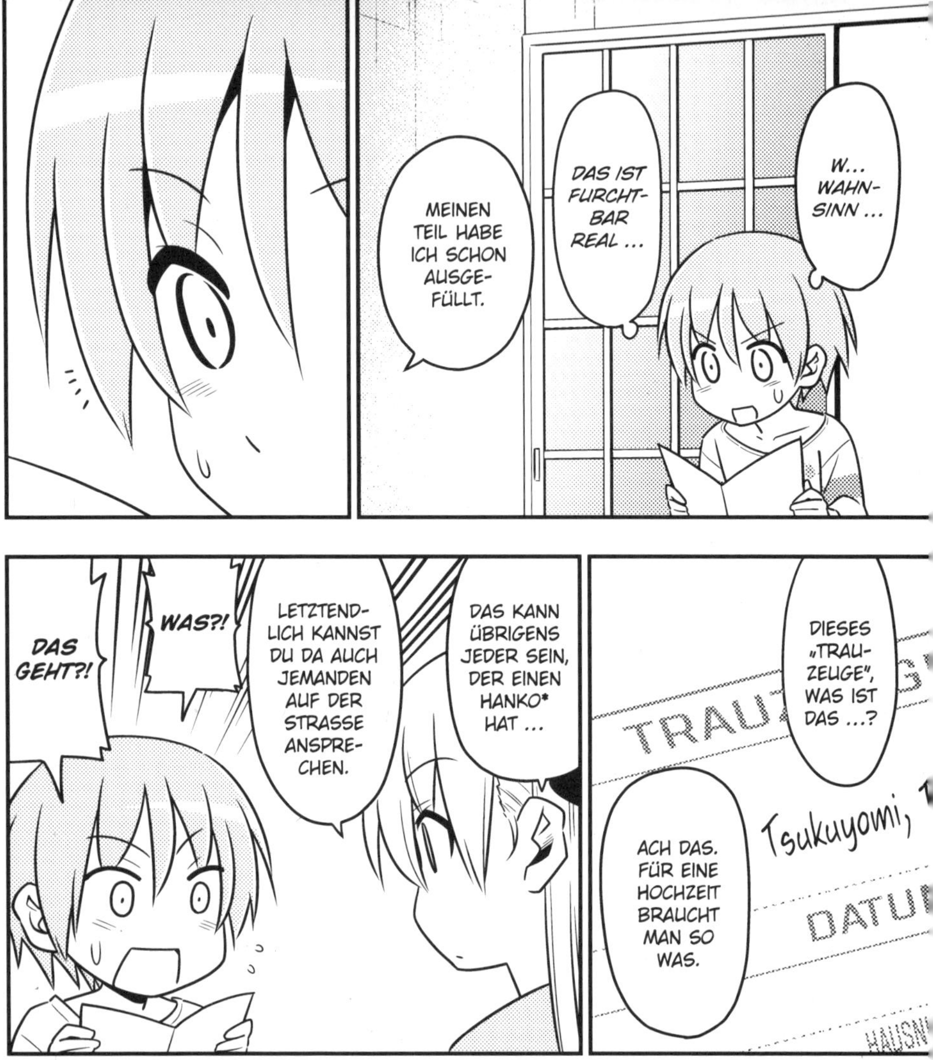

* NAMENSSTEMPEL, DER ALS UNTERSCHRIFT GILT

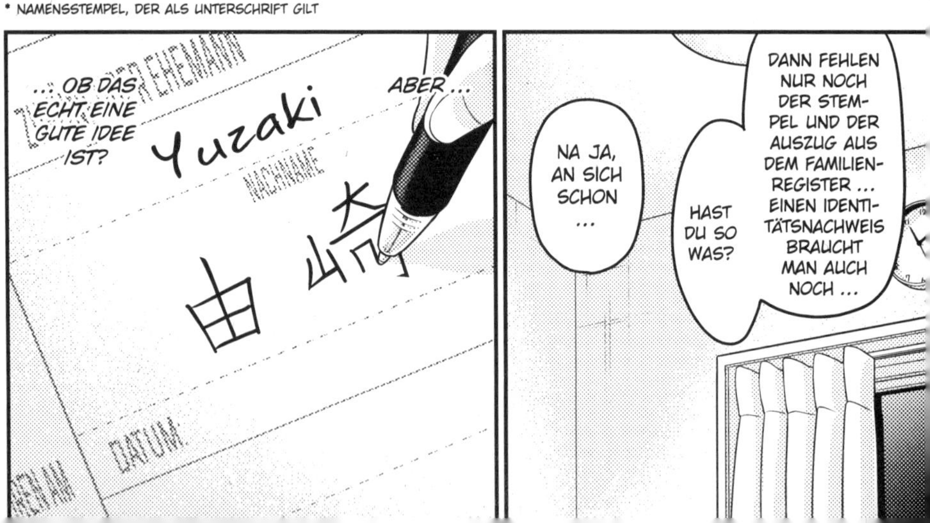

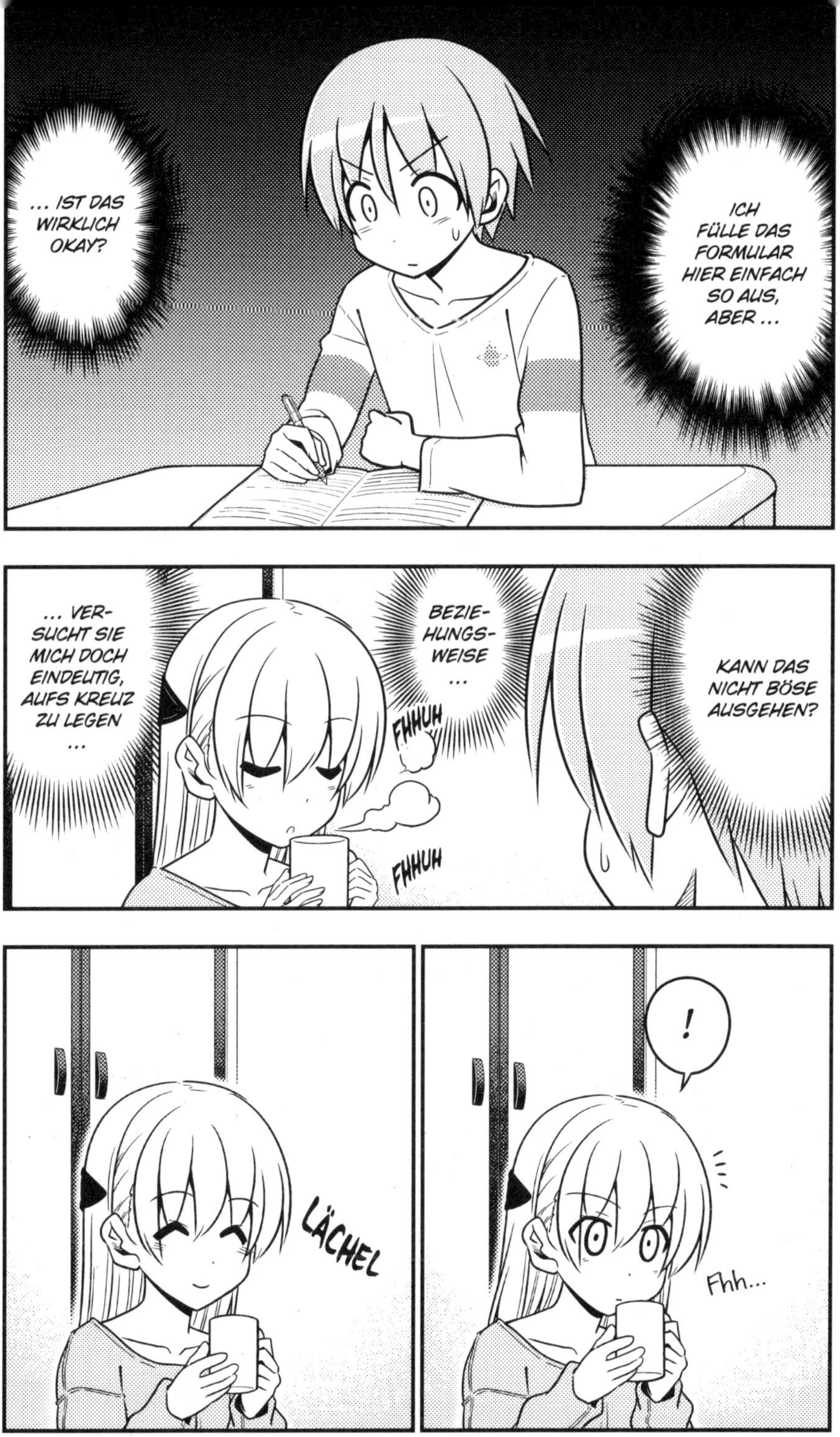
ICH FÜLLE DAS FORMULAR HIER EINFACH SO AUS, ABER …
… IST DAS WIRKLICH OKAY?
KANN DAS NICHT BÖSE AUSGEHEN?
BEZIE-HUNGS-WEISE …
FHHUH
FHHUH
… VER-SUCHT SIE MICH DOCH EINDEUTIG, AUFS KREUZ ZU LEGEN …
!
Fhh…
LÄCHEL

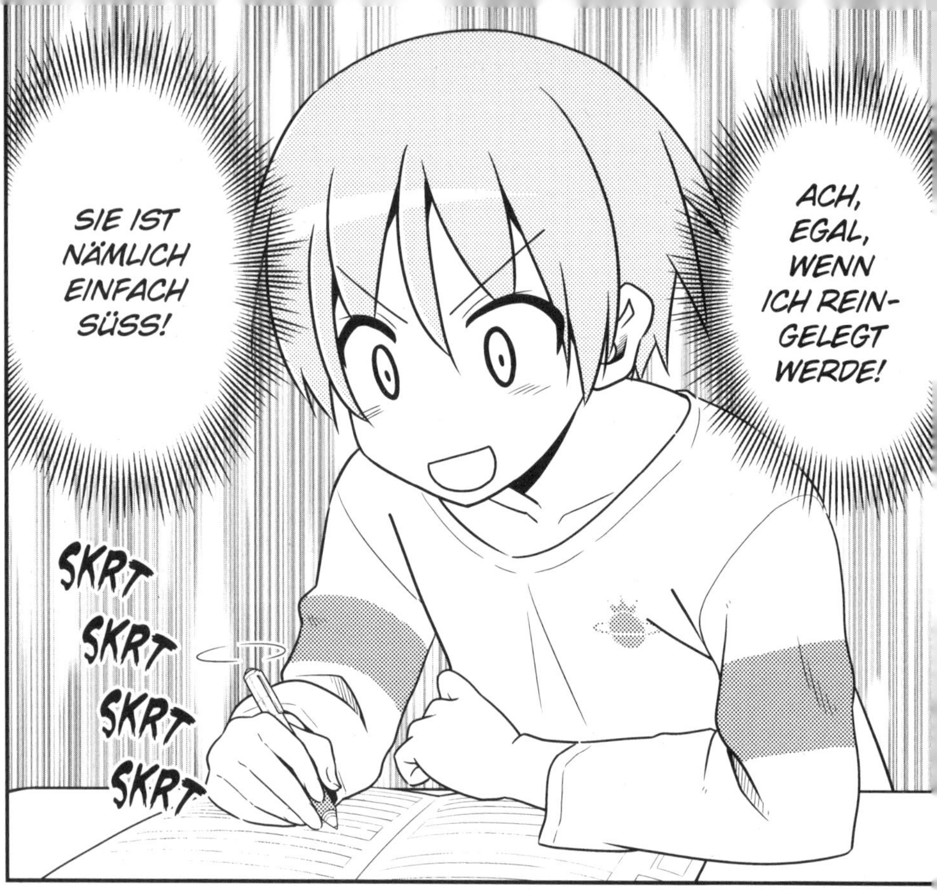
ACH, EGAL, WENN ICH REIN-GELEGT WERDE!
SIE IST NÄMLICH EINFACH SÜSS!
SKRT SKRT SKRT SKRT

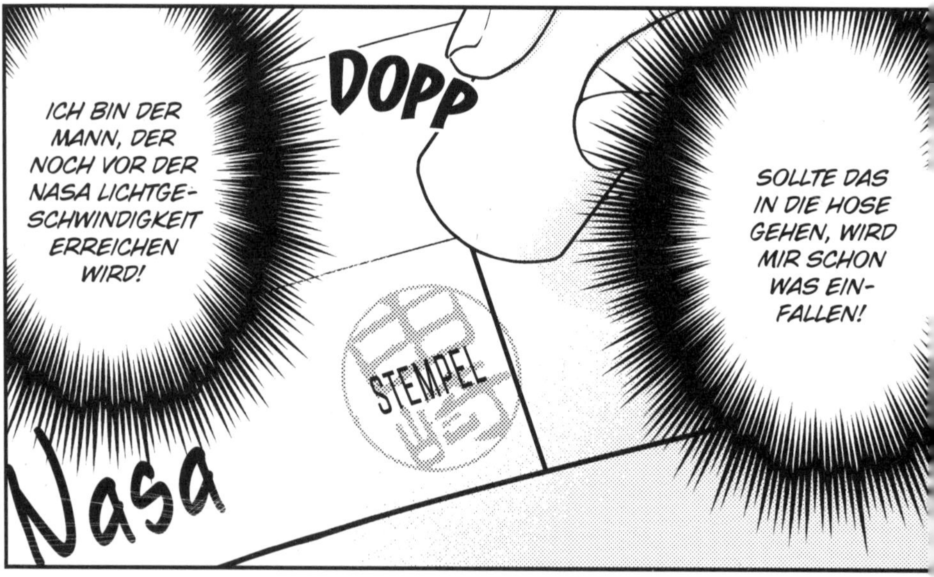
SOLLTE DAS IN DIE HOSE GEHEN, WIRD MIR SCHON WAS EIN-FALLEN!
DOPP
ICH BIN DER MANN, DER NOCH VOR DER NASA LICHTGE-SCHWINDIGKEIT ERREICHEN WIRD!
STEMPEL
Nasa

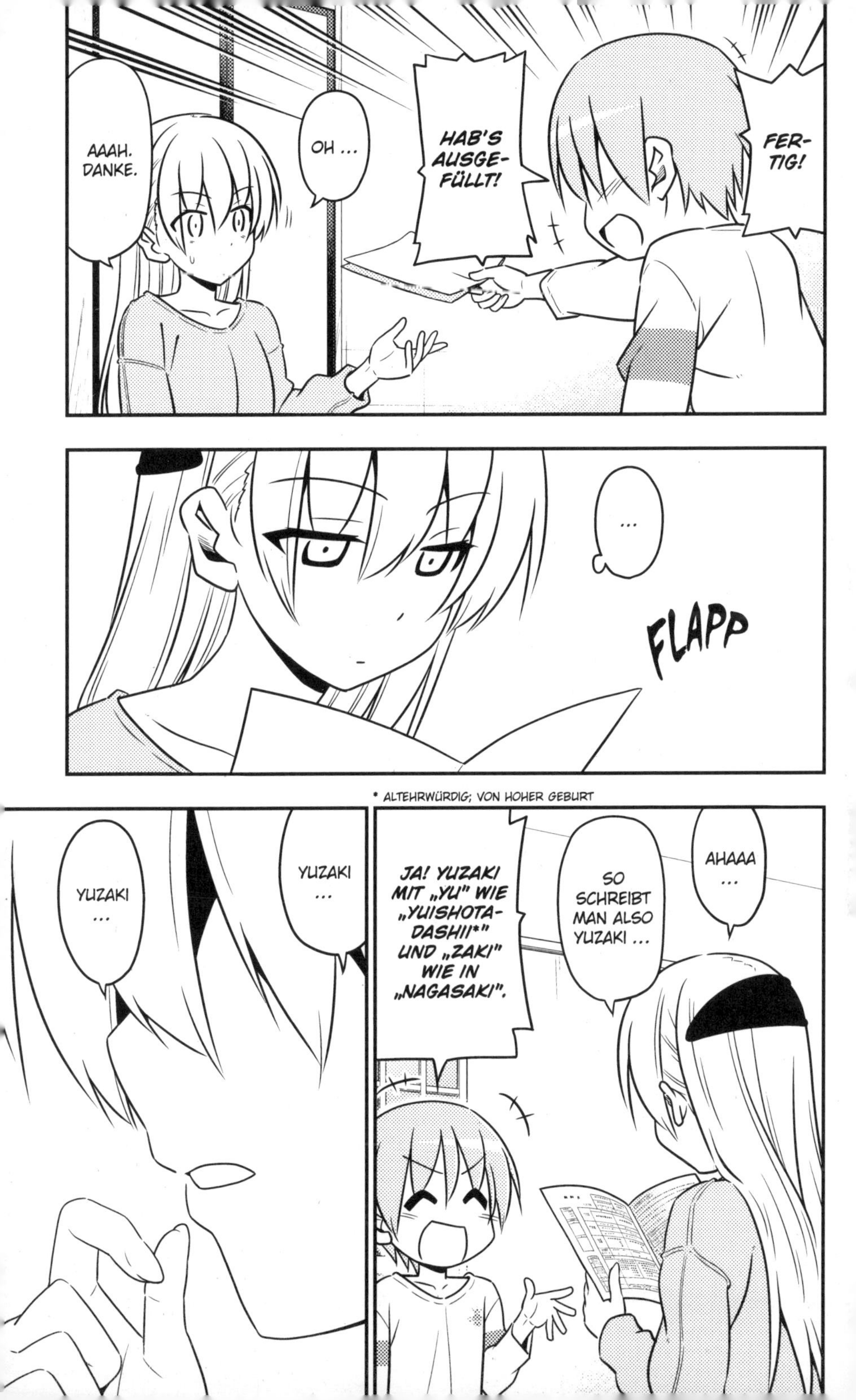

* ALTEHRWÜRDIG; VON HOHER GEBURT

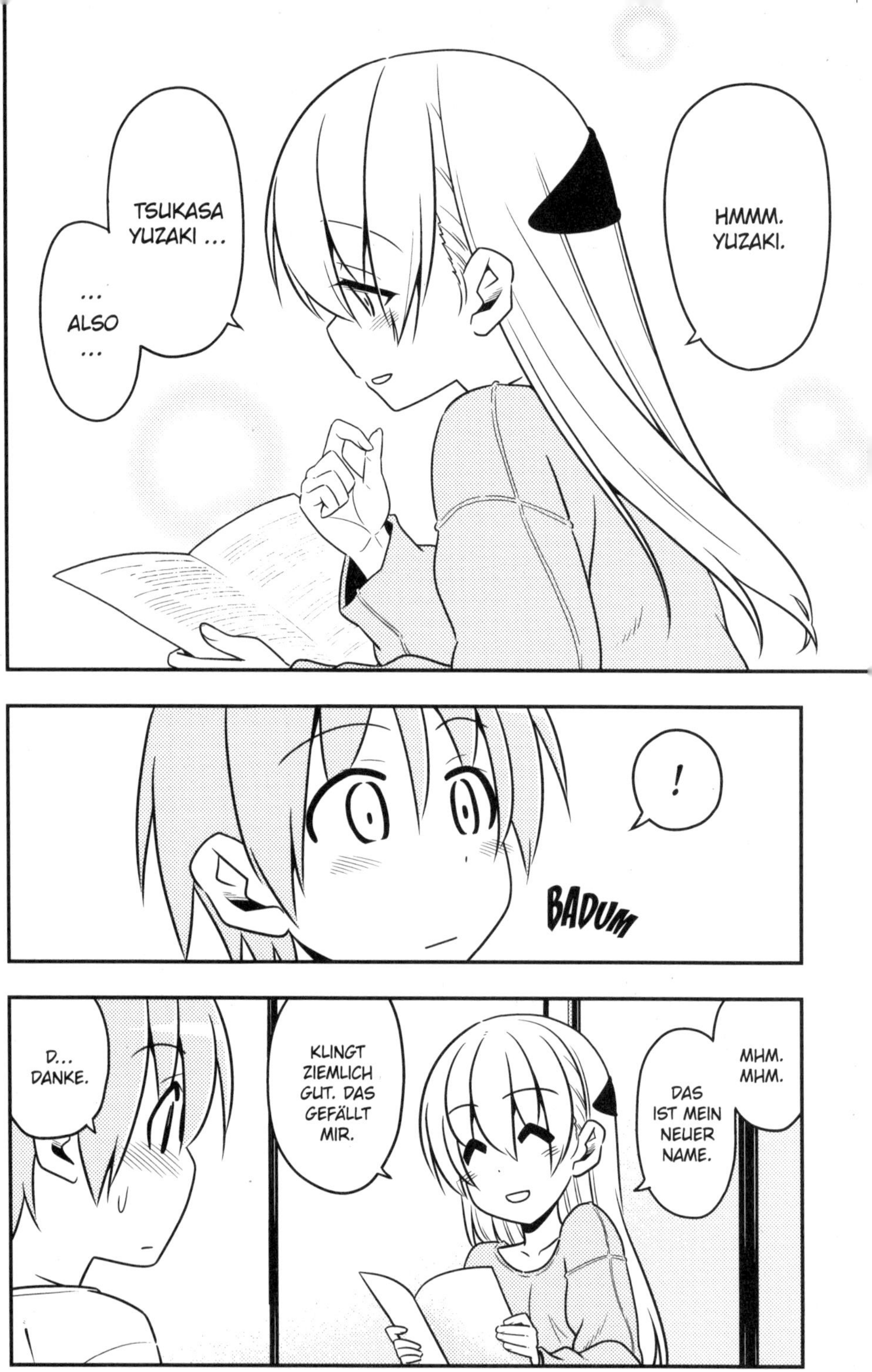
HMMM. YUZAKI.
TSUKASA YUZAKI ...
... ALSO ...
!
BADUM
MHM. MHM.
DAS IST MEIN NEUER NAME.
KLINGT ZIEMLICH GUT. DAS GEFÄLLT MIR.
D... DANKE.

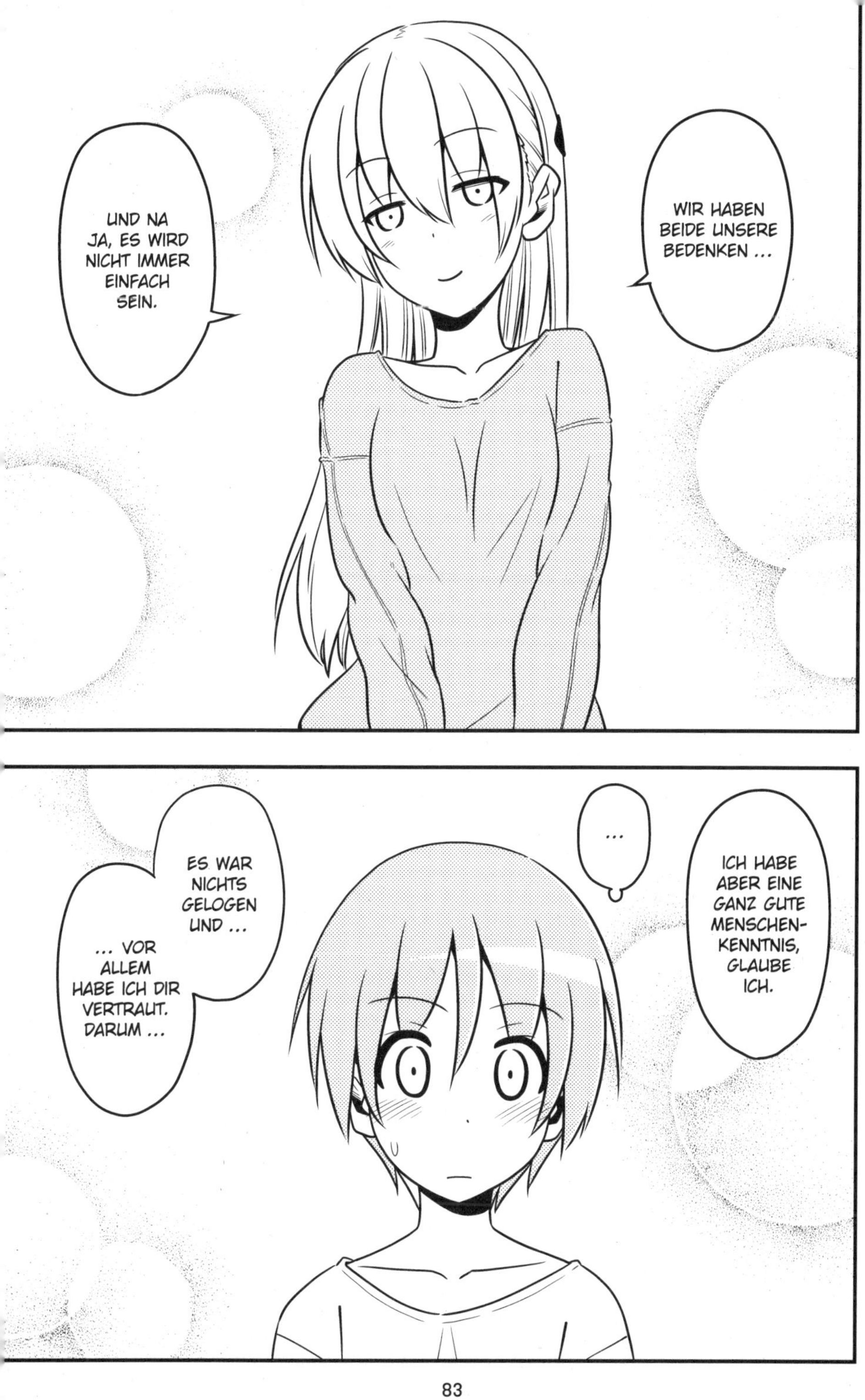
WIR HABEN BEIDE UNSERE BEDENKEN …
UND NA JA, ES WIRD NICHT IMMER EINFACH SEIN.
ICH HABE ABER EINE GANZ GUTE MENSCHEN-KENNTNIS, GLAUBE ICH.
…
ES WAR NICHTS GELOGEN UND …
… VOR ALLEM HABE ICH DIR VERTRAUT. DARUM …

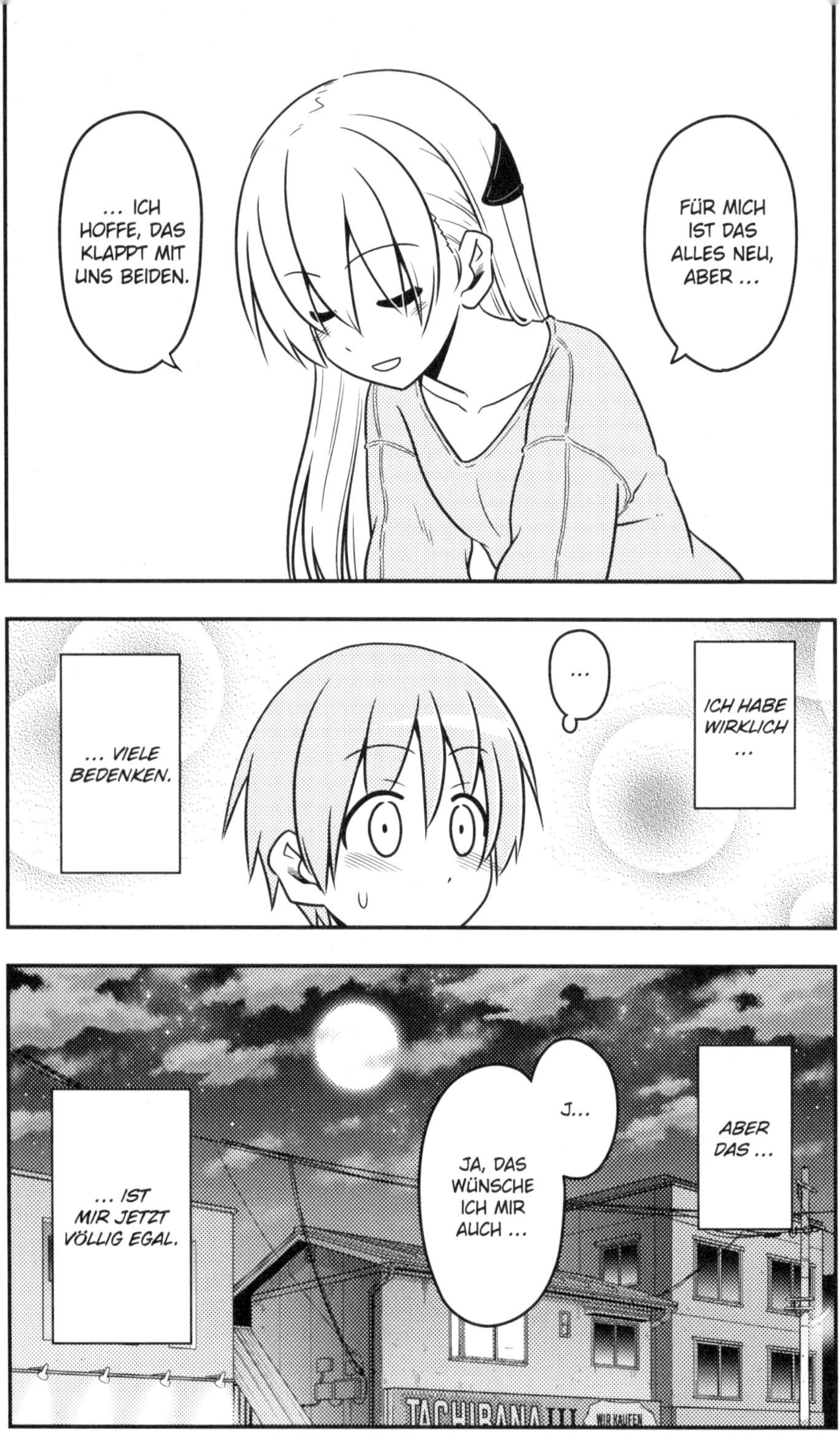
FÜR MICH IST DAS ALLES NEU, ABER …
… ICH HOFFE, DAS KLAPPT MIT UNS BEIDEN.
ICH HABE WIRKLICH …
…
… VIELE BEDENKEN.
ABER DAS …
J… JA, DAS WÜNSCHE ICH MIR AUCH …
… IST MIR JETZT VÖLLIG EGAL.

4. Kapitel: Etwas, das nur du anfassen darfst

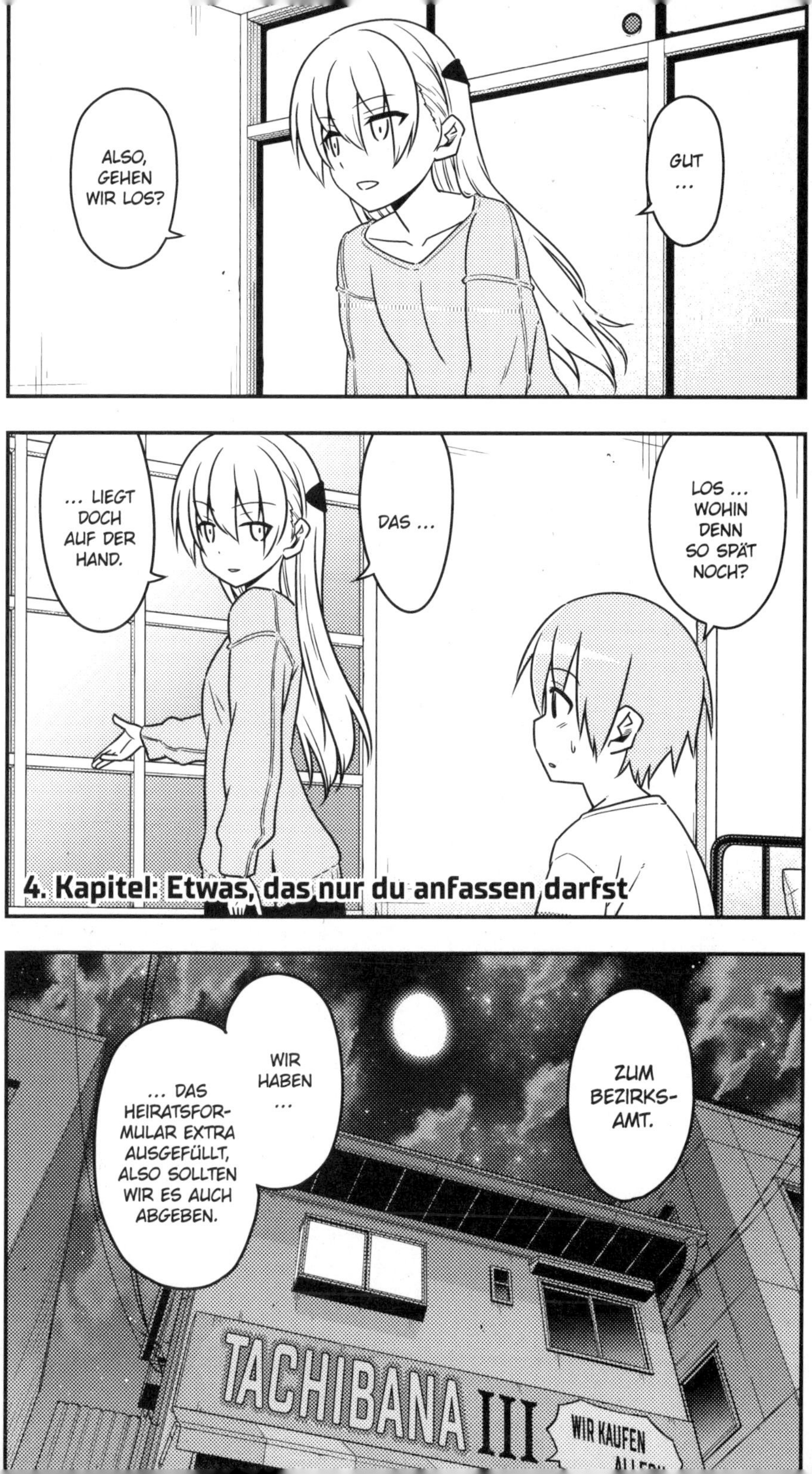

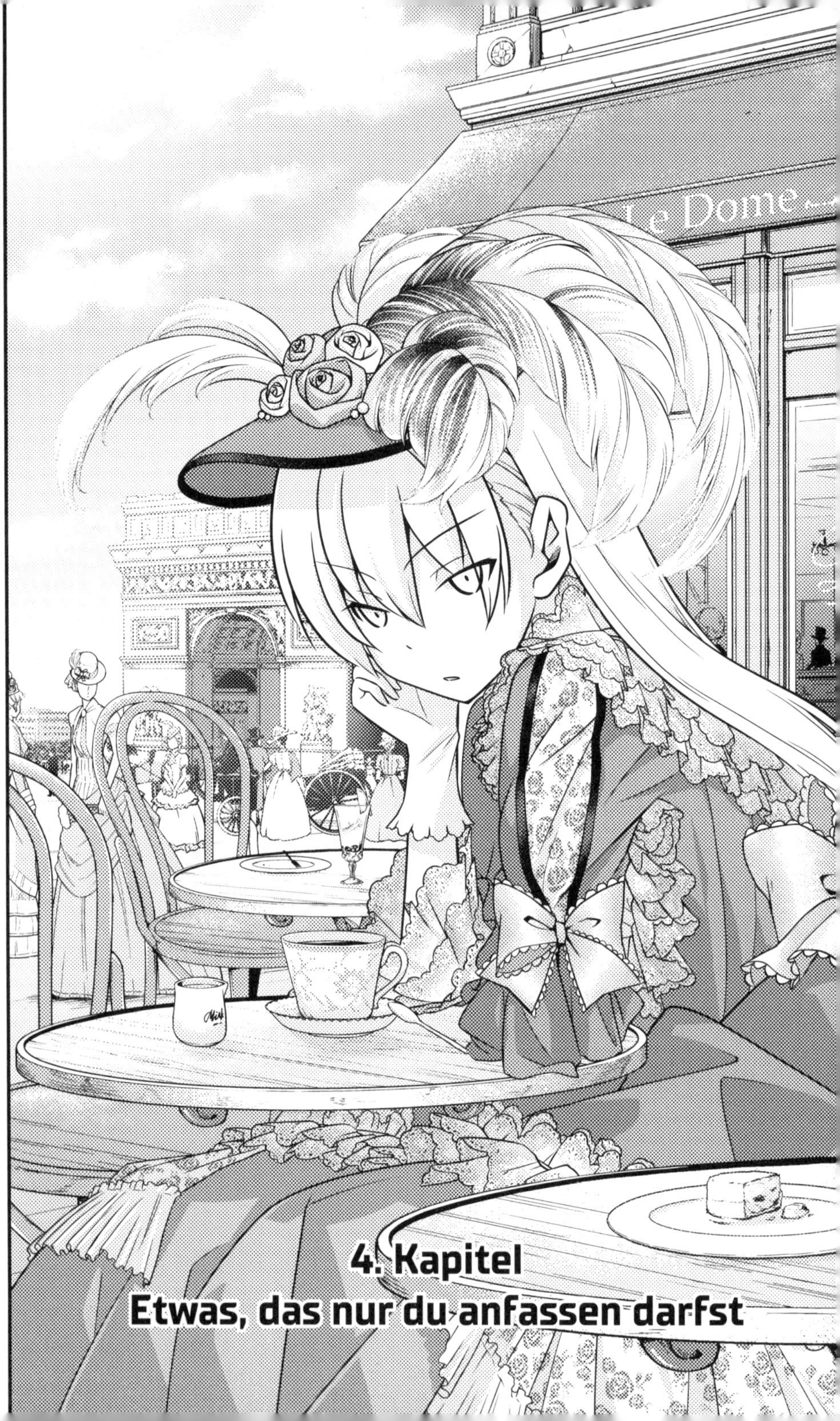
Le Dome
4. Kapitel
Etwas, das nur du anfassen darfst

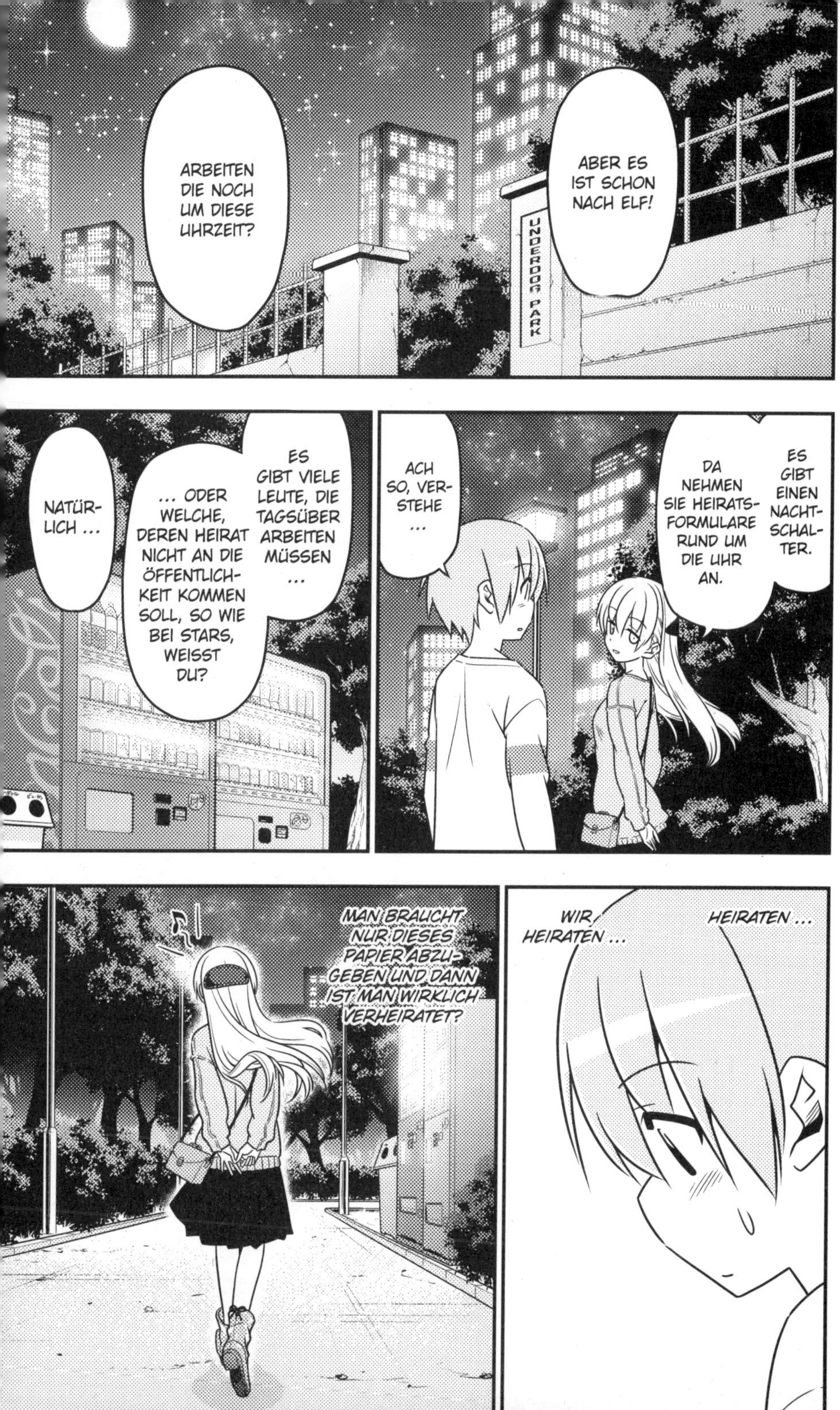
ABER ES IST SCHON NACH ELF!
UNDERDOG PARK
ARBEITEN DIE NOCH UM DIESE UHRZEIT?
ES GIBT EINEN NACHT-SCHAL-TER.
DA NEHMEN SIE HEIRATS-FORMULARE RUND UM DIE UHR AN.
ACH SO, VER-STEHE …
ES GIBT VIELE LEUTE, DIE TAGSÜBER ARBEITEN MÜSSEN …
… ODER WELCHE, DEREN HEIRAT NICHT AN DIE ÖFFENTLICH-KEIT KOMMEN SOLL, SO WIE BEI STARS, WEISST DU?
NATÜR-LICH …
HEIRATEN …
WIR HEIRATEN …
MAN BRAUCHT NUR DIESES PAPIER ABZU-GEBEN UND DANN IST MAN WIRKLICH VERHEIRATET?

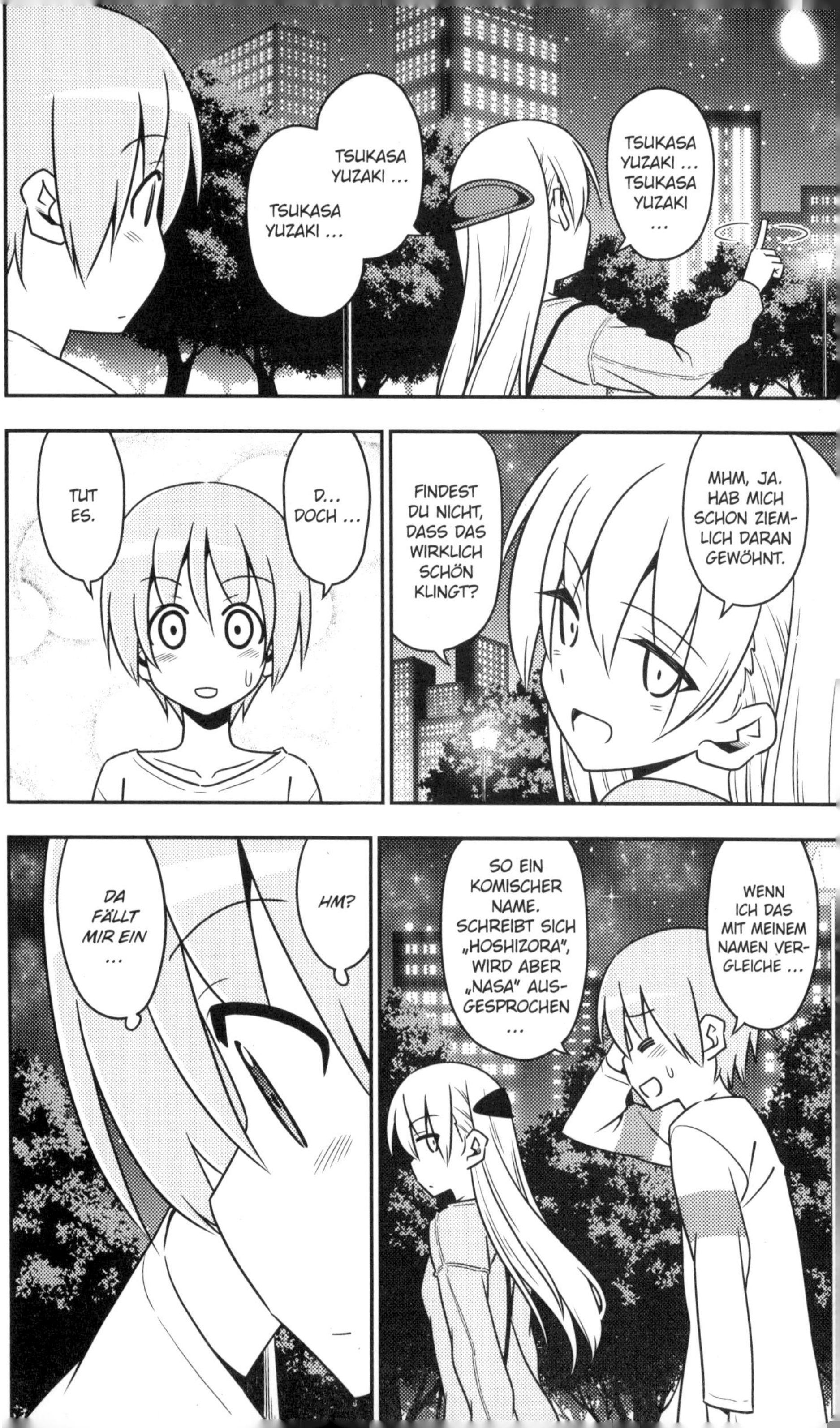
TSUKASA YUZAKI … TSUKASA YUZAKI …
TSUKASA YUZAKI …
TSUKASA YUZAKI …
MHM, JA. HAB MICH SCHON ZIEMLICH DARAN GEWÖHNT.
FINDEST DU NICHT, DASS DAS WIRKLICH SCHÖN KLINGT?
D… DOCH …
TUT ES.
WENN ICH DAS MIT MEINEM NAMEN VERGLEICHE …
SO EIN KOMISCHER NAME. SCHREIBT SICH „HOSHIZORA“, WIRD ABER „NASA“ AUSGESPROCHEN …
HM?
DA FÄLLT MIR EIN …

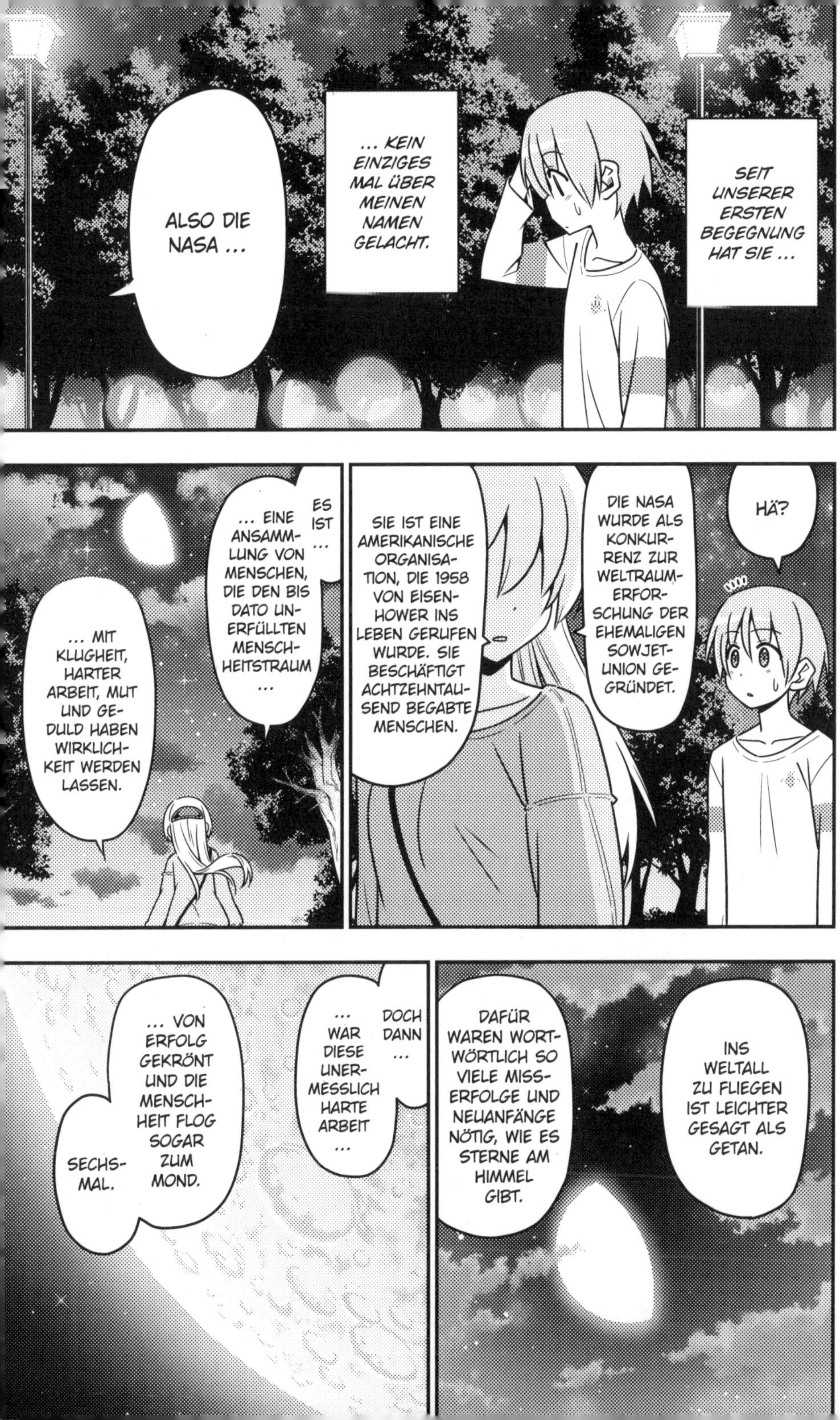
SEIT UNSERER ERSTEN BEGEGNUNG HAT SIE …
… KEIN EINZIGES MAL ÜBER MEINEN NAMEN GELACHT.
ALSO DIE NASA …
HÄ?
DIE NASA WURDE ALS KONKURRENZ ZUR WELTRAUMERFORSCHUNG DER EHEMALIGEN SOWJETUNION GEGRÜNDET.
SIE IST EINE AMERIKANISCHE ORGANISATION, DIE 1958 VON EISENHOWER INS LEBEN GERUFEN WURDE. SIE BESCHÄFTIGT ACHTZEHNTAUSEND BEGABTE MENSCHEN.
ES IST …
… EINE ANSAMMLUNG VON MENSCHEN, DIE DEN BIS DATO UNERFÜLLTEN MENSCHHEITSTRAUM …
… MIT KLUGHEIT, HARTER ARBEIT, MUT UND GEDULD HABEN WIRKLICHKEIT WERDEN LASSEN.
INS WELTALL ZU FLIEGEN IST LEICHTER GESAGT ALS GETAN.
DAFÜR WAREN WORTWÖRTLICH SO VIELE MISSERFOLGE UND NEUANFÄNGE NÖTIG, WIE ES STERNE AM HIMMEL GIBT.
DOCH DANN …
… WAR DIESE UNERMESSLICH HARTE ARBEIT …
… VON ERFOLG GEKRÖNT UND DIE MENSCHHEIT FLOG SOGAR ZUM MOND.
SECHSMAL.

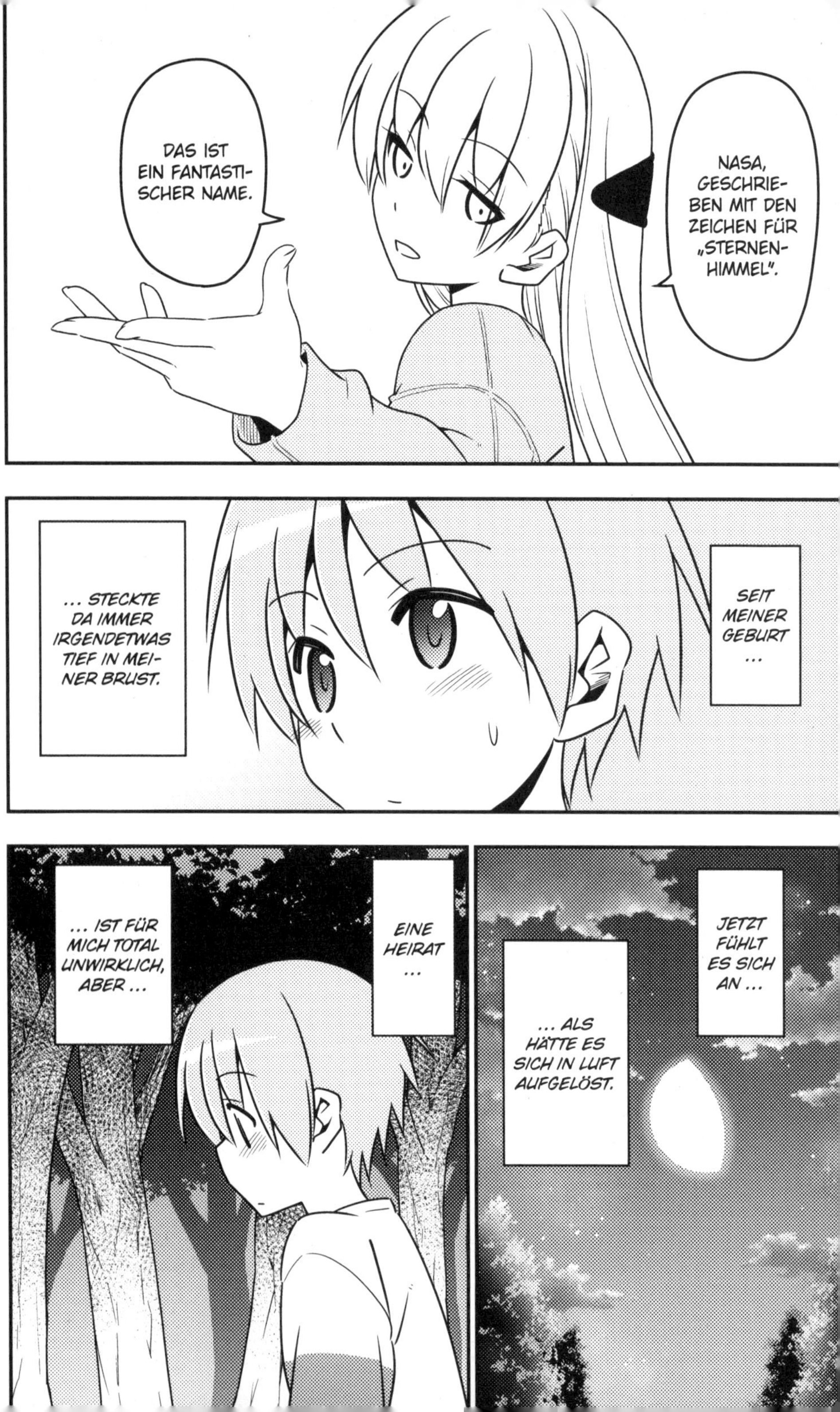
NASA, GESCHRIE-BEN MIT DEN ZEICHEN FÜR „STERNEN-HIMMEL“.
DAS IST EIN FANTASTI-SCHER NAME.
SEIT MEINER GEBURT …
… STECKTE DA IMMER IRGENDETWAS TIEF IN MEI-NER BRUST.
EINE HEIRAT …
… IST FÜR MICH TOTAL UNWIRKLICH, ABER …
JETZT FÜHLT ES SICH AN …
… ALS HÄTTE ES SICH IN LUFT AUFGELÖST.

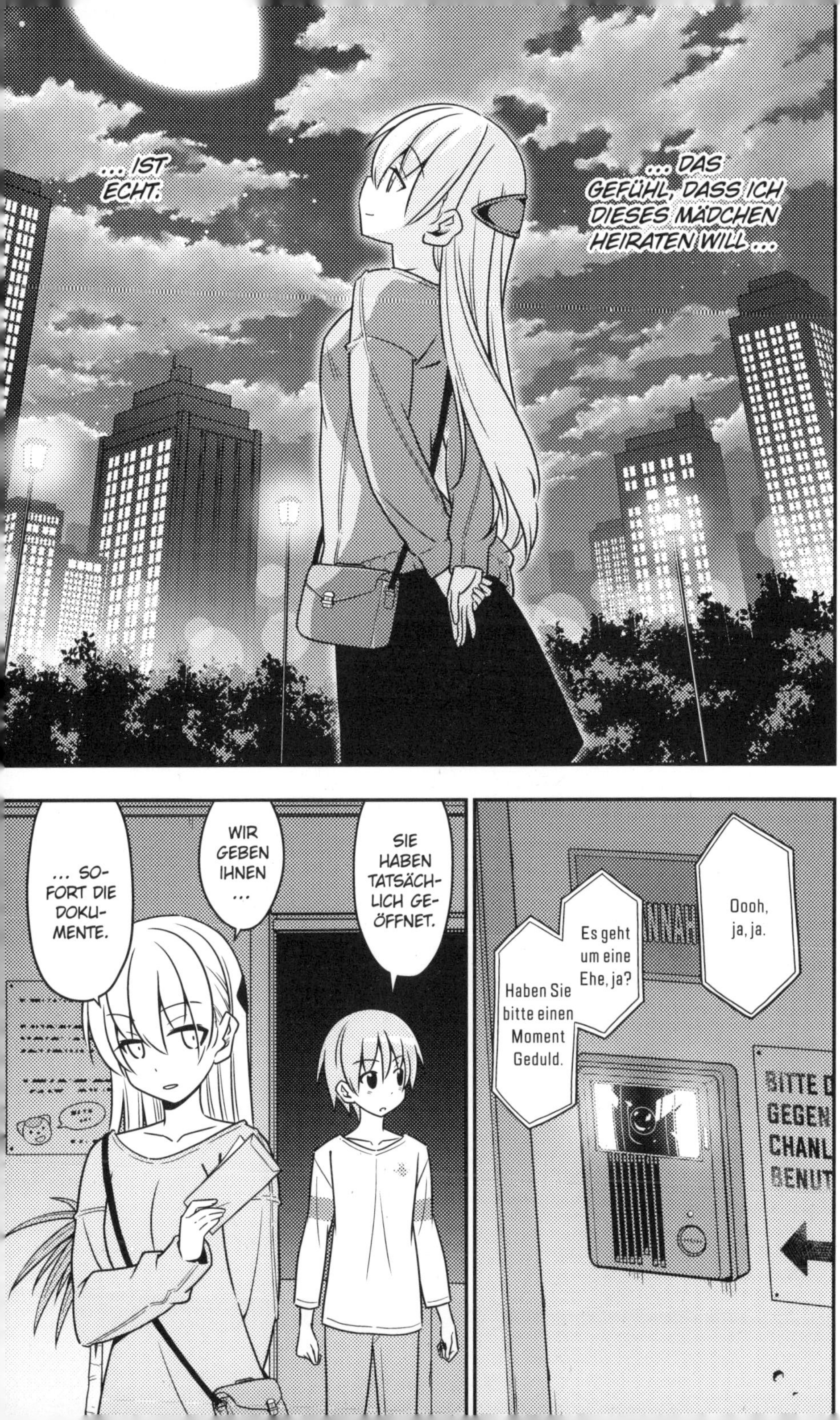

... DAS GEFÜHL, DASS ICH DIESES MÄDCHEN HEIRATEN WILL ...
... IST ECHT.
Oooh, ja, ja.
Es geht um eine Ehe, ja?
Haben Sie bitte einen Moment Geduld.
SIE HABEN TATSÄCHLICH GEÖFFNET.
WIR GEBEN IHNEN ...
... SOFORT DIE DOKUMENTE.

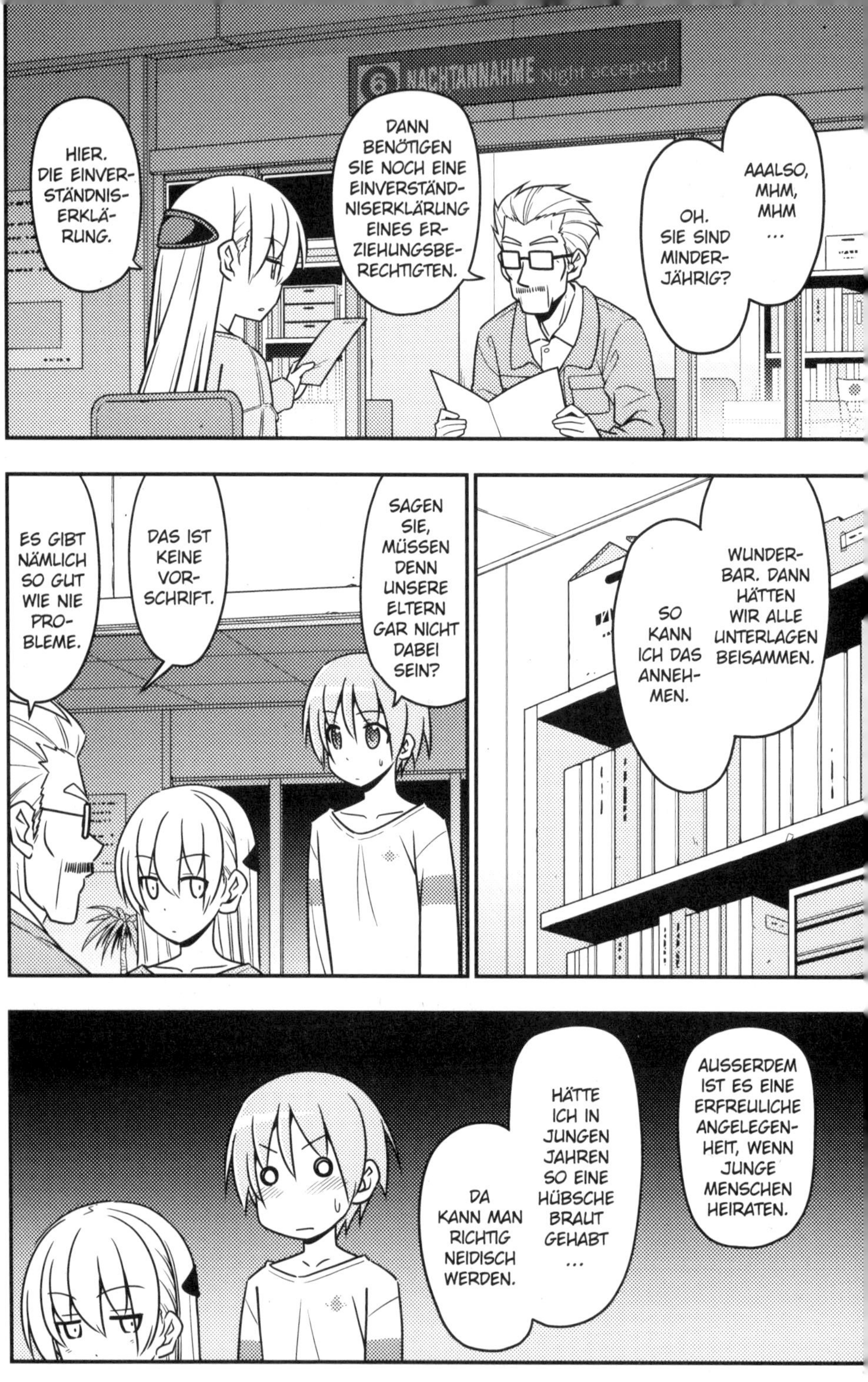
NACHTANNAHME
AAALSO, MHM, MHM …
OH. SIE SIND MINDERJÄHRIG?
DANN BENÖTIGEN SIE NOCH EINE EINVERSTÄNDNISERKLÄRUNG EINES ERZIEHUNGSBERECHTIGTEN.
HIER. DIE EINVERSTÄNDNISERKLÄRUNG.
WUNDERBAR. DANN HÄTTEN WIR ALLE UNTERLAGEN BEISAMMEN.
SO KANN ICH DAS ANNEHMEN.
SAGEN SIE, MÜSSEN DENN UNSERE ELTERN GAR NICHT DABEI SEIN?
DAS IST KEINE VORSCHRIFT.
ES GIBT NÄMLICH SO GUT WIE NIE PROBLEME.
AUSSERDEM IST ES EINE ERFREULICHE ANGELEGENHEIT, WENN JUNGE MENSCHEN HEIRATEN.
HÄTTE ICH IN JUNGEN JAHREN SO EINE HÜBSCHE BRAUT GEHABT …
DA KANN MAN RICHTIG NEIDISCH WERDEN.

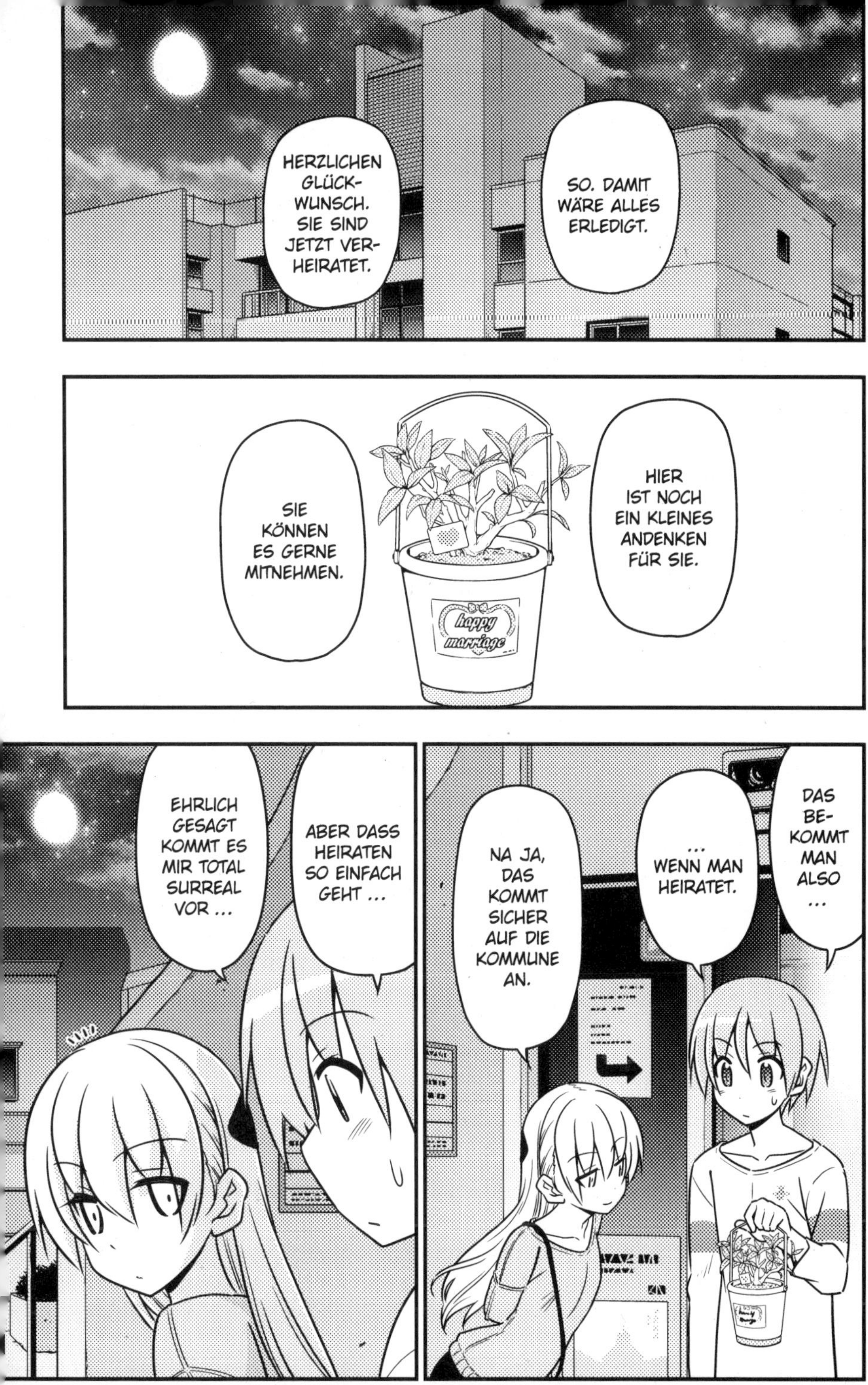
SO. DAMIT WÄRE ALLES ERLEDIGT.
HERZLICHEN GLÜCK-WUNSCH. SIE SIND JETZT VER-HEIRATET.
HIER IST NOCH EIN KLEINES ANDENKEN FÜR SIE.
happy marriage
SIE KÖNNEN ES GERNE MITNEHMEN.
DAS BE-KOMMT MAN ALSO …
… WENN MAN HEIRATET.
NA JA, DAS KOMMT SICHER AUF DIE KOMMUNE AN.
ABER DASS HEIRATEN SO EINFACH GEHT …
EHRLICH GESAGT KOMMT ES MIR TOTAL SURREAL VOR …

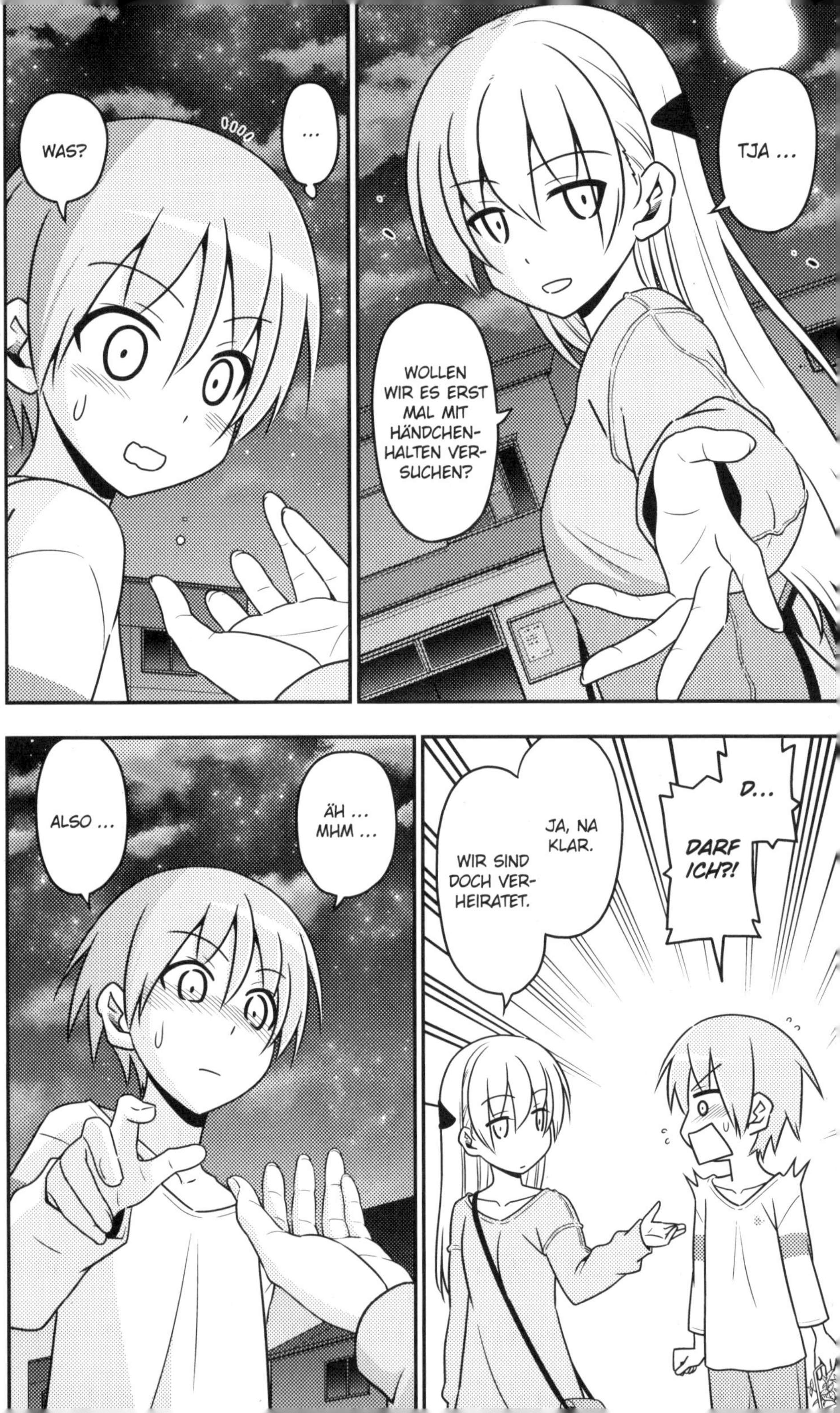
TJA …
WOLLEN WIR ES ERST MAL MIT HÄNDCHENHALTEN VERSUCHEN?
…
WAS?
D … DARF ICH?!
JA, NA KLAR.
WIR SIND DOCH VERHEIRATET.
ÄH … MHM …
ALSO …

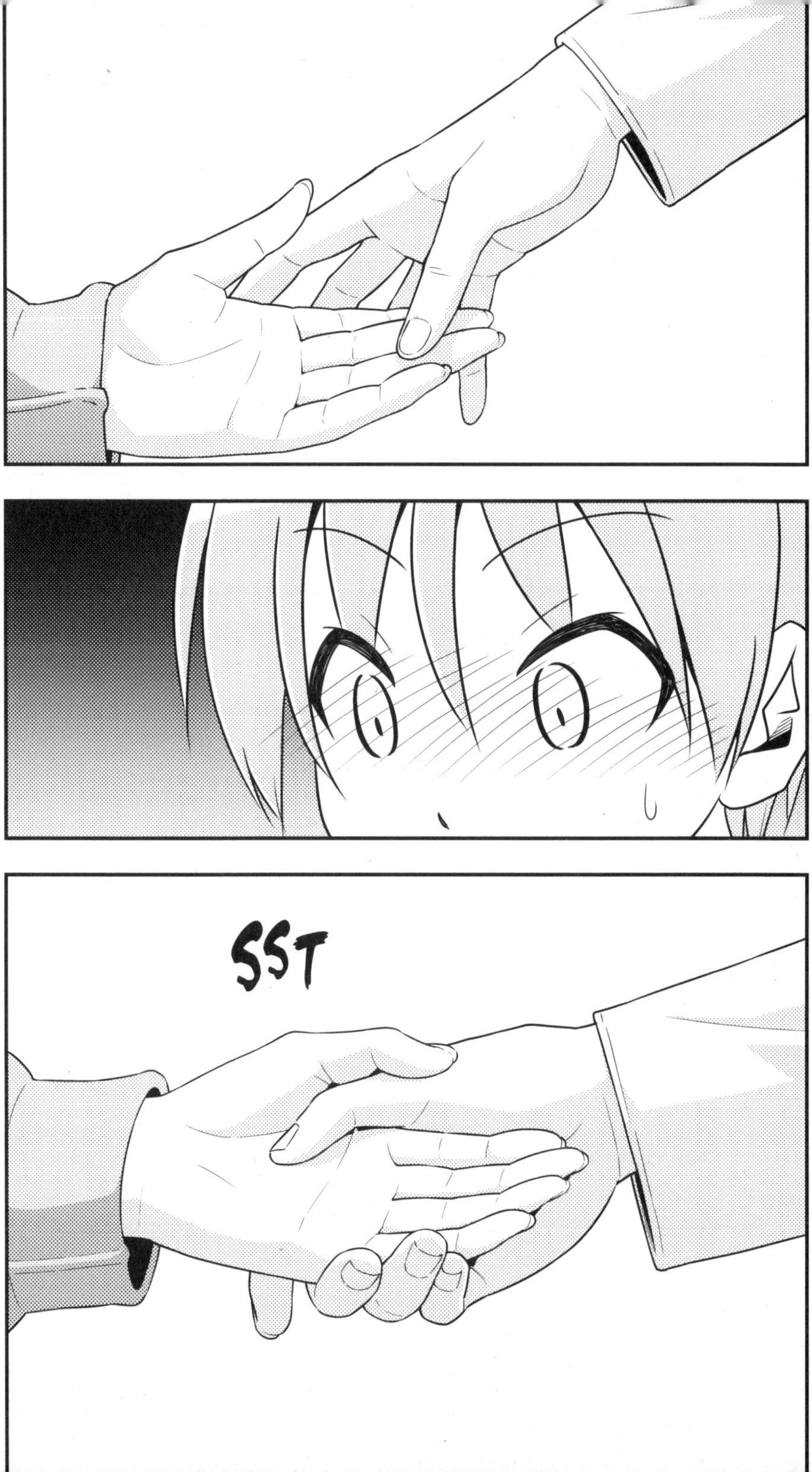
SST

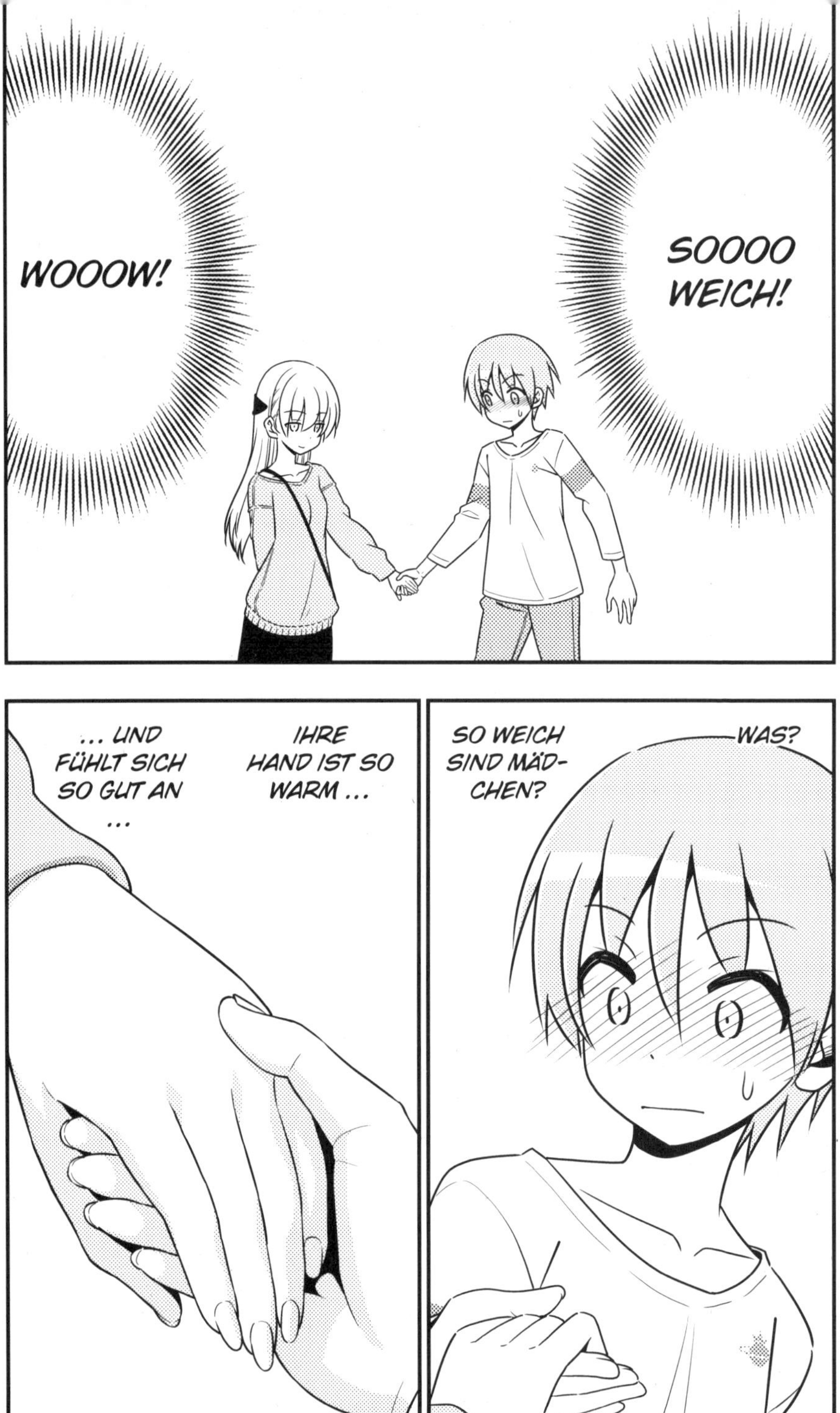
SOOOO WEICH!
WOOOW!
WAS?
SO WEICH SIND MÄDCHEN?
IHRE HAND IST SO WARM ...
... UND FÜHLT SICH SO GUT AN ...

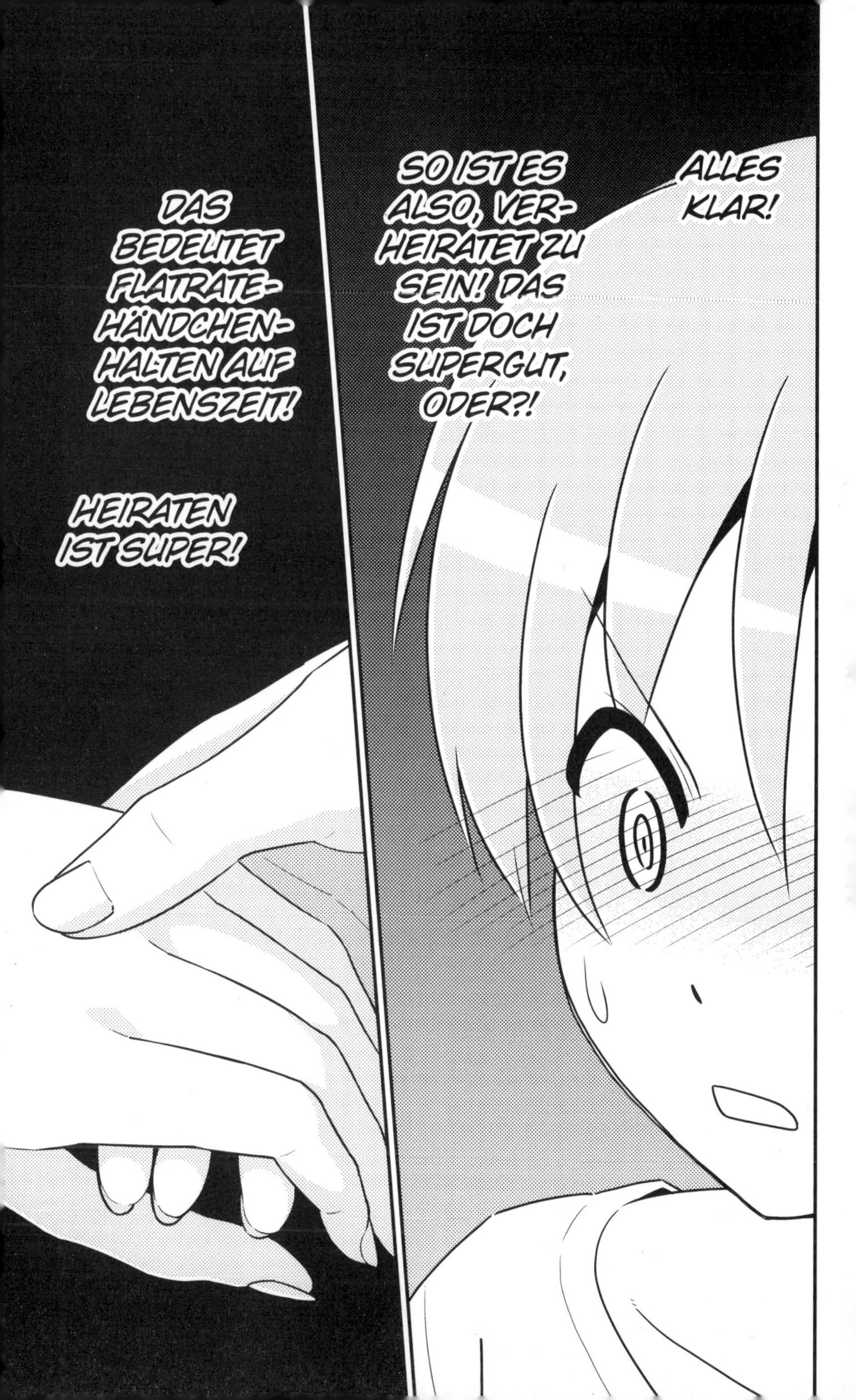
ALLES KLAR!
SO IST ES ALSO, VERHEIRATET ZU SEIN! DAS IST DOCH SUPERGUT, ODER?!
DAS BEDEUTET FLATRATE-HÄNDCHENHALTEN AUF LEBENSZEIT!
HEIRATEN IST SUPER!

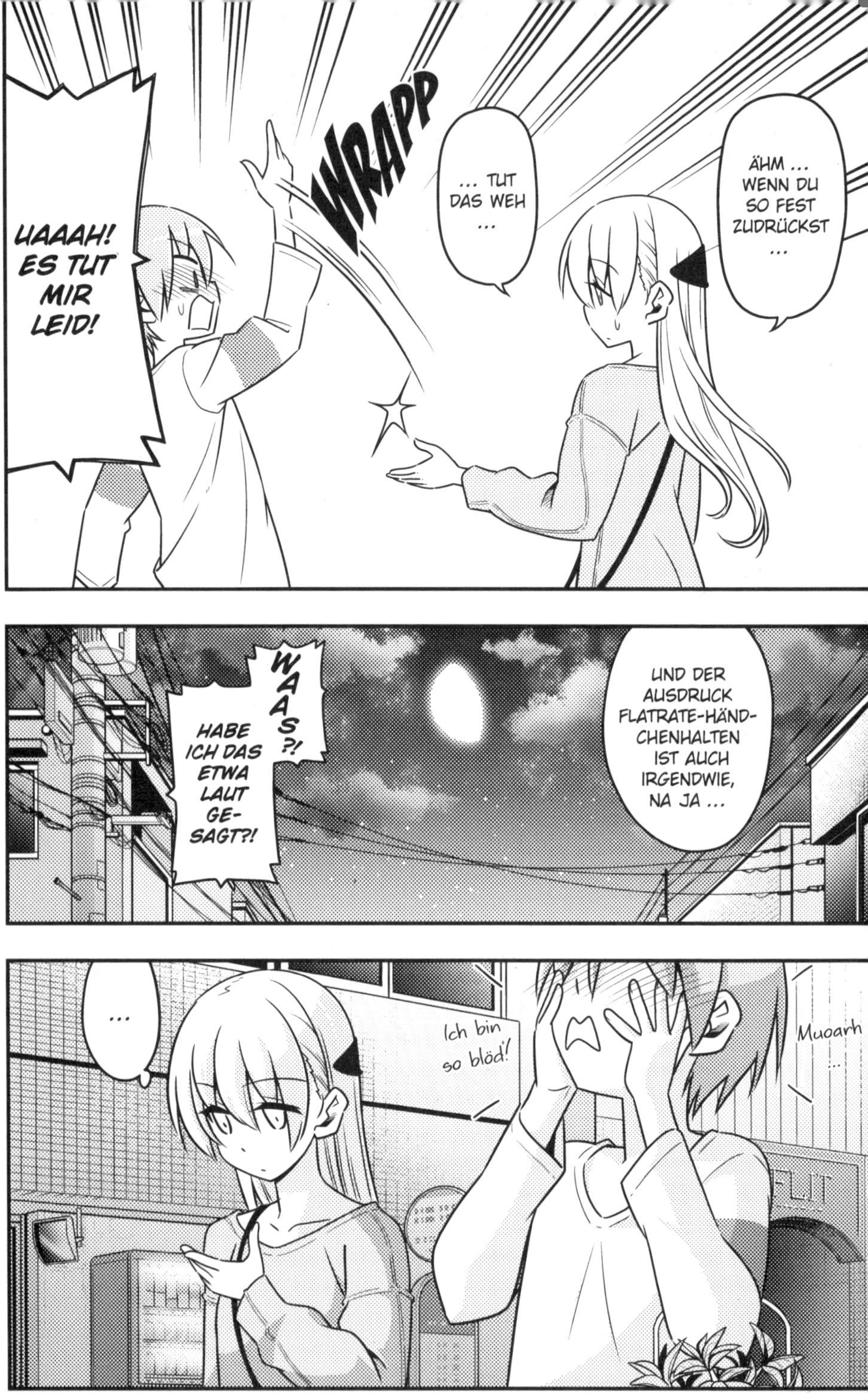
ÄHM … WENN DU SO FEST ZUDRÜCKST …
… TUT DAS WEH …
WRAPP
UAAAH! ES TUT MIR LEID!
UND DER AUSDRUCK FLATRATE-HÄND-CHENHALTEN IST AUCH IRGENDWIE, NA JA …
WAAAS?!
HABE ICH DAS ETWA LAUT GE-SAGT?!
Muoarh …
Ich bin so blöd!
…

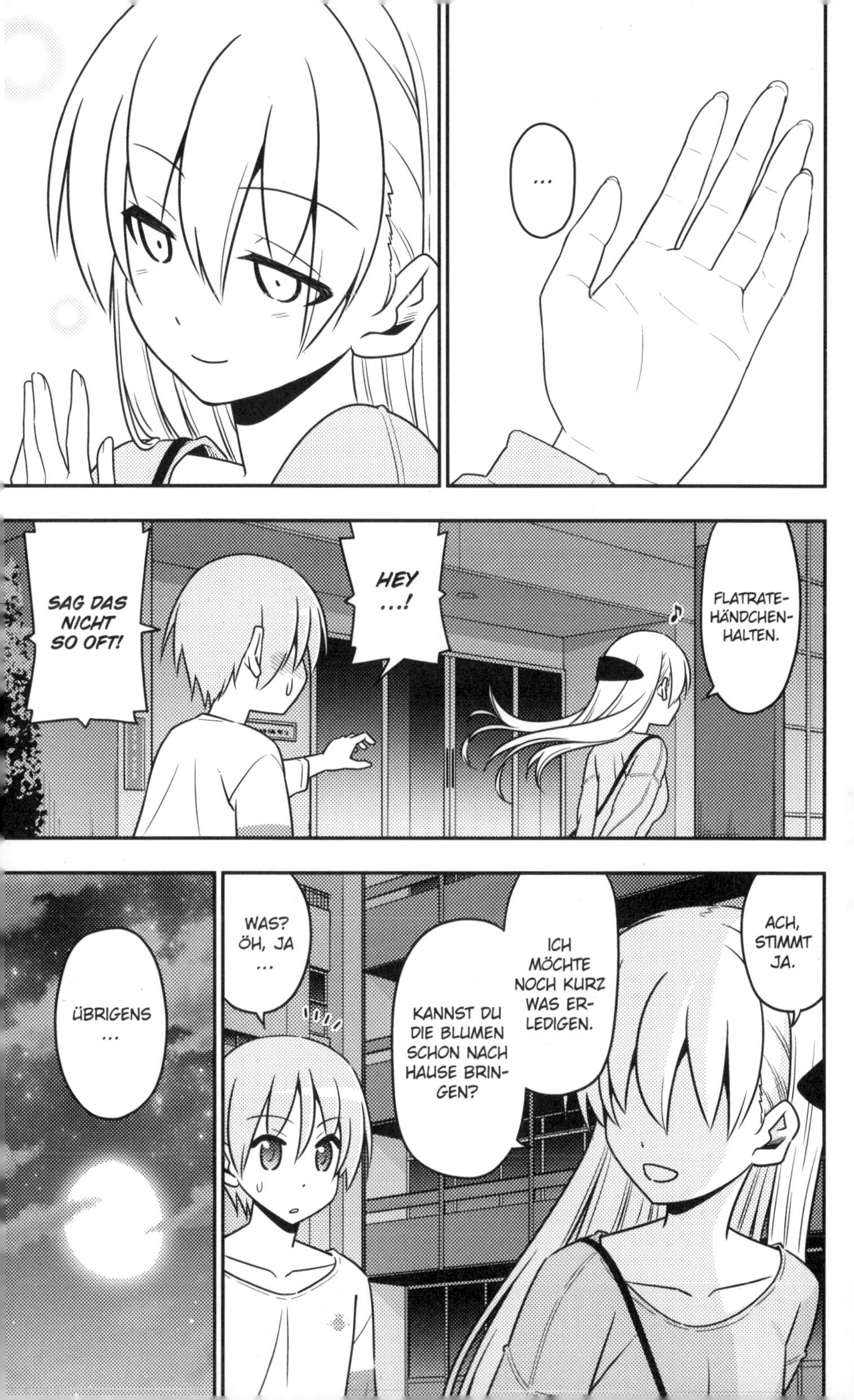
...
FLATRATE-HÄNDCHEN-HALTEN.
HEY ...!
SAG DAS NICHT SO OFT!
ACH, STIMMT JA.
ICH MÖCHTE NOCH KURZ WAS ERLEDIGEN.
KANNST DU DIE BLUMEN SCHON NACH HAUSE BRINGEN?
WAS? ÖH, JA ...
ÜBRIGENS ...

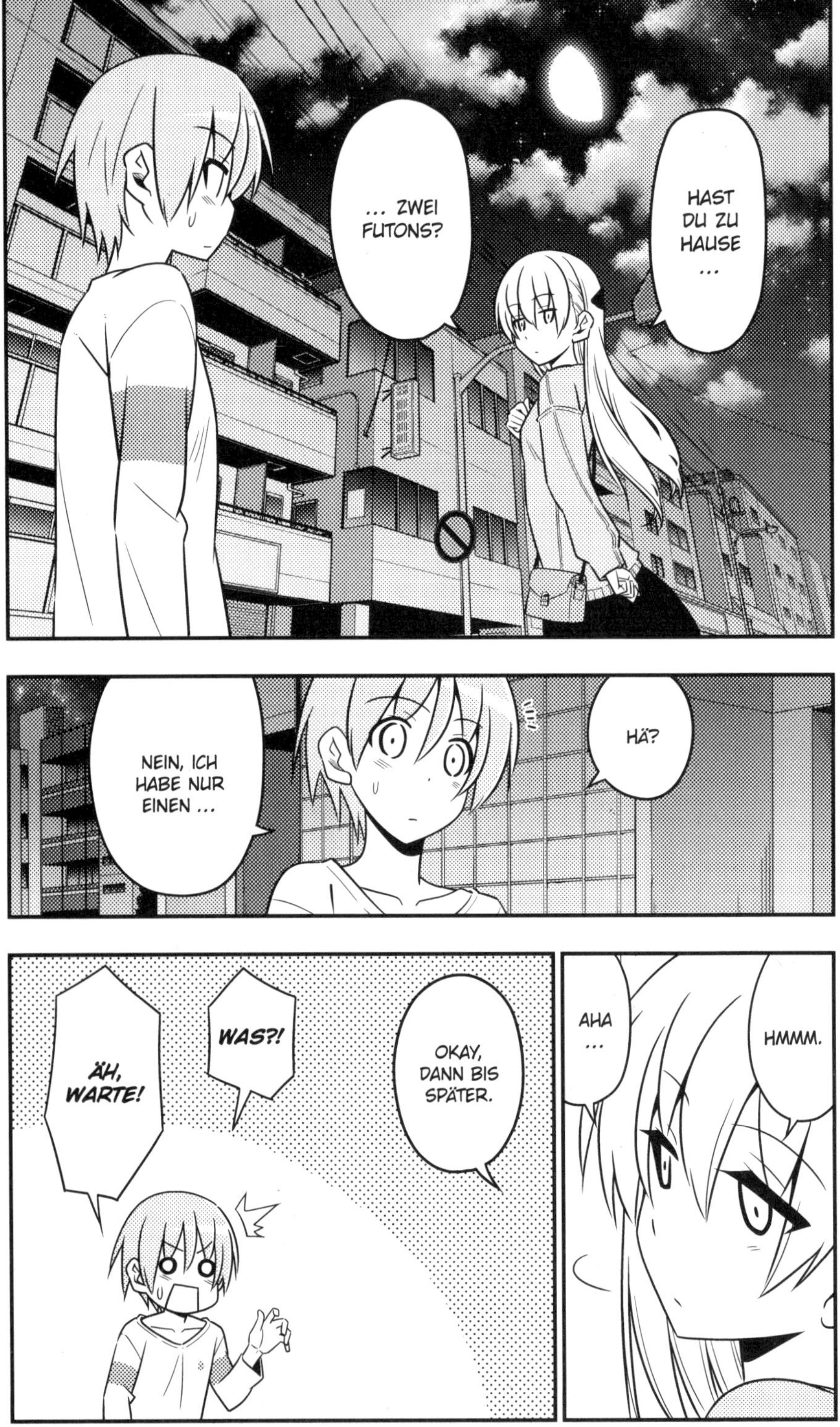
HAST DU ZU HAUSE …
… ZWEI FUTONS?
HÄ?
NEIN, ICH HABE NUR EINEN …
HMMM.
AHA …
OKAY, DANN BIS SPÄTER.
WAS?!
ÄH, WARTE!

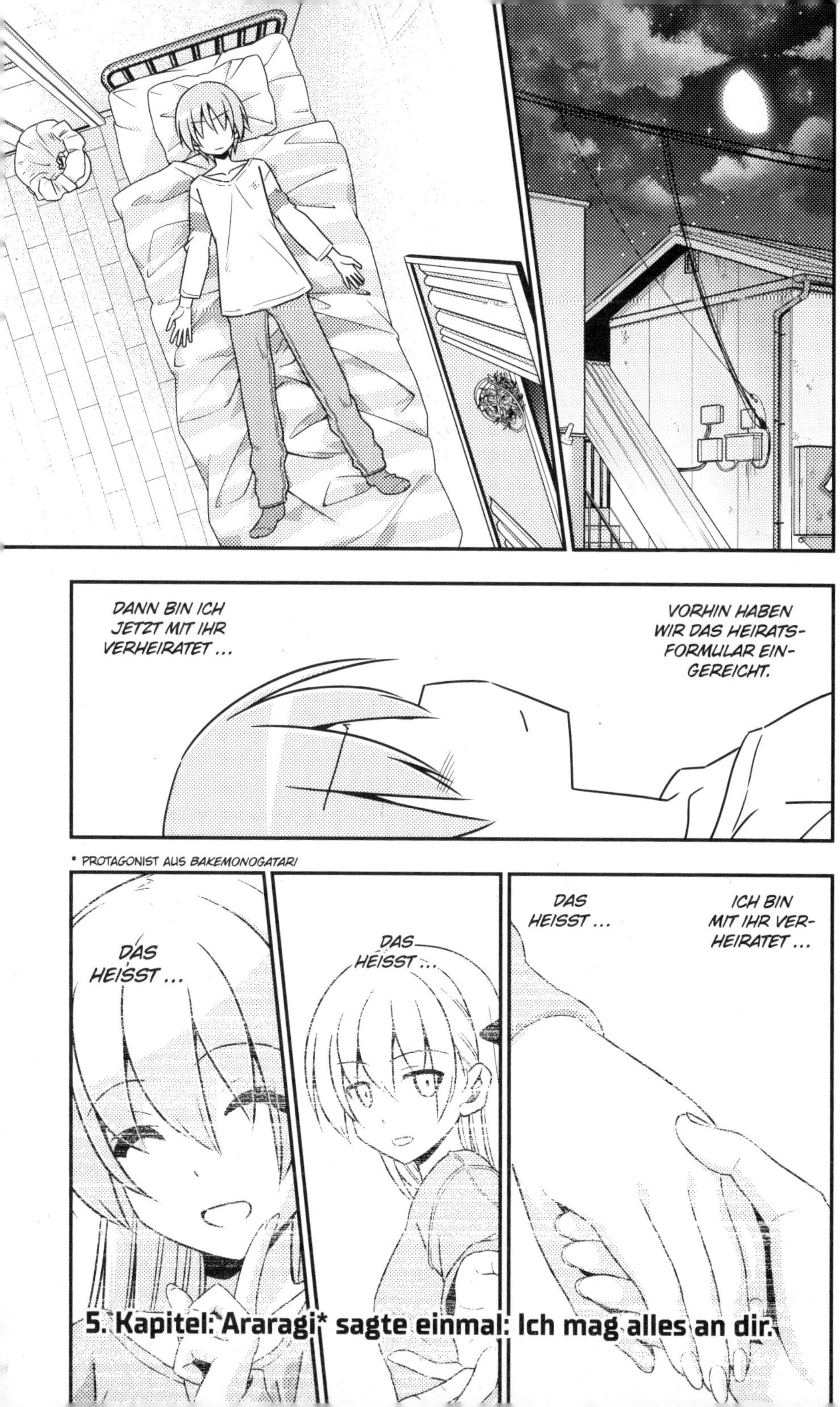

5. Kapitel: Araragi* sagte einmal: Ich mag alles an dir.

* PROTAGONIST AUS *BAKEMONOGATARI*

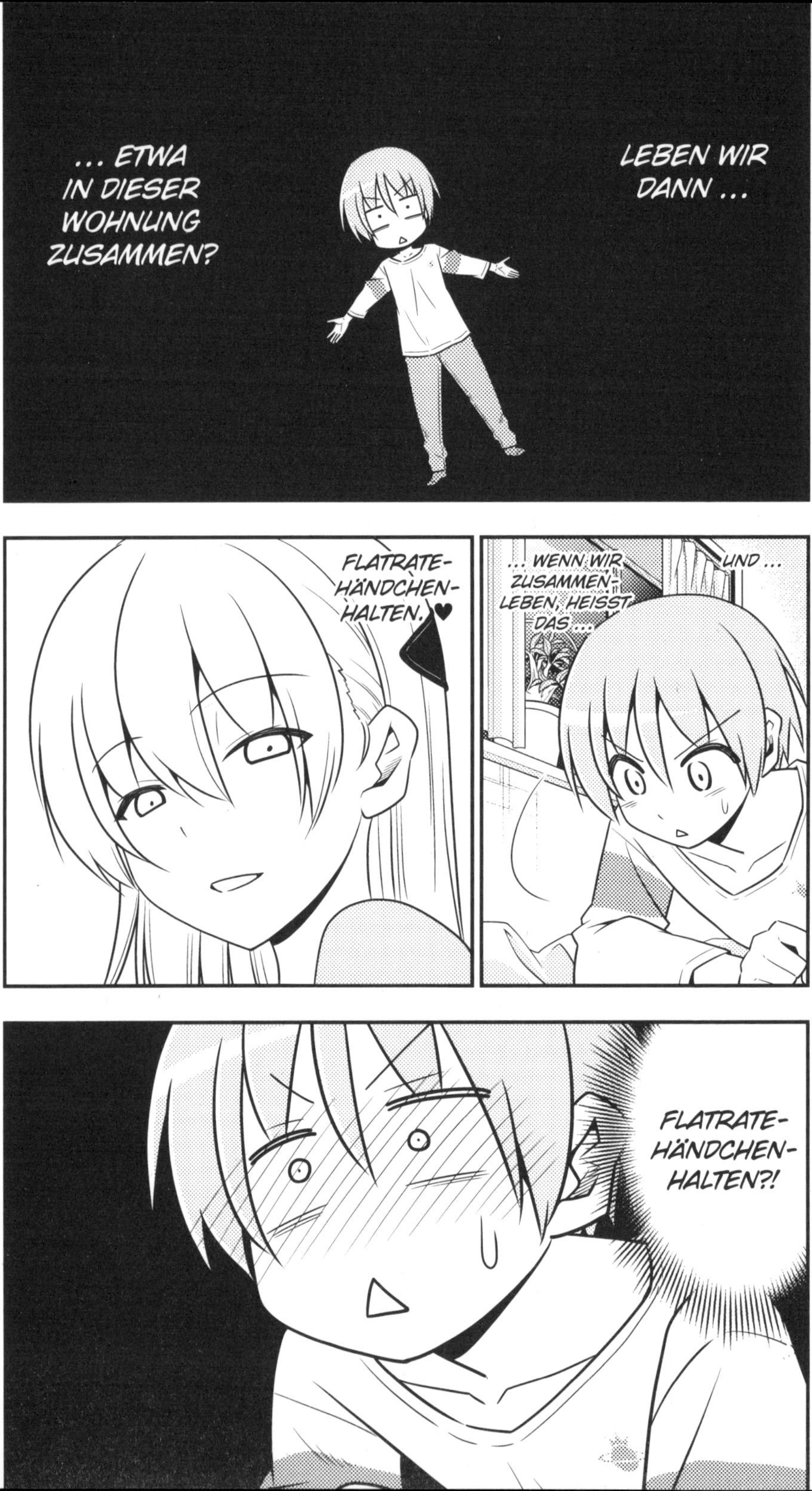
LEBEN WIR DANN …
… ETWA IN DIESER WOHNUNG ZUSAMMEN?
UND …
… WENN WIR ZUSAMMEN-LEBEN, HEISST DAS …
FLATRATE-HÄNDCHEN-HALTEN. ♥
FLATRATE-HÄNDCHEN-HALTEN?!

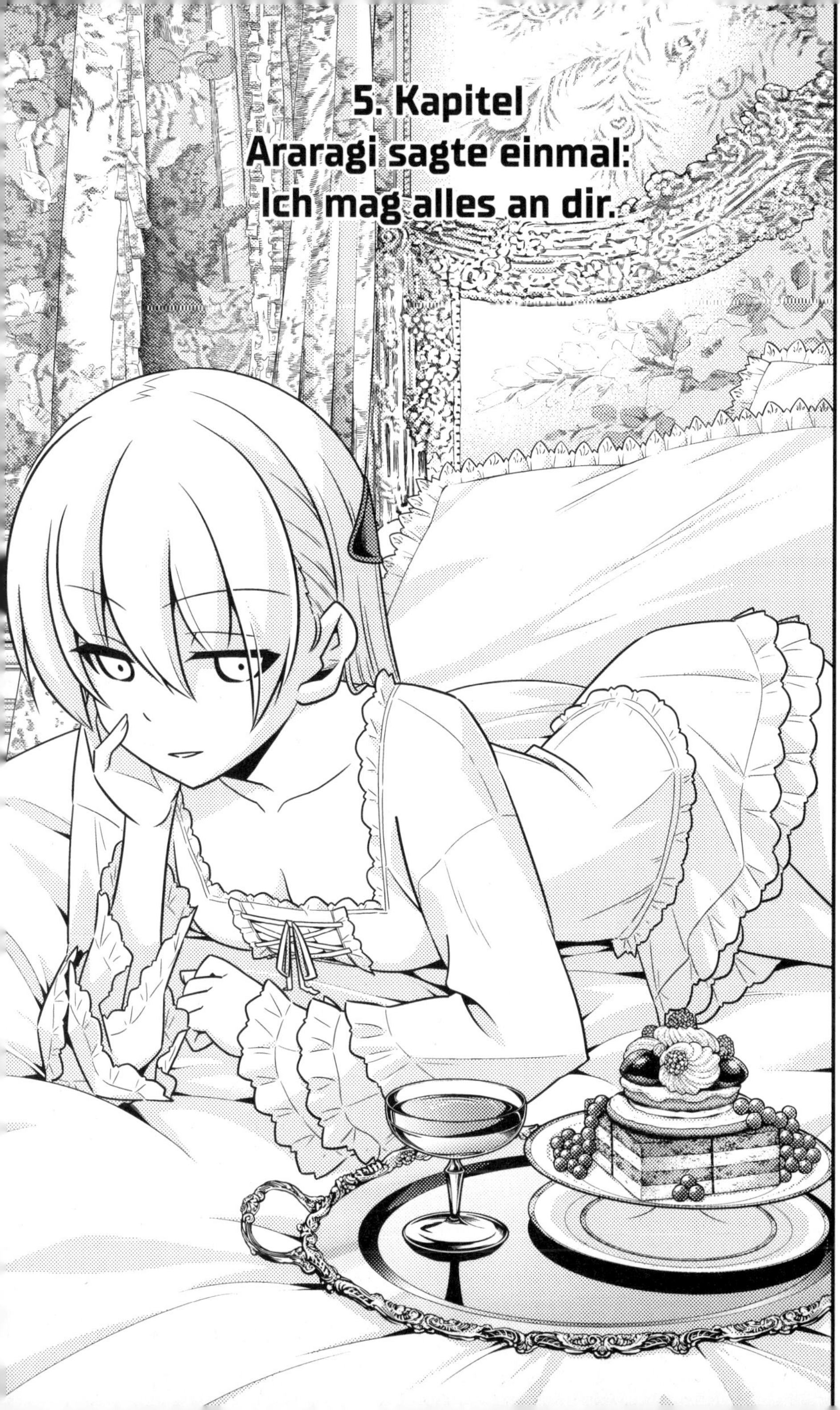
5. Kapitel
Araragi sagte einmal:
Ich mag alles an dir.

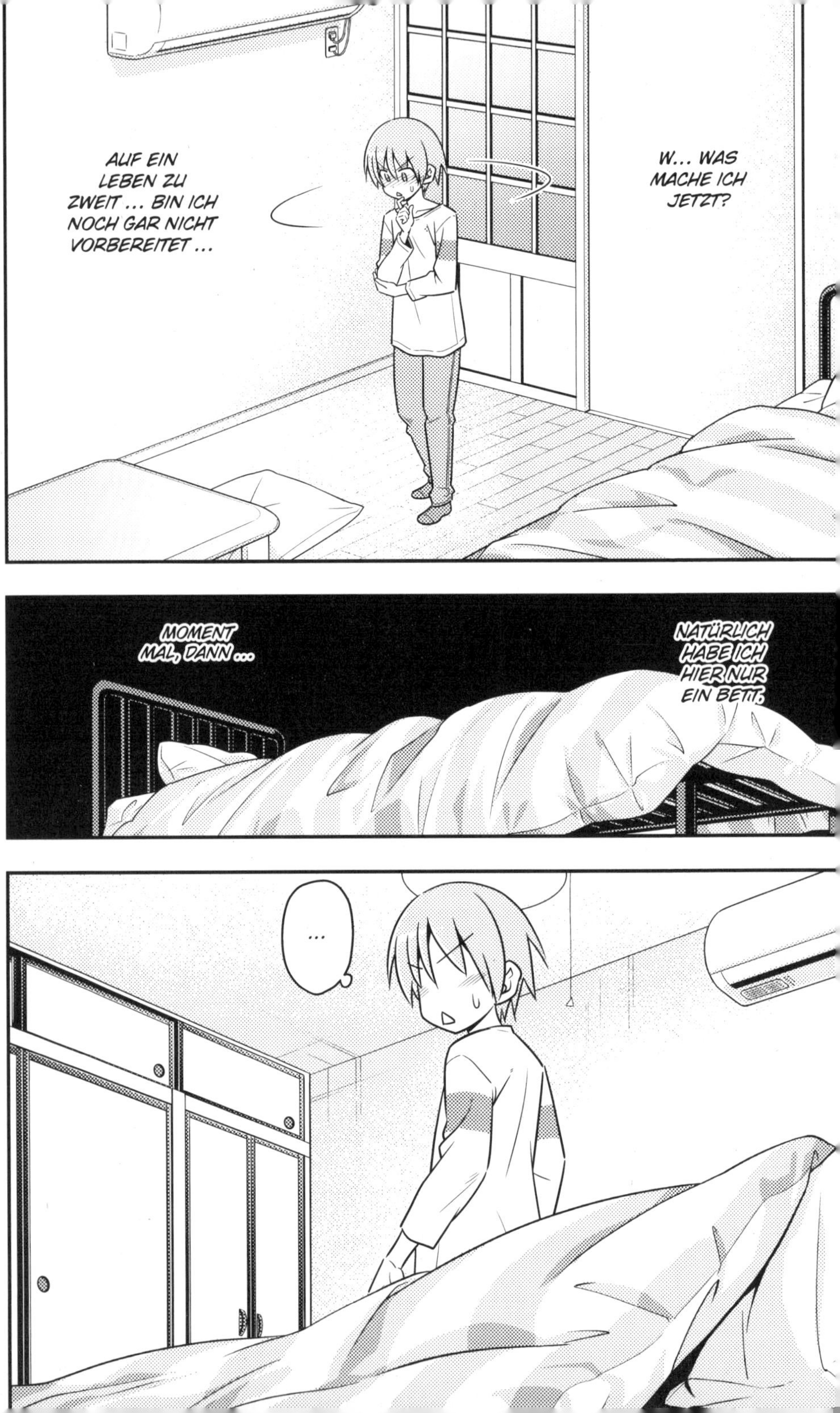

W… WAS MACHE ICH JETZT?
AUF EIN LEBEN ZU ZWEIT … BIN ICH NOCH GAR NICHT VORBEREITET …
NATÜRLICH HABE ICH HIER NUR EIN BETT.
MOMENT MAL, DANN …
…

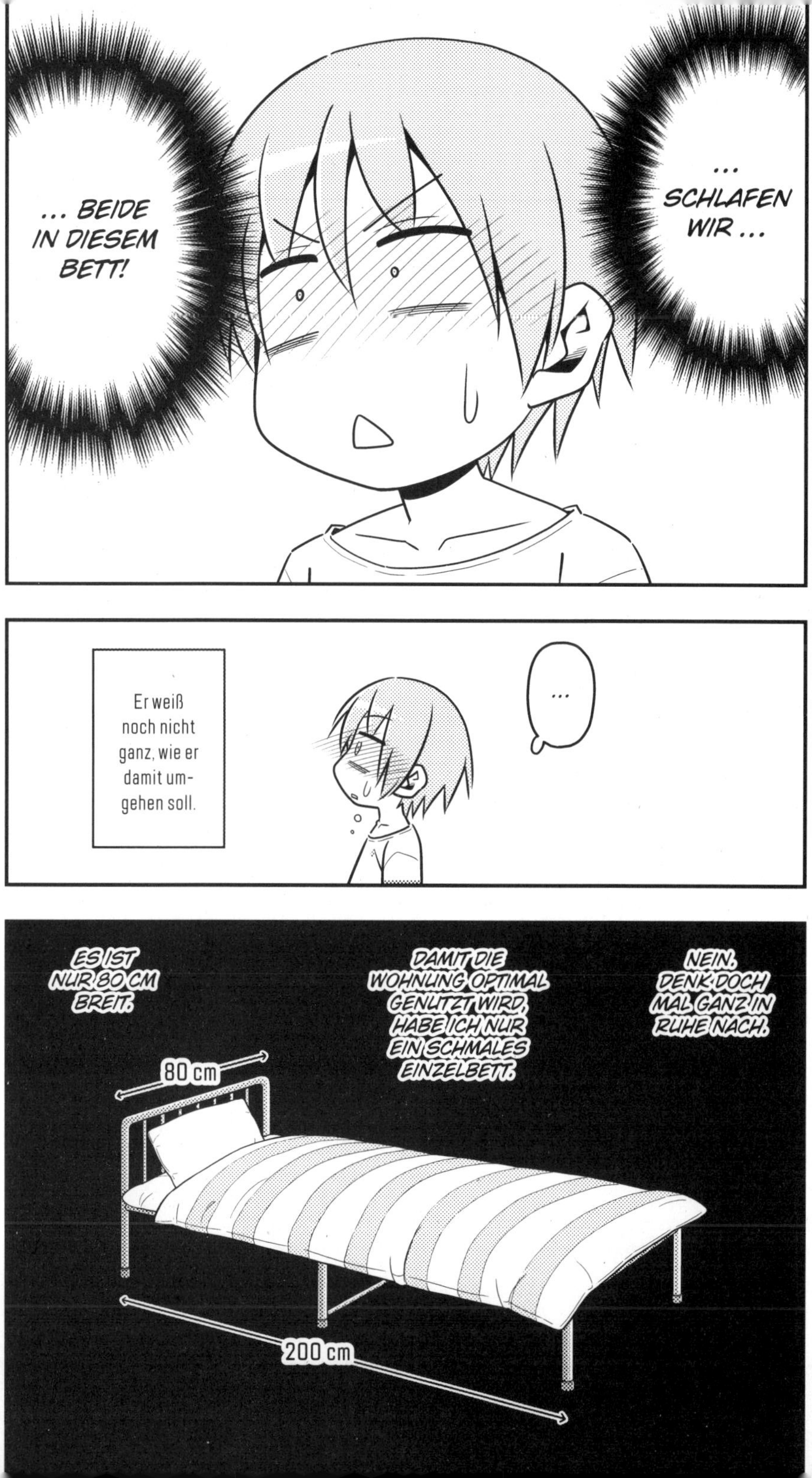
... SCHLAFEN WIR ...
... BEIDE IN DIESEM BETT!
...
Er weiß noch nicht ganz, wie er damit umgehen soll.
NEIN. DENK DOCH MAL GANZ IN RUHE NACH.
DAMIT DIE WOHNUNG OPTIMAL GENUTZT WIRD, HABE ICH NUR EIN SCHMALES EINZELBETT.
ES IST NUR 80 CM BREIT.
80 cm
200 cm

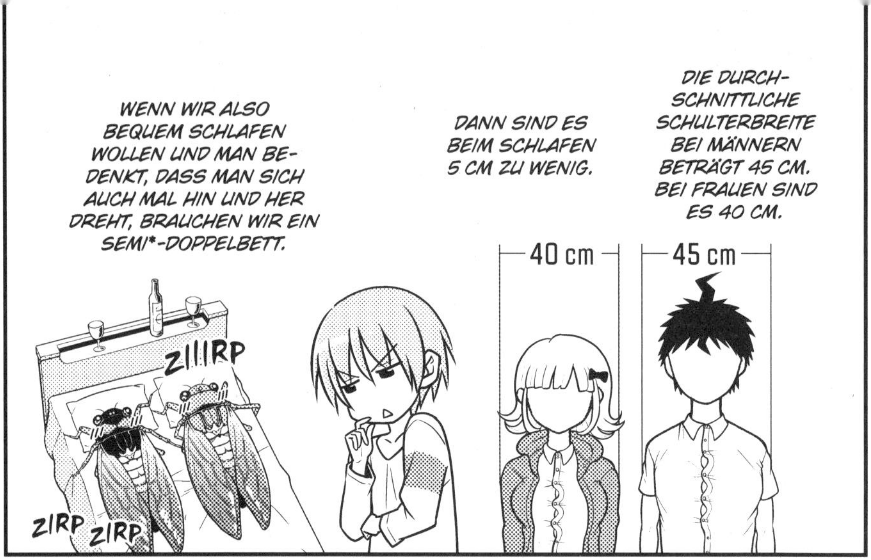

* SEMI BEDEUTET IM JAP. AUCH „ZIKADE".

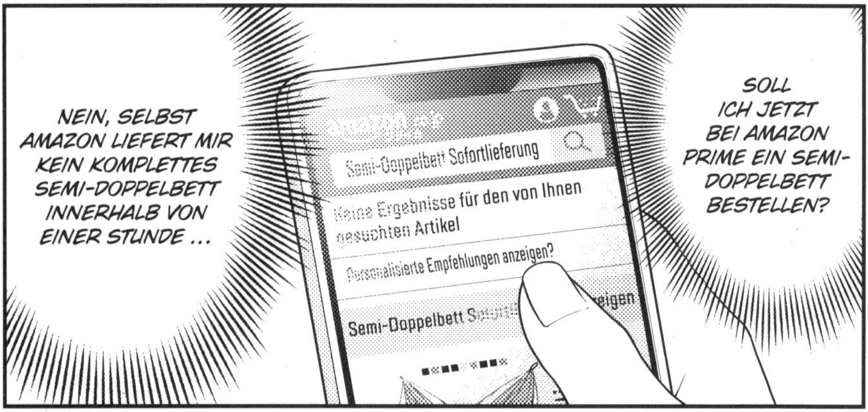

* CEO VON AMAZON

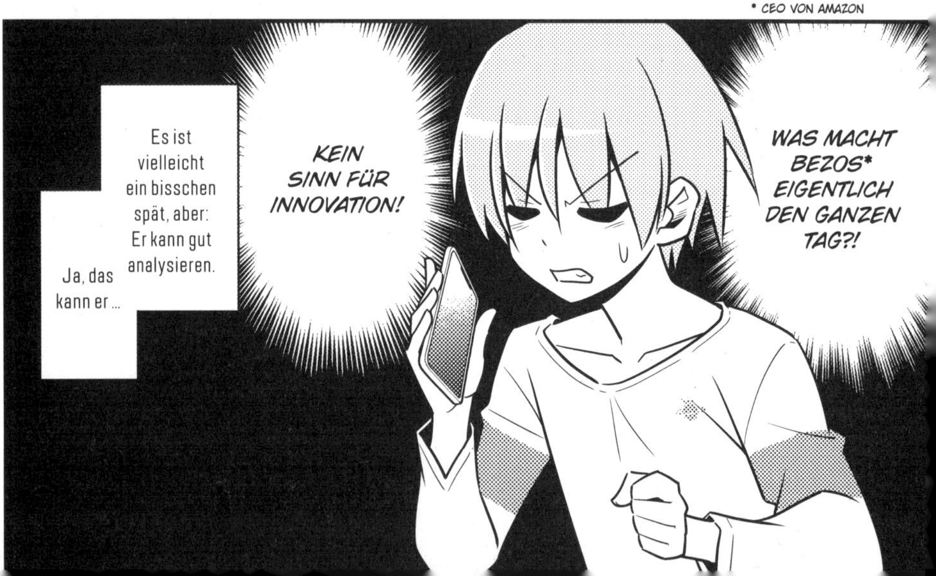

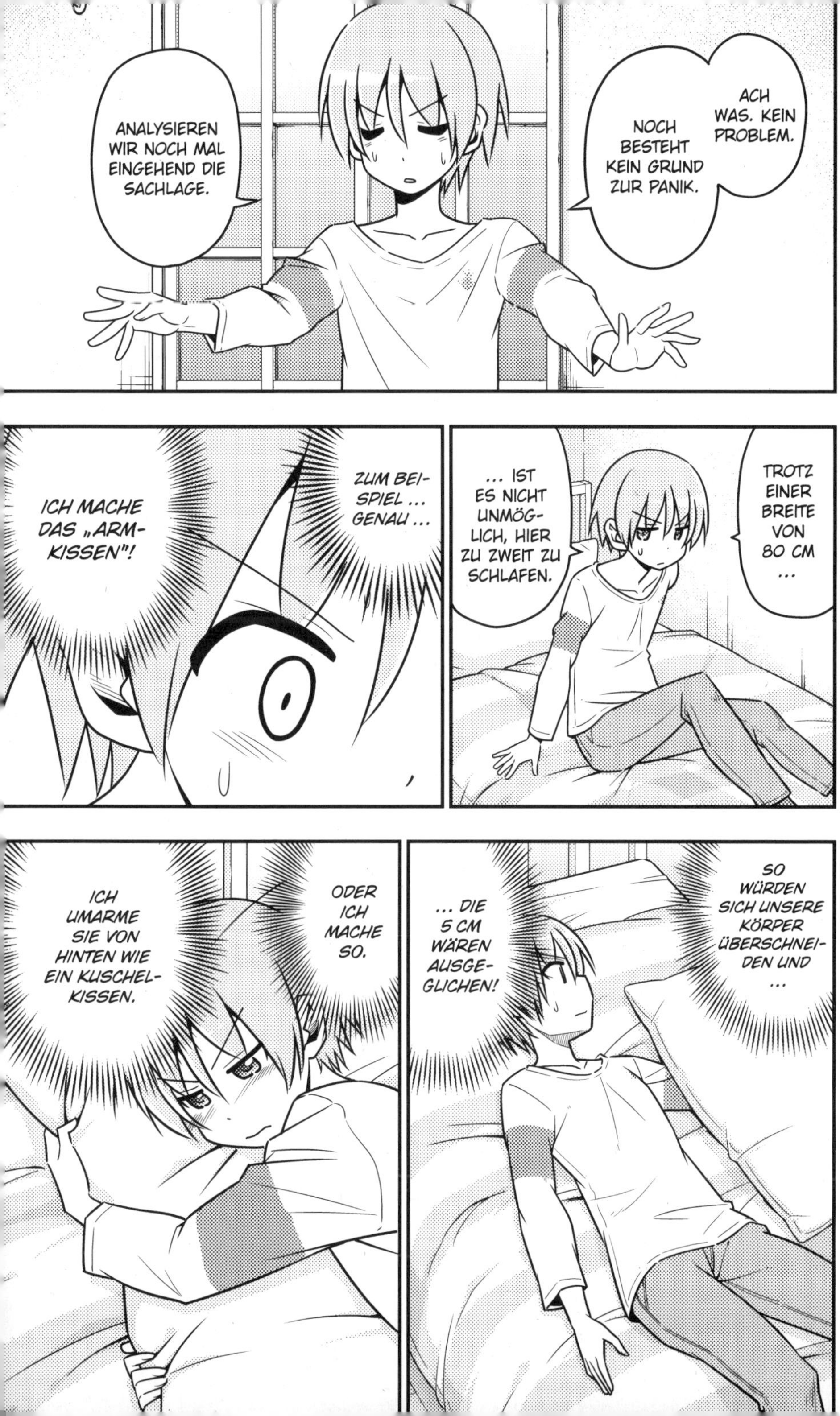
ACH WAS. KEIN PROBLEM.
NOCH BESTEHT KEIN GRUND ZUR PANIK.
ANALYSIEREN WIR NOCH MAL EINGEHEND DIE SACHLAGE.
TROTZ EINER BREITE VON 80 CM …
… IST ES NICHT UNMÖGLICH, HIER ZU ZWEIT ZU SCHLAFEN.
ZUM BEISPIEL … GENAU …
ICH MACHE DAS „ARMKISSEN"!
SO WÜRDEN SICH UNSERE KÖRPER ÜBERSCHNEIDEN UND …
… DIE 5 CM WÄREN AUSGEGLICHEN!
ODER ICH MACHE SO.
ICH UMARME SIE VON HINTEN WIE EIN KUSCHELKISSEN.

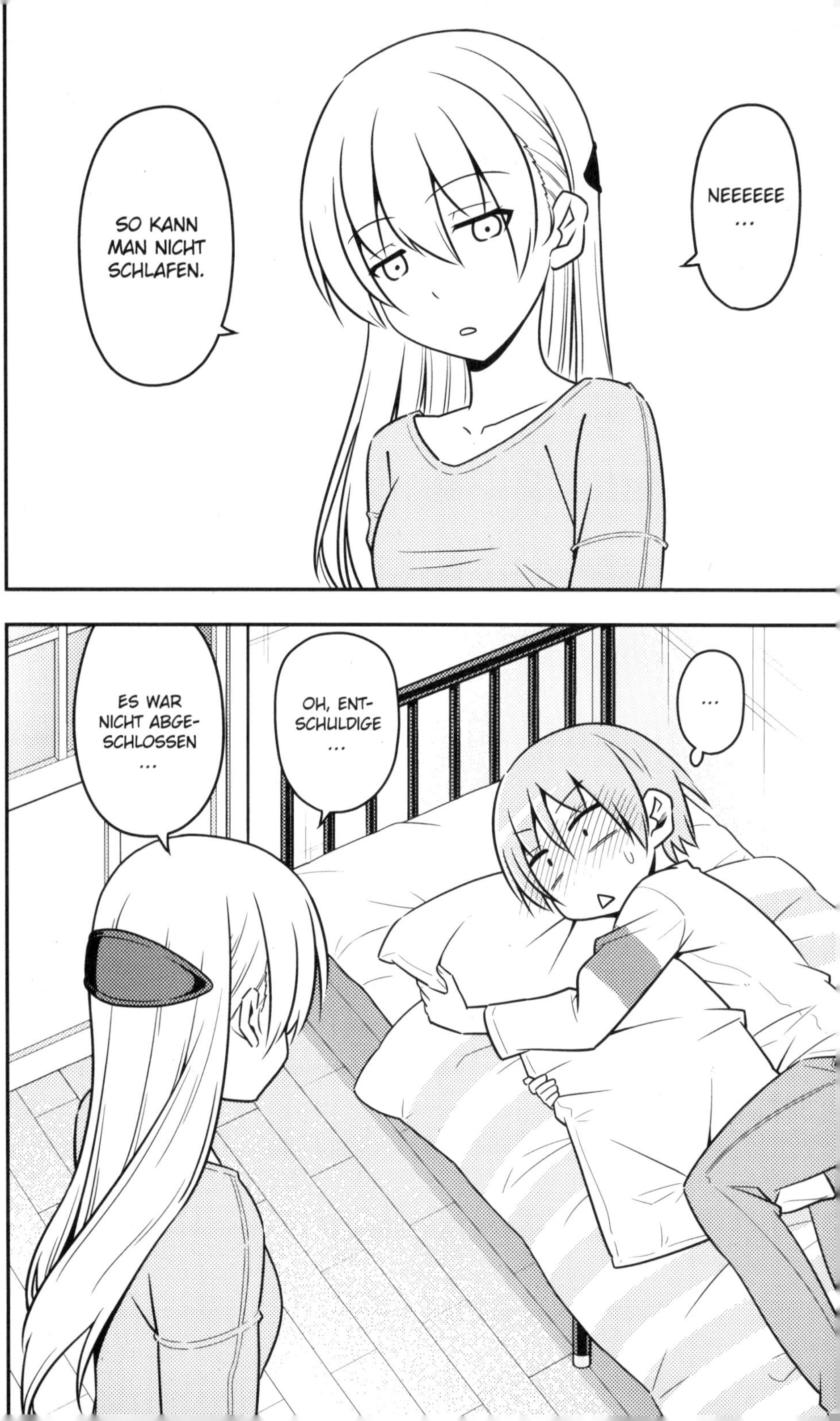
NEEEEEE …
SO KANN MAN NICHT SCHLAFEN.
…
OH, ENT-SCHULDIGE …
ES WAR NICHT ABGE-SCHLOSSEN …

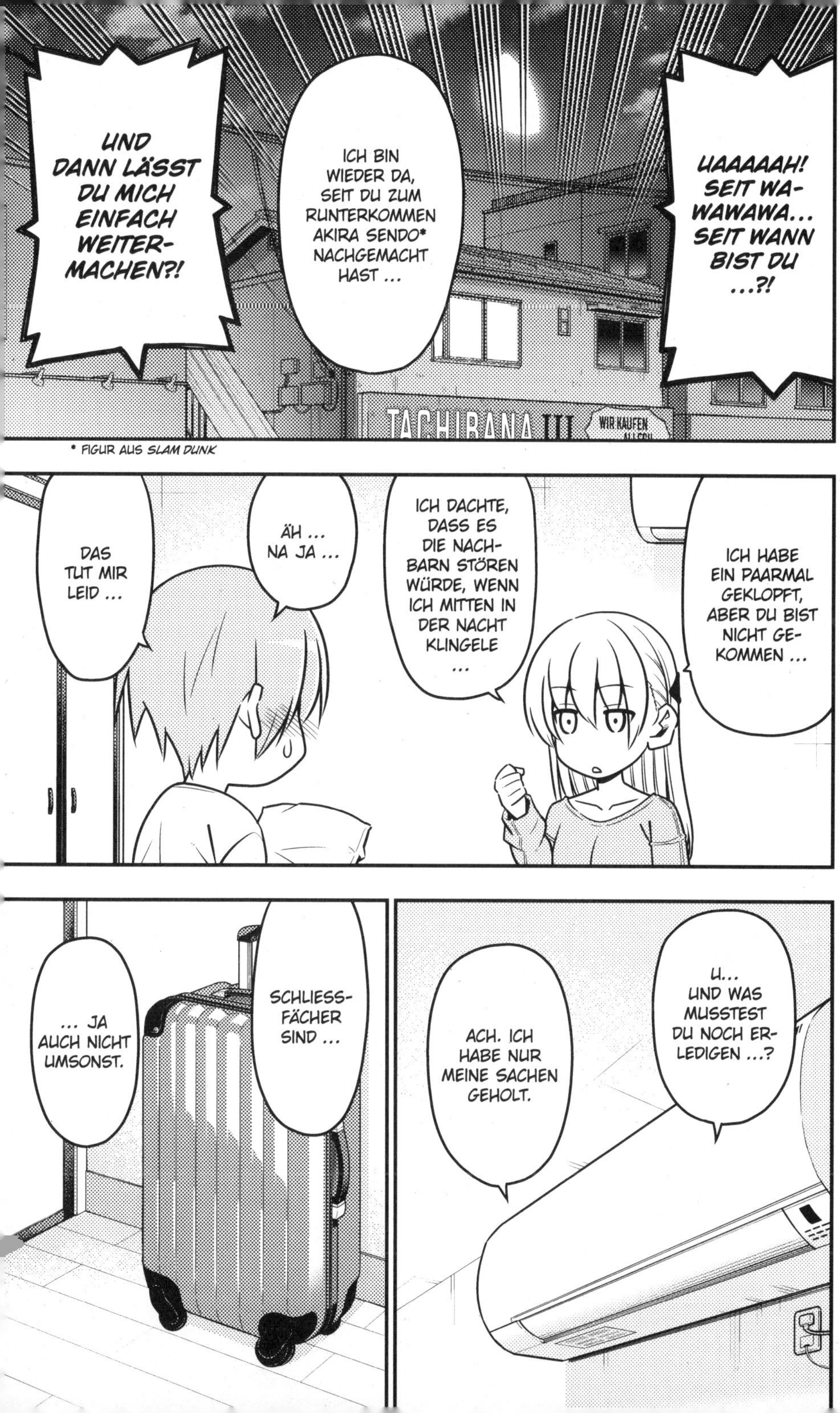

* FIGUR AUS *SLAM DUNK*

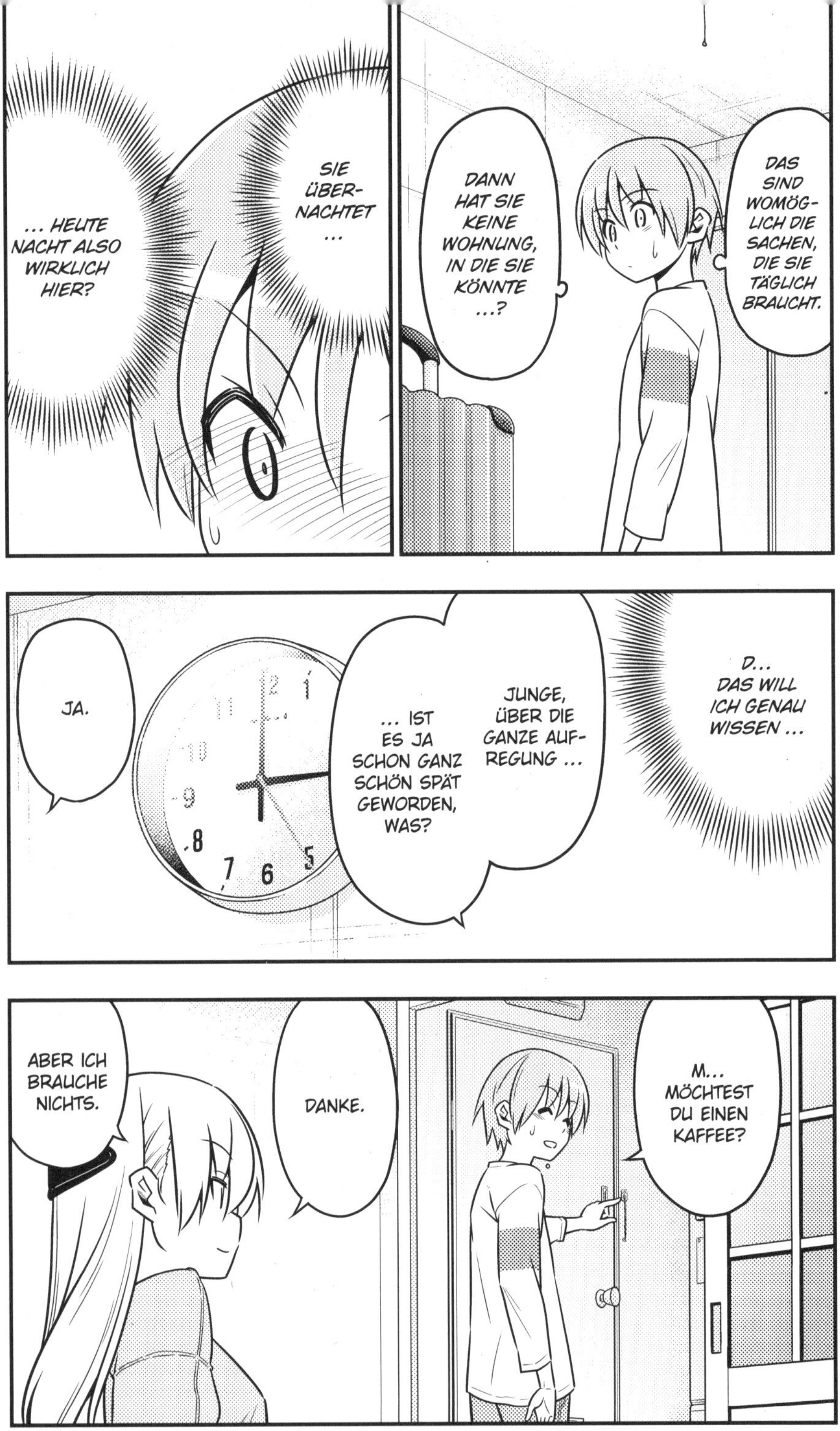
DAS SIND WOMÖGLICH DIE SACHEN, DIE SIE TÄGLICH BRAUCHT.
DANN HAT SIE KEINE WOHNUNG, IN DIE SIE KÖNNTE ...?
SIE ÜBERNACHTET ...
... HEUTE NACHT ALSO WIRKLICH HIER?
D... DAS WILL ICH GENAU WISSEN ...
JUNGE, ÜBER DIE GANZE AUFREGUNG ...
... IST ES JA SCHON GANZ SCHÖN SPÄT GEWORDEN, WAS?
JA.
M... MÖCHTEST DU EINEN KAFFEE?
DANKE.
ABER ICH BRAUCHE NICHTS.

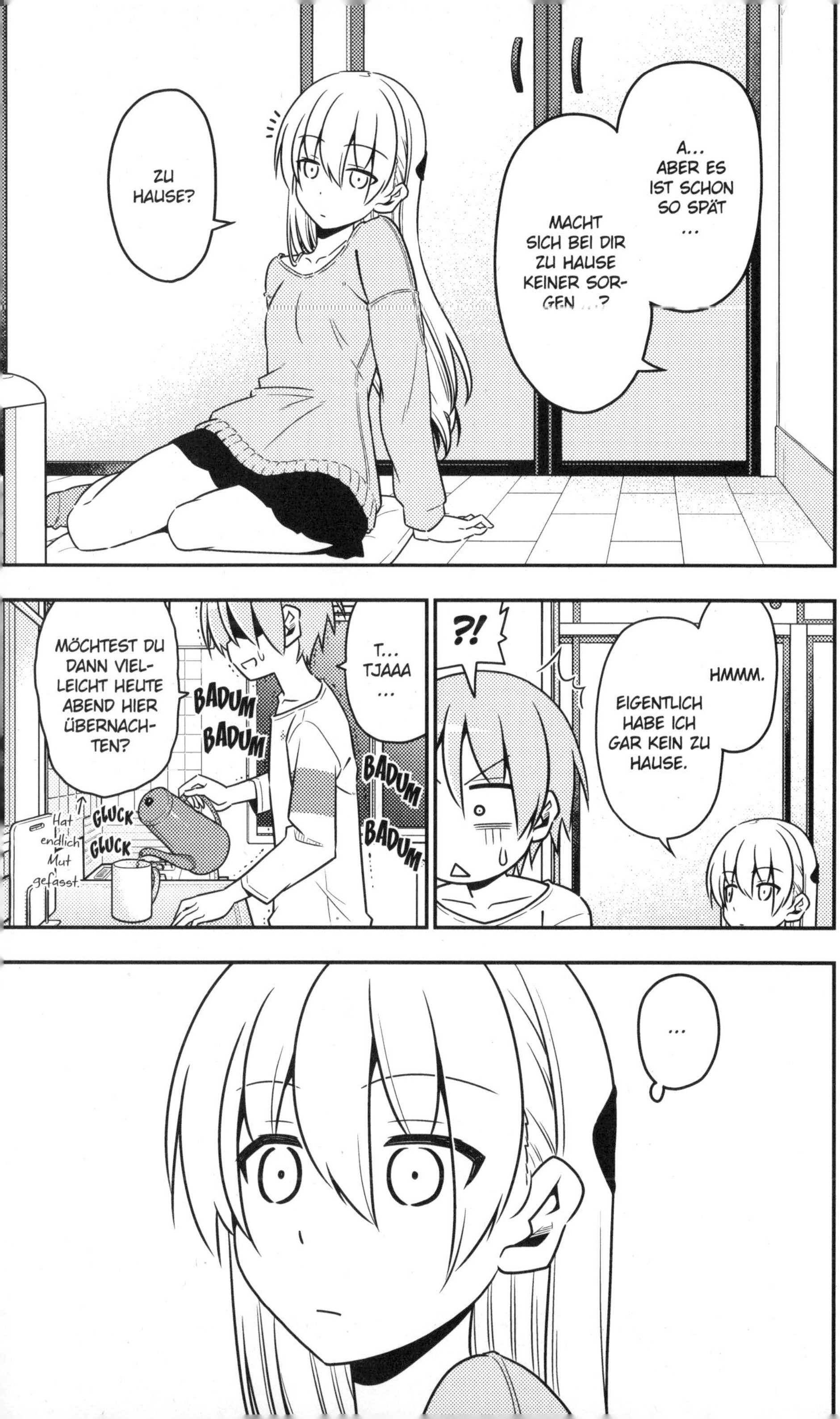
A… ABER ES IST SCHON SO SPÄT …
MACHT SICH BEI DIR ZU HAUSE KEINER SORGEN …?
ZU HAUSE?
HMMM.
EIGENTLICH HABE ICH GAR KEIN ZU HAUSE.
?!
T… TJAAA …
BADUM BADUM
BADUM BADUM
MÖCHTEST DU DANN VIELLEICHT HEUTE ABEND HIER ÜBERNACHTEN?
GLUCK GLUCK
Hat endlich Mut gefasst.
…

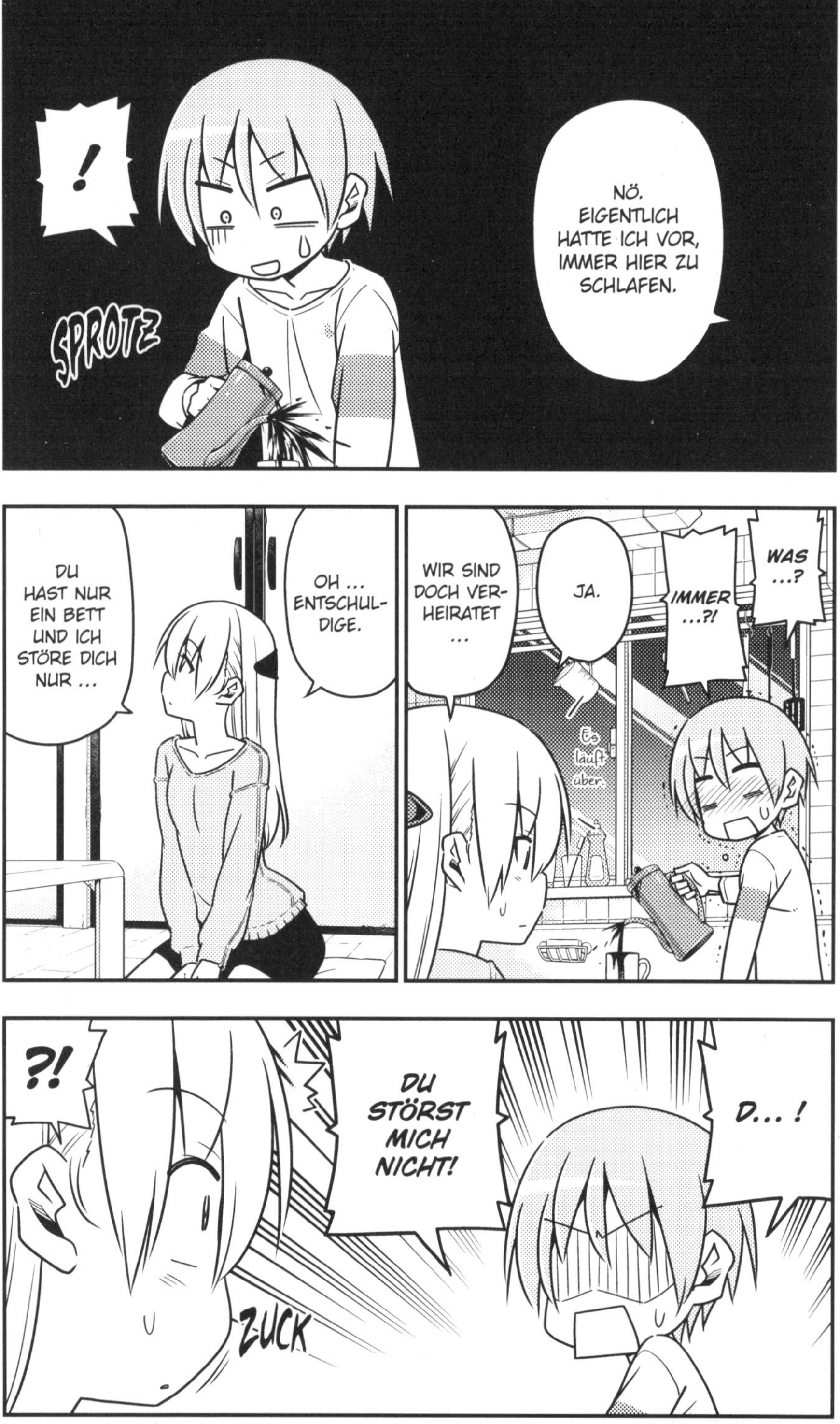
NÖ. EIGENTLICH HATTE ICH VOR, IMMER HIER ZU SCHLAFEN.
!
SPROTZ
WAS …?
IMMER …?!
JA.
WIR SIND DOCH VERHEIRATET …
Es läuft über.
OH … ENTSCHULDIGE.
DU HAST NUR EIN BETT UND ICH STÖRE DICH NUR …
D… !
DU STÖRST MICH NICHT!
ZUCK
?!

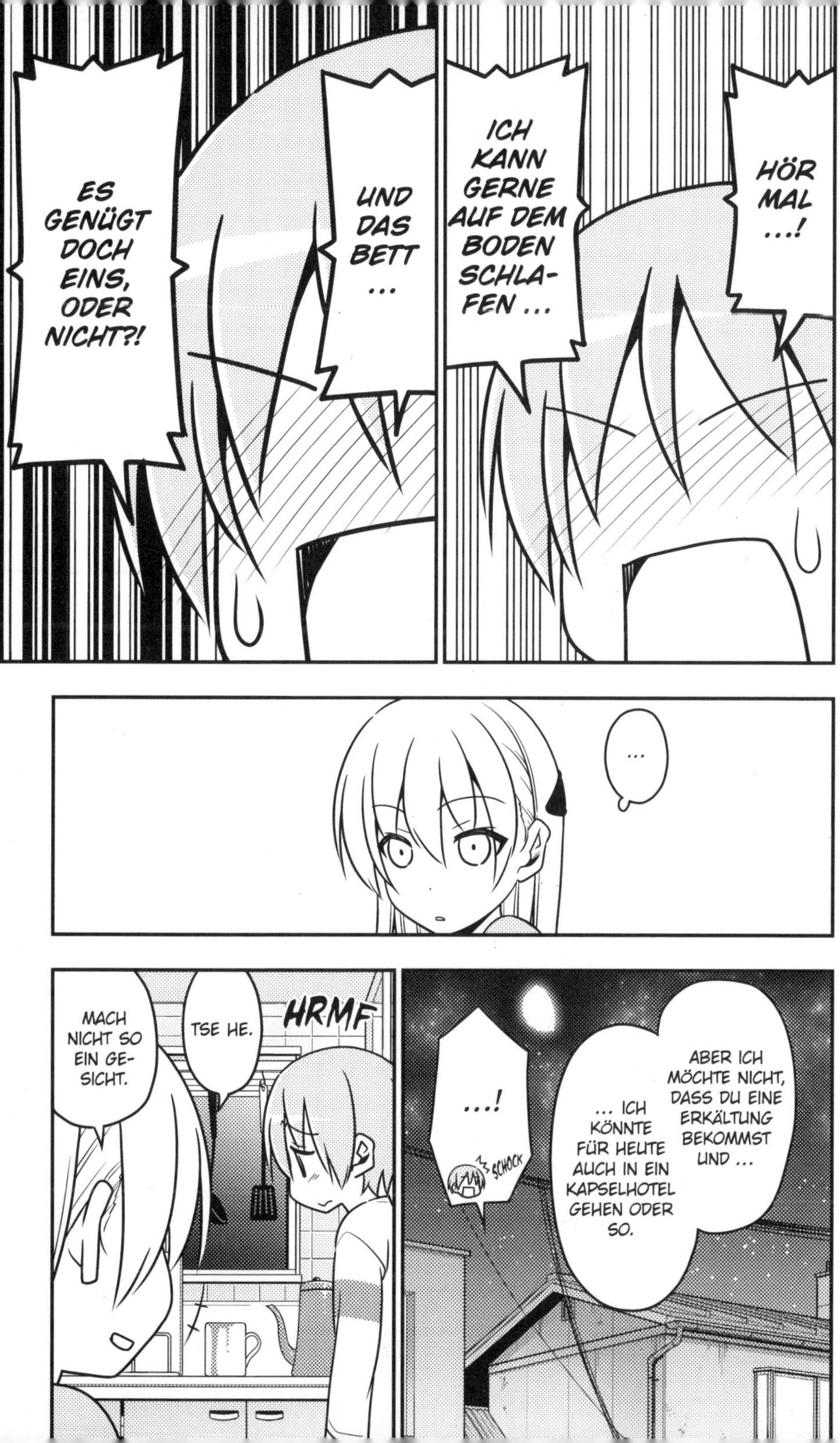
HÖR MAL …!
ICH KANN GERNE AUF DEM BODEN SCHLA-FEN …
UND DAS BETT …
ES GENÜGT DOCH EINS, ODER NICHT?!
…
HRMF
TSE HE.
MACH NICHT SO EIN GE-SICHT.
ABER ICH MÖCHTE NICHT, DASS DU EINE ERKÄLTUNG BEKOMMST UND …
… ICH KÖNNTE FÜR HEUTE AUCH IN EIN KAPSELHOTEL GEHEN ODER SO.
…!
SCHOCK

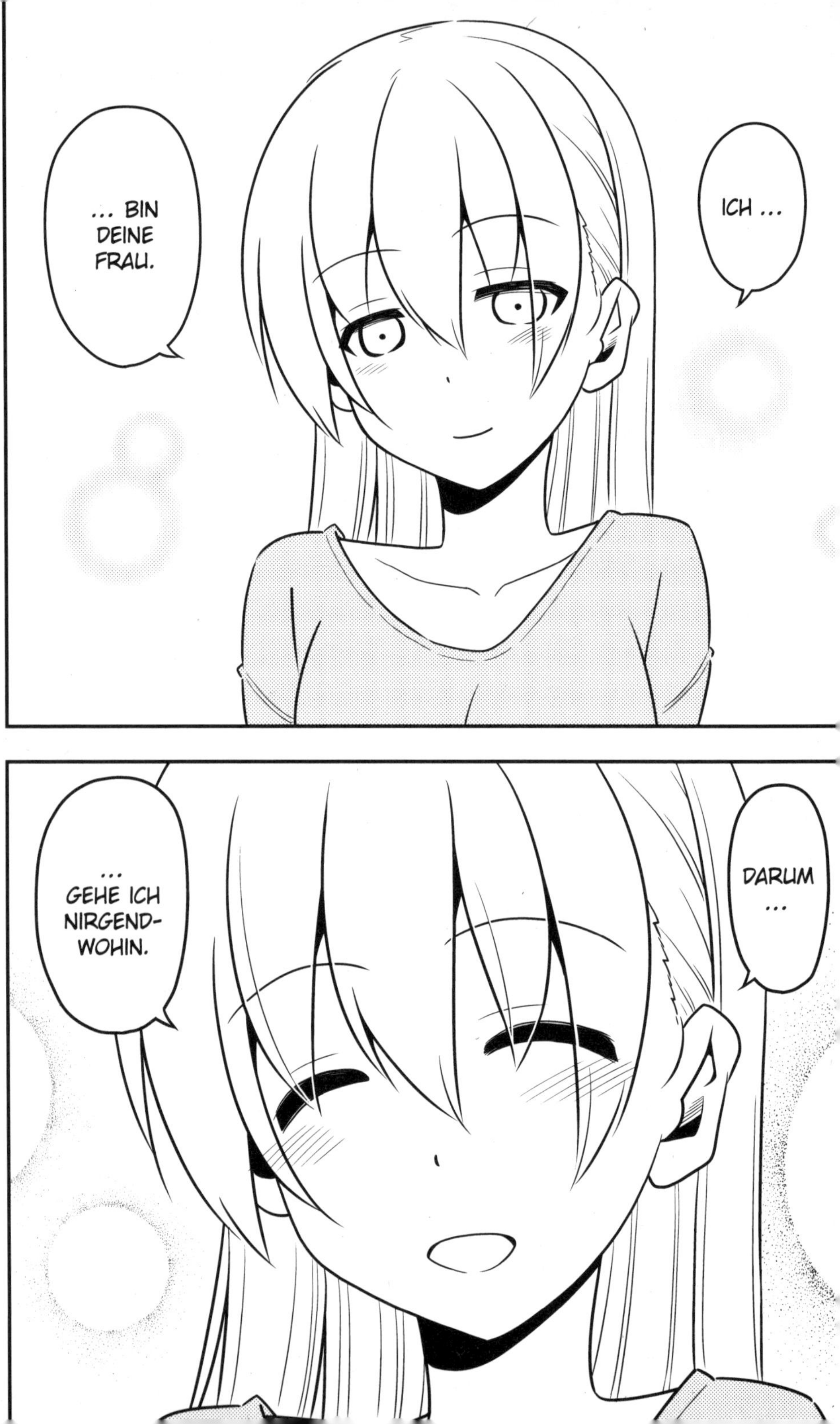
ICH …
… BIN DEINE FRAU.
DARUM …
… GEHE ICH NIRGEND-WOHIN.

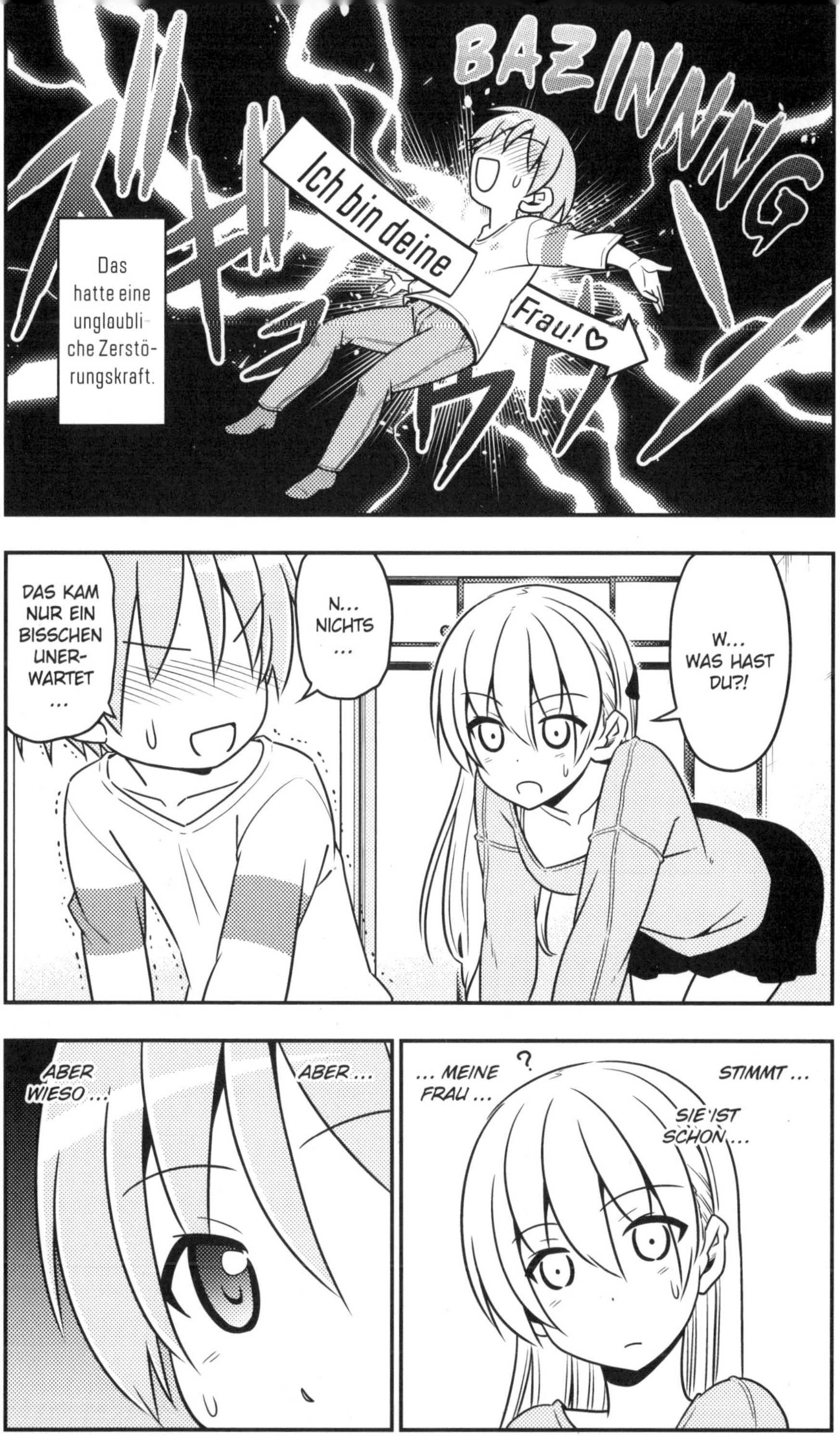
BAZINNNG
Ich bin deine
Frau! ♡
Das hatte eine unglaubliche Zerstörungskraft.
W… WAS HAST DU?!
N… NICHTS …
DAS KAM NUR EIN BISSCHEN UNERWARTET …
STIMMT …
SIE IST SCHON …
… MEINE FRAU …
?
ABER …
ABER WIESO …

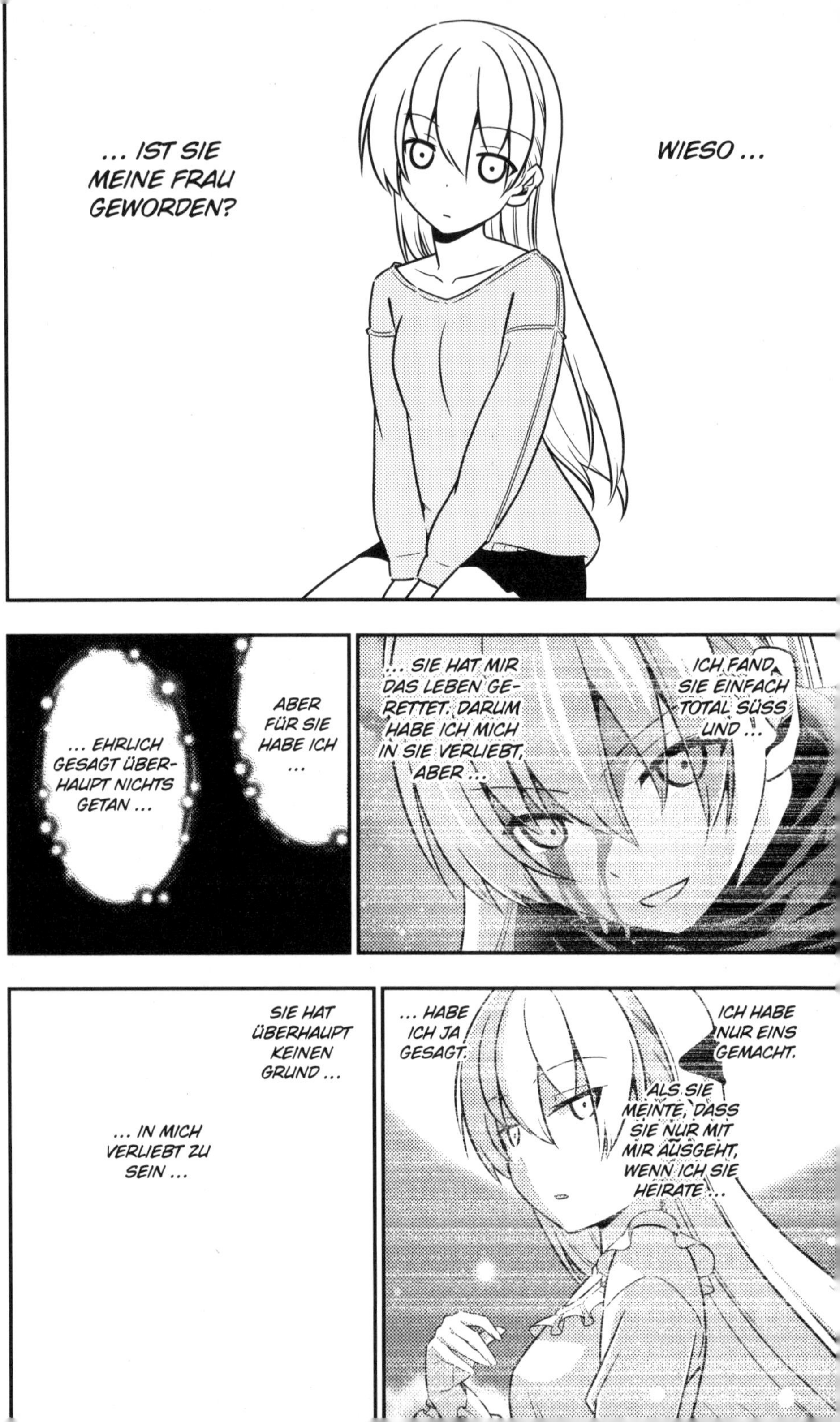
WIESO …
… IST SIE MEINE FRAU GEWORDEN?
ICH FAND SIE EINFACH TOTAL SÜSS UND …
… SIE HAT MIR DAS LEBEN GERETTET. DARUM HABE ICH MICH IN SIE VERLIEBT, ABER …
ABER FÜR SIE HABE ICH …
… EHRLICH GESAGT ÜBERHAUPT NICHTS GETAN …
ICH HABE NUR EINS GEMACHT.
ALS SIE MEINTE, DASS SIE NUR MIT MIR AUSGEHT, WENN ICH SIE HEIRATE …
… HABE ICH JA GESAGT.
SIE HAT ÜBERHAUPT KEINEN GRUND …
… IN MICH VERLIEBT ZU SEIN …

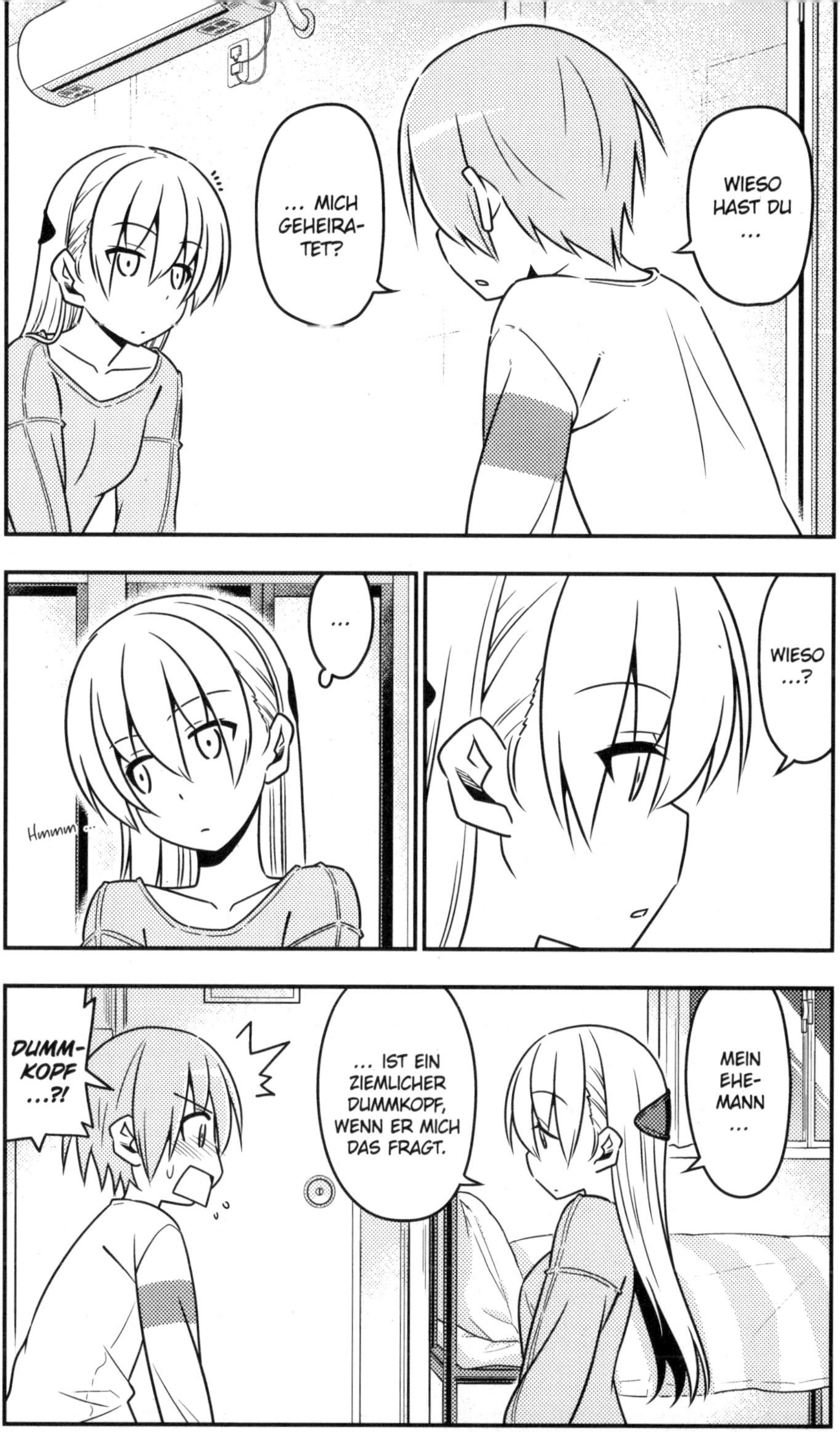
WIESO HAST DU …
… MICH GEHEIRATET?
WIESO …?
…
Hmmm …
MEIN EHEMANN …
… IST EIN ZIEMLICHER DUMMKOPF, WENN ER MICH DAS FRAGT.
DUMMKOPF …?!

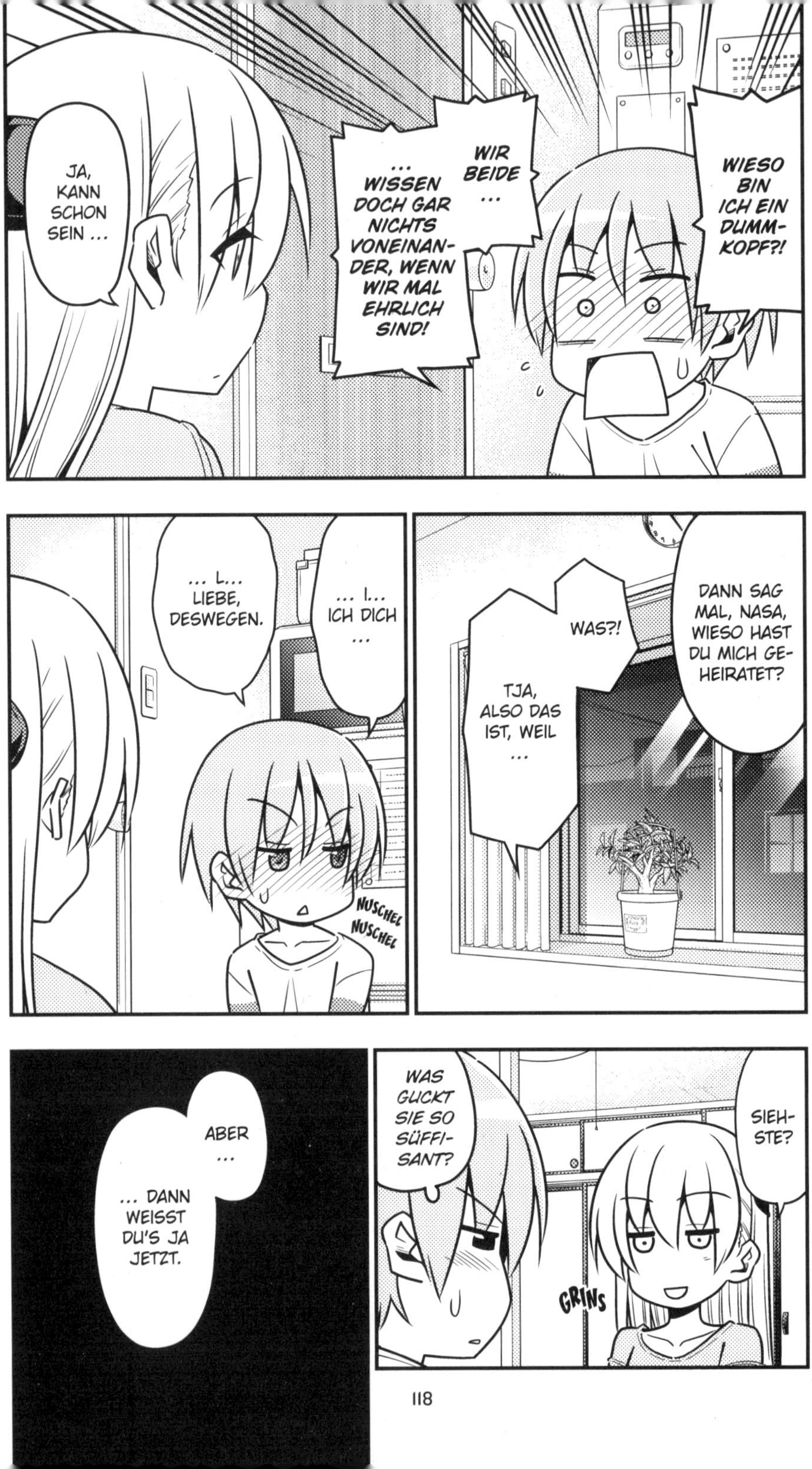
WIESO BIN ICH EIN DUMMKOPF?!
WIR BEIDE …
… WISSEN DOCH GAR NICHTS VONEINANDER, WENN WIR MAL EHRLICH SIND!
JA, KANN SCHON SEIN …
DANN SAG MAL, NASA, WIESO HAST DU MICH GEHEIRATET?
WAS?!
TJA, ALSO DAS IST, WEIL …
… I… ICH DICH …
… L… LIEBE, DESWEGEN.
NUSCHEL NUSCHEL
SIEHSTE?
WAS GUCKT SIE SO SÜFFISANT?
GRINS
ABER …
… DANN WEISST DU'S JA JETZT.

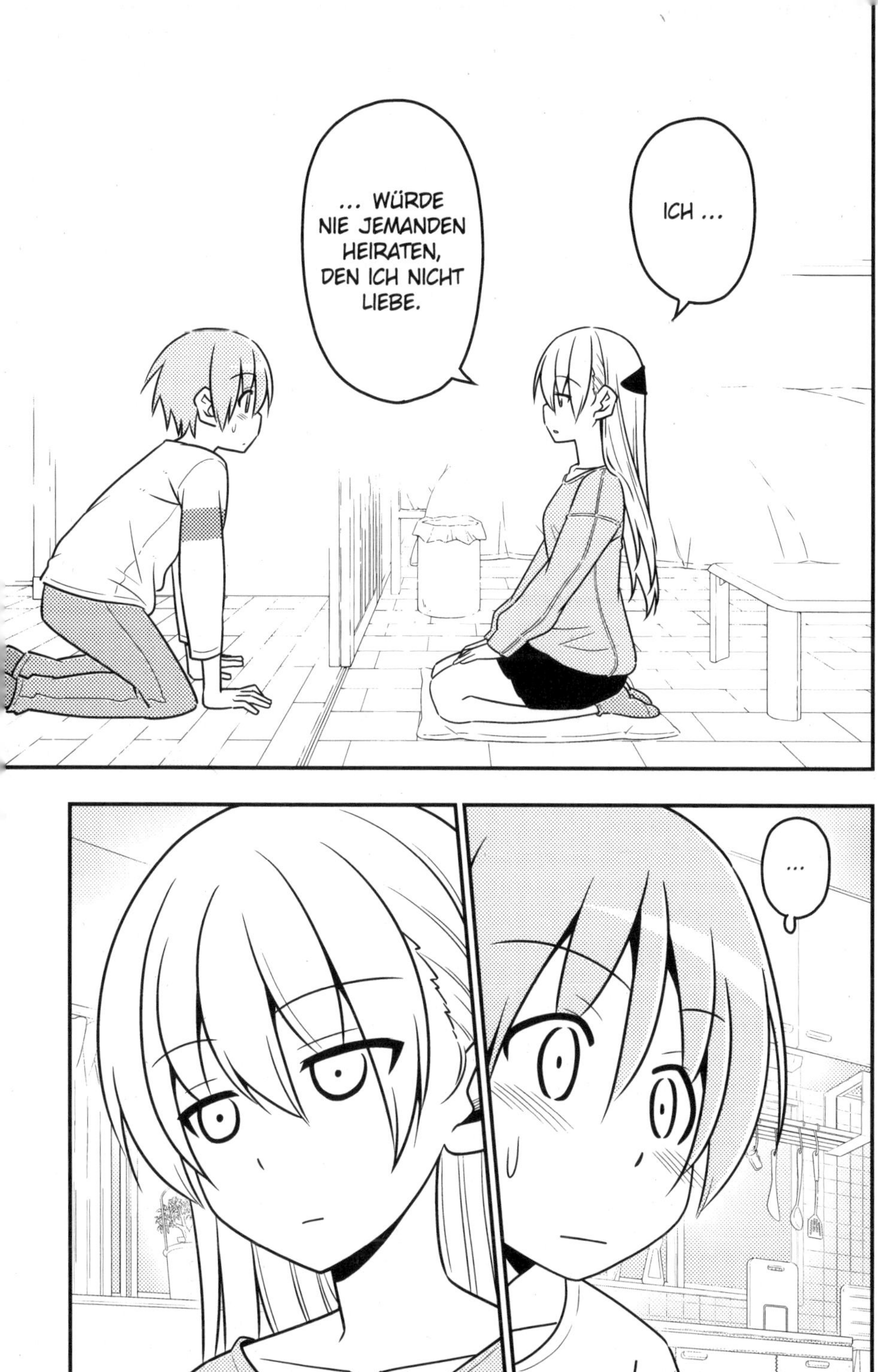
ICH ...
... WÜRDE NIE JEMANDEN HEIRATEN, DEN ICH NICHT LIEBE.
...

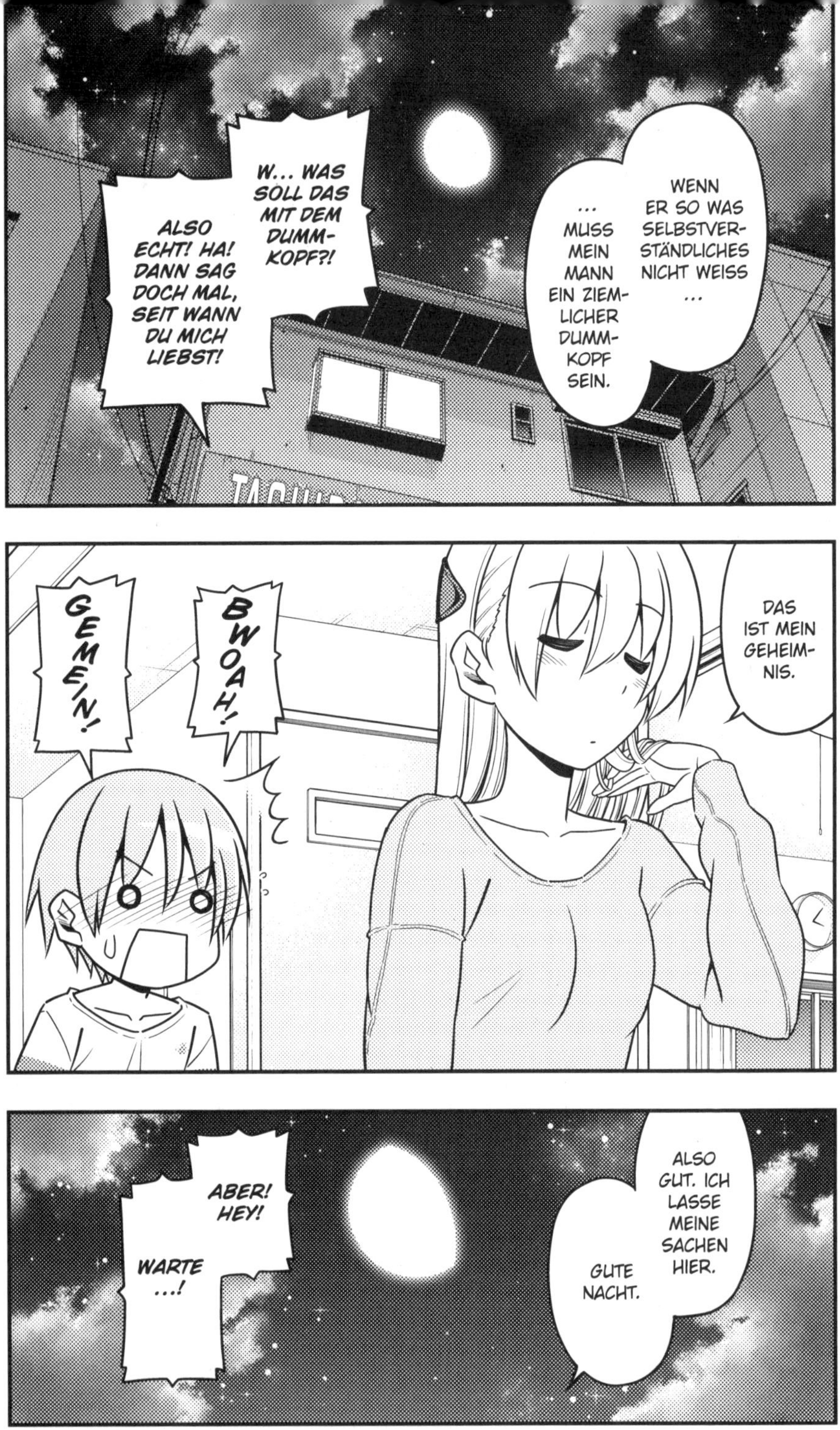
WENN ER SO WAS SELBSTVER-STÄNDLICHES NICHT WEISS …
… MUSS MEIN MANN EIN ZIEMLICHER DUMMKOPF SEIN.
W… WAS SOLL DAS MIT DEM DUMMKOPF?!
ALSO ECHT! HA! DANN SAG DOCH MAL, SEIT WANN DU MICH LIEBST!
DAS IST MEIN GEHEIMNIS.
BWOAH!
GEMEIN!
ALSO GUT. ICH LASSE MEINE SACHEN HIER.
GUTE NACHT.
ABER! HEY!
WARTE …!

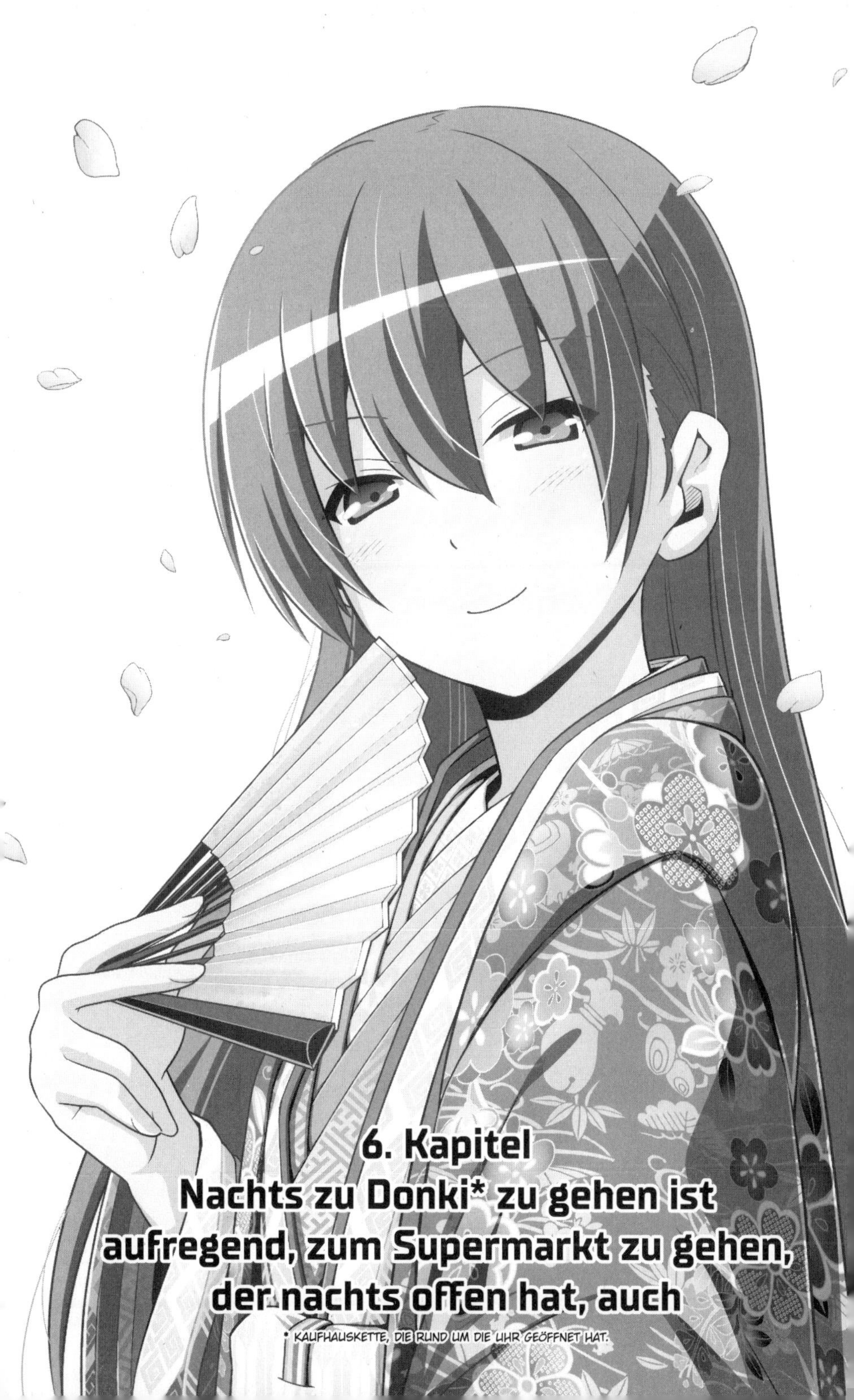

6. Kapitel
Nachts zu Donki* zu gehen ist aufregend, zum Supermarkt zu gehen, der nachts offen hat, auch

* Kaufhauskette, die rund um die Uhr geöffnet hat.

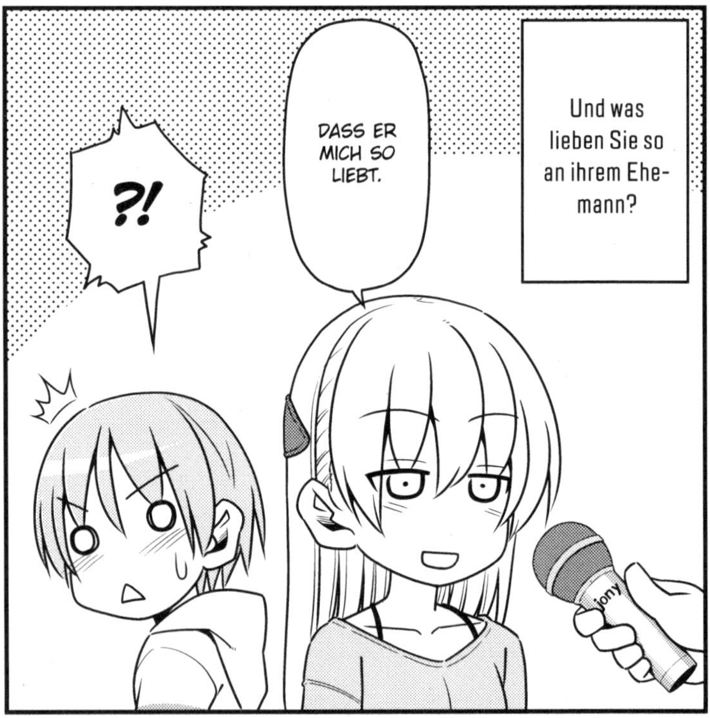
Und was lieben Sie so an ihrem Ehemann?
DASS ER MICH SO LIEBT.
?!

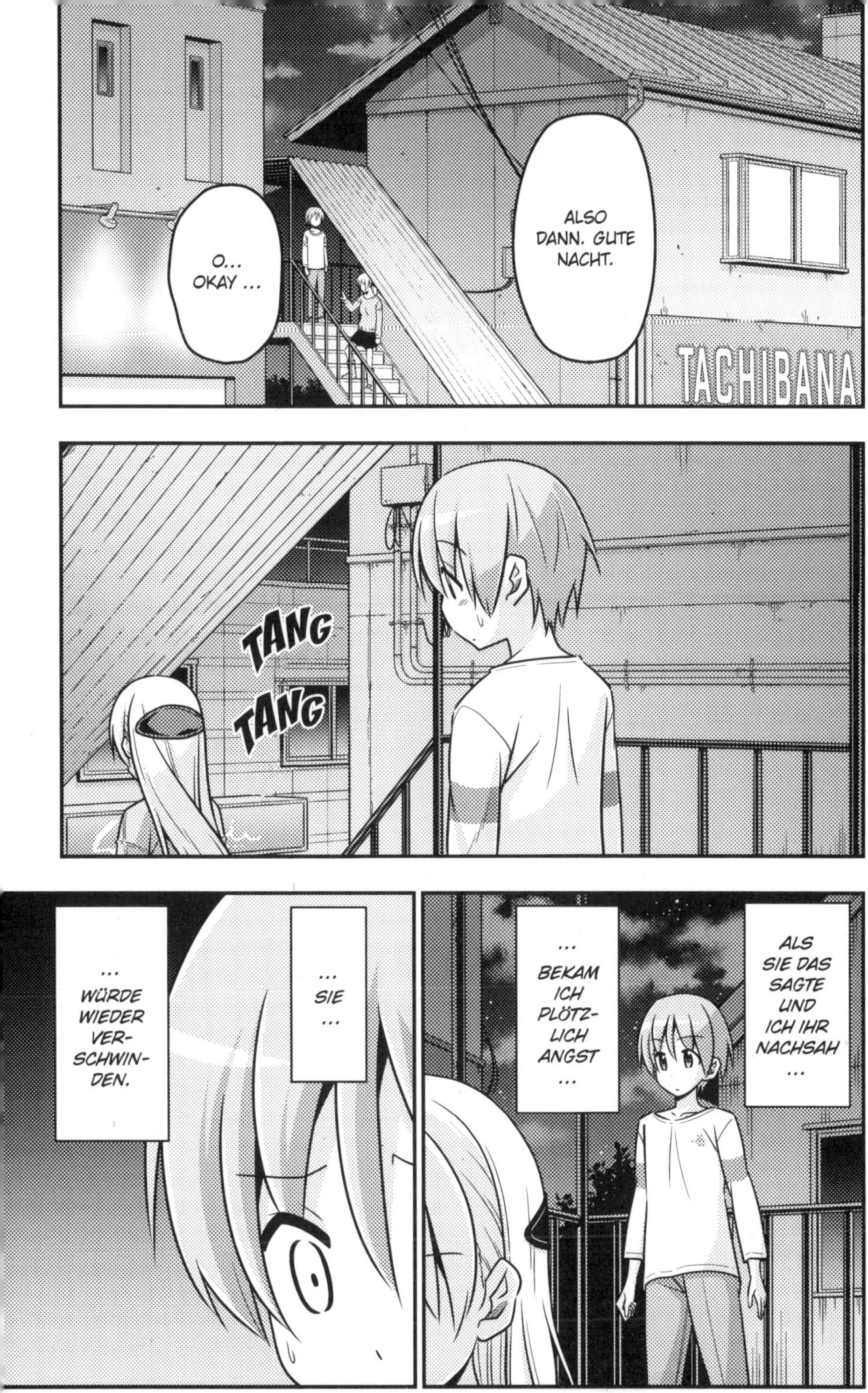
ALSO DANN. GUTE NACHT.
O... OKAY ...
TACHIBANA
TANG
TANG
ALS SIE DAS SAGTE UND ICH IHR NACHSAH ...
... BEKAM ICH PLÖTZLICH ANGST ...
... SIE ...
... WÜRDE WIEDER VERSCHWINDEN.

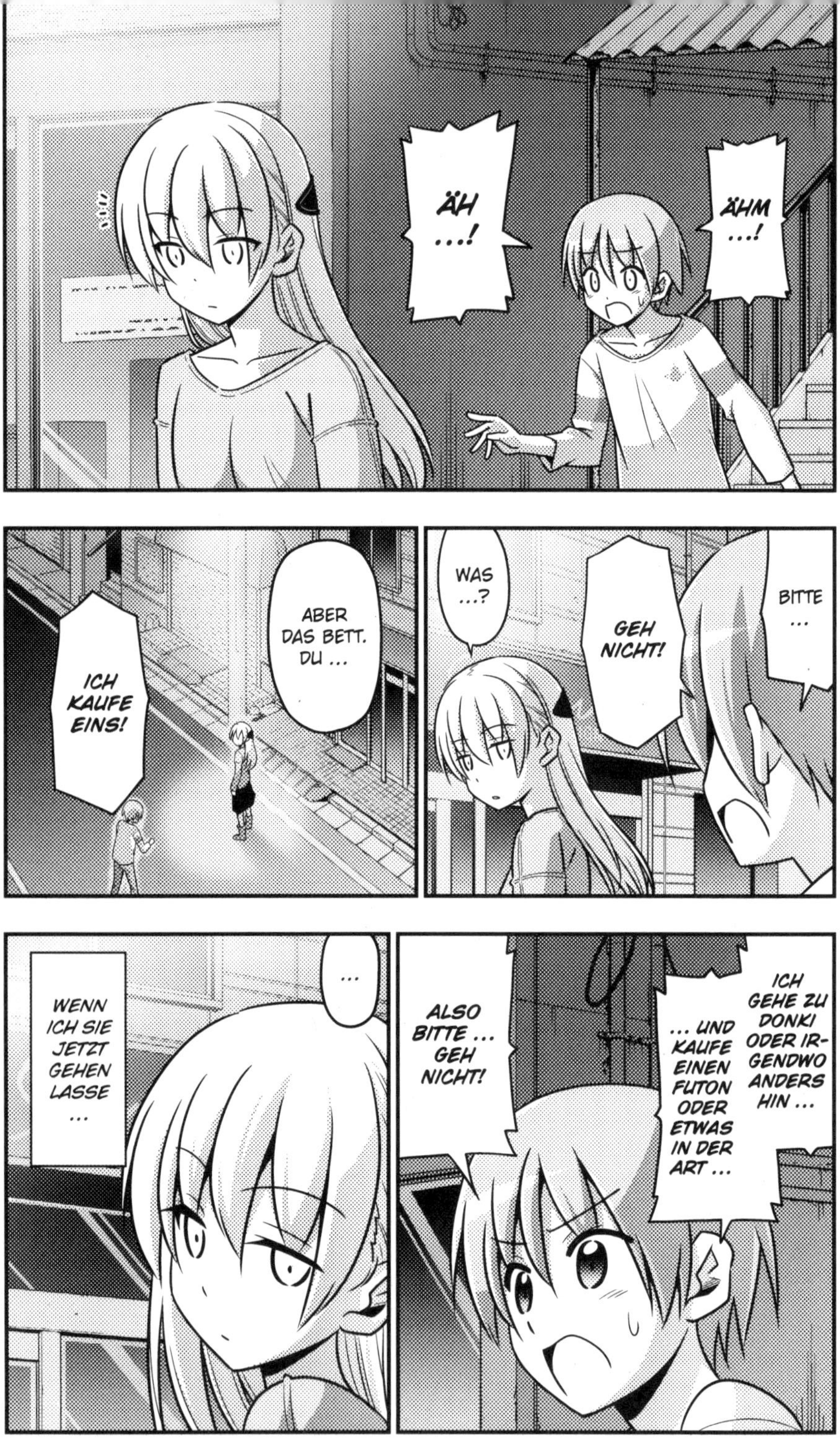
ÄHM …!
ÄH …!
BITTE …
GEH NICHT!
WAS …?
ABER DAS BETT. DU …
ICH KAUFE EINS!
ICH GEHE ZU DONKI ODER IRGENDWO ANDERS HIN …
… UND KAUFE EINEN FUTON ODER ETWAS IN DER ART …
ALSO BITTE … GEH NICHT!
…
WENN ICH SIE JETZT GEHEN LASSE …

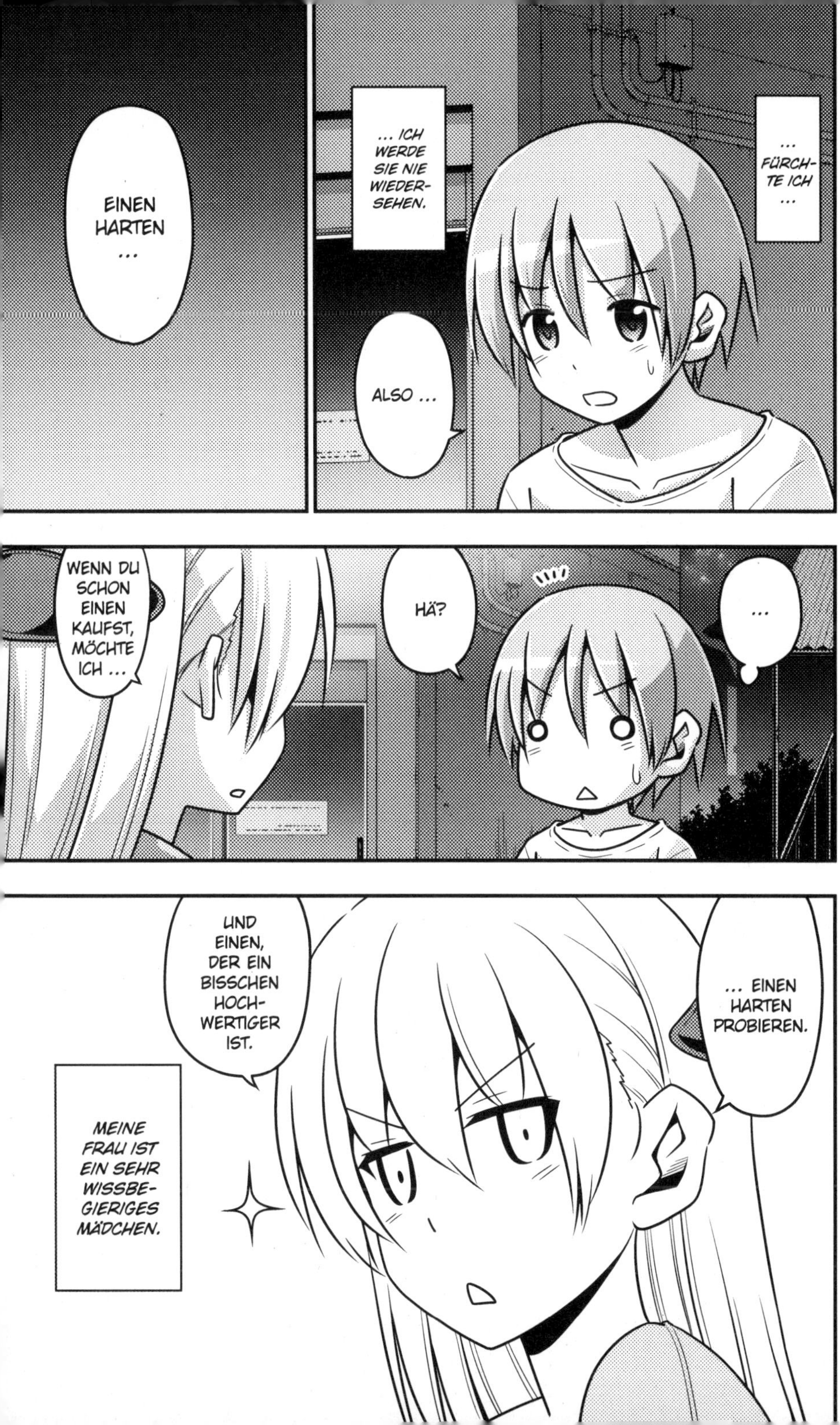
… Fürchte ich …
… Ich werde sie nie wiedersehen.
Also …
Einen harten …
…
Hä?
Wenn du schon einen kaufst, möchte ich …
… einen harten probieren.
Und einen, der ein bisschen hochwertiger ist.
Meine Frau ist ein sehr wissbegieriges Mädchen.

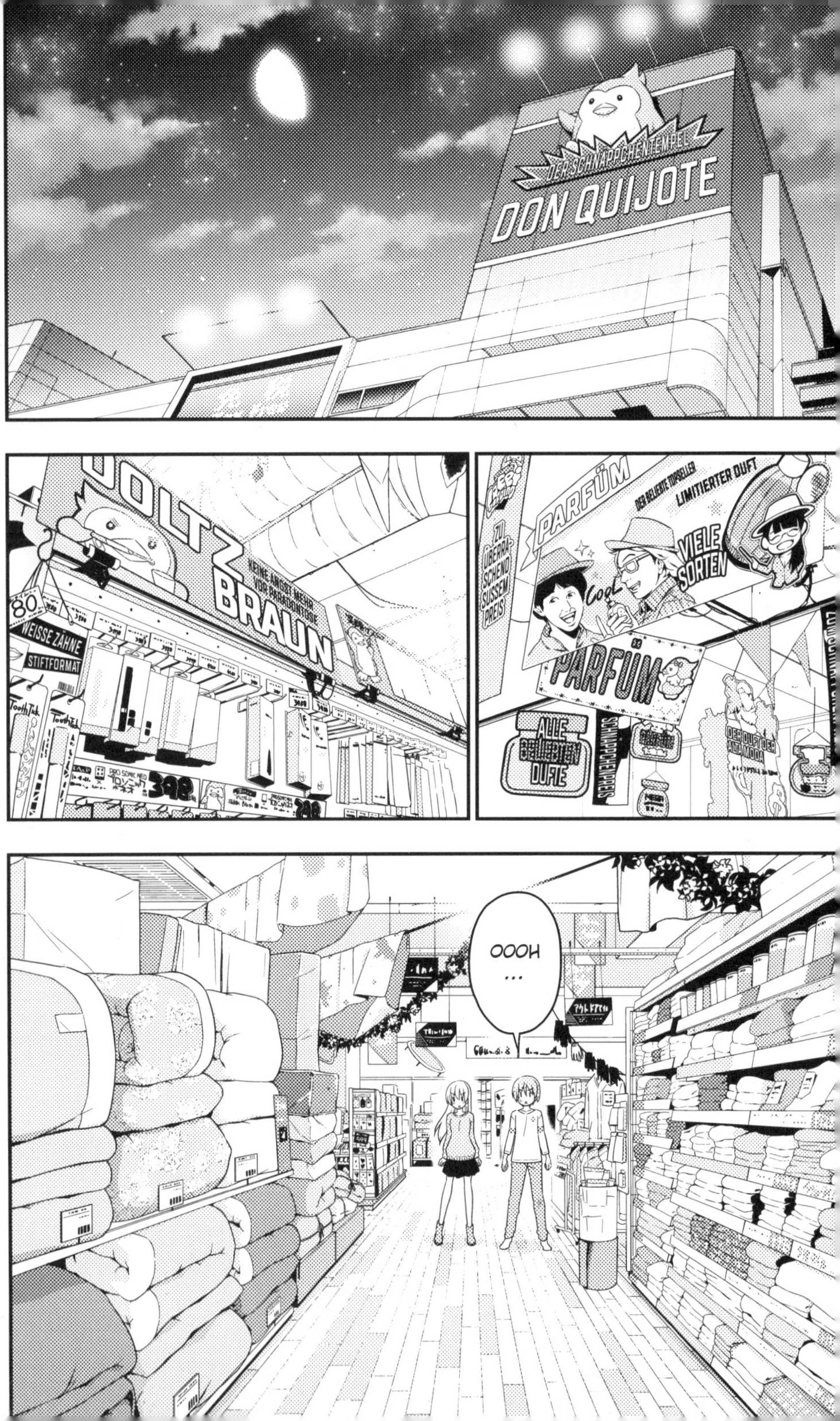
DER SCHNÄPPCHENTEMPEL
DON QUIJOTE
PARFÜM
DER BELIEBTE TOPSELLER
LIMITIERTER DUFT
ZU ÜBERRA-SCHEND SÜSSEM PREIS
VIELE SORTEN
Cool
PARFÜM
ALLE BELIEBTEN DÜFTE
SCHNÄPPCHENPREIS
DER DUFT DER ALTA MODA
DOLTZ BRAUN
KEINE ANGST MEHR VOR PARADONTOSE
80
WEISSE ZÄHNE
STIFTFORMAT
OOOH ...
PARFUM

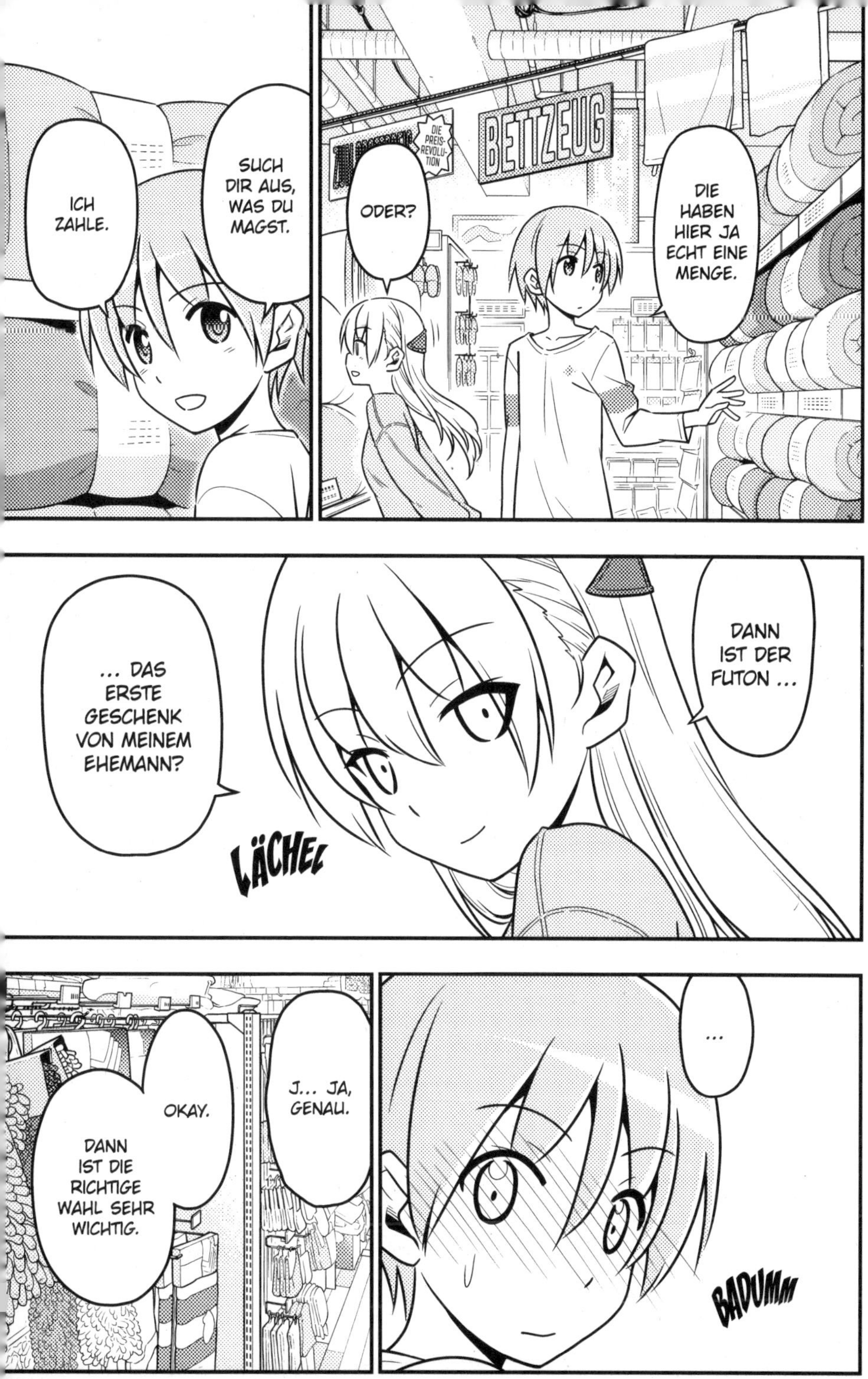
DIE HABEN HIER JA ECHT EINE MENGE.
BETTZEUG
DIE PREIS-REVOLUTION
ODER?
SUCH DIR AUS, WAS DU MAGST.
ICH ZAHLE.
DANN IST DER FUTON ...
... DAS ERSTE GESCHENK VON MEINEM EHEMANN?
LÄCHEL
...
BADUMM
J... JA, GENAU.
OKAY.
DANN IST DIE RICHTIGE WAHL SEHR WICHTIG.

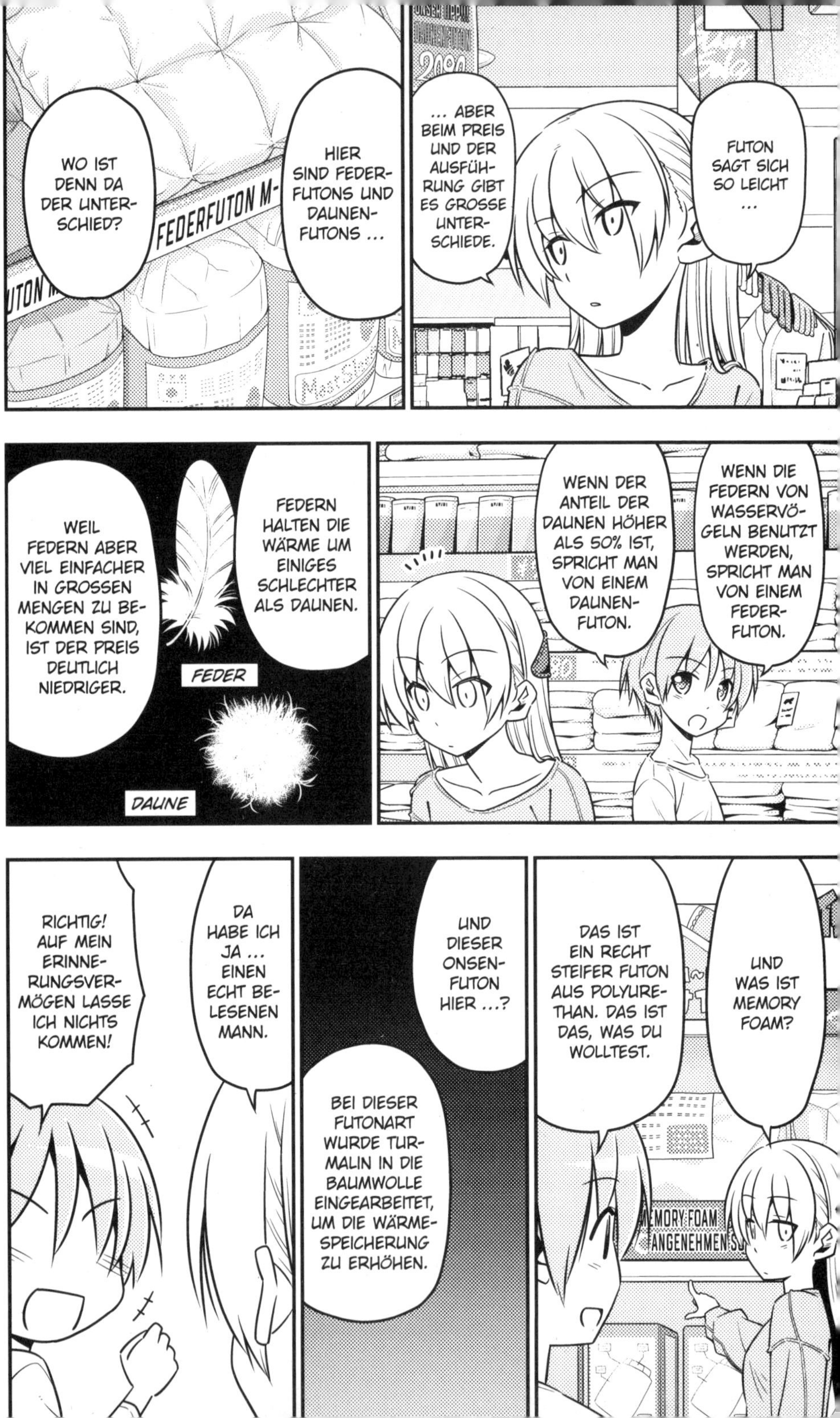
FUTON SAGT SICH SO LEICHT …
… ABER BEIM PREIS UND DER AUSFÜHRUNG GIBT ES GROSSE UNTERSCHIEDE.
HIER SIND FEDERFUTONS UND DAUNENFUTONS …
FEDERFUTON M-
WO IST DENN DA DER UNTERSCHIED?
WENN DIE FEDERN VON WASSERVÖGELN BENUTZT WERDEN, SPRICHT MAN VON EINEM FEDERFUTON.
WENN DER ANTEIL DER DAUNEN HÖHER ALS 50% IST, SPRICHT MAN VON EINEM DAUNENFUTON.
FEDERN HALTEN DIE WÄRME UM EINIGES SCHLECHTER ALS DAUNEN.
FEDER
DAUNE
WEIL FEDERN ABER VIEL EINFACHER IN GROSSEN MENGEN ZU BEKOMMEN SIND, IST DER PREIS DEUTLICH NIEDRIGER.
UND WAS IST MEMORY FOAM?
DAS IST EIN RECHT STEIFER FUTON AUS POLYURETHAN. DAS IST DAS, WAS DU WOLLTEST.
MEMORY FOAM
UND DIESER ONSEN-FUTON HIER …?
BEI DIESER FUTONART WURDE TURMALIN IN DIE BAUMWOLLE EINGEARBEITET, UM DIE WÄRMESPEICHERUNG ZU ERHÖHEN.
DA HABE ICH JA … EINEN ECHT BELESENEN MANN.
RICHTIG! AUF MEIN ERINNERUNGSVERMÖGEN LASSE ICH NICHTS KOMMEN!

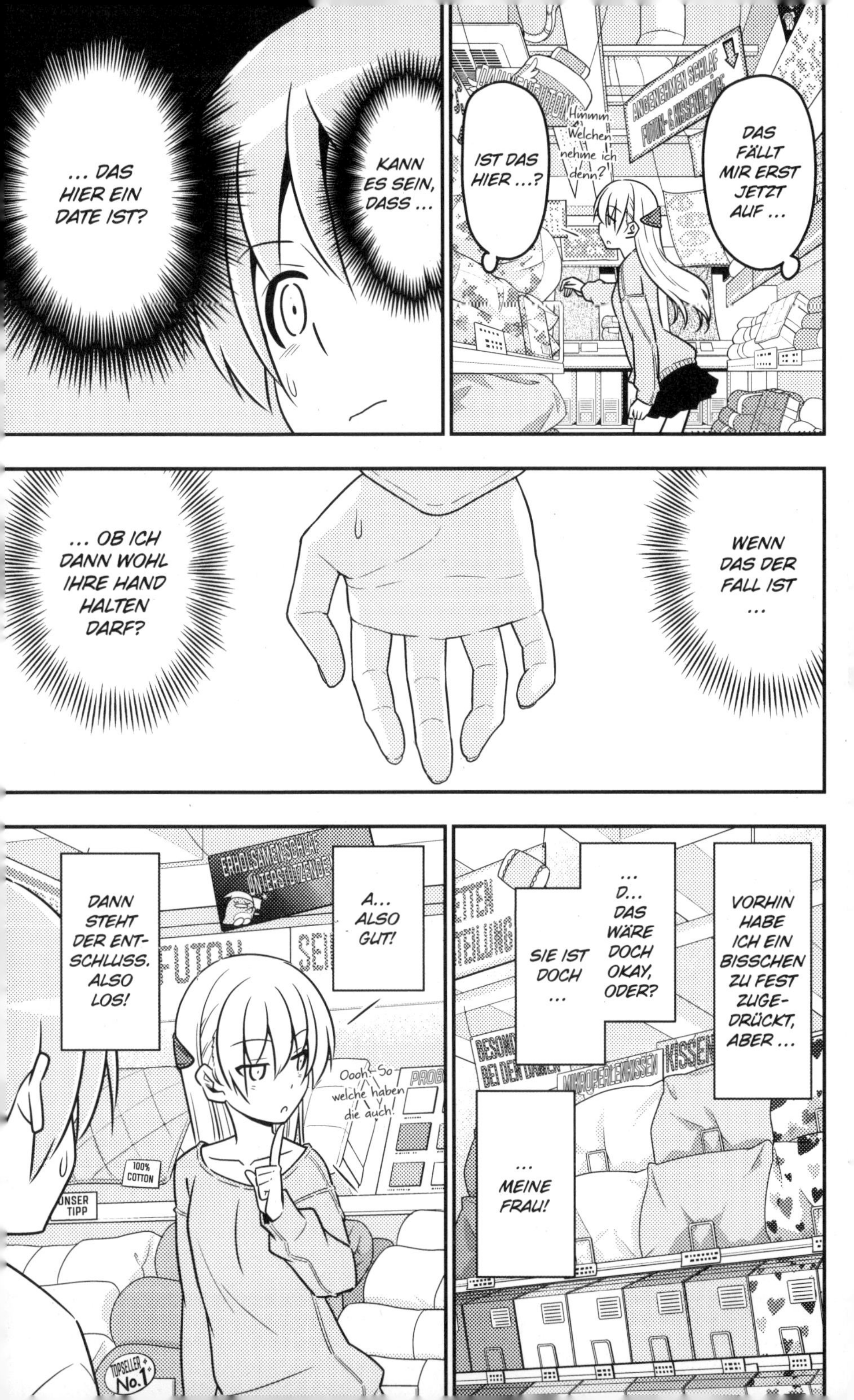
DAS FÄLLT MIR ERST JETZT AUF …
Hmmm. Welchen nehme ich denn?
IST DAS HIER …?
KANN ES SEIN, DASS …
… DAS HIER EIN DATE IST?
WENN DAS DER FALL IST …
… OB ICH DANN WOHL IHRE HAND HALTEN DARF?
VORHIN HABE ICH EIN BISSCHEN ZU FEST ZUGE-DRÜCKT, ABER …
… D… DAS WÄRE DOCH OKAY, ODER?
SIE IST DOCH …
… MEINE FRAU!
MIKROPERLENKISSEN
A… ALSO GUT!
DANN STEHT DER ENT-SCHLUSS. ALSO LOS!
ERHOLSAMEN SCHLAF UNTERSTÜTZENDE
FUTON
Oooh! So welche haben die auch!
100% COTTON
UNSER TIPP
TOPSELLER No.1

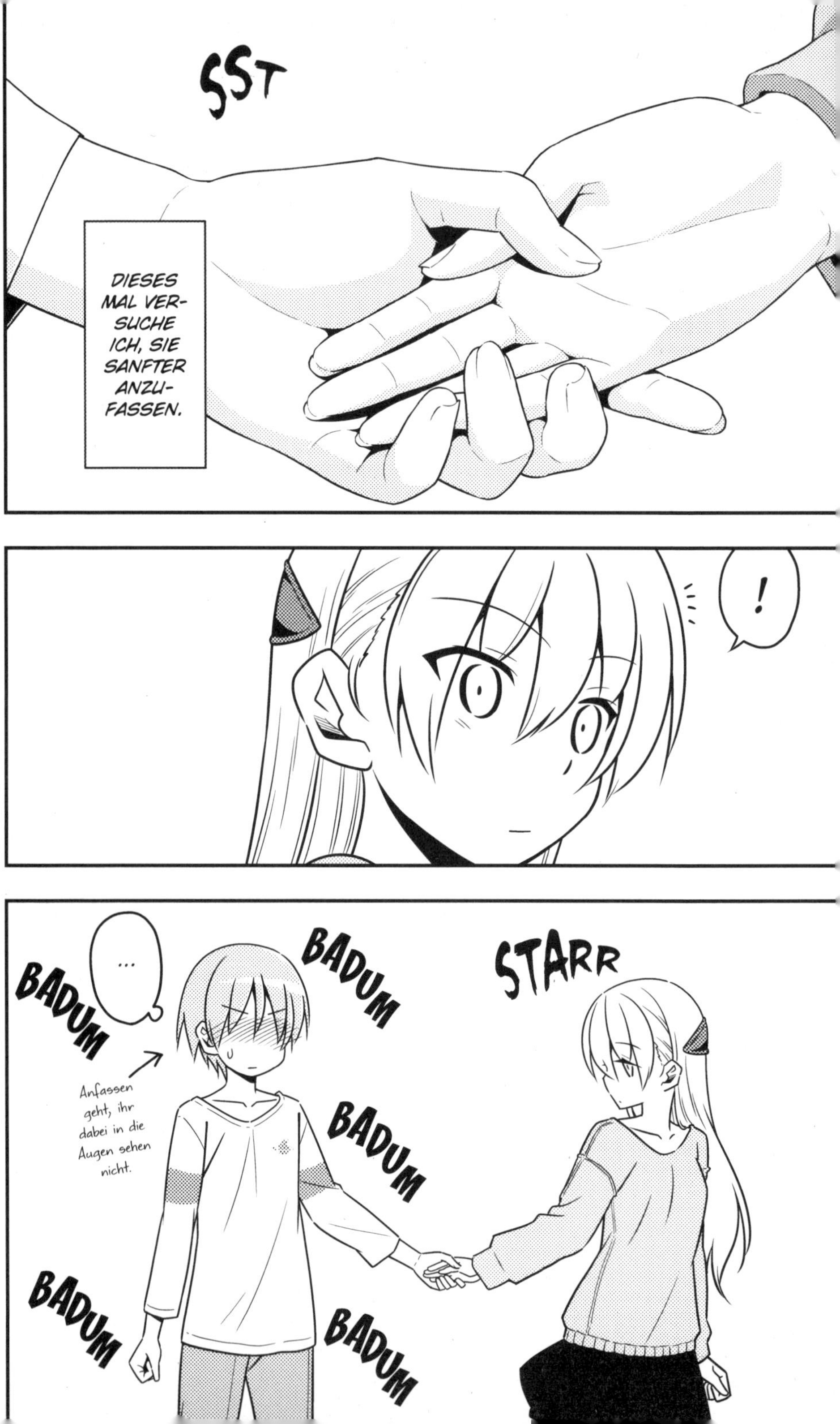
SST
DIESES MAL VER-SUCHE ICH, SIE SANFTER ANZU-FASSEN.
!
...
BADUM
BADUM
STARR
BADUM
BADUM
BADUM
Anfassen geht, ihr dabei in die Augen sehen nicht.

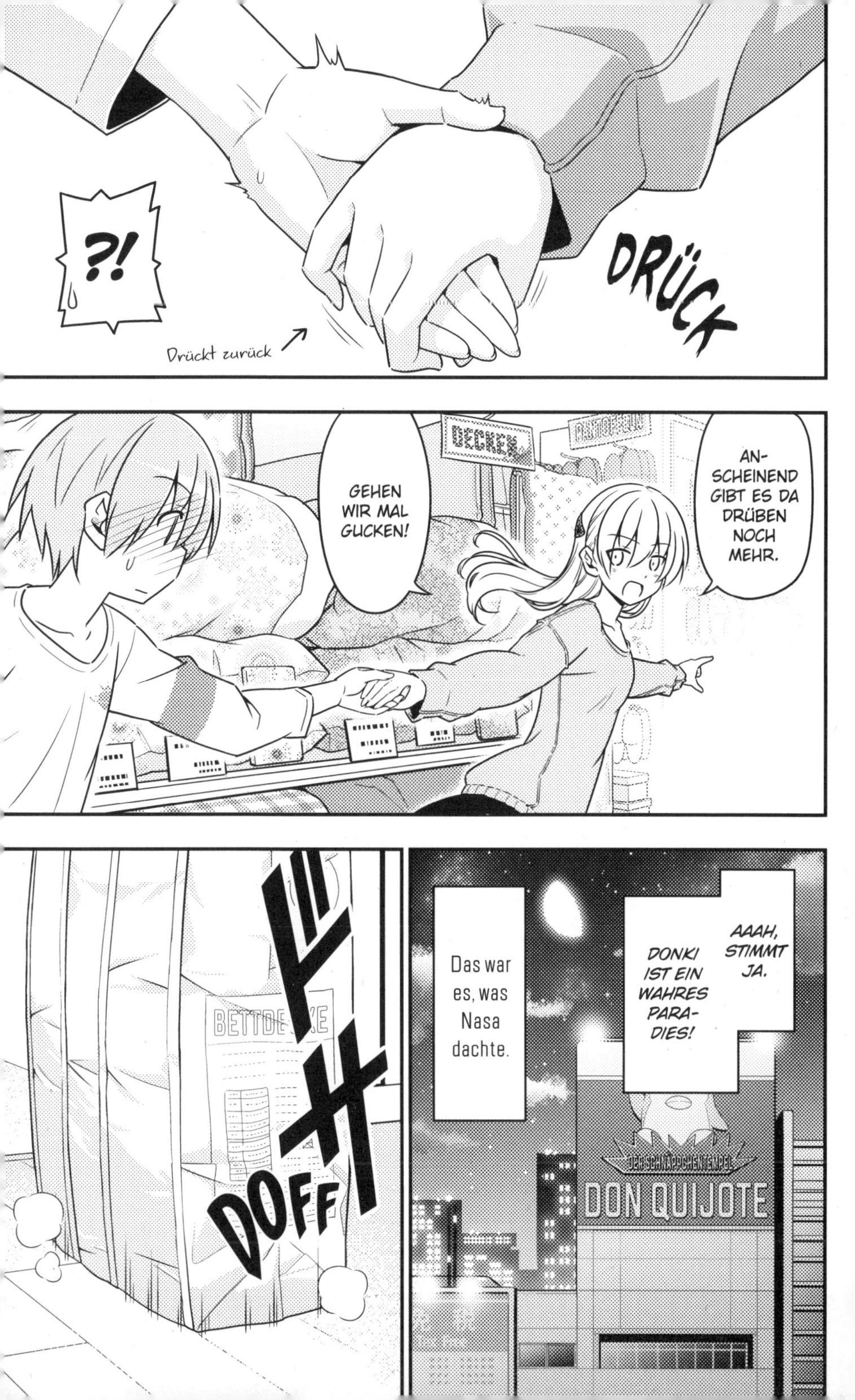
?!
DRÜCK
Drückt zurück
AN-SCHEINEND GIBT ES DA DRÜBEN NOCH MEHR.
GEHEN WIR MAL GUCKEN!
DECKEN
DOFF
BETTDECKE
AAAH, STIMMT JA.
DONKI IST EIN WAHRES PARA-DIES!
Das war es, was Nasa dachte.
DER SCHNÄPPCHENTEMPEL
DON QUIJOTE

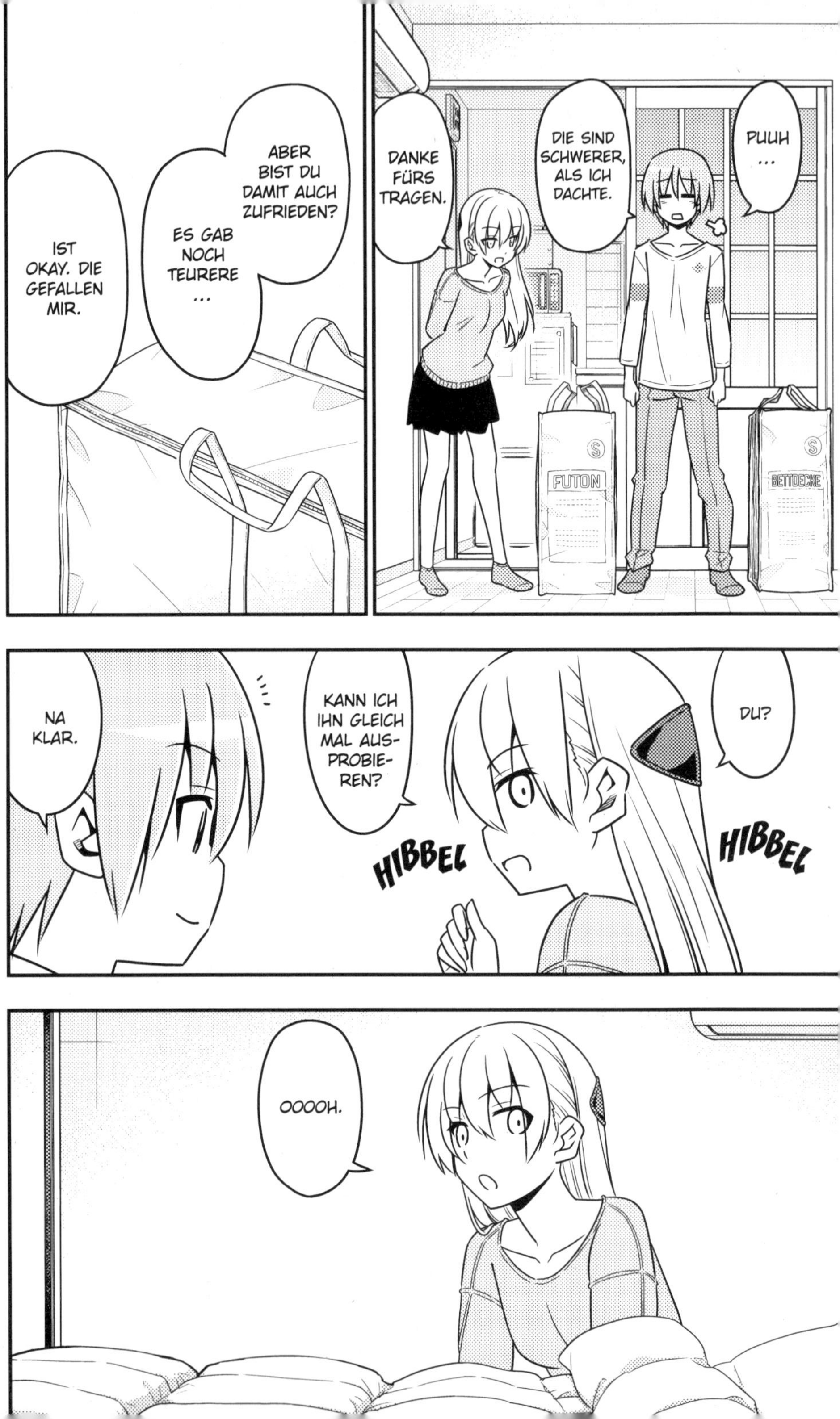
PUUH …
DIE SIND SCHWERER, ALS ICH DACHTE.
DANKE FÜRS TRAGEN.
FUTON
BETTDECKE
ABER BIST DU DAMIT AUCH ZUFRIEDEN?
ES GAB NOCH TEURERE …
IST OKAY. DIE GEFALLEN MIR.
DU?
HIBBEL
HIBBEL
KANN ICH IHN GLEICH MAL AUS-PROBIEREN?
NA KLAR.
OOOOH.

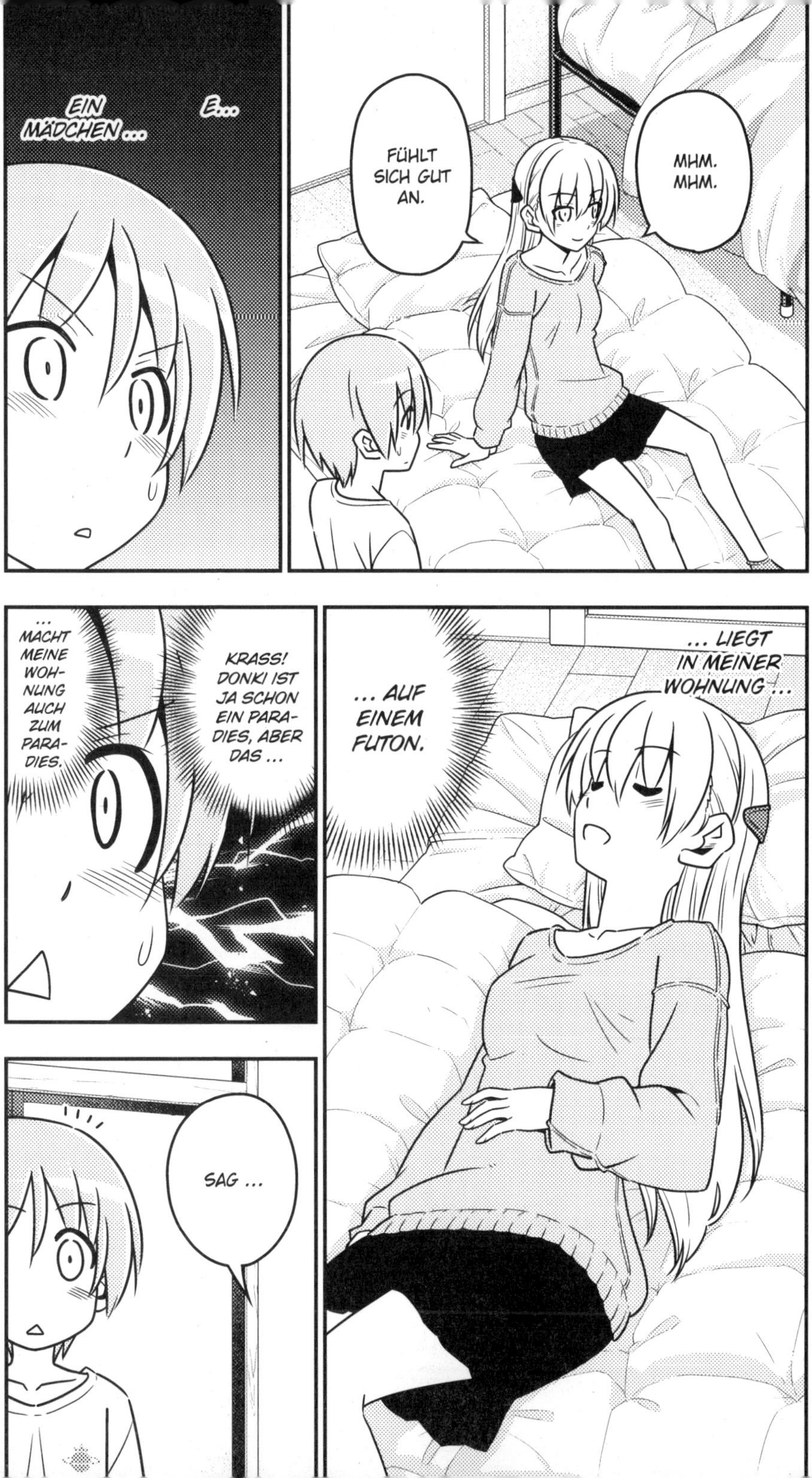
MHM. MHM.
FÜHLT SICH GUT AN.
E...
EIN MÄDCHEN ...
... LIEGT IN MEINER WOHNUNG ...
... AUF EINEM FUTON.
KRASS! DONKI IST JA SCHON EIN PARADIES, ABER DAS ...
... MACHT MEINE WOHNUNG AUCH ZUM PARADIES.
SAG ...

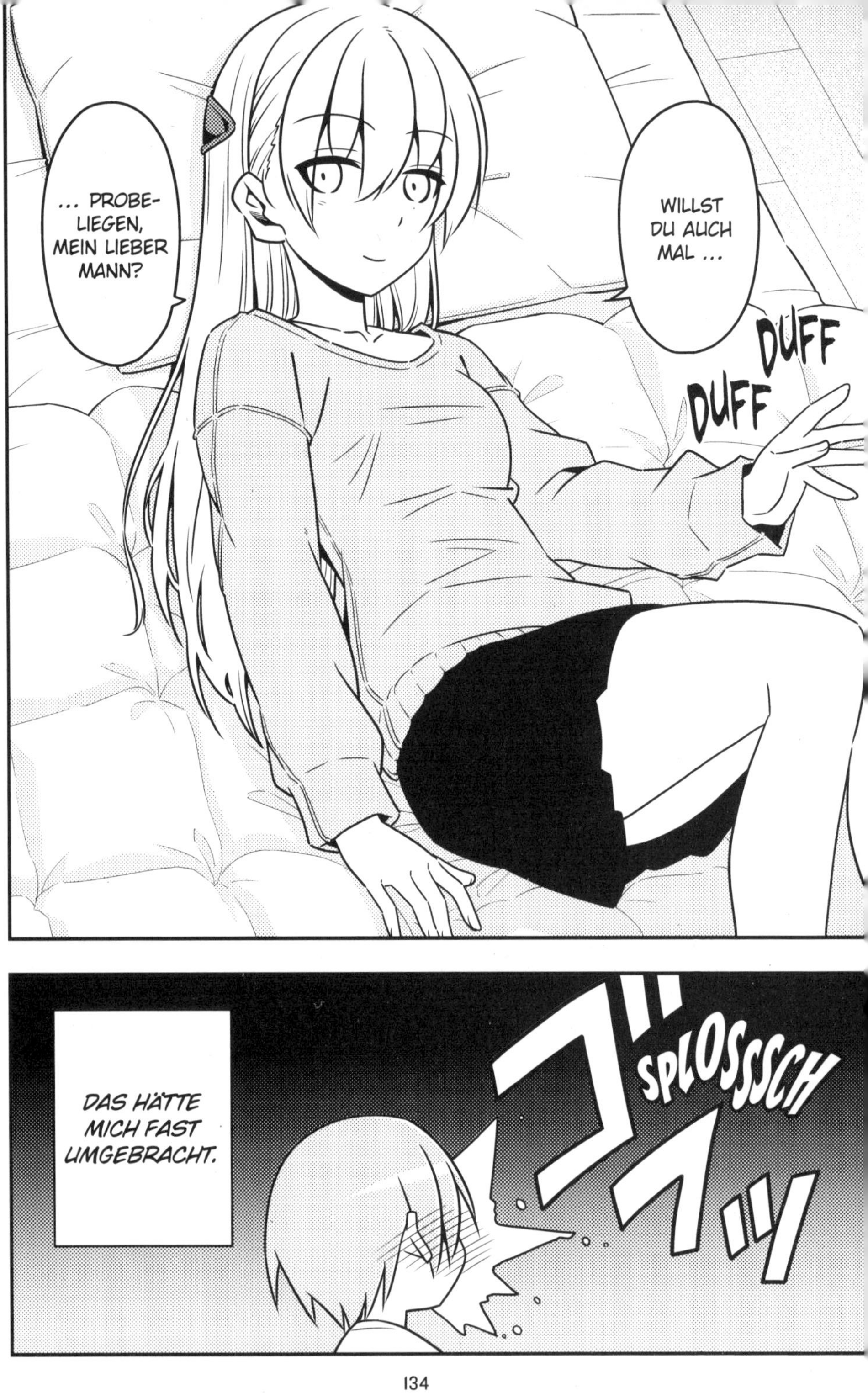
WILLST DU AUCH MAL …
… PROBE-LIEGEN, MEIN LIEBER MANN?
DUFF DUFF
DAS HÄTTE MICH FAST UMGEBRACHT.
SPLOSSSCH

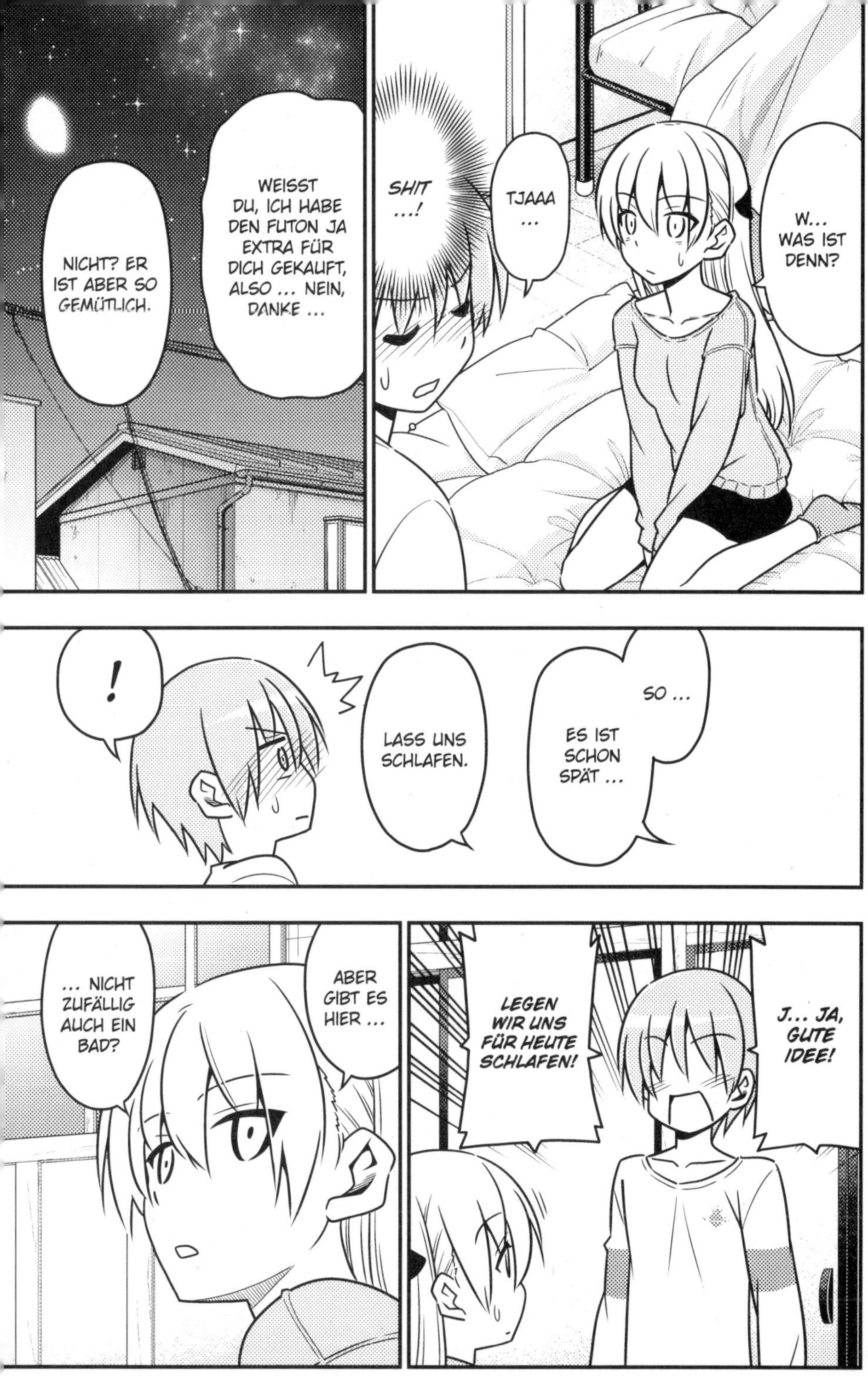
W... WAS IST DENN?
TJAAA ...
SHIT ...!
WEISST DU, ICH HABE DEN FUTON JA EXTRA FÜR DICH GEKAUFT, ALSO ... NEIN, DANKE ...
NICHT? ER IST ABER SO GEMÜTLICH.
SO ...
ES IST SCHON SPÄT ...
LASS UNS SCHLAFEN.
!
J... JA, GUTE IDEE!
LEGEN WIR UNS FÜR HEUTE SCHLAFEN!
ABER GIBT ES HIER ...
... NICHT ZUFÄLLIG AUCH EIN BAD?

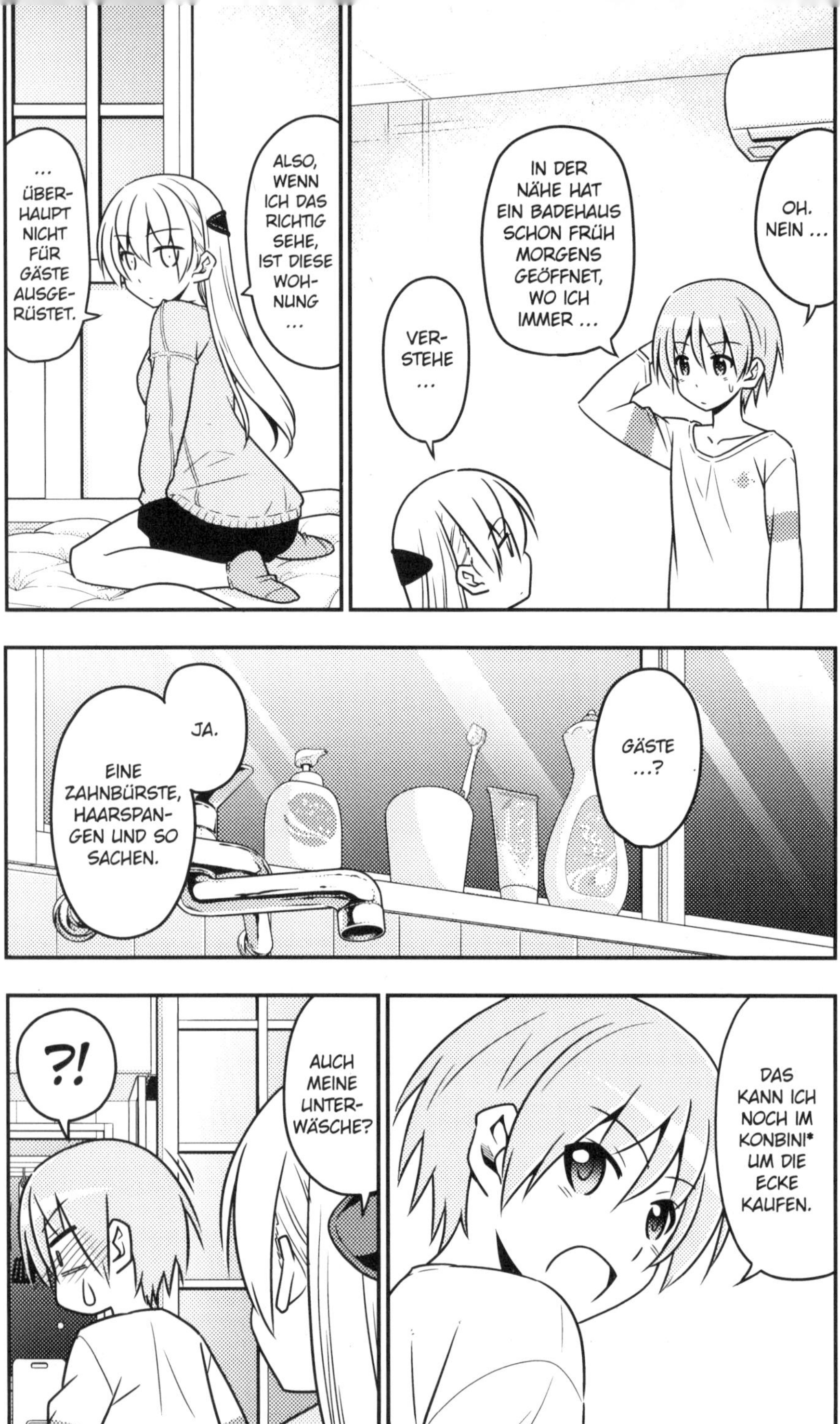

* KLEINE LÄDEN, DIE 24/7 GEÖFFNET HABEN UND DINGE DES TÄGLICHEN BEDARFS FÜHREN.

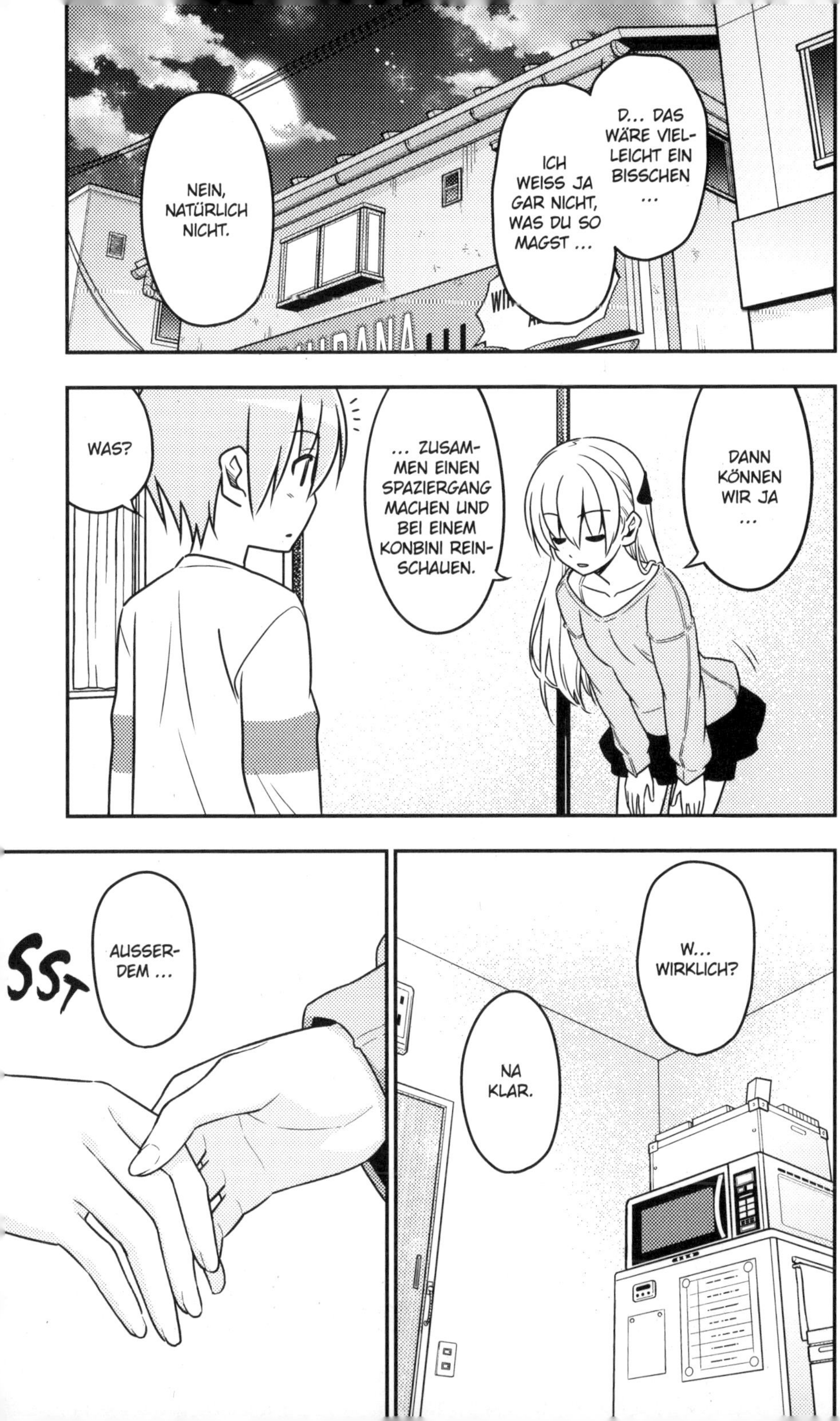
D… DAS WÄRE VIEL-LEICHT EIN BISSCHEN …
ICH WEISS JA GAR NICHT, WAS DU SO MAGST …
NEIN, NATÜRLICH NICHT.
DANN KÖNNEN WIR JA …
… ZUSAM-MEN EINEN SPAZIERGANG MACHEN UND BEI EINEM KONBINI REIN-SCHAUEN.
WAS?
W… WIRKLICH?
NA KLAR.
AUSSER-DEM …
SST

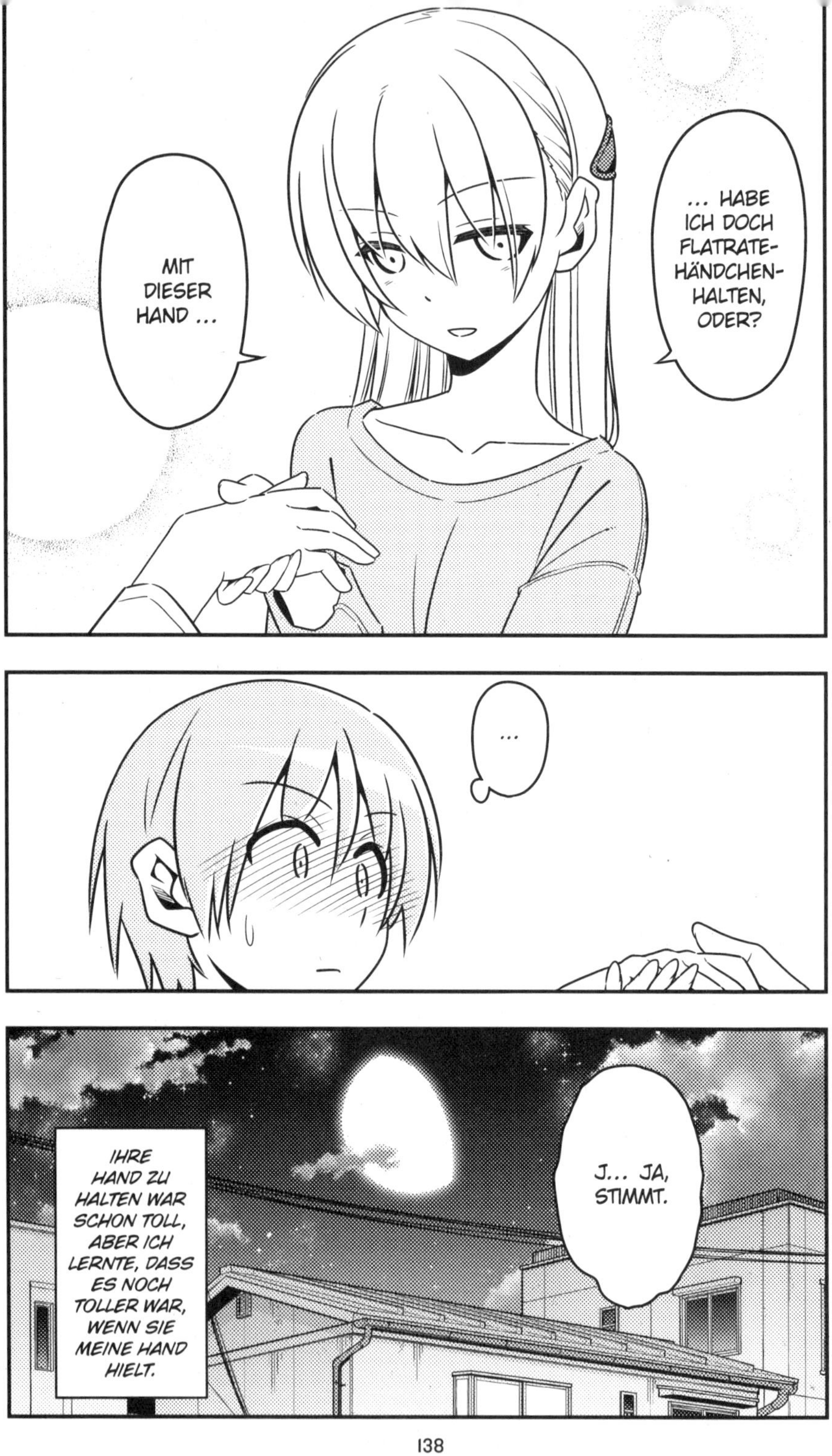
… HABE ICH DOCH FLATRATE-HÄNDCHEN-HALTEN, ODER?
MIT DIESER HAND …
…
J… JA, STIMMT.
IHRE HAND ZU HALTEN WAR SCHON TOLL, ABER ICH LERNTE, DASS ES NOCH TOLLER WAR, WENN SIE MEINE HAND HIELT.

7. Kapitel: Schlaf, aus dem aus dem selbst Luna * einen nicht wecken könnte – Tiefschlaf

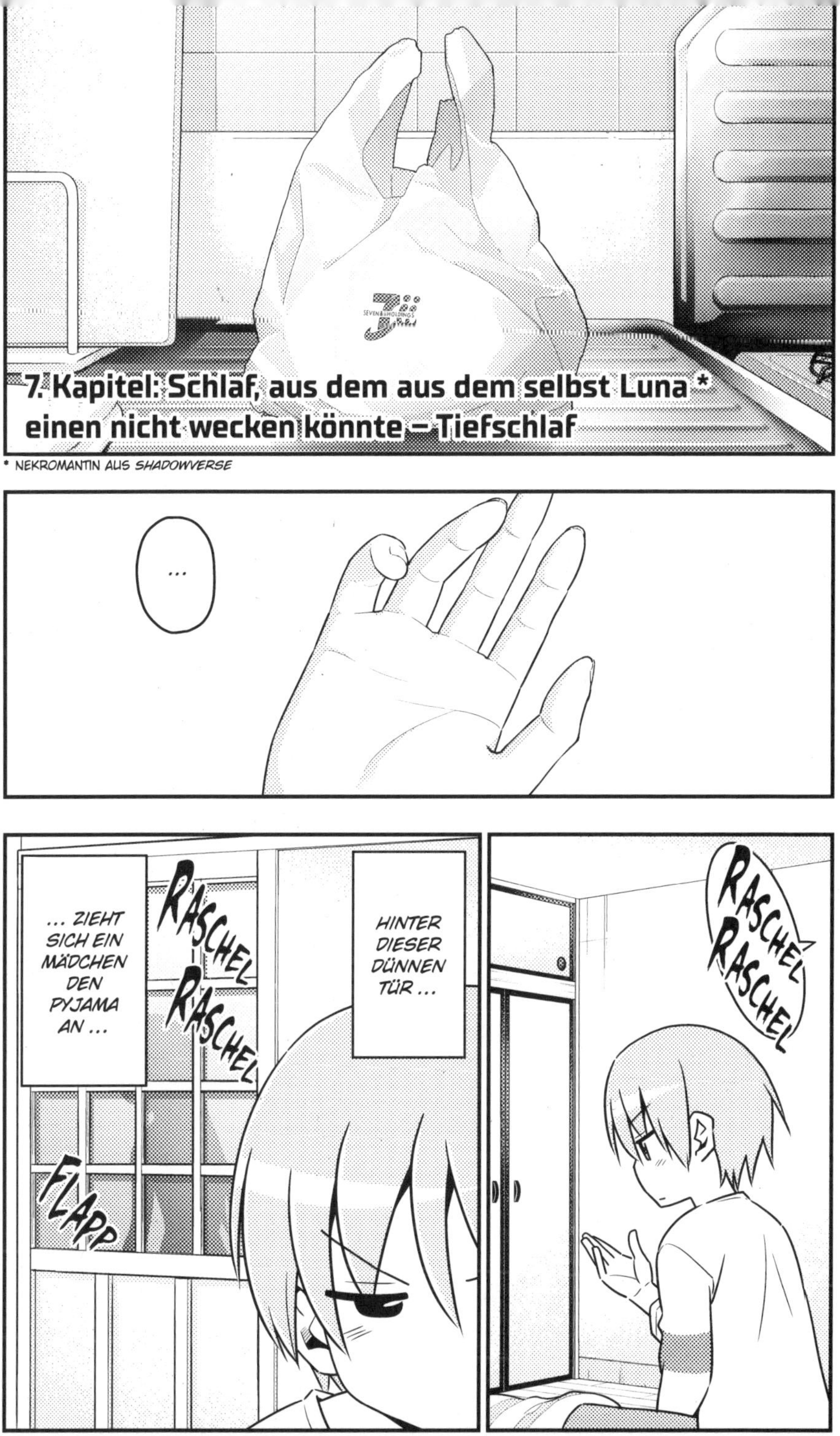

* NEKROMANTIN AUS *SHADOWVERSE*

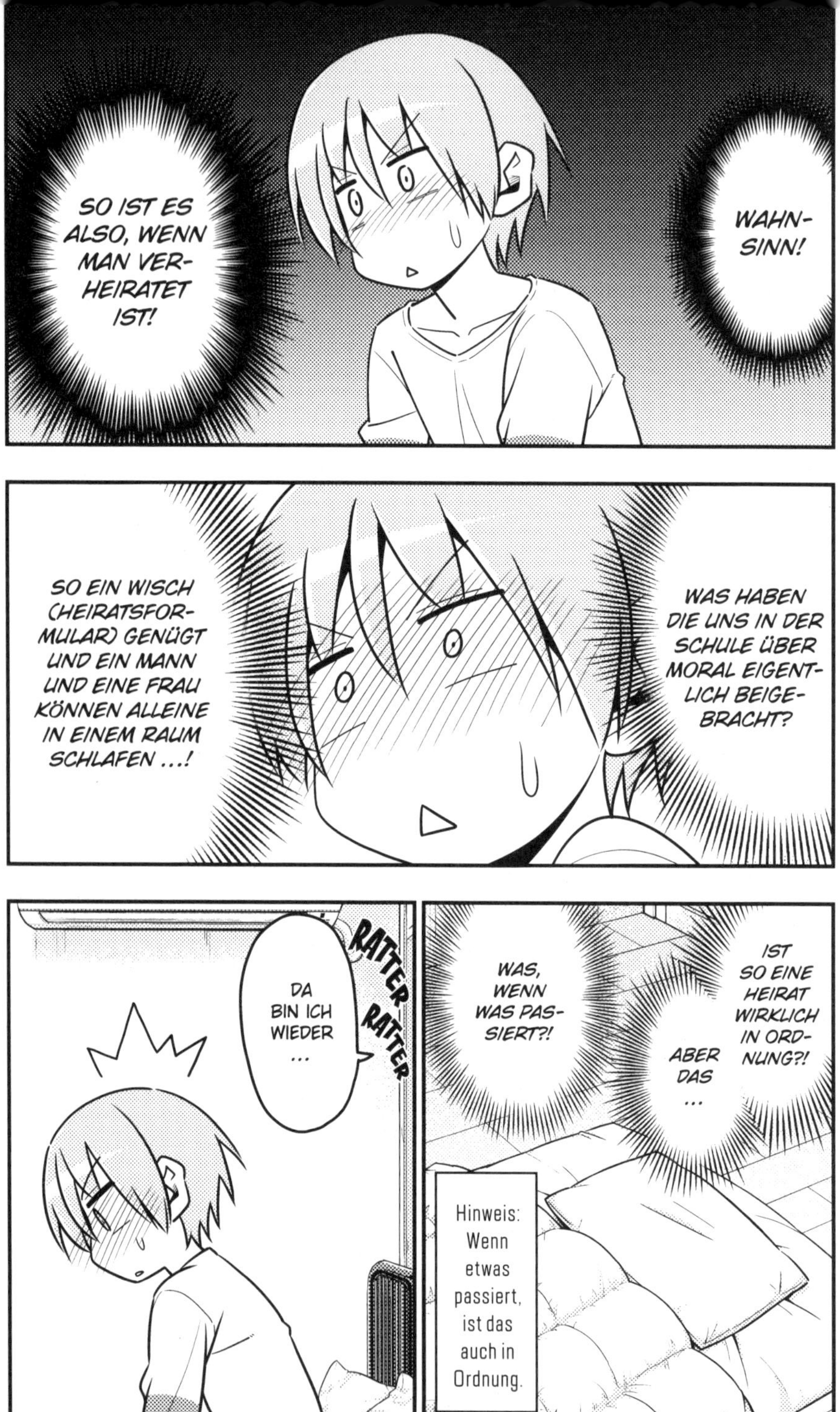
WAHNSINN!
SO IST ES ALSO, WENN MAN VERHEIRATET IST!
WAS HABEN DIE UNS IN DER SCHULE ÜBER MORAL EIGENTLICH BEIGEBRACHT?
SO EIN WISCH (HEIRATSFORMULAR) GENÜGT UND EIN MANN UND EINE FRAU KÖNNEN ALLEINE IN EINEM RAUM SCHLAFEN ...!
IST SO EINE HEIRAT WIRKLICH IN ORDNUNG?!
ABER DAS ...
WAS, WENN WAS PASSIERT?!
Hinweis: Wenn etwas passiert, ist das auch in Ordnung.
RATTER RATTER
DA BIN ICH WIEDER ...

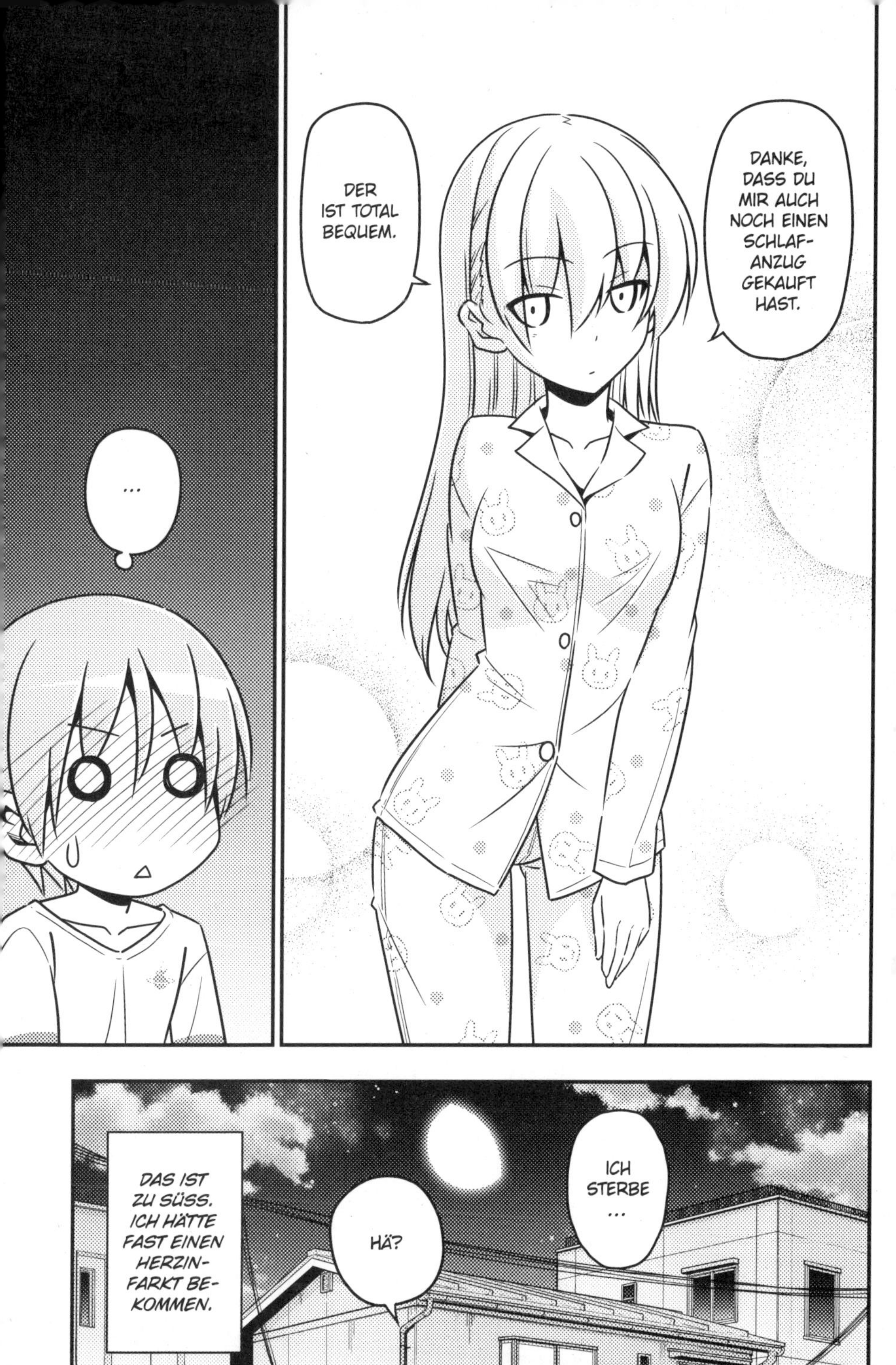
DANKE, DASS DU MIR AUCH NOCH EINEN SCHLAF-ANZUG GEKAUFT HAST.
DER IST TOTAL BEQUEM.
…
ICH STERBE …
HÄ?
DAS IST ZU SÜSS. ICH HÄTTE FAST EINEN HERZIN-FARKT BE-KOMMEN.

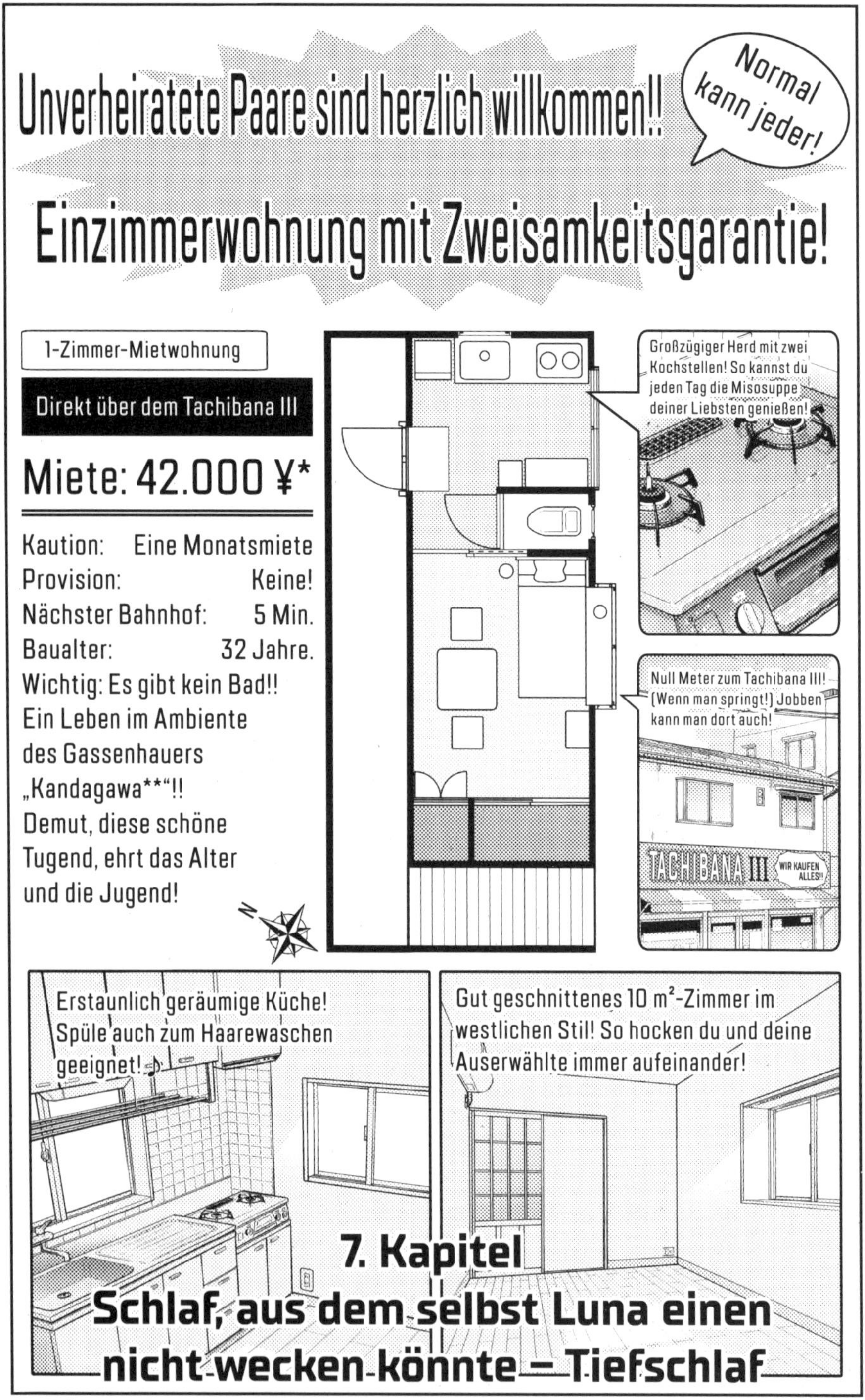

* UNGEFÄHR 320 EURO

** LIED DER GRUPPE KAGUYAHIME ÜBER EIN PAAR, DAS IN EINER EINZIMMERWOHNUNG OHNE BAD ZUSAMMENLEBT.

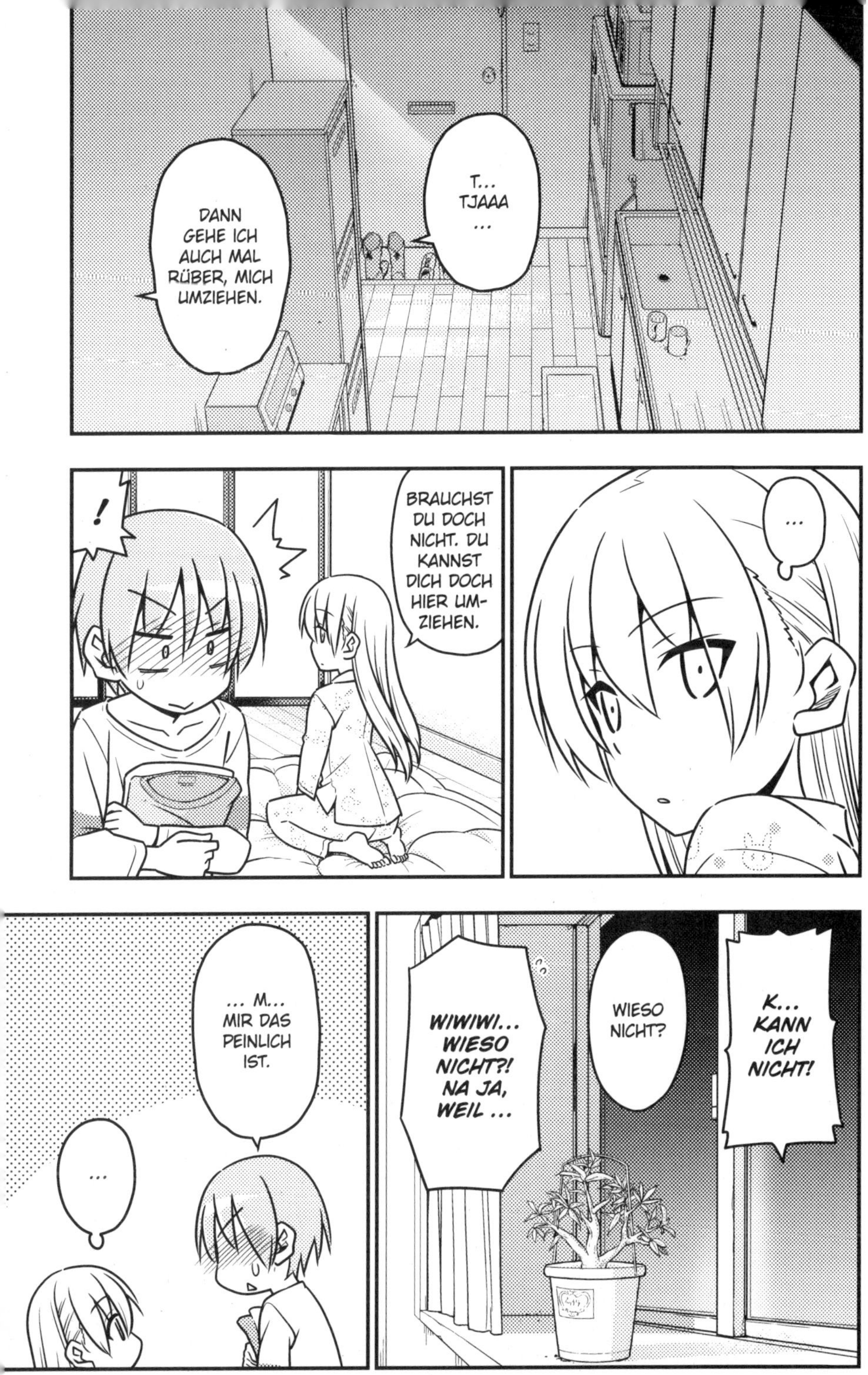
T... TJAAA ...
DANN GEHE ICH AUCH MAL RÜBER, MICH UMZIEHEN.
...
BRAUCHST DU DOCH NICHT. DU KANNST DICH DOCH HIER UM-ZIEHEN.
!
K... KANN ICH NICHT!
WIESO NICHT?
WIWIWI... WIESO NICHT?! NA JA, WEIL ...
... M... MIR DAS PEINLICH IST.
...

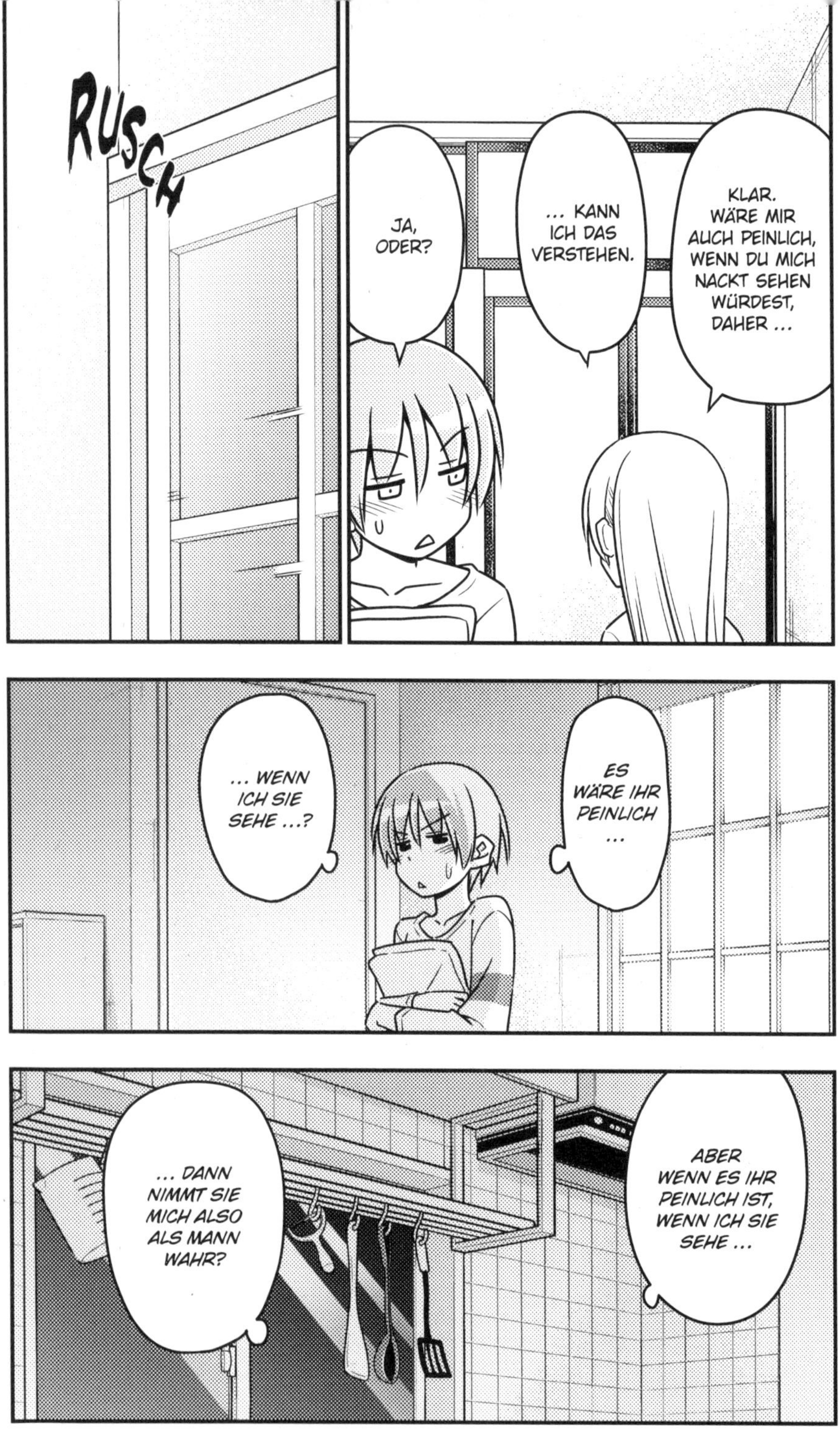
KLAR. WÄRE MIR AUCH PEINLICH, WENN DU MICH NACKT SEHEN WÜRDEST, DAHER …
… KANN ICH DAS VERSTEHEN.
JA, ODER?
RUSCH
ES WÄRE IHR PEINLICH …
… WENN ICH SIE SEHE …?
ABER WENN ES IHR PEINLICH IST, WENN ICH SIE SEHE …
… DANN NIMMT SIE MICH ALSO ALS MANN WAHR?

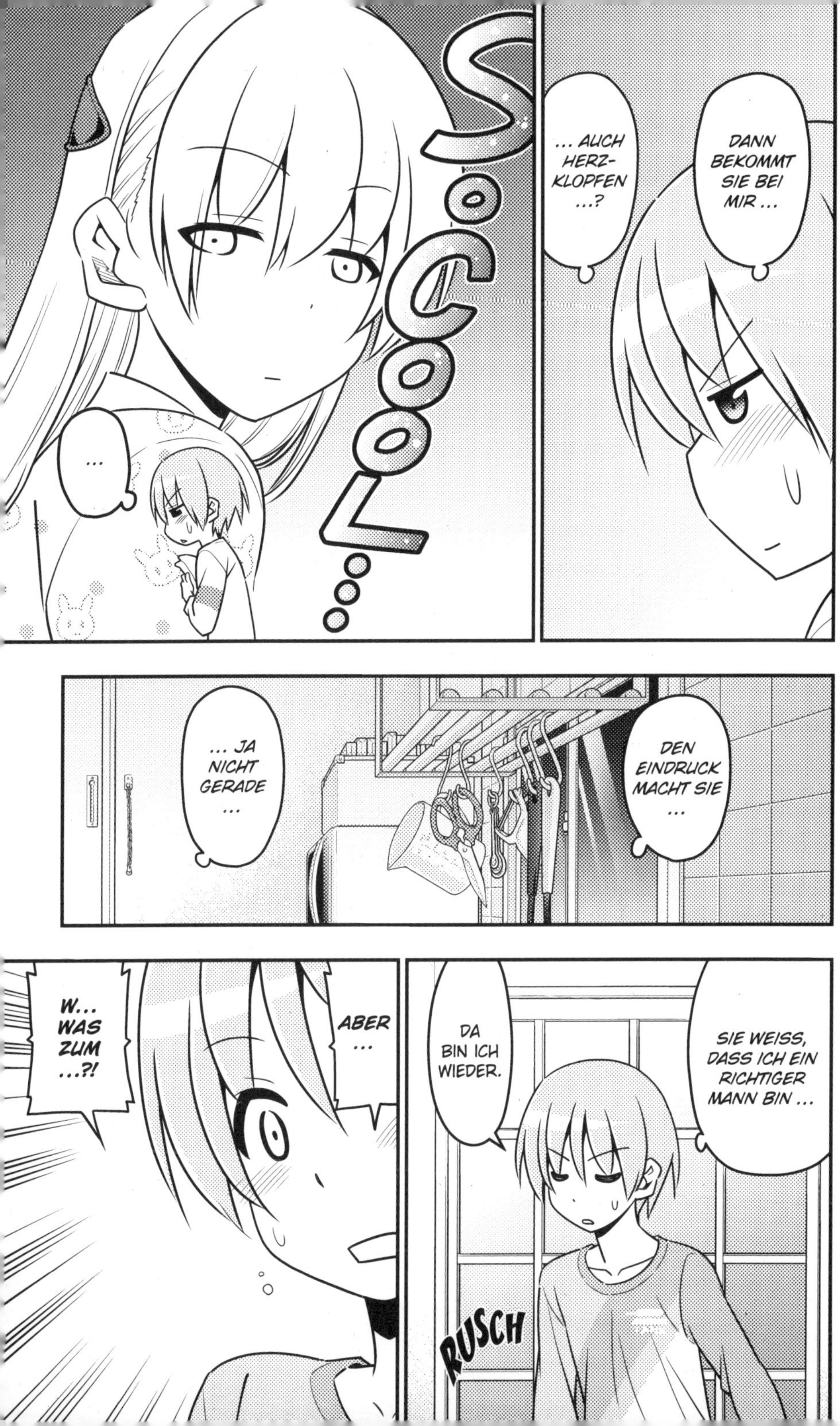
DANN BEKOMMT SIE BEI MIR …
… AUCH HERZ-KLOPFEN …?
SO COOL…
…
DEN EINDRUCK MACHT SIE …
… JA NICHT GERADE …
SIE WEISS, DASS ICH EIN RICHTIGER MANN BIN …
DA BIN ICH WIEDER.
RUSCH
ABER …
W… WAS ZUM …?!

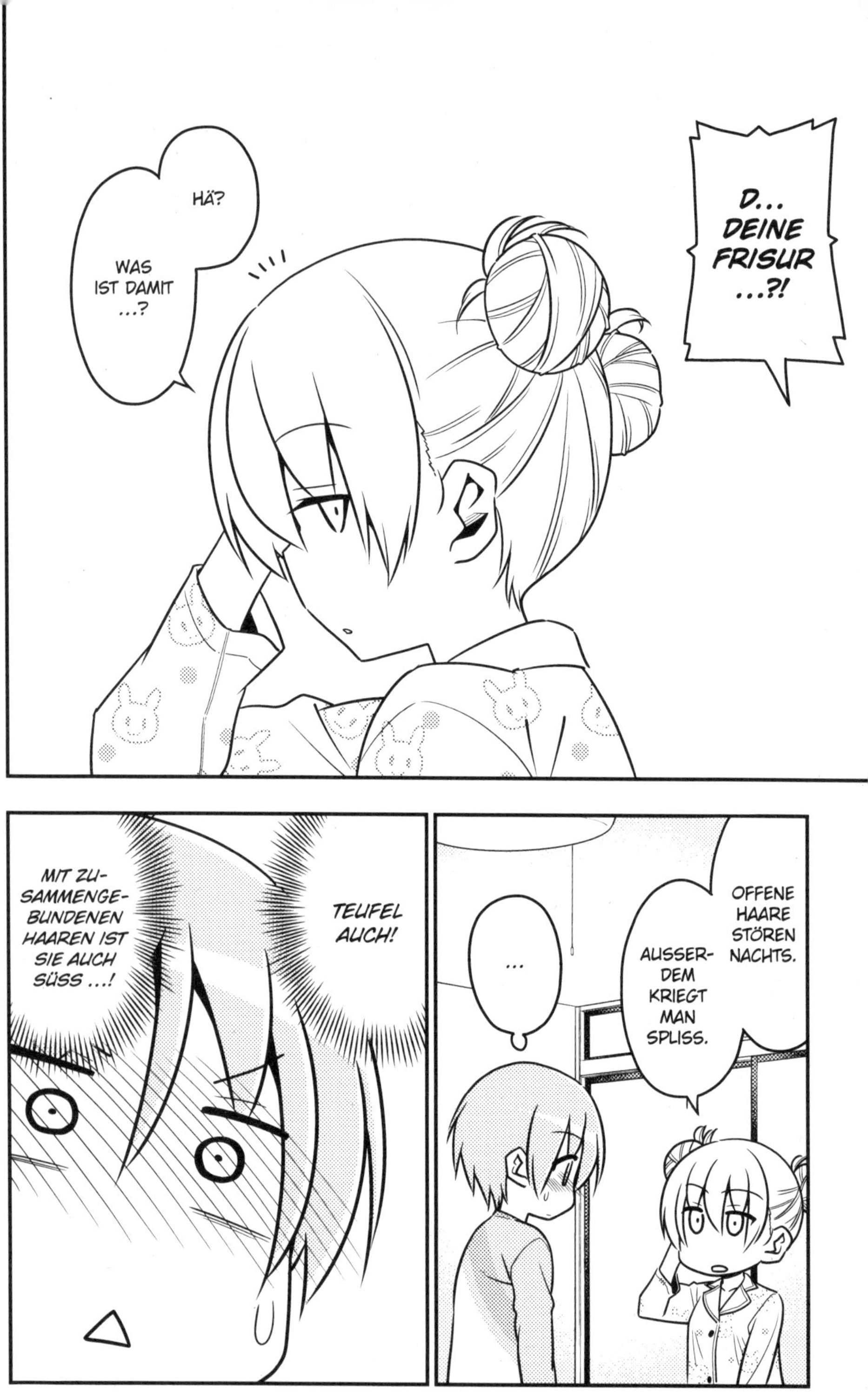
D... DEINE FRISUR ...?!
HÄ?
WAS IST DAMIT ...?
OFFENE HAARE STÖREN NACHTS.
AUSSER-DEM KRIEGT MAN SPLISS.
...
TEUFEL AUCH!
MIT ZU-SAMMENGE-BUNDENEN HAAREN IST SIE AUCH SÜSS ...!

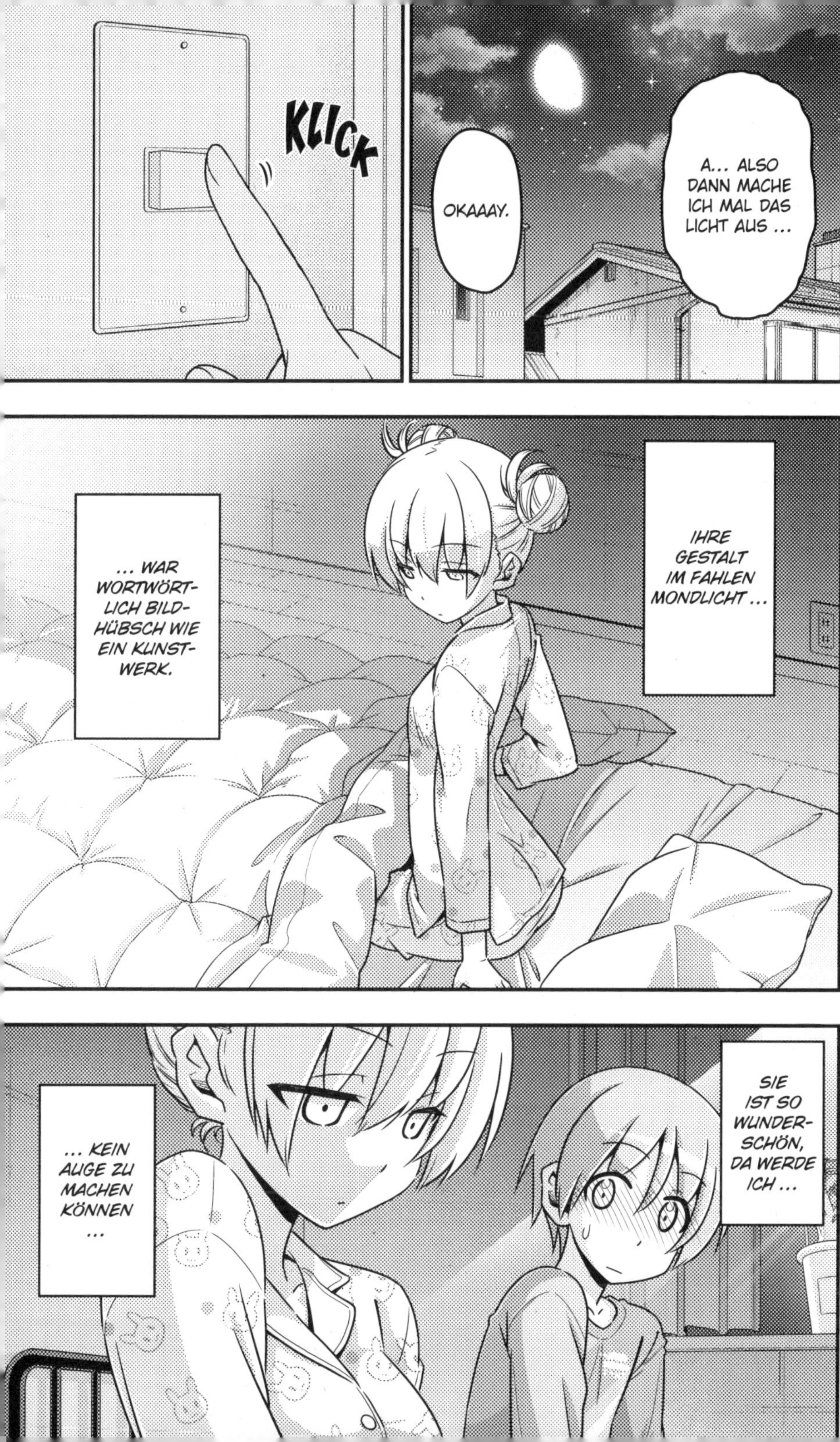
A… ALSO DANN MACHE ICH MAL DAS LICHT AUS …
OKAAAY.
KLICK
IHRE GESTALT IM FAHLEN MONDLICHT …
… WAR WORTWÖRT-LICH BILD-HÜBSCH WIE EIN KUNST-WERK.
SIE IST SO WUNDER-SCHÖN, DA WERDE ICH …
… KEIN AUGE ZU MACHEN KÖNNEN …

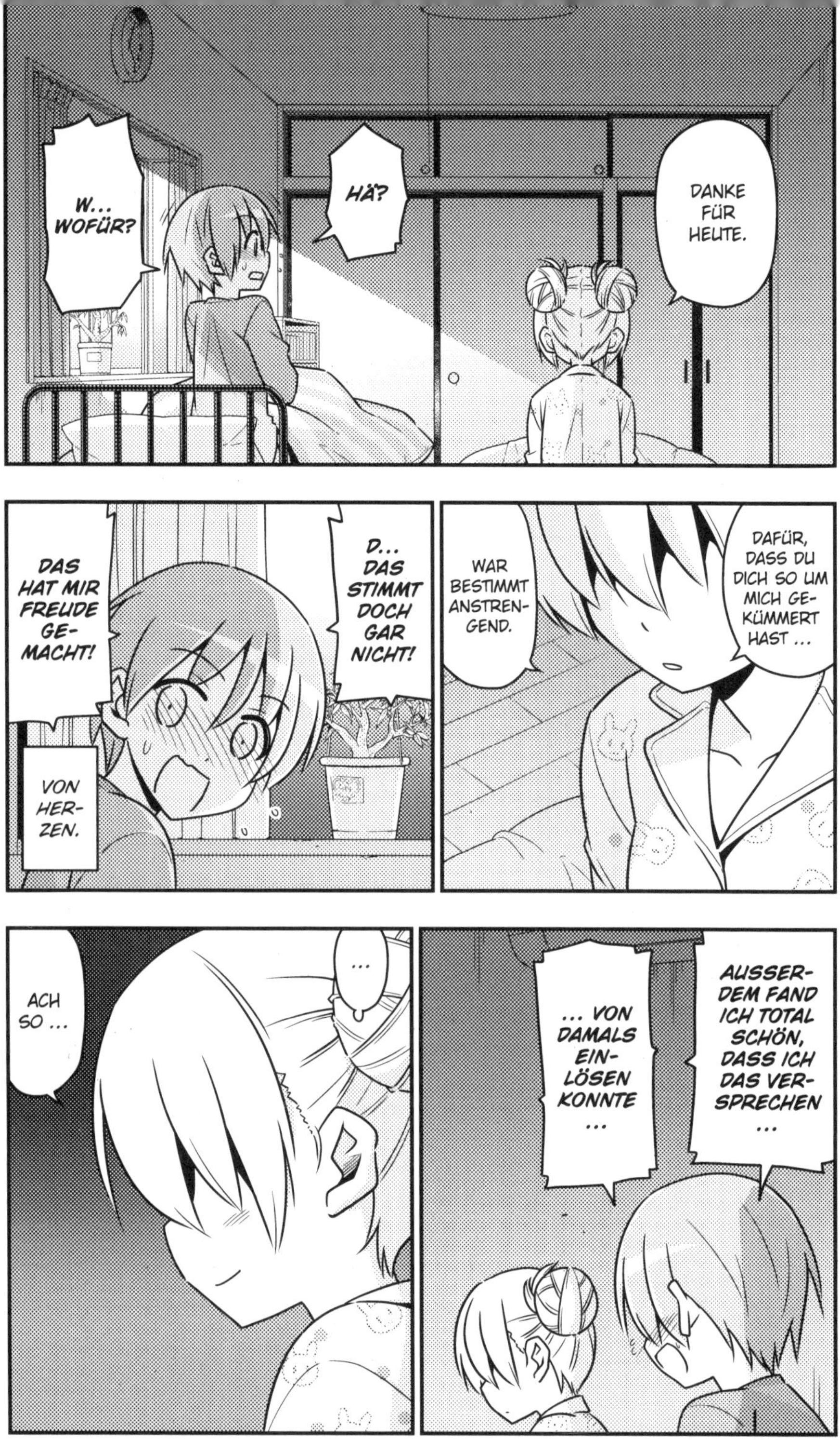
DANKE FÜR HEUTE.
HÄ?
W… WOFÜR?
DAFÜR, DASS DU DICH SO UM MICH GEKÜMMERT HAST …
WAR BESTIMMT ANSTRENGEND.
D… DAS STIMMT DOCH GAR NICHT!
DAS HAT MIR FREUDE GEMACHT!
VON HERZEN.
AUSSERDEM FAND ICH TOTAL SCHÖN, DASS ICH DAS VERSPRECHEN …
… VON DAMALS EINLÖSEN KONNTE …
…
ACH SO …

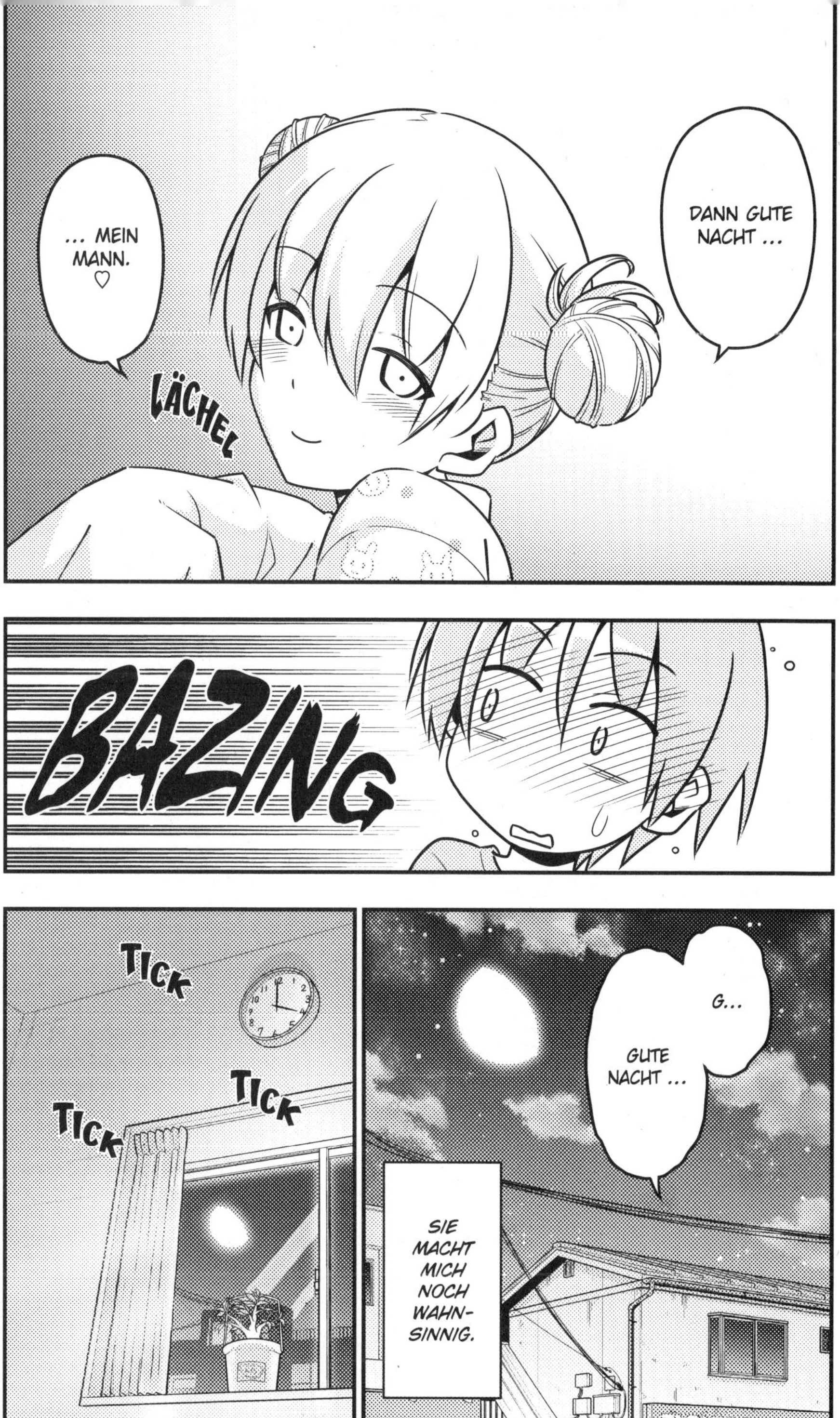
DANN GUTE NACHT …
… MEIN MANN. ♡
LÄCHEL
BAZING
G…
GUTE NACHT …
SIE MACHT MICH NOCH WAHN-SINNIG.
TICK
TICK
TICK

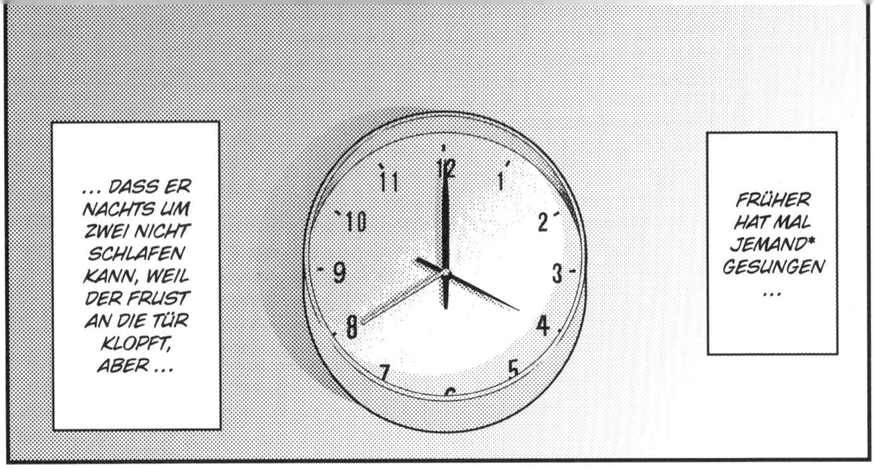

* TAKASHI UTSUNOMIYA IM SONG „RUNNING TO HORIZON"

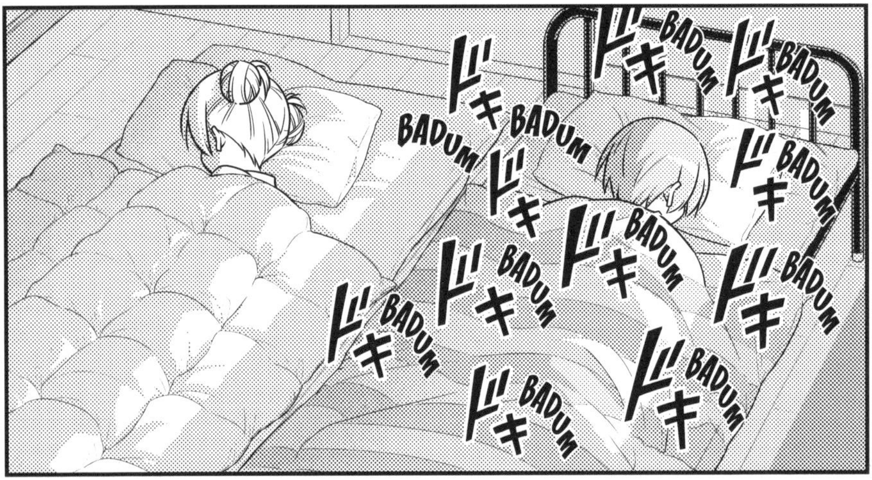

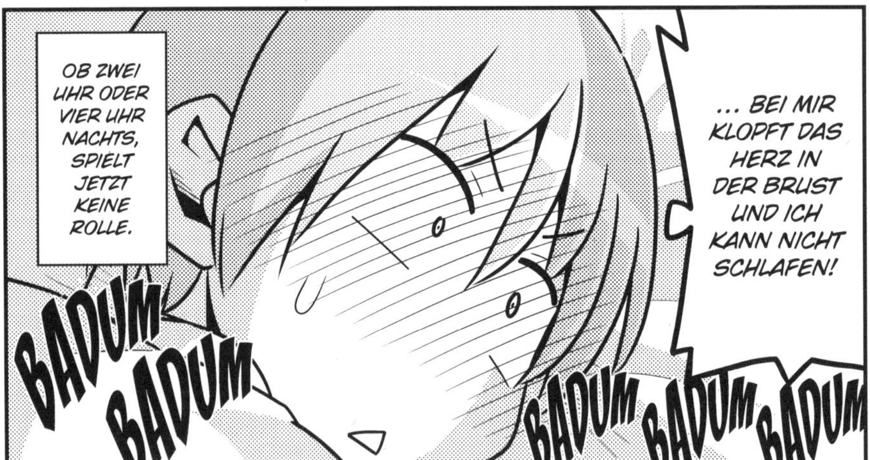

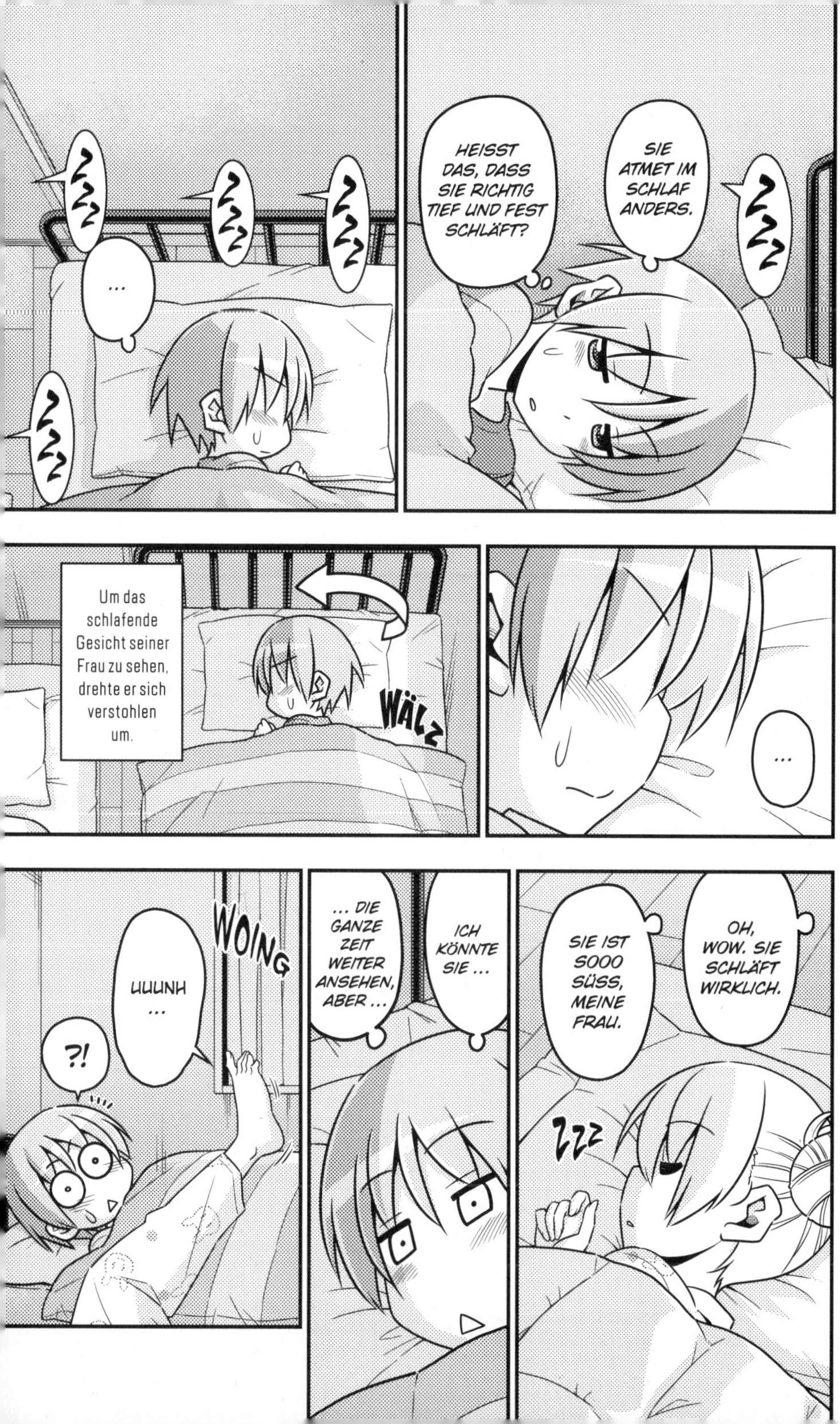
SIE ATMET IM SCHLAF ANDERS.
HEISST DAS, DASS SIE RICHTIG TIEF UND FEST SCHLÄFT?
ZZZ
ZZZ
ZZZ
ZZZ
...
ZZZ
...
Um das schlafende Gesicht seiner Frau zu sehen, drehte er sich verstohlen um.
WÄLZ
OH, WOW. SIE SCHLÄFT WIRKLICH.
SIE IST SOOO SÜSS, MEINE FRAU.
ZZZ
ICH KÖNNTE SIE ...
... DIE GANZE ZEIT WEITER ANSEHEN, ABER ...
WOING
UUUNH ...
?!

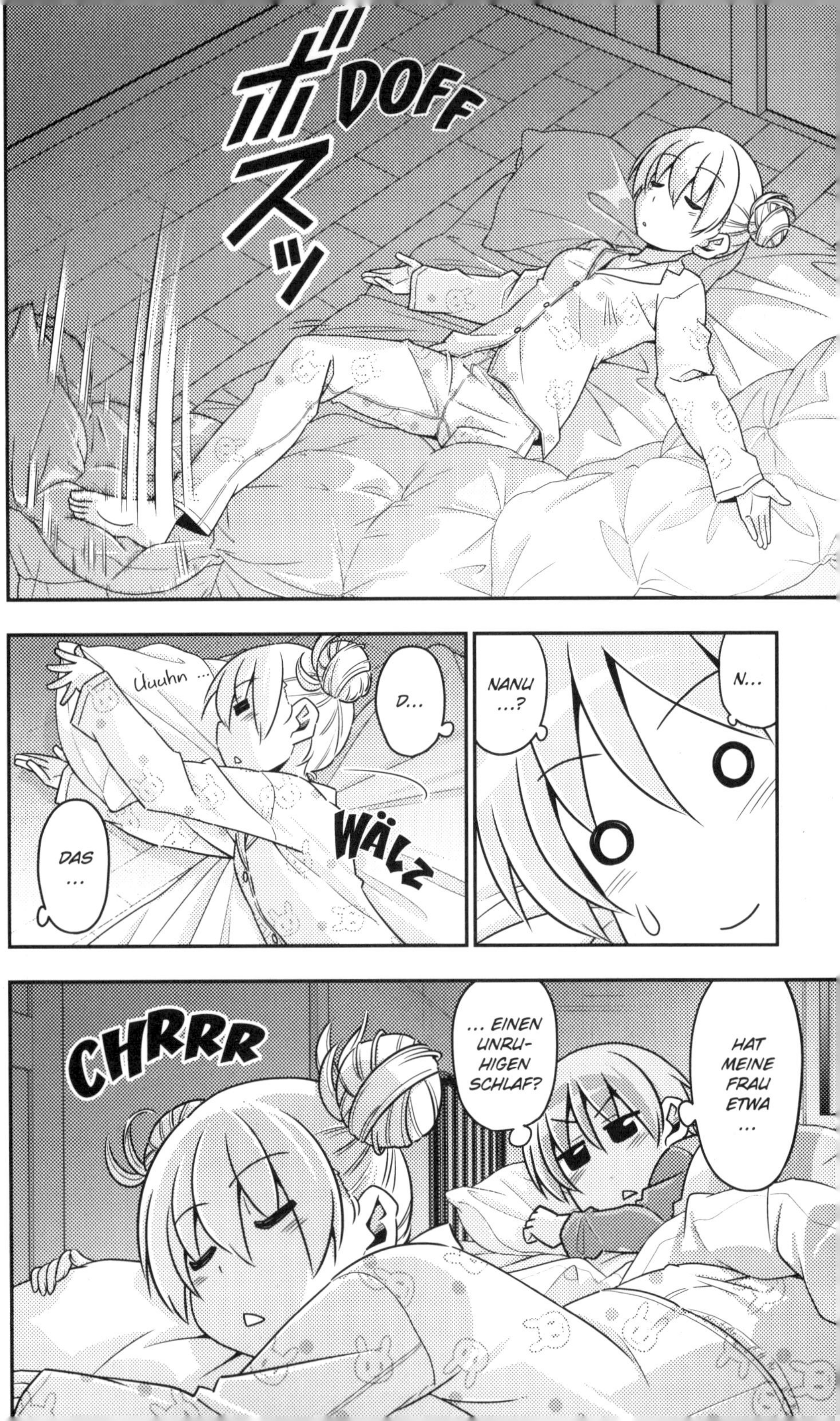
ボスッ
DOFF
Uuuhn …
D…
DAS …
WÄLZ
N…
NANU …?
CHRRR
HAT MEINE FRAU ETWA …
… EINEN UNRU-HIGEN SCHLAF?

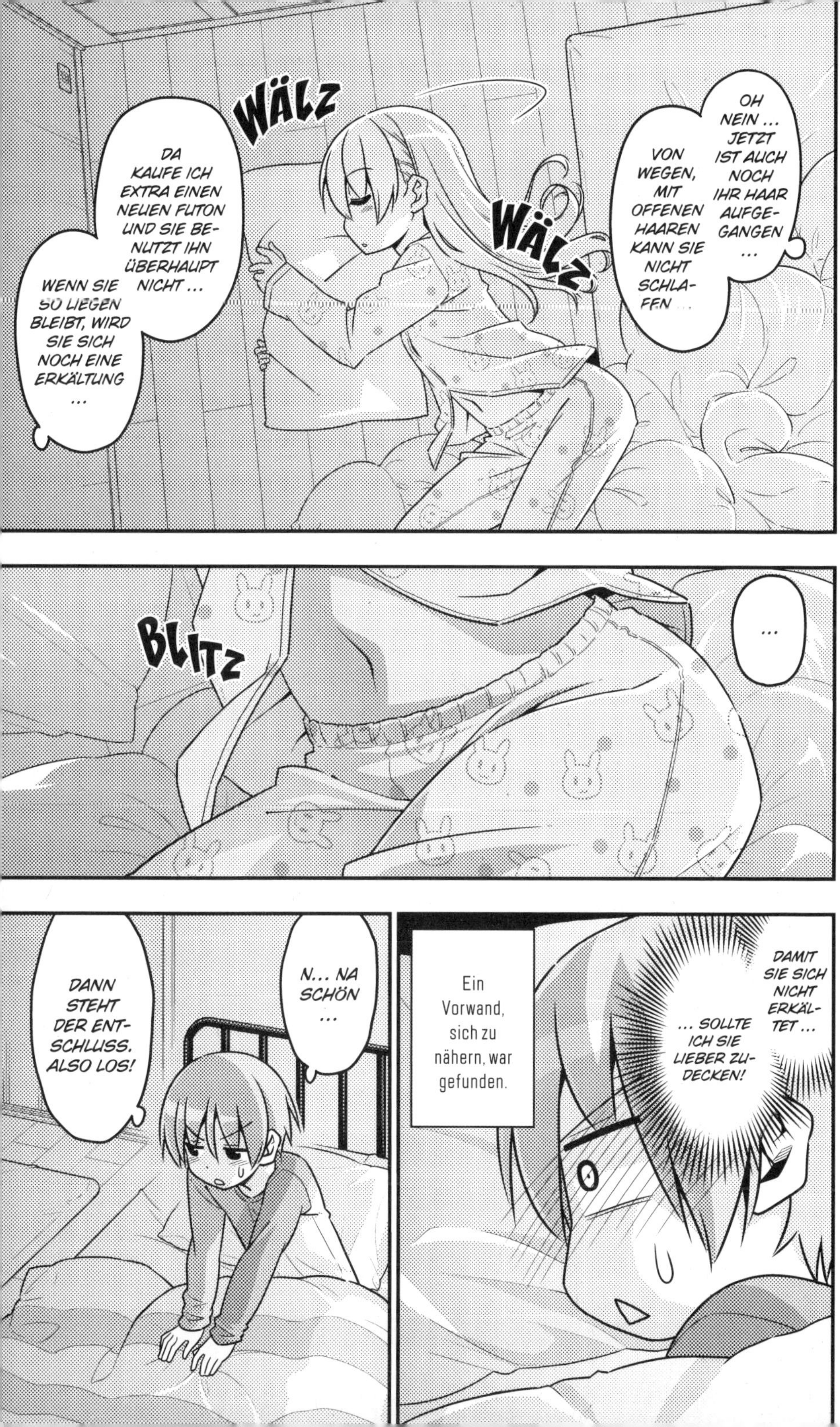
OH NEIN … JETZT IST AUCH NOCH IHR HAAR AUFGEGANGEN …
VON WEGEN, MIT OFFENEN HAAREN KANN SIE NICHT SCHLAFEN …
WÄLZ
WÄLZ
DA KAUFE ICH EXTRA EINEN NEUEN FUTON UND SIE BENUTZT IHN ÜBERHAUPT NICHT …
WENN SIE SO LIEGEN BLEIBT, WIRD SIE SICH NOCH EINE ERKÄLTUNG …
…
BLITZ
DAMIT SIE SICH NICHT ERKÄLTET …
… SOLLTE ICH SIE LIEBER ZUDECKEN!
Ein Vorwand, sich zu nähern, war gefunden.
N… NA SCHÖN …
DANN STEHT DER ENTSCHLUSS. ALSO LOS!

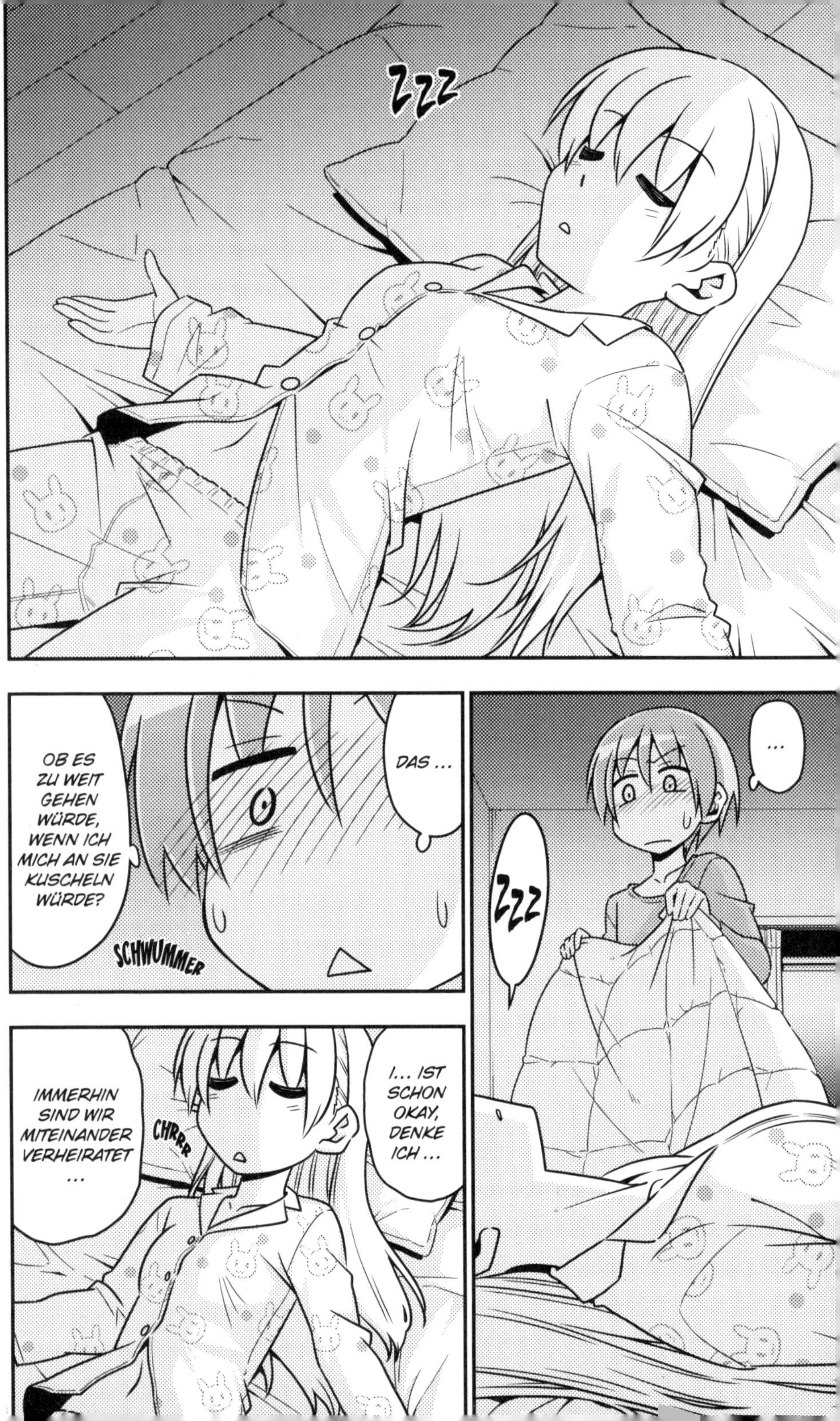
ZZZ
...
ZZZ
DAS ...
OB ES ZU WEIT GEHEN WÜRDE, WENN ICH MICH AN SIE KUSCHELN WÜRDE?
SCHWUMMER
I ... IST SCHON OKAY, DENKE ICH ...
CHRRR
IMMERHIN SIND WIR MITEINANDER VERHEIRATET ...

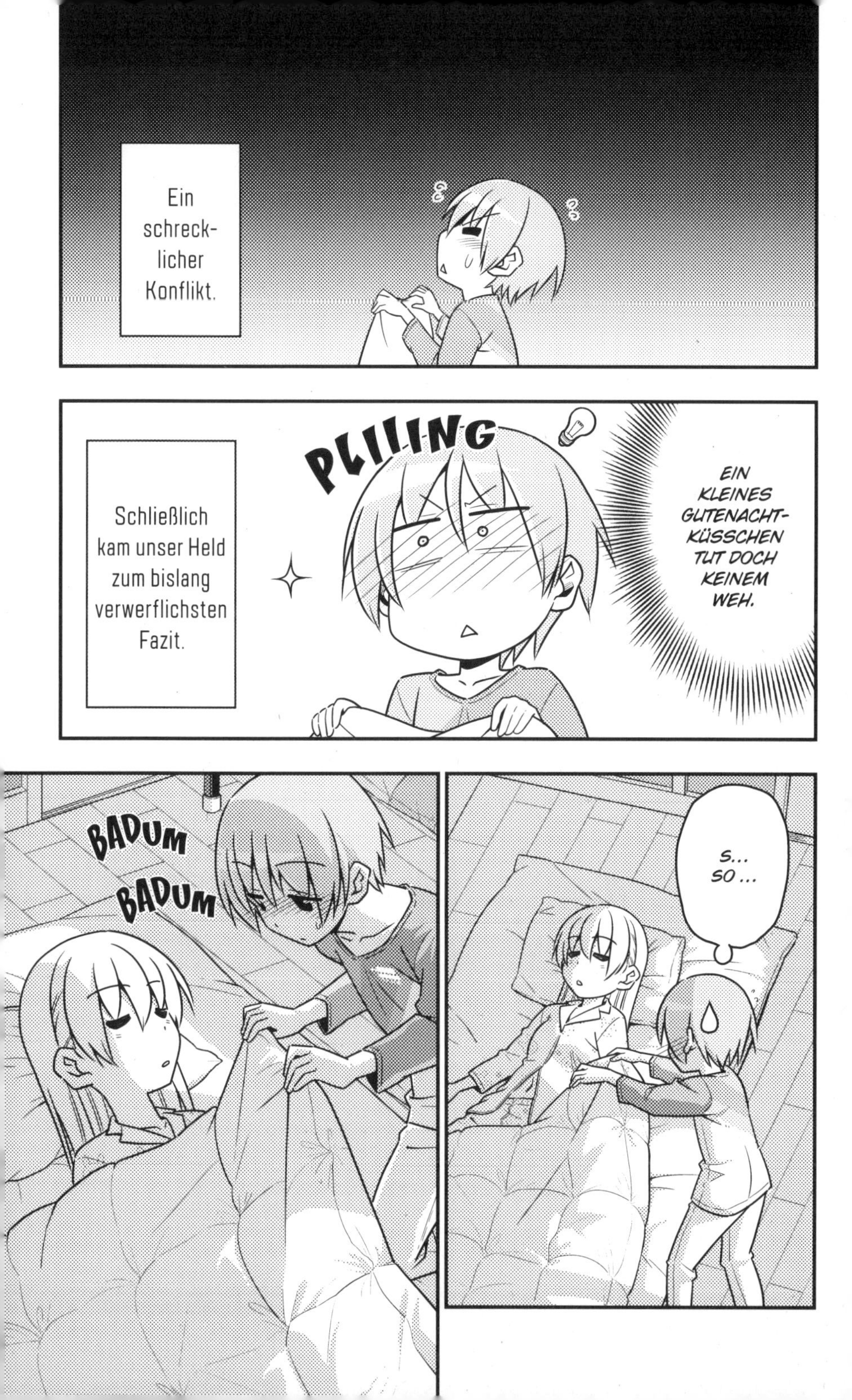

Ein schrecklicher Konflikt.
PLIIING
Schließlich kam unser Held zum bislang verwerflichsten Fazit.
EIN KLEINES GUTENACHT-KÜSSCHEN TUT DOCH KEINEM WEH.
S… SO …
BADUM BADUM

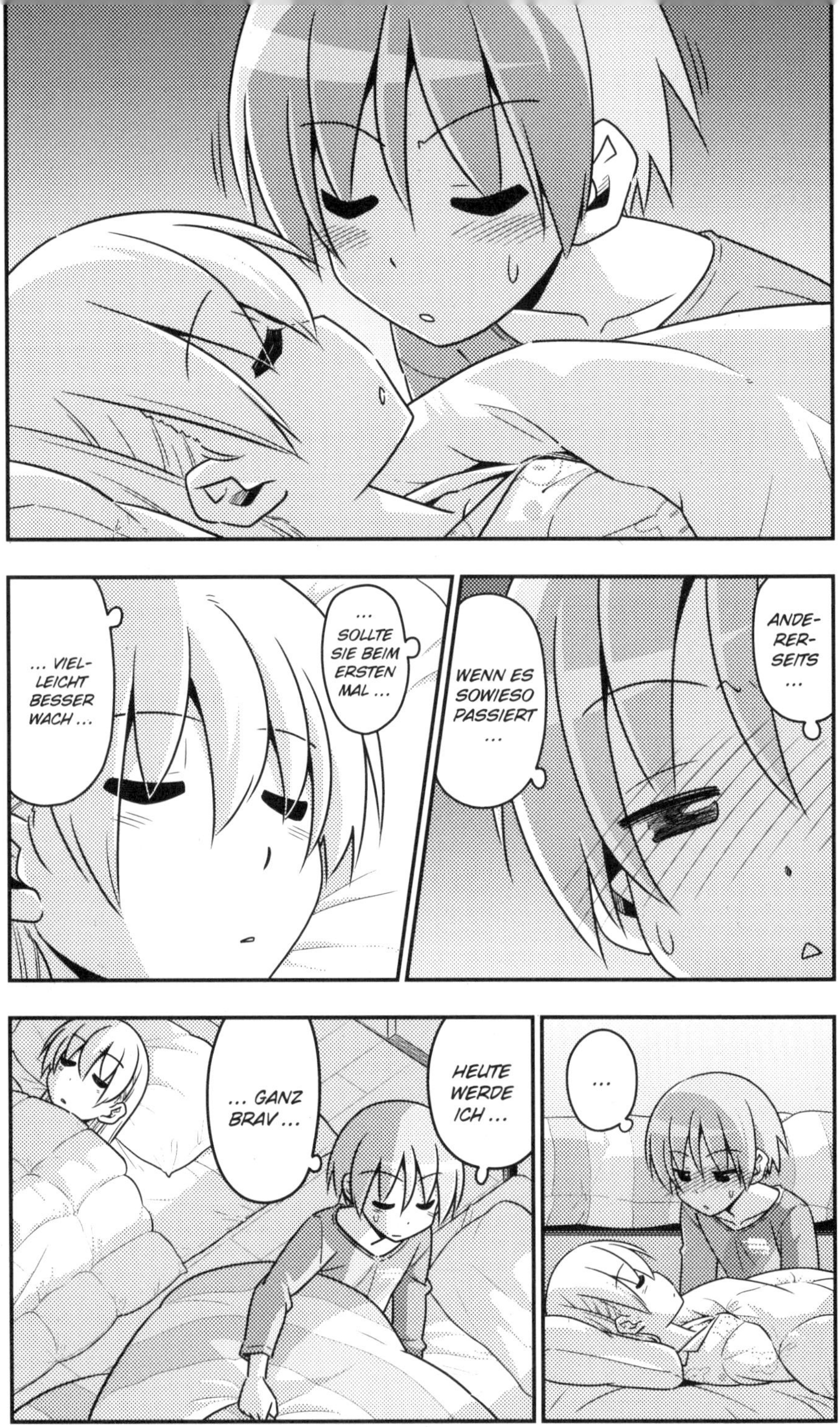
ANDE-RER-SEITS …
WENN ES SOWIESO PASSIERT …
… SOLLTE SIE BEIM ERSTEN MAL …
… VIEL-LEICHT BESSER WACH …
…
HEUTE WERDE ICH …
… GANZ BRAV …

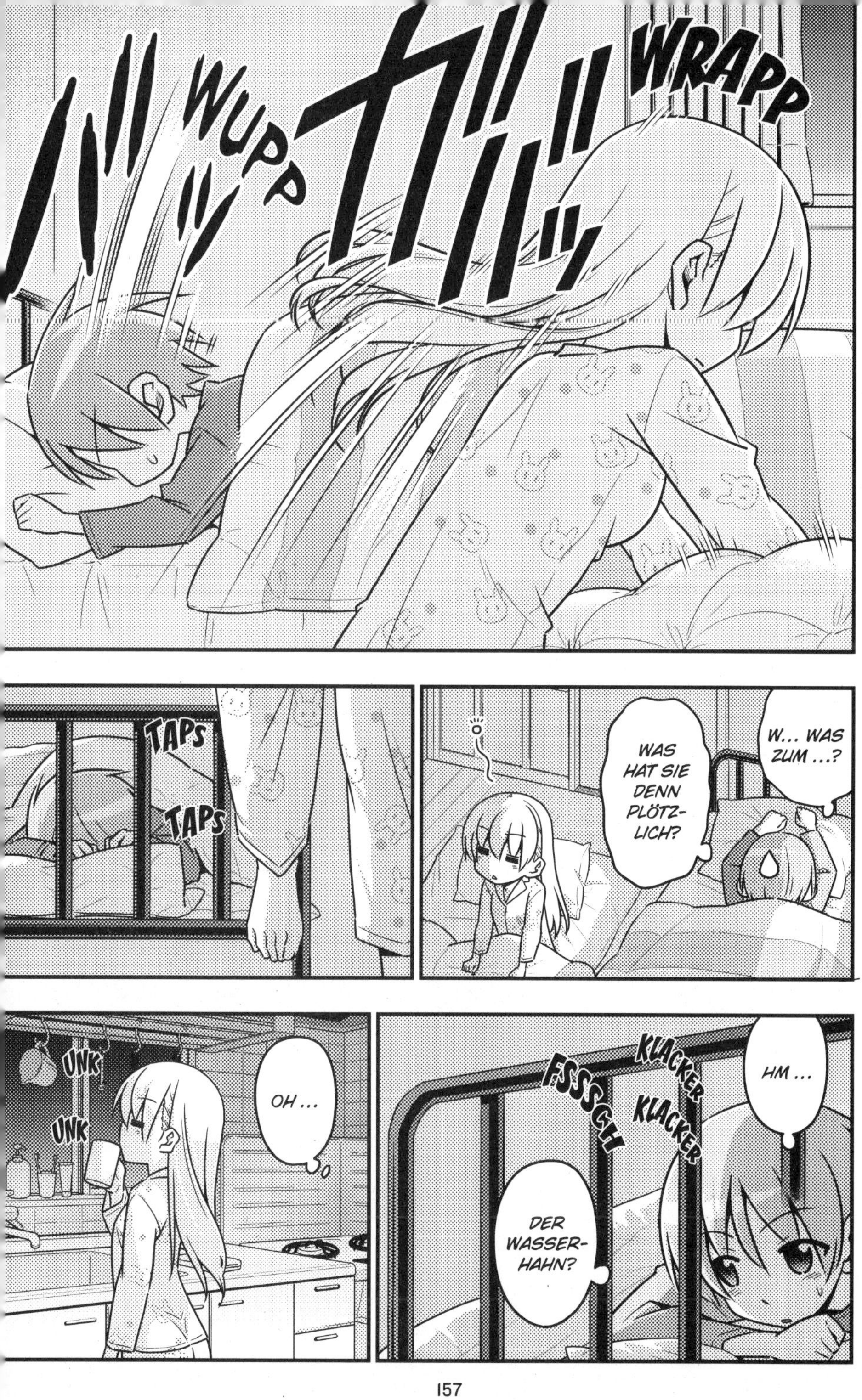
WRAPP
WUPP
W… WAS ZUM …?
WAS HAT SIE DENN PLÖTZLICH?
TAPS
TAPS
HM …
KLACKER
KLACKER
FSSSCH
DER WASSERHAHN?
OH …
UNK
UNK

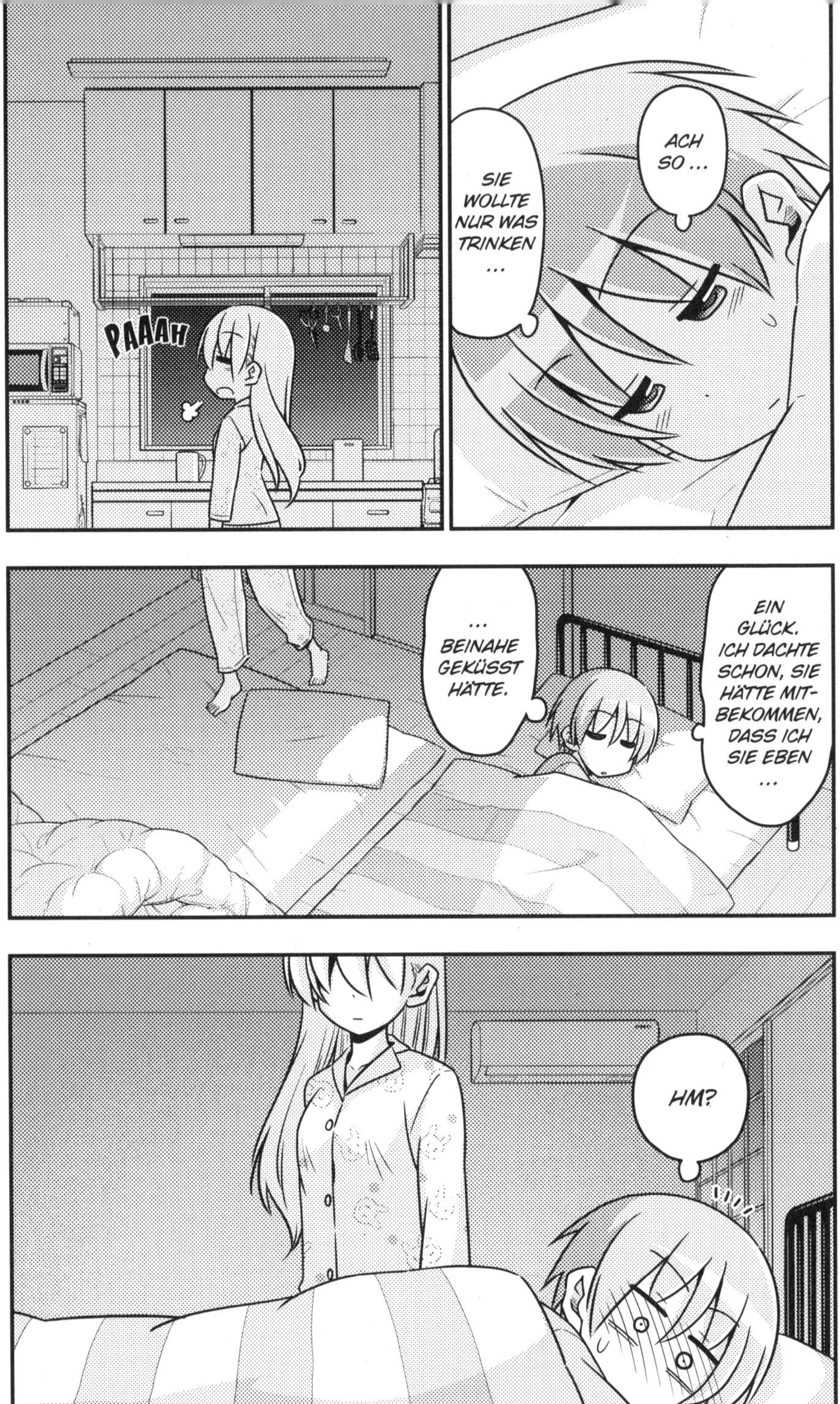
ACH SO …
SIE WOLLTE NUR WAS TRINKEN …
PAAAH
EIN GLÜCK. ICH DACHTE SCHON, SIE HÄTTE MIT-BEKOMMEN, DASS ICH SIE EBEN …
… BEINAHE GEKÜSST HÄTTE.
HM?

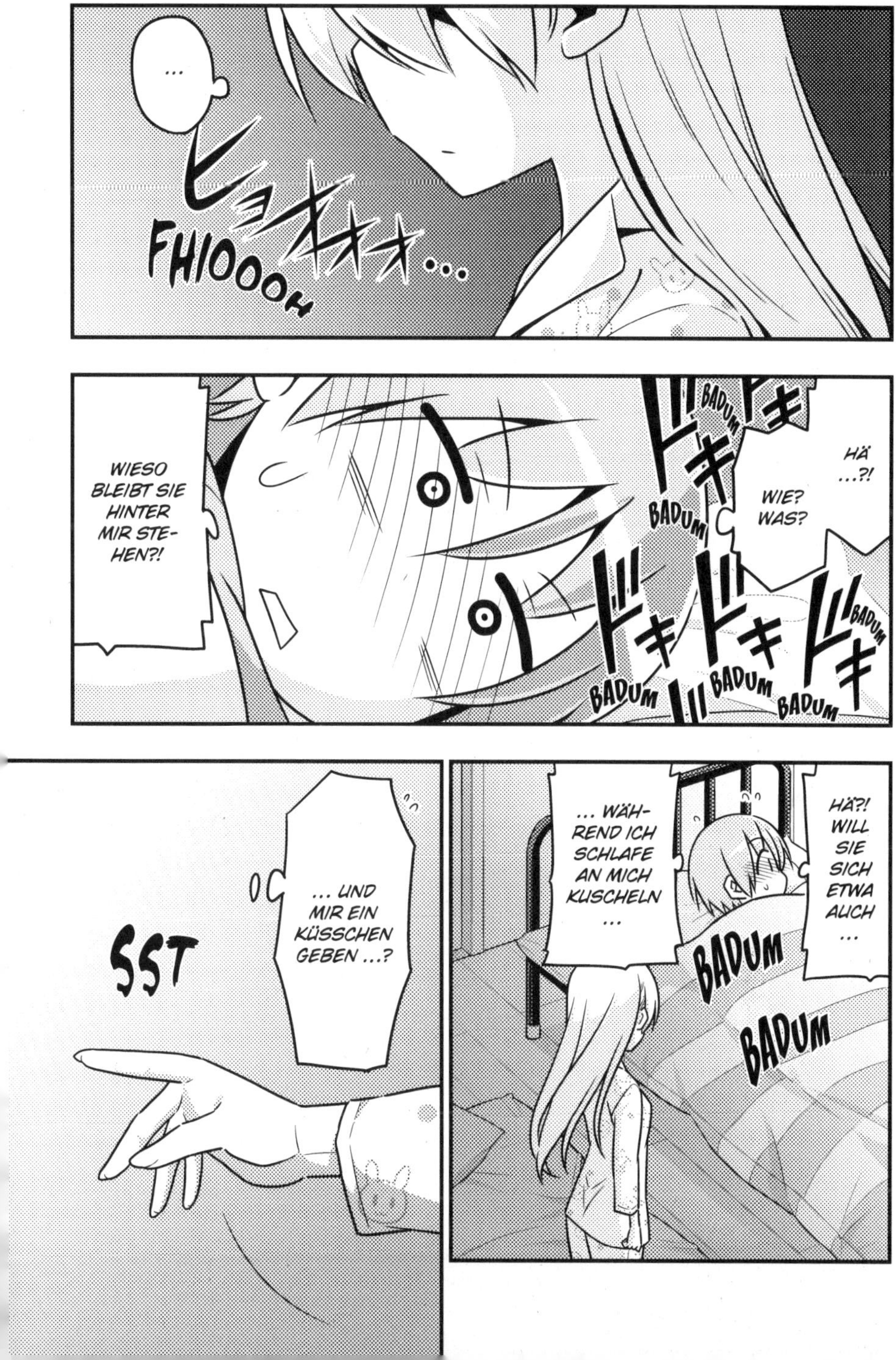
…
ヒョオオオ…
FHIOOOOH
ドキドキ
BADUM
HÄ …?!
WIE? WAS?
WIESO BLEIBT SIE HINTER MIR STE- HEN?!
BADUM
BADUM
BADUM
BADUM
HÄ?! WILL SIE SICH ETWA AUCH …
… WÄH- REND ICH SCHLAFE AN MICH KUSCHELN …
BADUM
BADUM
… UND MIR EIN KÜSSCHEN GEBEN …?
SST

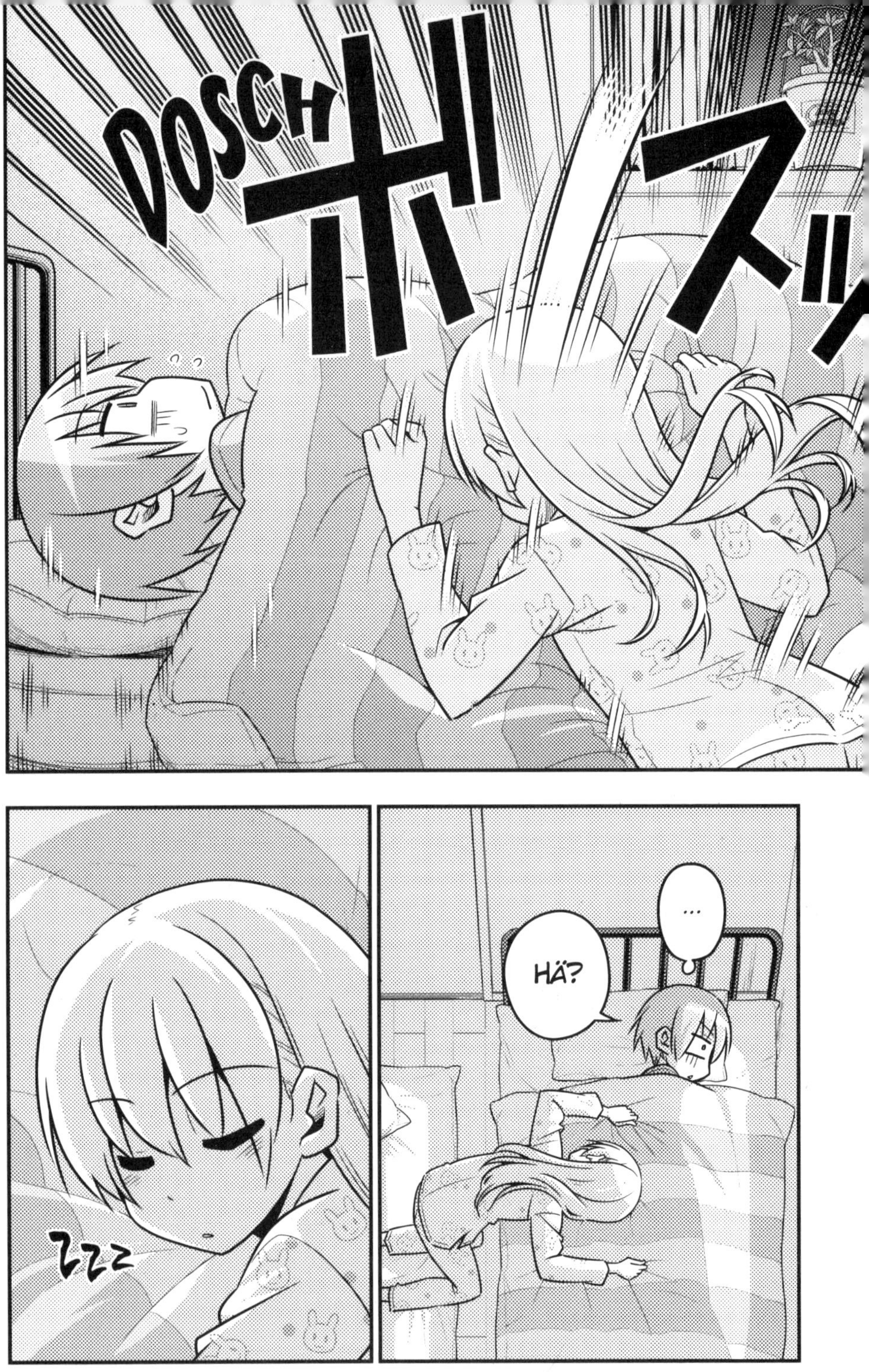
DOSCH
...
HÄ?
ZZZ

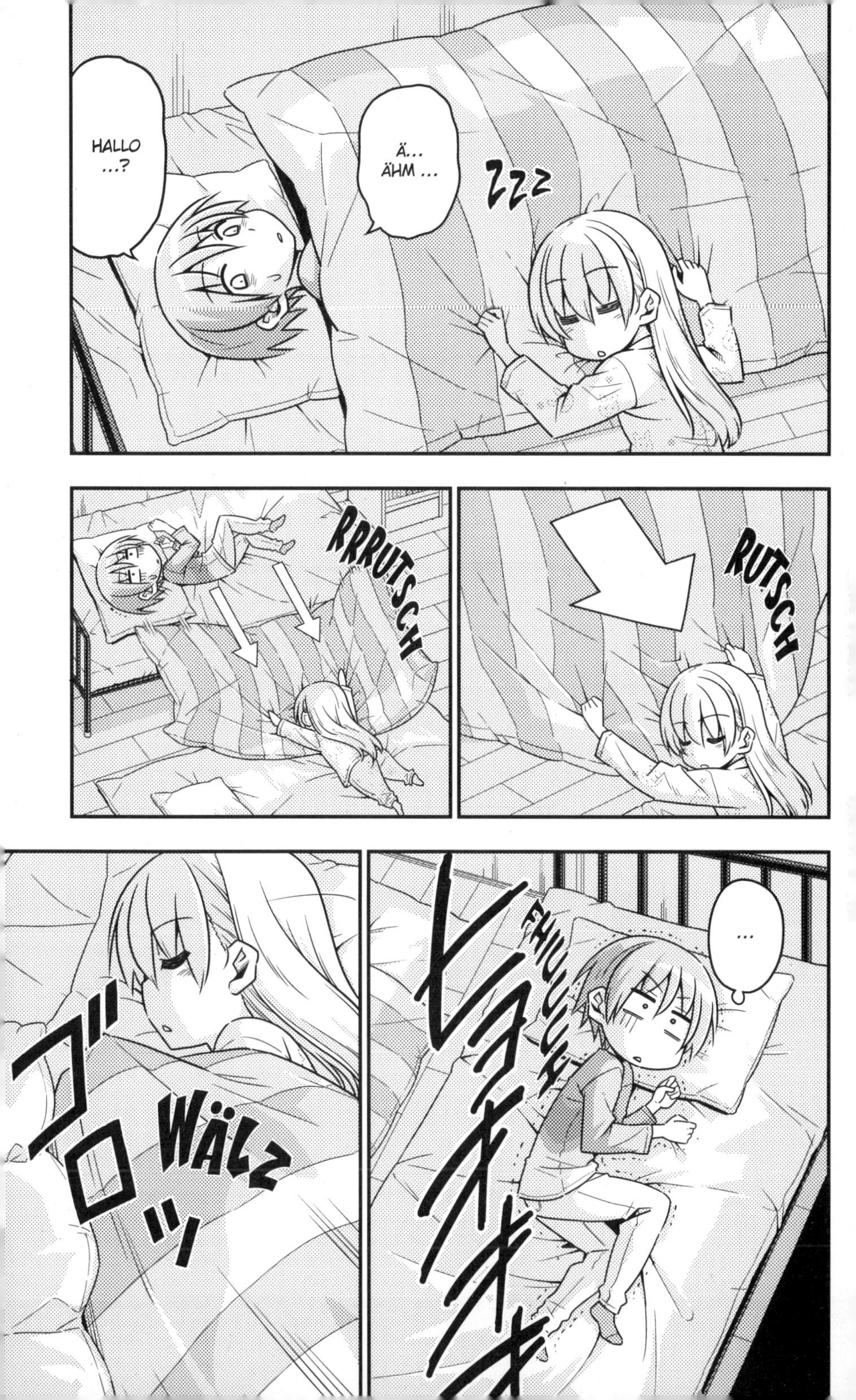
ZZZ
Ä… ÄHM …
HALLO …?
RUTSCH
RRRUTSCH
FHUUUUH
…
WÄLZ

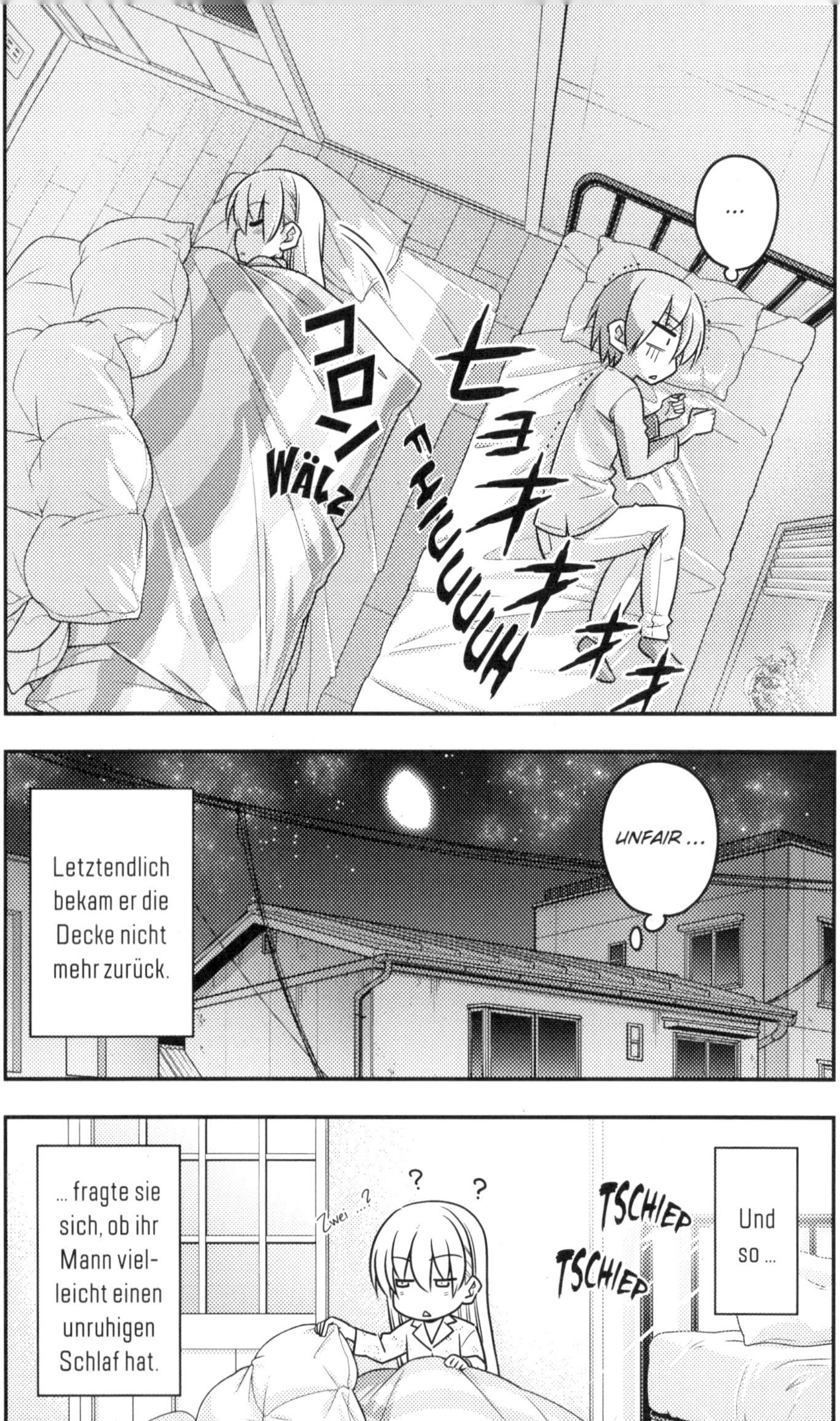
…
コロン
WÄLZ
FHUUUUUH
Letztendlich bekam er die Decke nicht mehr zurück.
UNFAIR …
Und so …
TSCHIEP
TSCHIEP
? ?
Zwei …?
… fragte sie sich, ob ihr Mann viel-leicht einen unruhigen Schlaf hat.

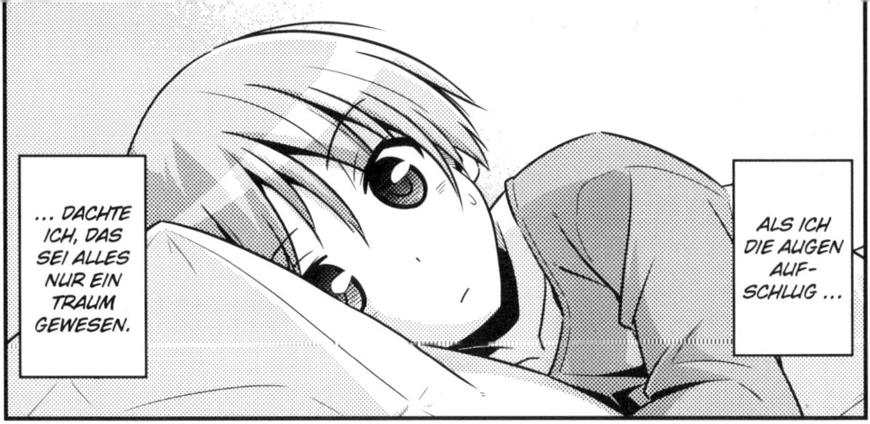

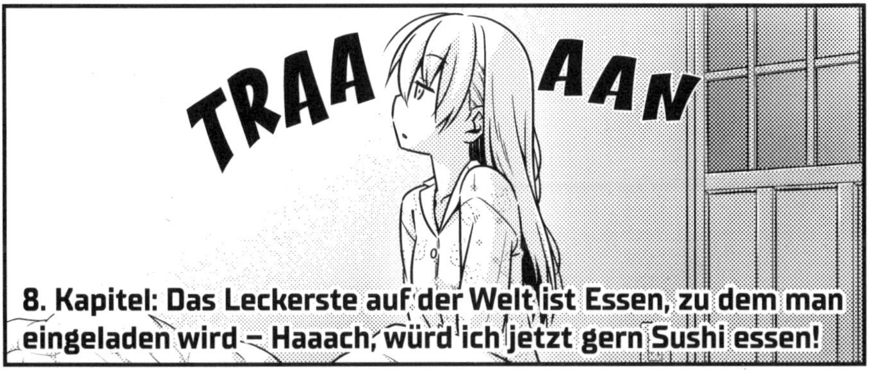

8. Kapitel: Das Leckerste auf der Welt ist Essen, zu dem man eingeladen wird – Haaach, würd ich jetzt gern Sushi essen!

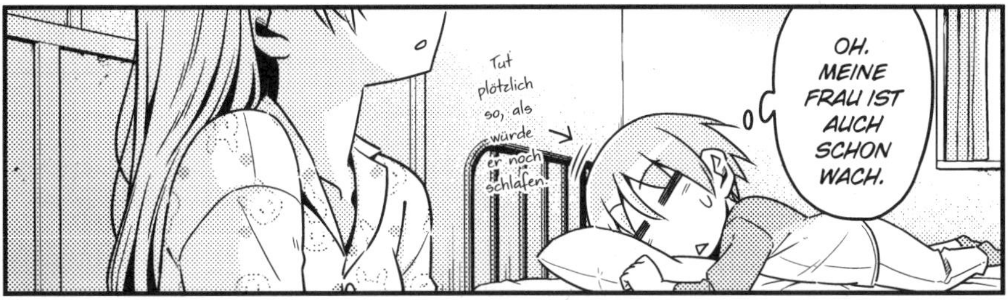

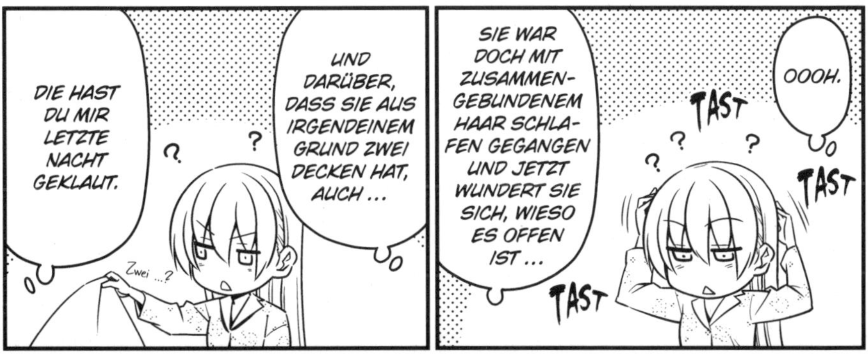

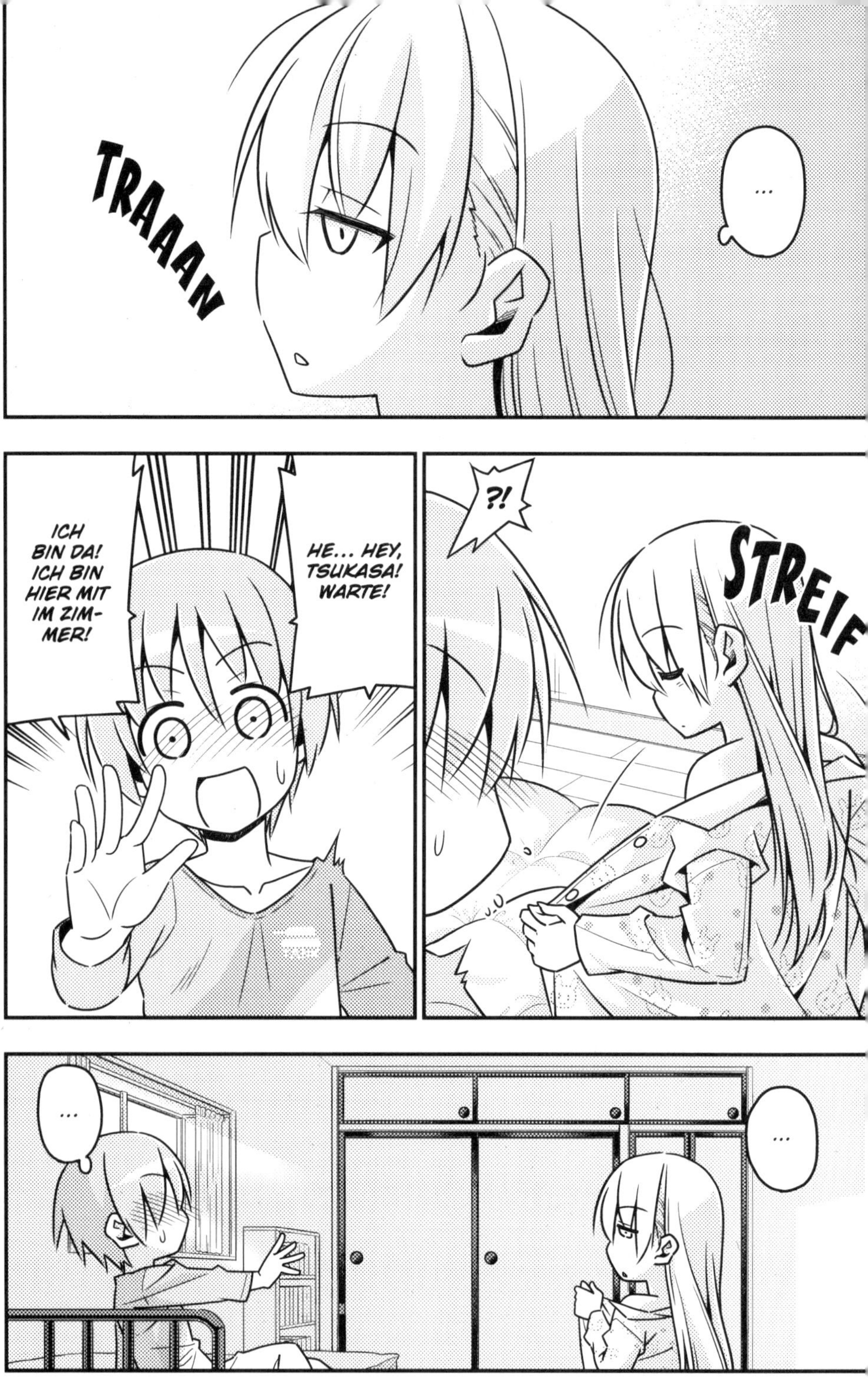

…
TRAAAN
?!
STREIF
HE… HEY, TSUKASA! WARTE!
ICH BIN DA! ICH BIN HIER MIT IM ZIMMER!
…
…

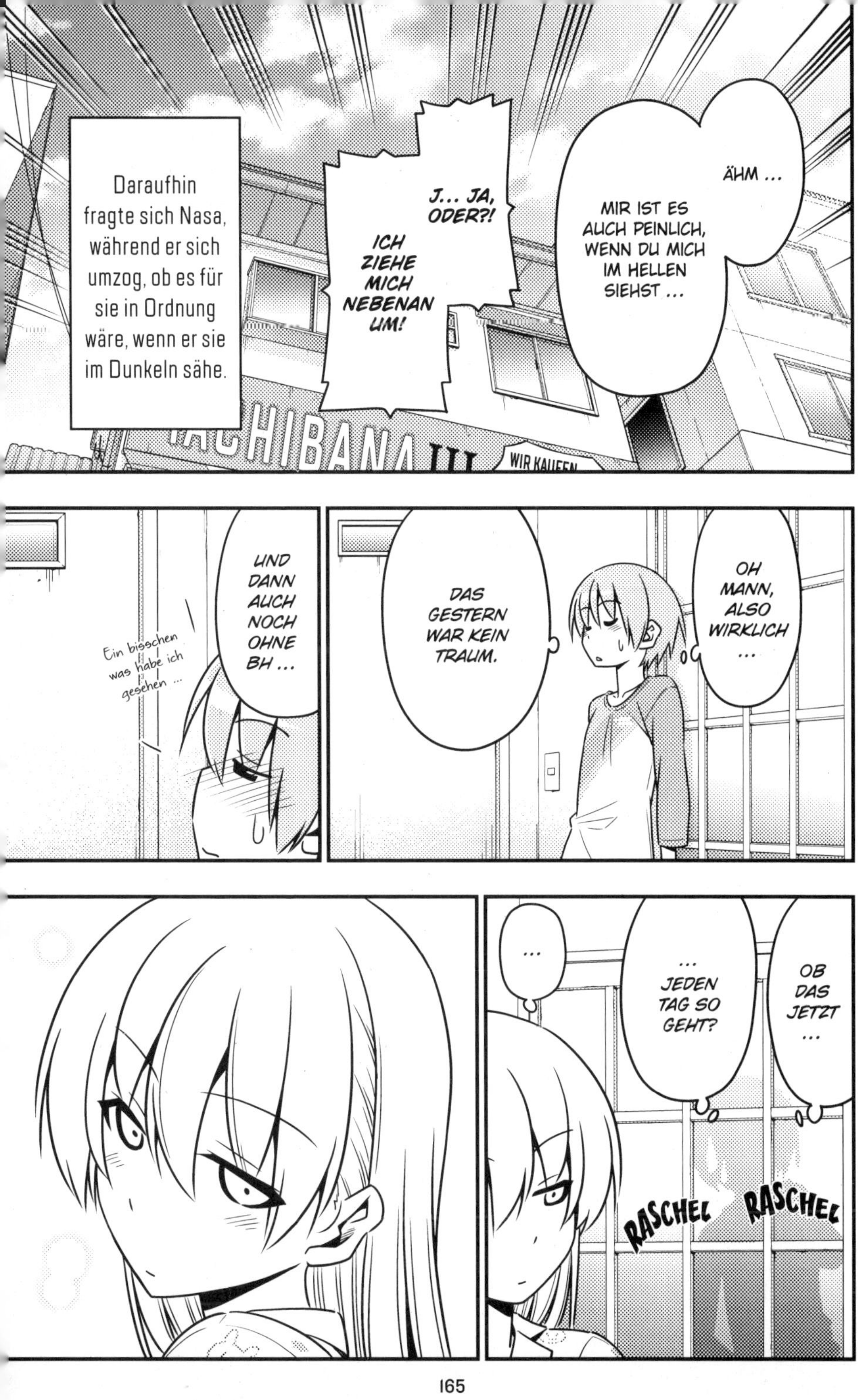

ÄHM …
MIR IST ES AUCH PEINLICH, WENN DU MICH IM HELLEN SIEHST …
J… JA, ODER?!
ICH ZIEHE MICH NEBENAN UM!
Daraufhin fragte sich Nasa, während er sich umzog, ob es für sie in Ordnung wäre, wenn er sie im Dunkeln sähe.
WIR KAUFEN
OH MANN, ALSO WIRKLICH …
DAS GESTERN WAR KEIN TRAUM.
UND DANN AUCH NOCH OHNE BH …
Ein bisschen was habe ich gesehen …
OB DAS JETZT …
… JEDEN TAG SO GEHT?
…
RASCHEL RASCHEL

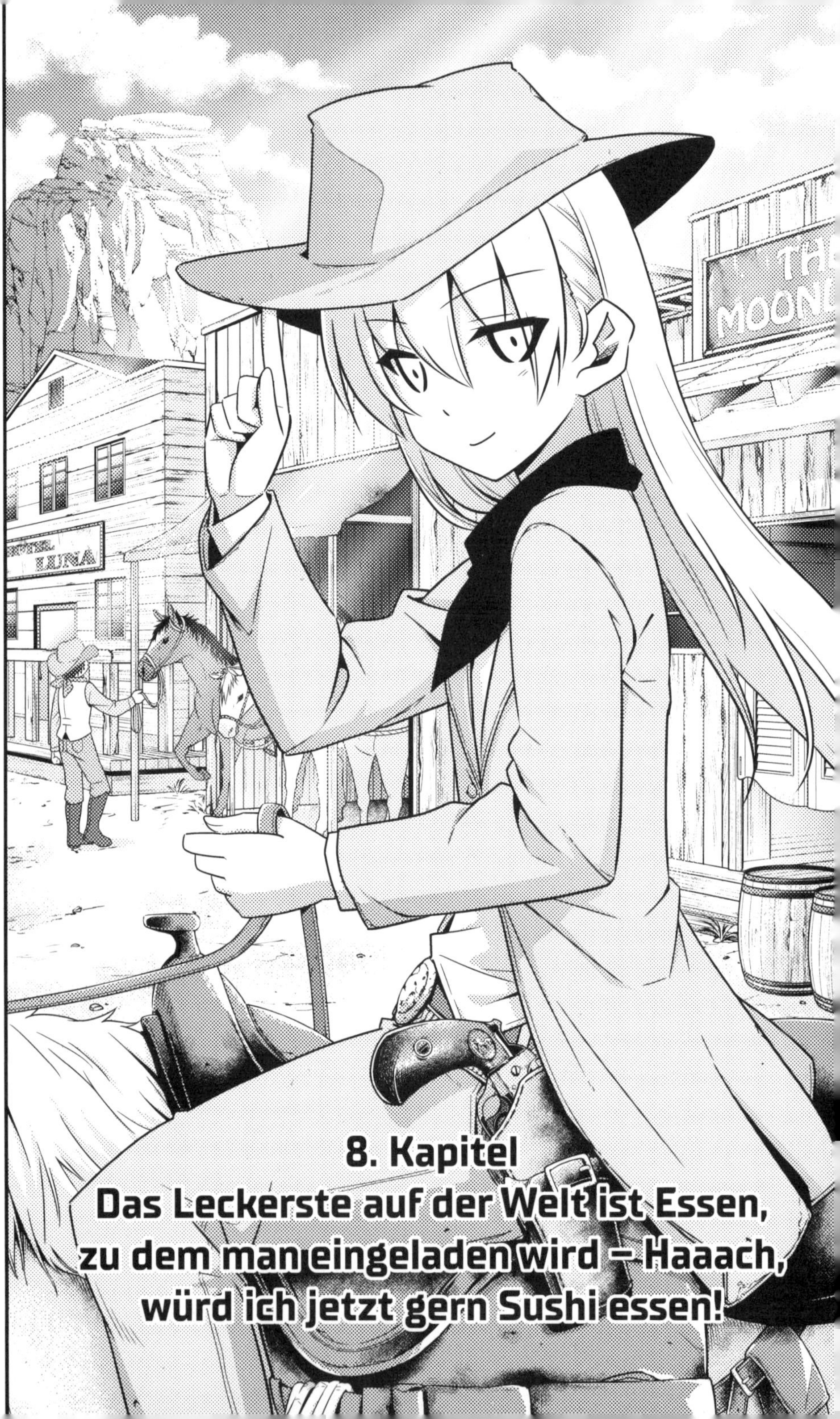

8. Kapitel
Das Leckerste auf der Welt ist Essen, zu dem man eingeladen wird – Haaach, würd ich jetzt gern Sushi essen!

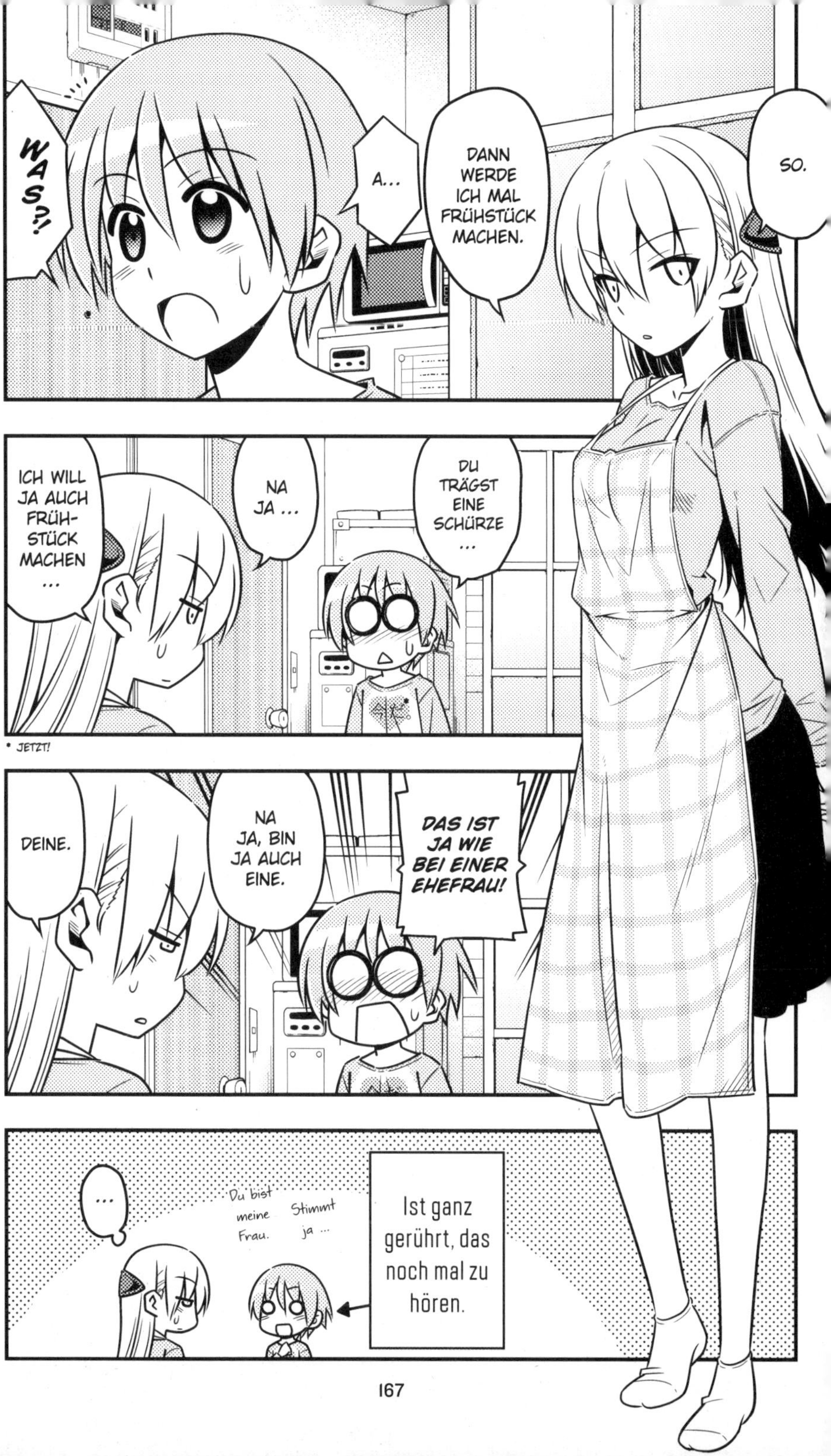
SO.
DANN WERDE ICH MAL FRÜHSTÜCK MACHEN.
A...
WAS?!
DU TRÄGST EINE SCHÜRZE ...
NA JA ...
ICH WILL JA AUCH FRÜHSTÜCK MACHEN ...
* JETZT!
DAS IST JA WIE BEI EINER EHEFRAU!
NA JA, BIN JA AUCH EINE.
DEINE.
Ist ganz gerührt, das noch mal zu hören.
Stimmt ja ...
Du bist meine Frau.
...

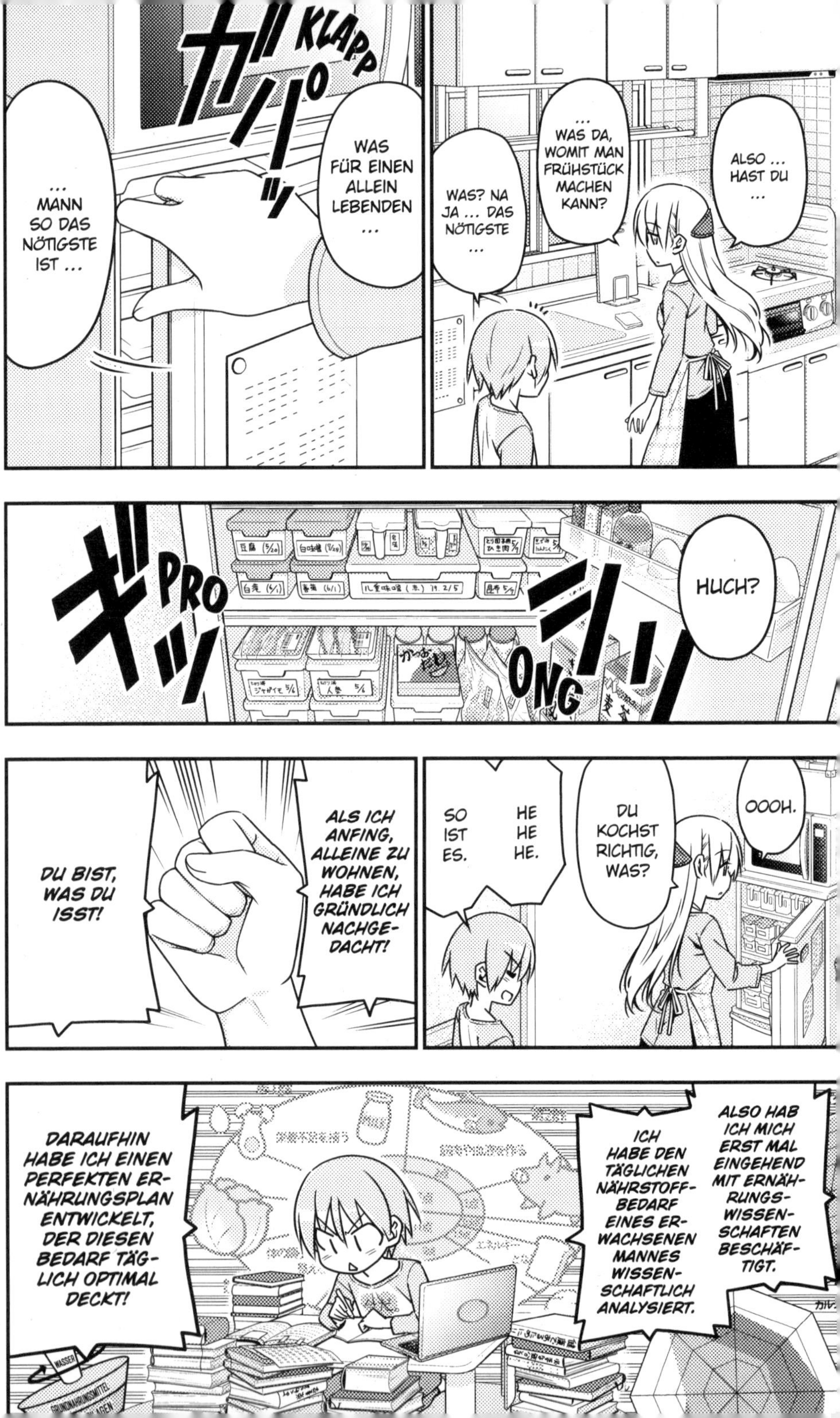

KLAPP
ALSO … HAST DU …
… WAS DA, WOMIT MAN FRÜHSTÜCK MACHEN KANN?
WAS? NA JA … DAS NÖTIGSTE …
WAS FÜR EINEN ALLEIN LEBENDEN …
… MANN SO DAS NÖTIGSTE IST …
HUCH?
PRO
ONG
OOOH.
DU KOCHST RICHTIG, WAS?
HE HE HE.
SO IST ES.
ALS ICH ANFING, ALLEINE ZU WOHNEN, HABE ICH GRÜNDLICH NACHGEDACHT!
DU BIST, WAS DU ISST!
ALSO HAB ICH MICH ERST MAL EINGEHEND MIT ERNÄHRUNGSWISSENSCHAFTEN BESCHÄFTIGT.
ICH HABE DEN TÄGLICHEN NÄHRSTOFFBEDARF EINES ERWACHSENEN MANNES WISSENSCHAFTLICH ANALYSIERT.
DARAUFHIN HABE ICH EINEN PERFEKTEN ERNÄHRUNGSPLAN ENTWICKELT, DER DIESEN BEDARF TÄGLICH OPTIMAL DECKT!
WASSER
GRUNDNAHRUNGSMITTEL

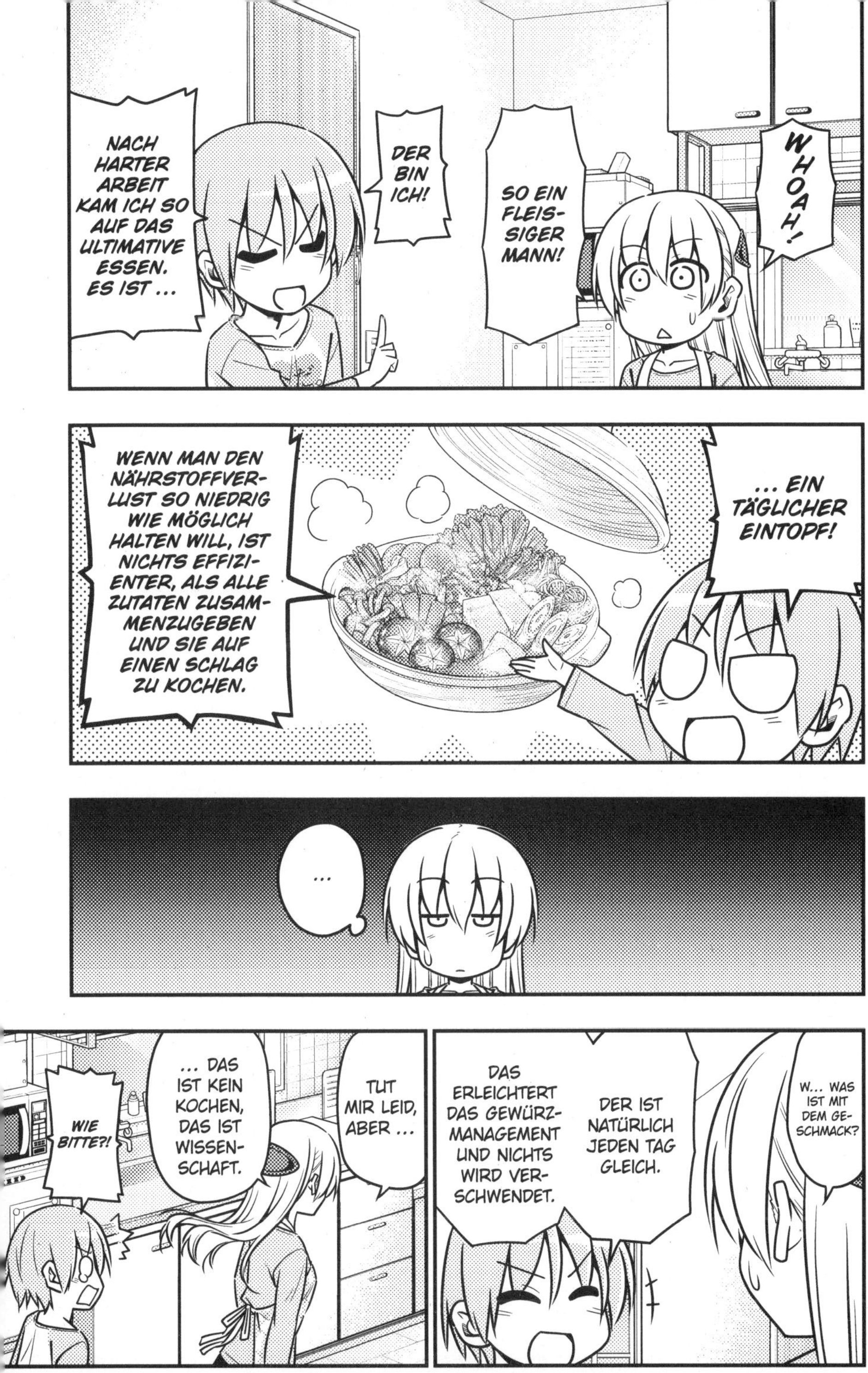
WHOAH!
SO EIN FLEISSIGER MANN!
DER BIN ICH!
NACH HARTER ARBEIT KAM ICH SO AUF DAS ULTIMATIVE ESSEN. ES IST …
… EIN TÄGLICHER EINTOPF!
WENN MAN DEN NÄHRSTOFFVERLUST SO NIEDRIG WIE MÖGLICH HALTEN WILL, IST NICHTS EFFIZIENTER, ALS ALLE ZUTATEN ZUSAMMENZUGEBEN UND SIE AUF EINEN SCHLAG ZU KOCHEN.
…
W… WAS IST MIT DEM GESCHMACK?
DER IST NATÜRLICH JEDEN TAG GLEICH.
DAS ERLEICHTERT DAS GEWÜRZMANAGEMENT UND NICHTS WIRD VERSCHWENDET.
TUT MIR LEID, ABER …
… DAS IST KEIN KOCHEN, DAS IST WISSENSCHAFT.
WIE BITTE?!

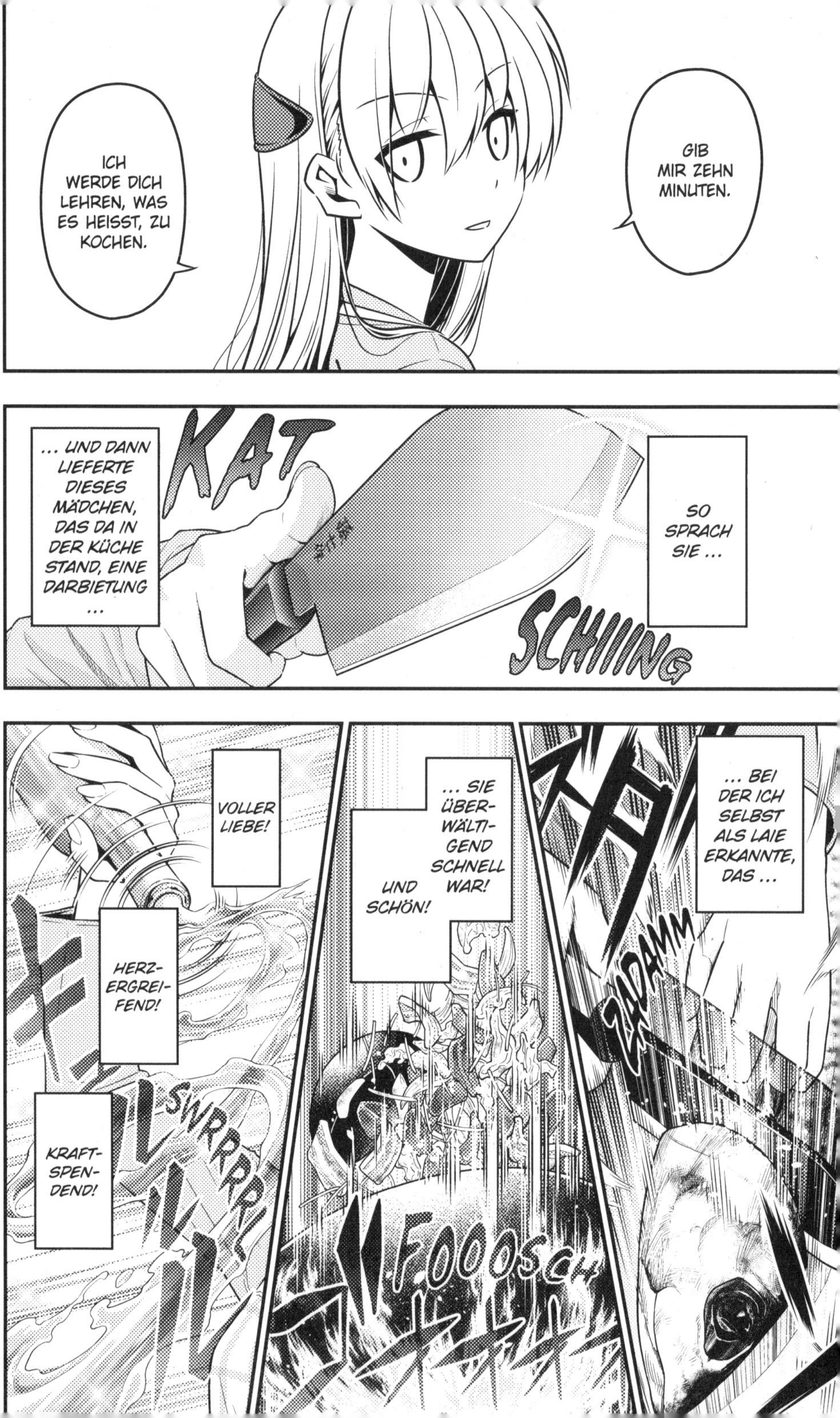
GIB MIR ZEHN MINUTEN.
ICH WERDE DICH LEHREN, WAS ES HEISST, ZU KOCHEN.
SO SPRACH SIE …
… UND DANN LIEFERTE DIESES MÄDCHEN, DAS DA IN DER KÜCHE STAND, EINE DARBIETUNG …
KAT
SCHIING
… BEI DER ICH SELBST ALS LAIE ERKANNTE, DAS …
ZADAMM
… SIE ÜBERWÄLTIGEND SCHNELL WAR!
UND SCHÖN!
FOOOSCH
VOLLER LIEBE!
HERZERGREIFEND!
KRAFTSPENDEND!
SWRRRRL

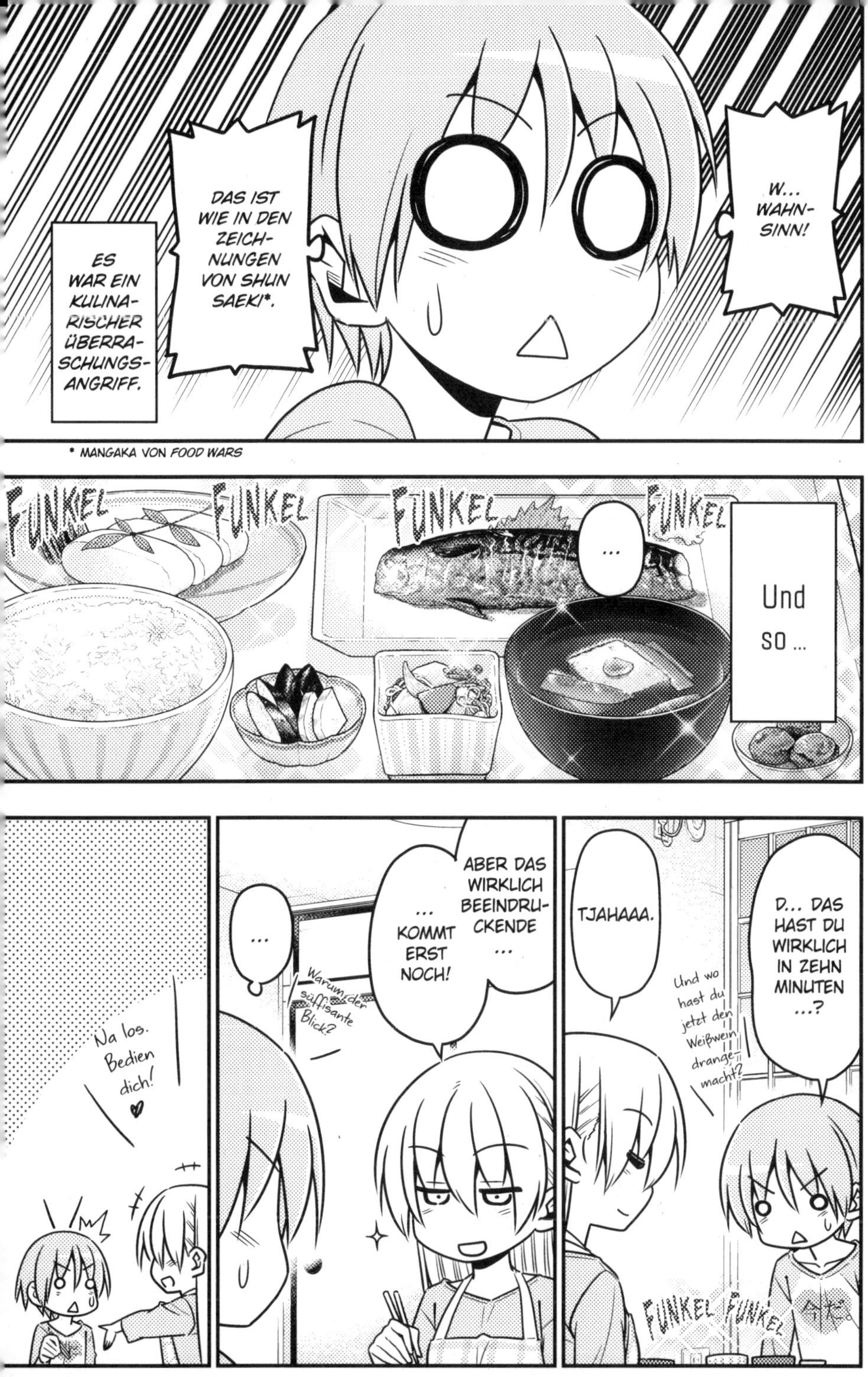

* MANGAKA VON *FOOD WARS*

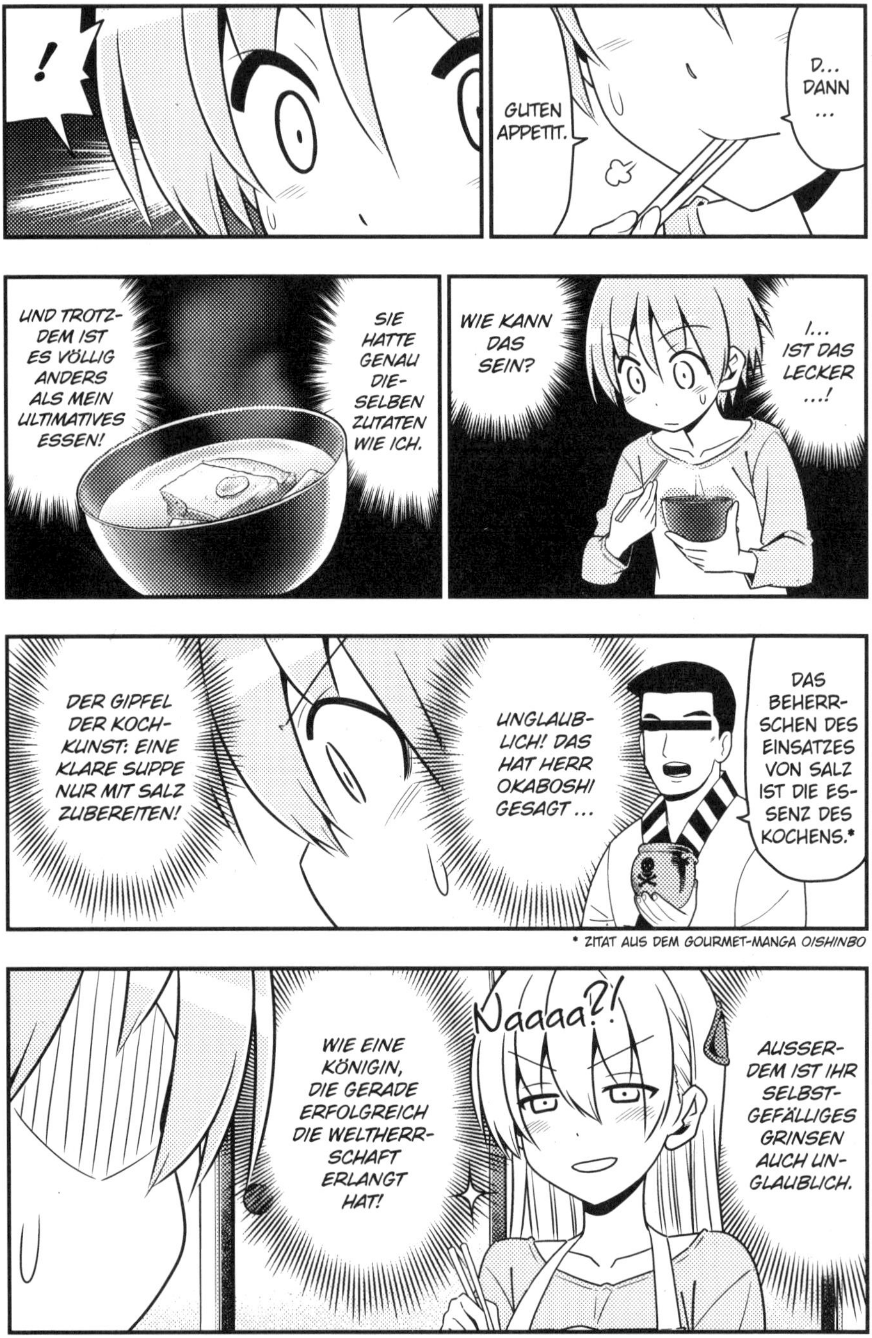

* ZITAT AUS DEM GOURMET-MANGA *OISHINBO*

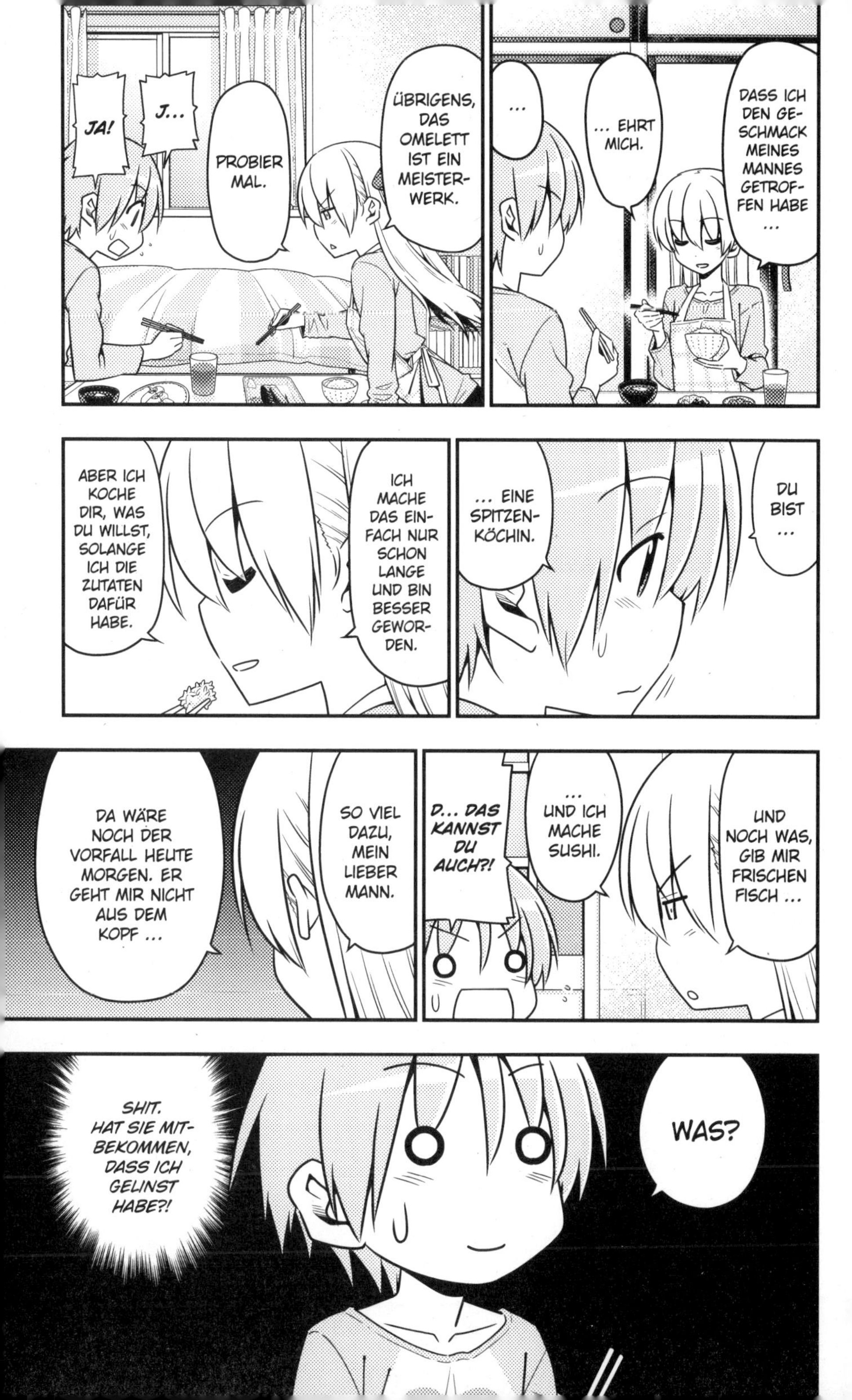
DASS ICH DEN GESCHMACK MEINES MANNES GETROFFEN HABE …
… EHRT MICH.
…
ÜBRIGENS, DAS OMELETT IST EIN MEISTERWERK.
PROBIER MAL.
J…
JA!
DU BIST …
… EINE SPITZENKÖCHIN.
ICH MACHE DAS EINFACH NUR SCHON LANGE UND BIN BESSER GEWORDEN.
ABER ICH KOCHE DIR, WAS DU WILLST, SOLANGE ICH DIE ZUTATEN DAFÜR HABE.
UND NOCH WAS, GIB MIR FRISCHEN FISCH …
… UND ICH MACHE SUSHI.
D… DAS KANNST DU AUCH?!
SO VIEL DAZU, MEIN LIEBER MANN.
DA WÄRE NOCH DER VORFALL HEUTE MORGEN. ER GEHT MIR NICHT AUS DEM KOPF …
WAS?
SHIT. HAT SIE MITBEKOMMEN, DASS ICH GELINST HABE?!

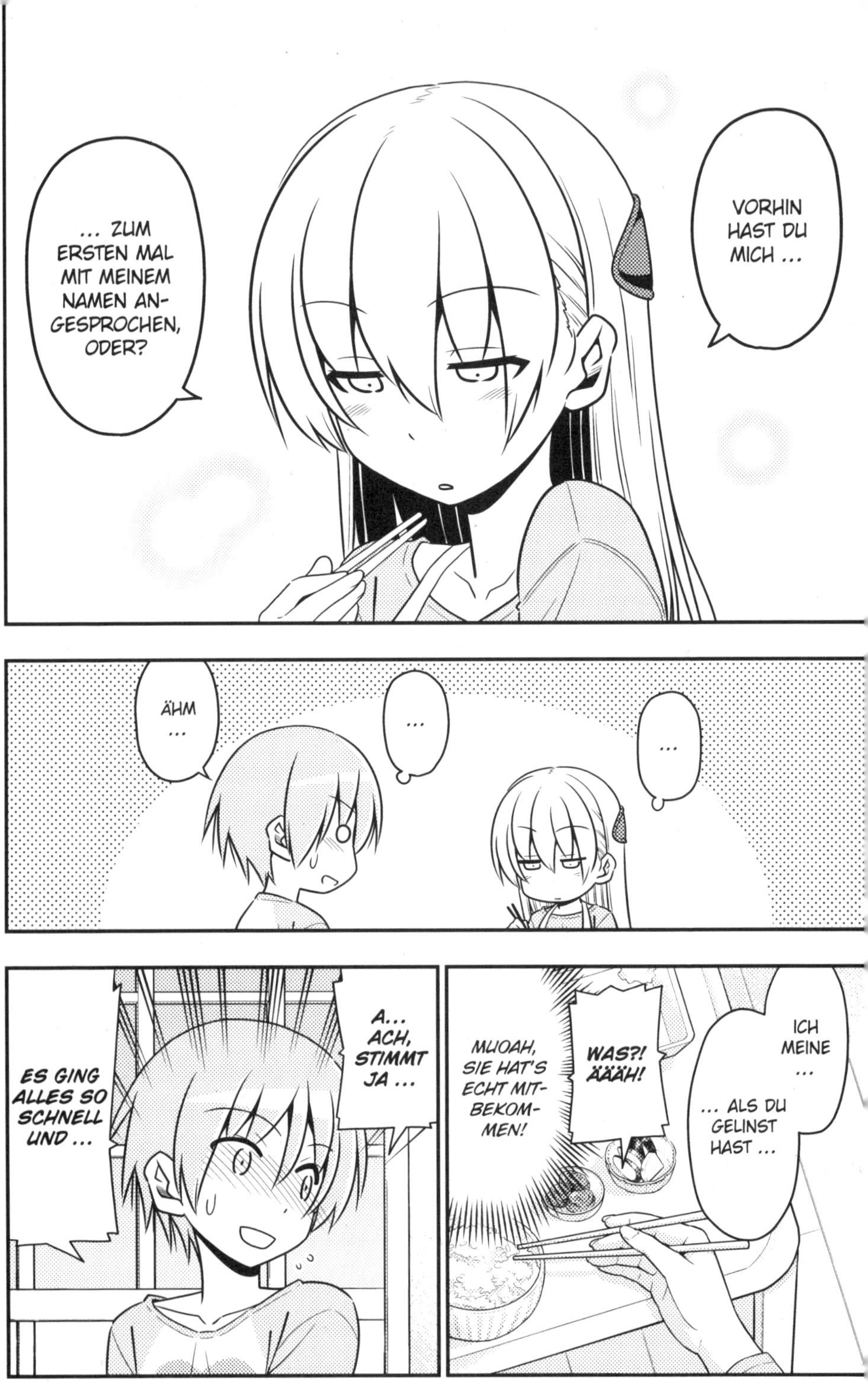
VORHIN HAST DU MICH …
… ZUM ERSTEN MAL MIT MEINEM NAMEN AN-GESPROCHEN, ODER?
…
…
ÄHM …
ICH MEINE …
… ALS DU GELINST HAST …
WAS?! ÄÄÄH!
MUOAH, SIE HAT'S ECHT MIT-BEKOM-MEN!
A… ACH, STIMMT JA …
ES GING ALLES SO SCHNELL UND …

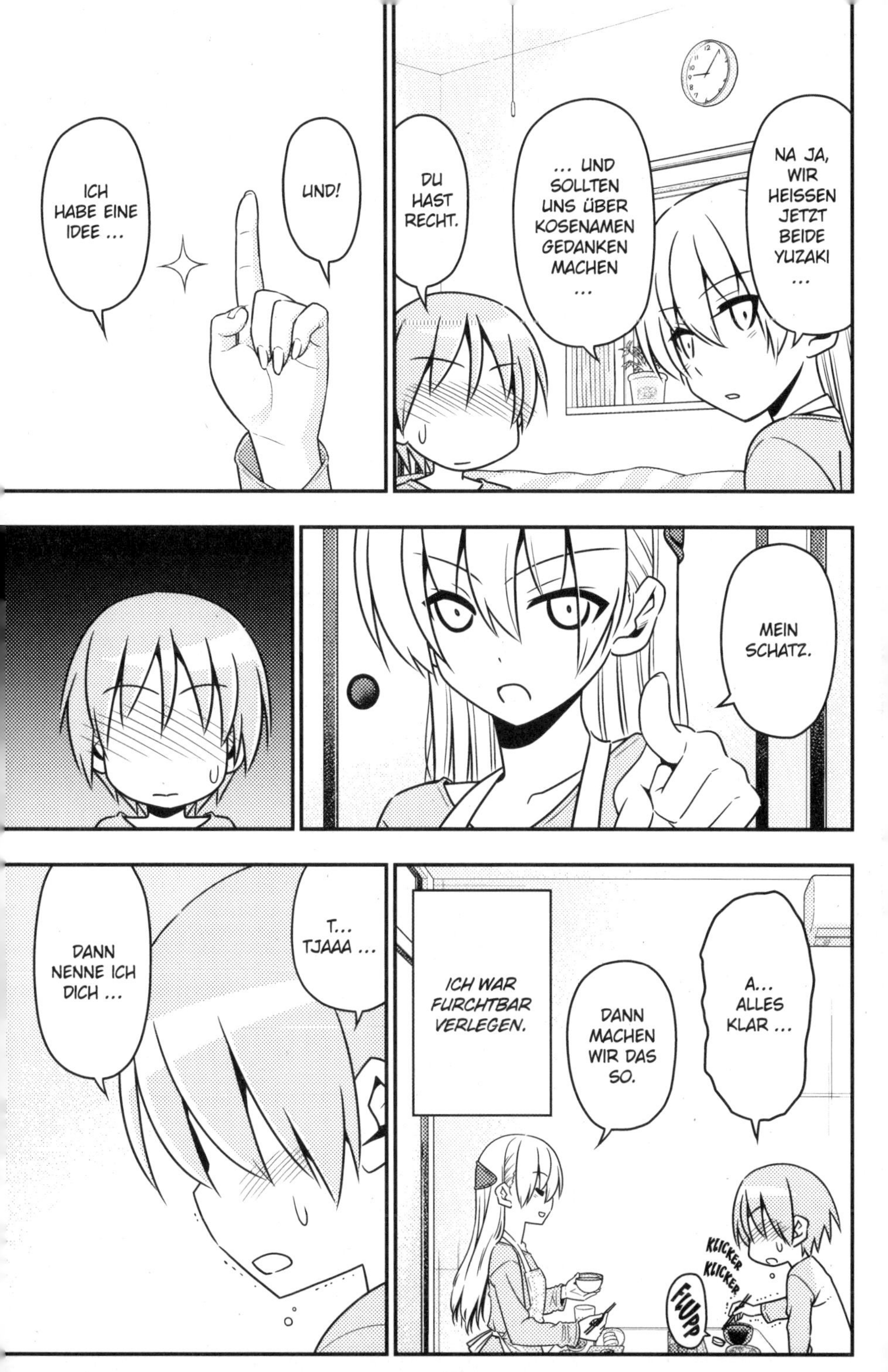

NA JA, WIR HEISSEN JETZT BEIDE YUZAKI …
… UND SOLLTEN UNS ÜBER KOSENAMEN GEDANKEN MACHEN …
DU HAST RECHT.
UND!
ICH HABE EINE IDEE …
MEIN SCHATZ.
A… ALLES KLAR …
DANN MACHEN WIR DAS SO.
ICH WAR FURCHTBAR VERLEGEN.
KLICKER KLICKER
FLUPP
T… TJAAA …
DANN NENNE ICH DICH …

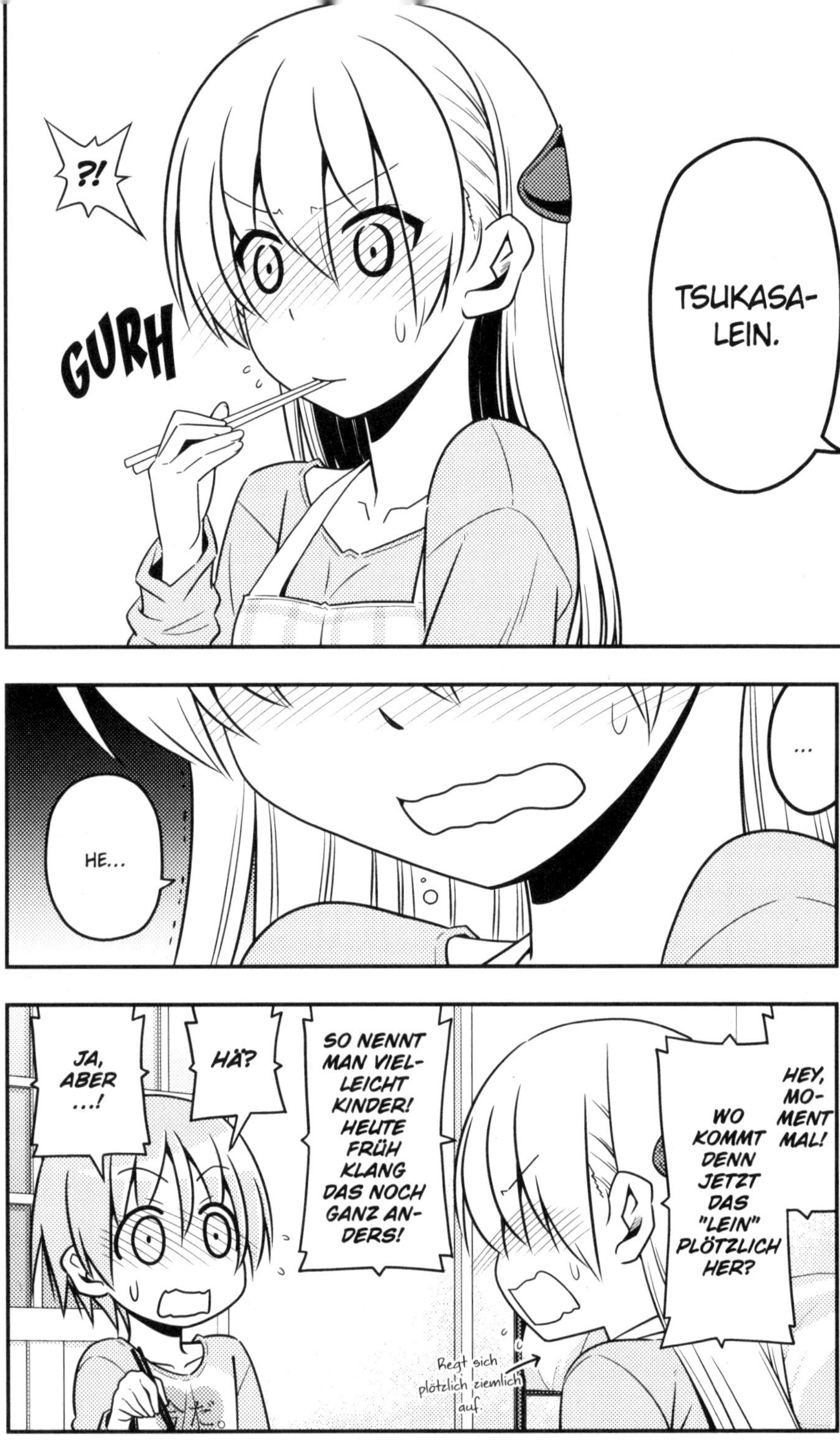
TSUKASA-LEIN.
?!
GURH
...
HE...
HEY, MOMENT MAL!
WO KOMMT DENN JETZT DAS "LEIN" PLÖTZLICH HER?
SO NENNT MAN VIELLEICHT KINDER! HEUTE FRÜH KLANG DAS NOCH GANZ ANDERS!
HÄ?
JA, ABER ...!
Regt sich plötzlich ziemlich auf.

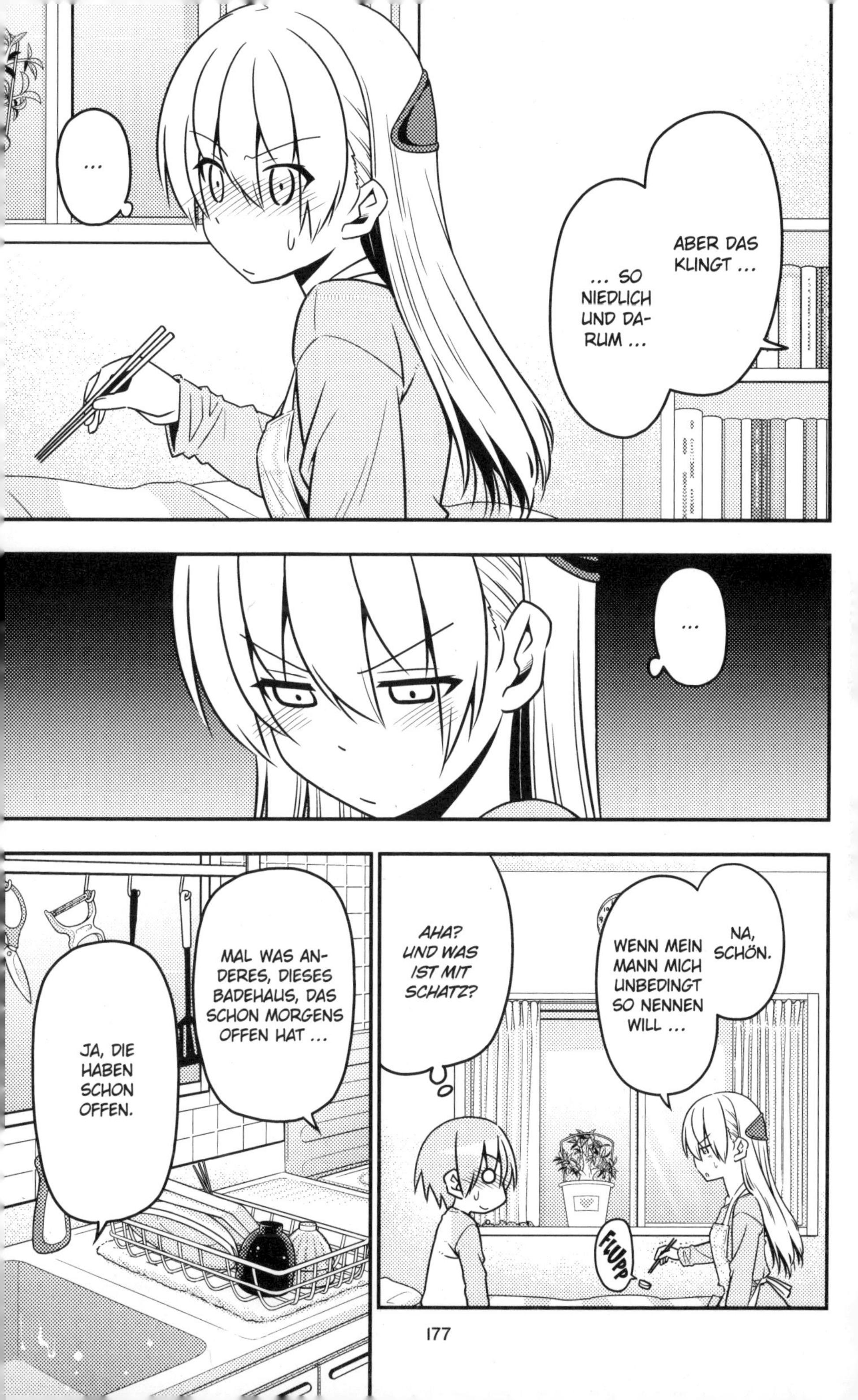
ABER DAS KLINGT …
… SO NIEDLICH UND DA-RUM …
…
…
NA, SCHÖN.
WENN MEIN MANN MICH UNBEDINGT SO NENNEN WILL …
AHA? UND WAS IST MIT SCHATZ?
FLUPP
MAL WAS AN-DERES, DIESES BADEHAUS, DAS SCHON MORGENS OFFEN HAT …
JA, DIE HABEN SCHON OFFEN.

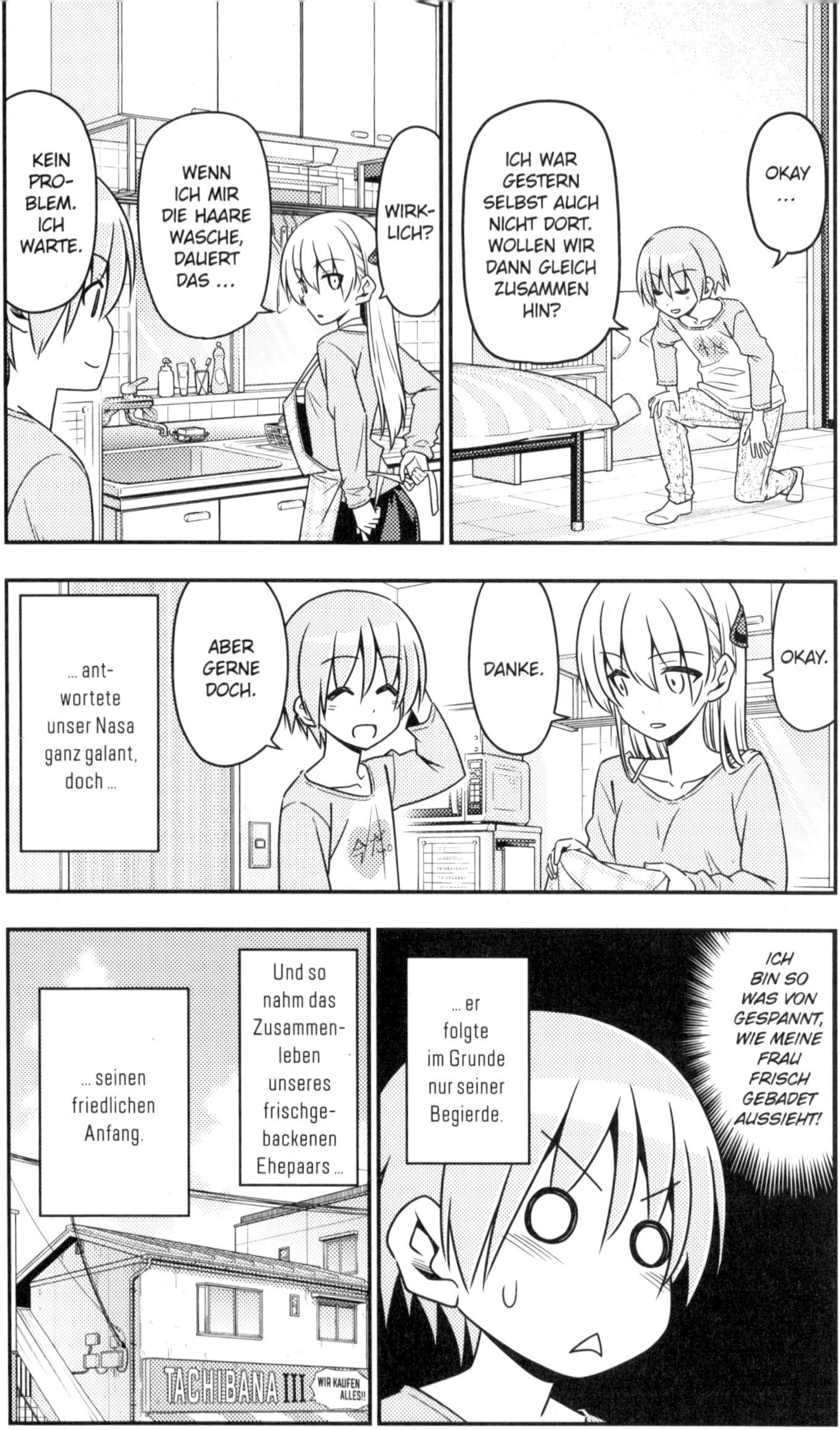

TONIKAWA 1 – Ende

Bonus zum Schluss

Ein Tag bei den Yuzakis ①

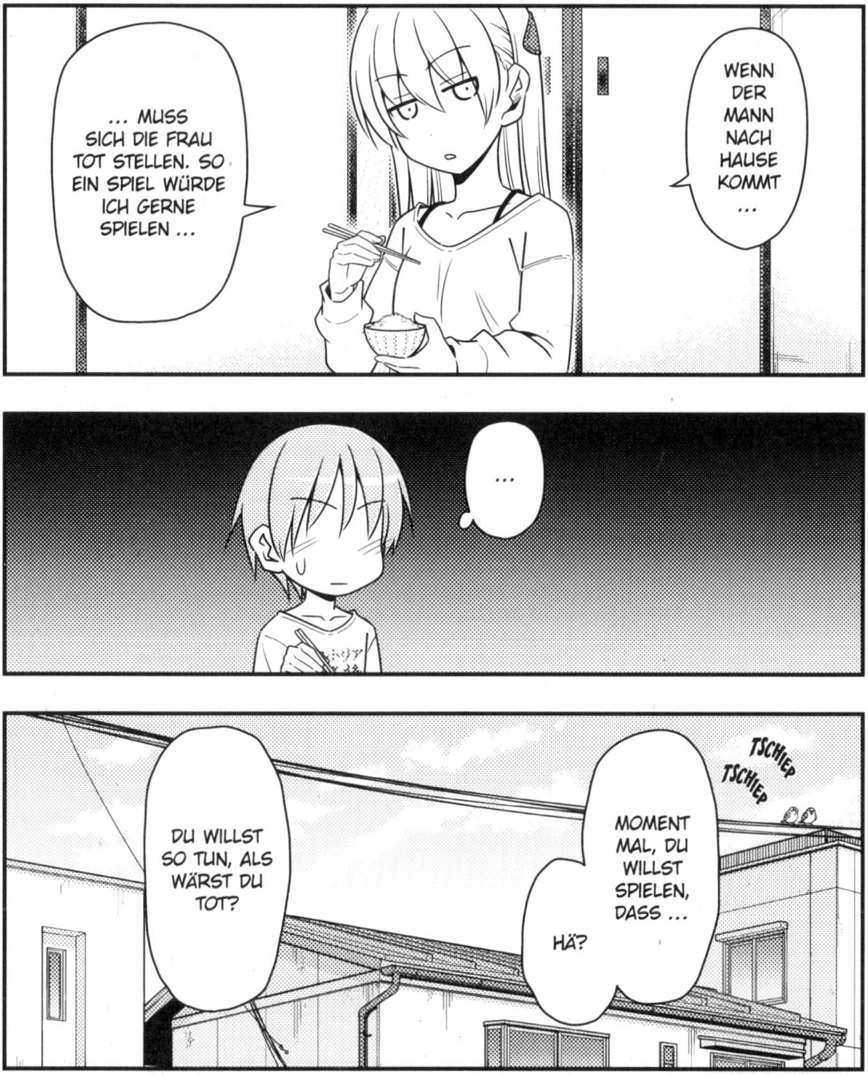

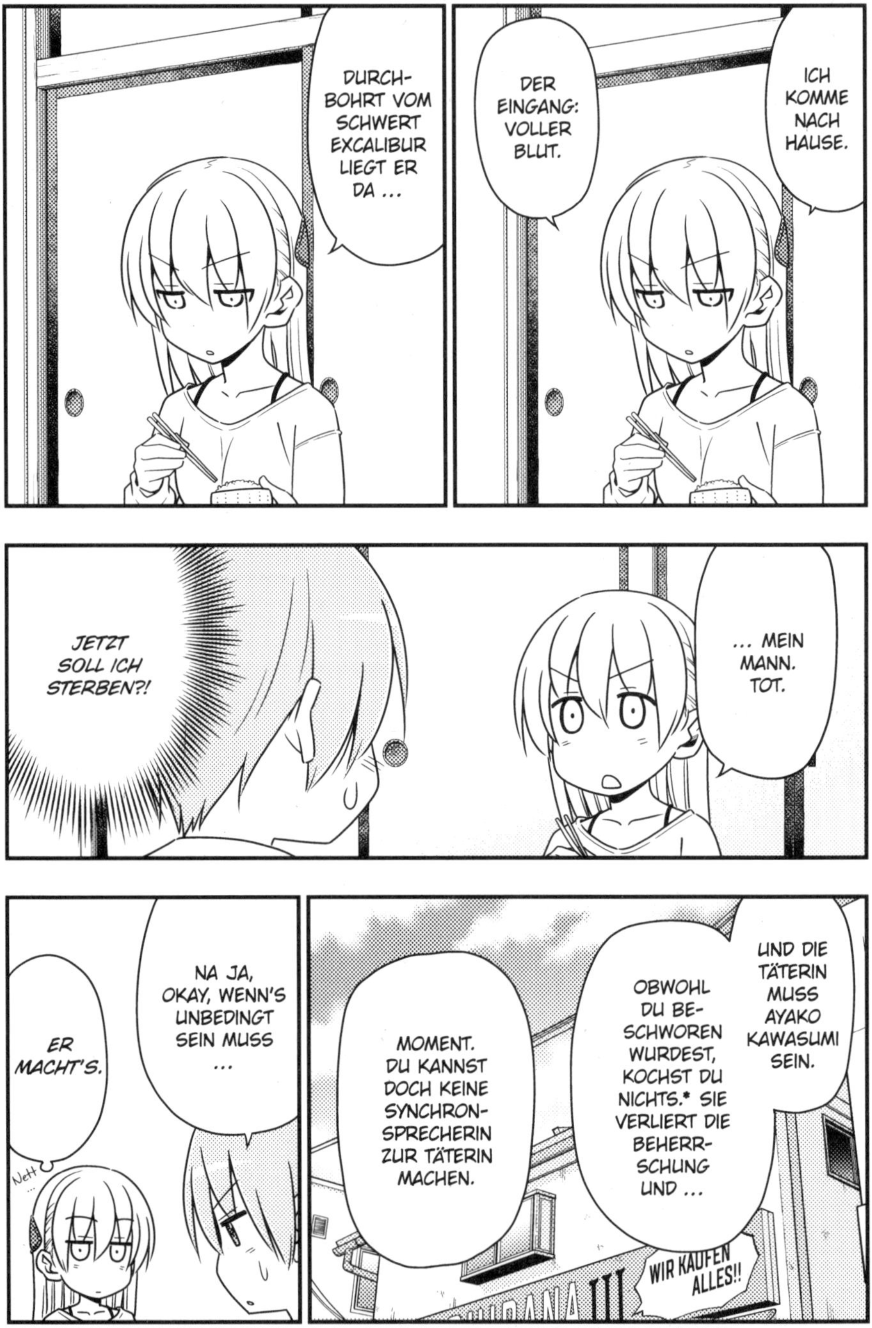

* ANSPIELUNG AUF DAS SMARTPHONE GAME *FATE/GRAND ORDER* IN DEM SOGENANNTE SERVANTS BESCHWOREN WERDEN. AYAKO KAWASUMI IST DIE SYNCHRONSPRECHERIN VON ARTORIA PENDRAGON, EIN SERVANT DER SABER-KLASSE. DIESER FÜHRT DAS EXCALIBUR.

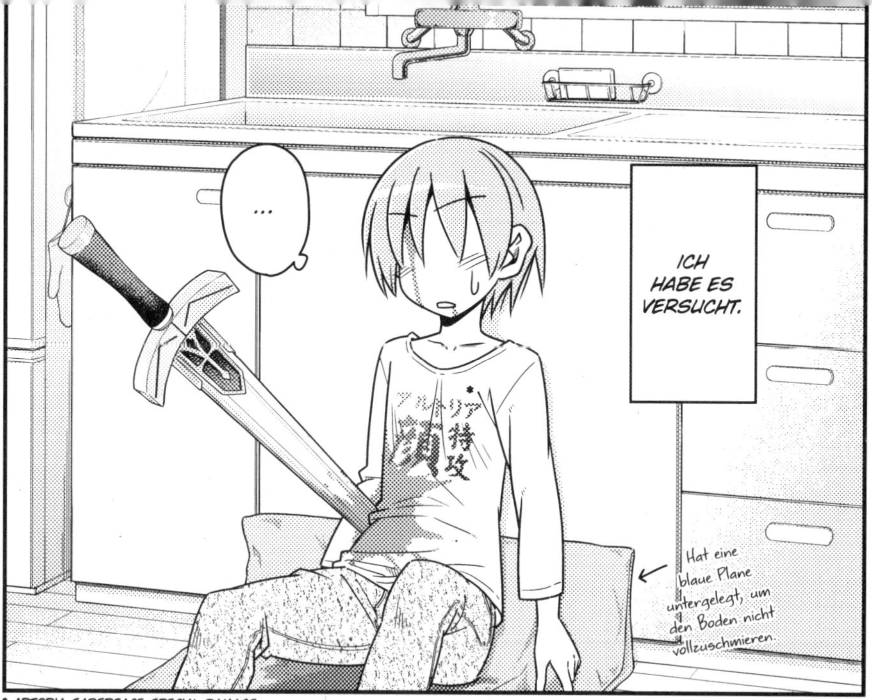

* ARTORIA SABERFACE SPECIAL DAMAGE

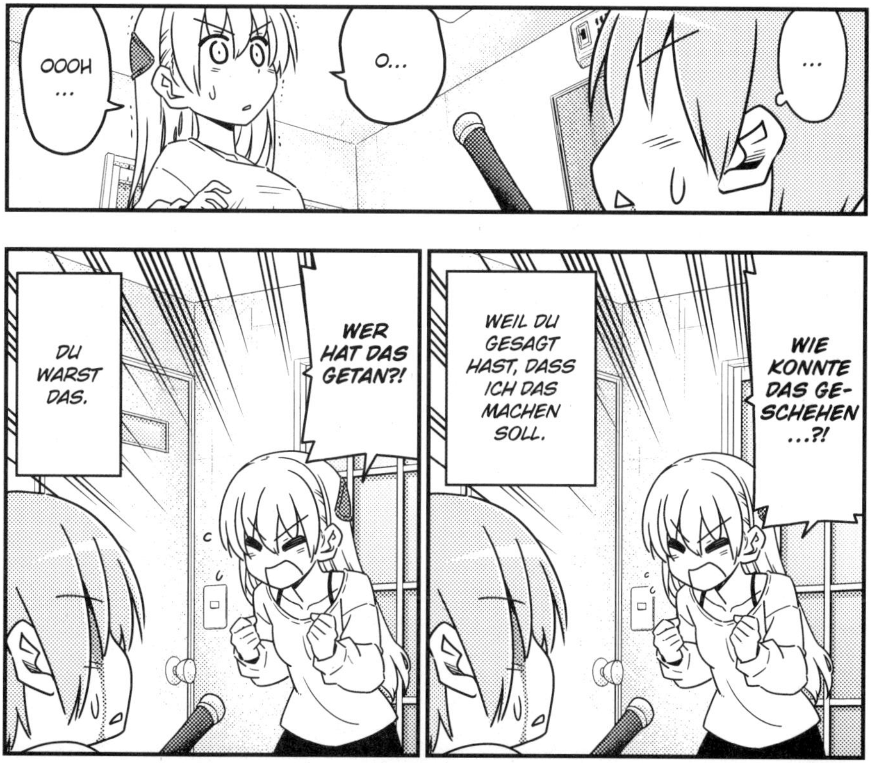

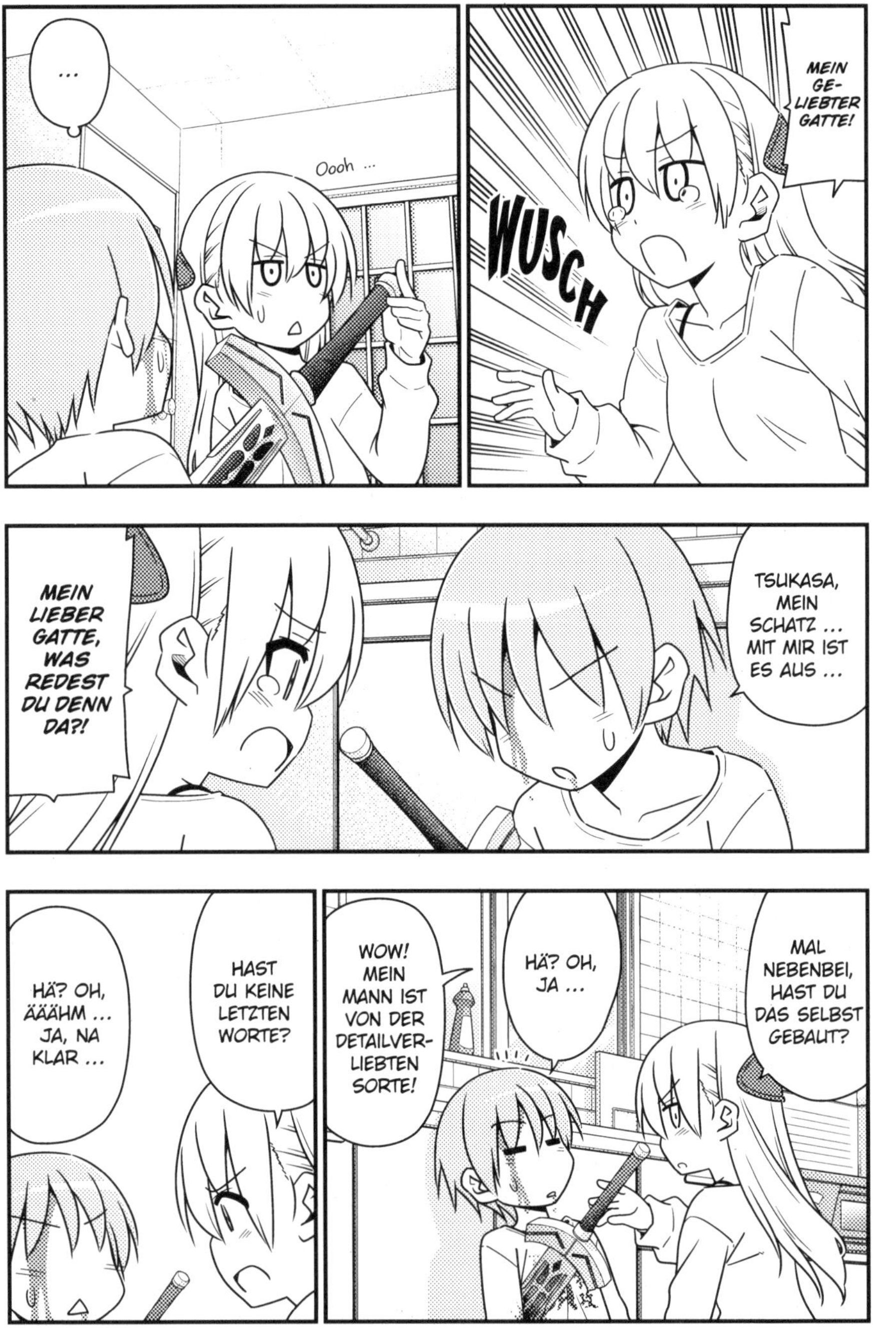
MEIN GELIEBTER GATTE!
WUSCH
…
Oooh …
TSUKASA, MEIN SCHATZ … MIT MIR IST ES AUS …
MEIN LIEBER GATTE, WAS REDEST DU DENN DA?!
MAL NEBENBEI, HAST DU DAS SELBST GEBAUT?
HÄ? OH, JA …
WOW! MEIN MANN IST VON DER DETAILVERLIEBTEN SORTE!
HAST DU KEINE LETZTEN WORTE?
HÄ? OH, ÄÄÄHM … JA, NA KLAR …

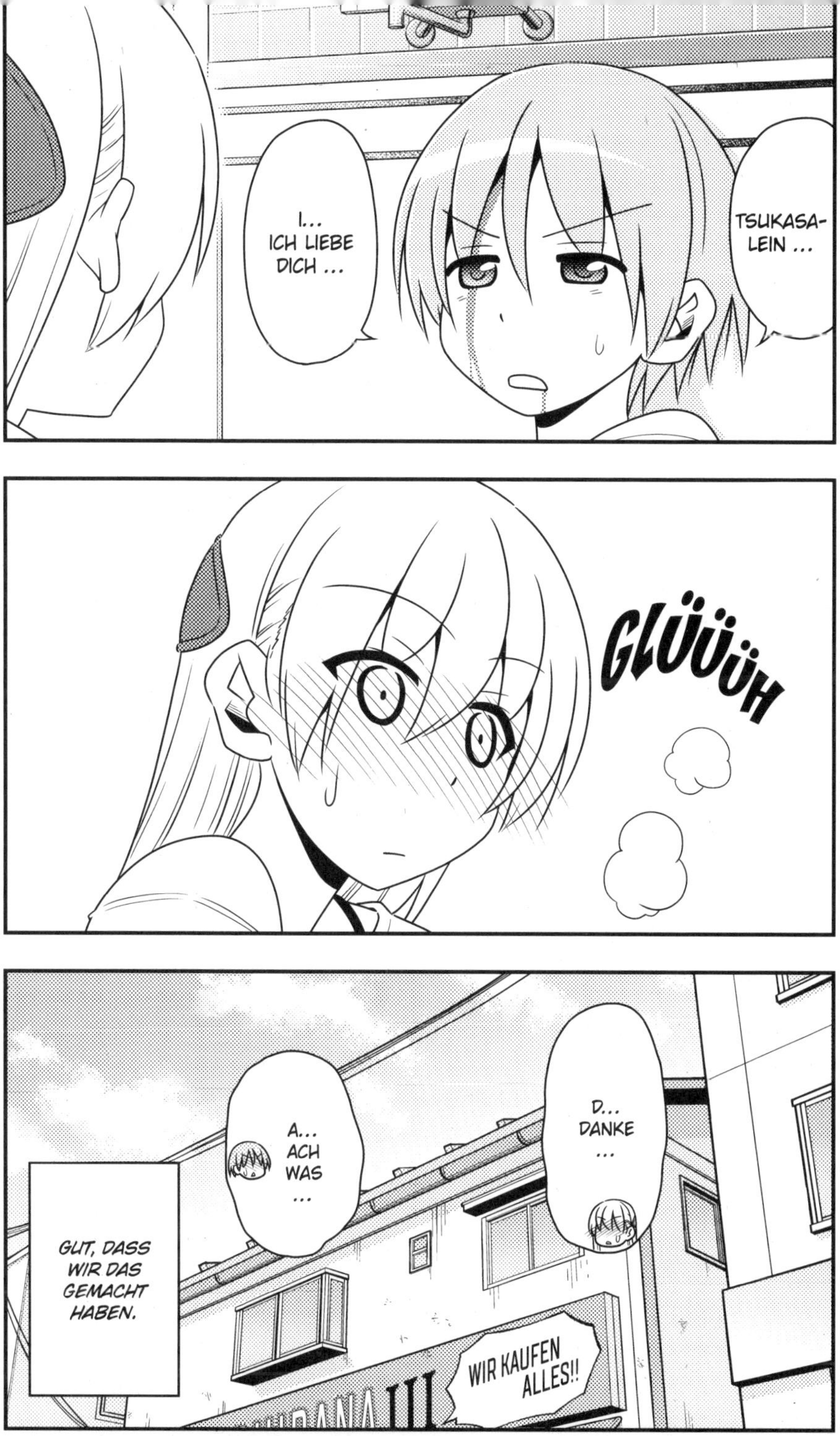
TSUKASA-
LEIN …
I…
ICH LIEBE
DICH …
GLÜÜÜH
D…
DANKE
…
A…
ACH
WAS
…
WIR KAUFEN
ALLES!!
GUT, DASS
WIR DAS
GEMACHT
HABEN.

Bonus zum Schluss

Ein Tag bei den Yuzakis ②

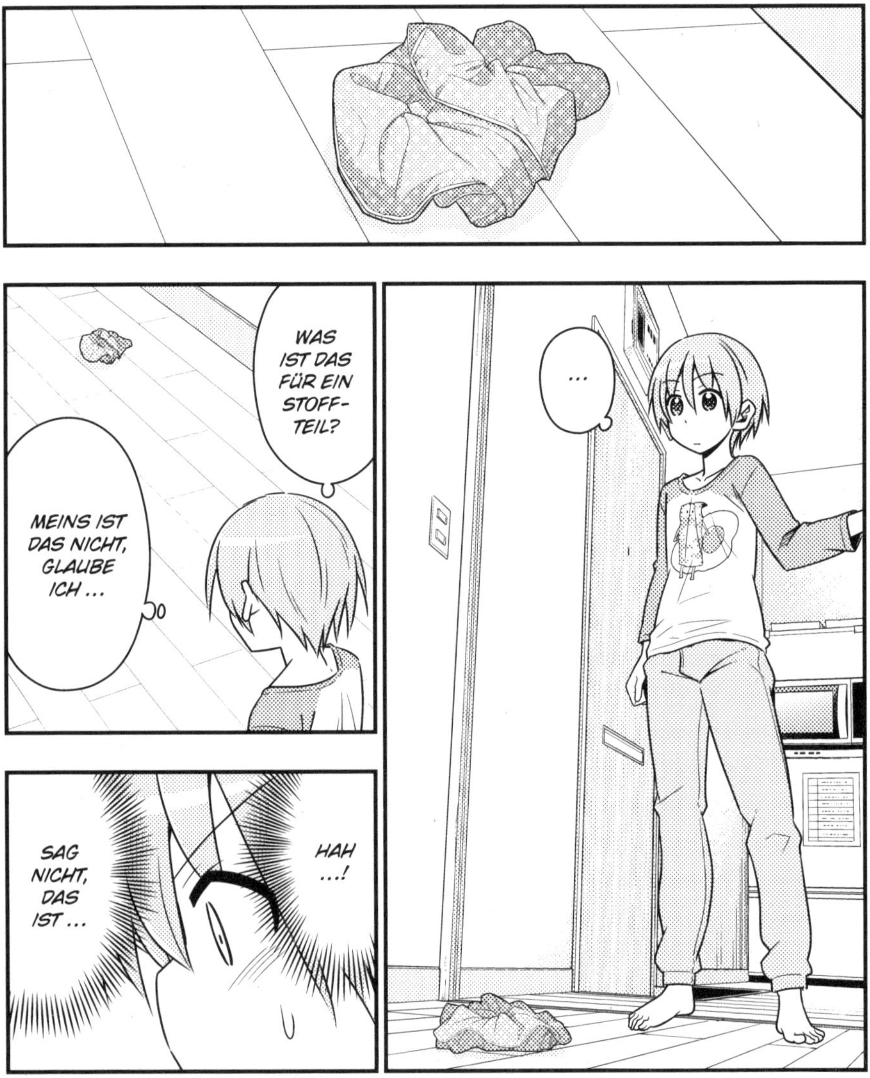

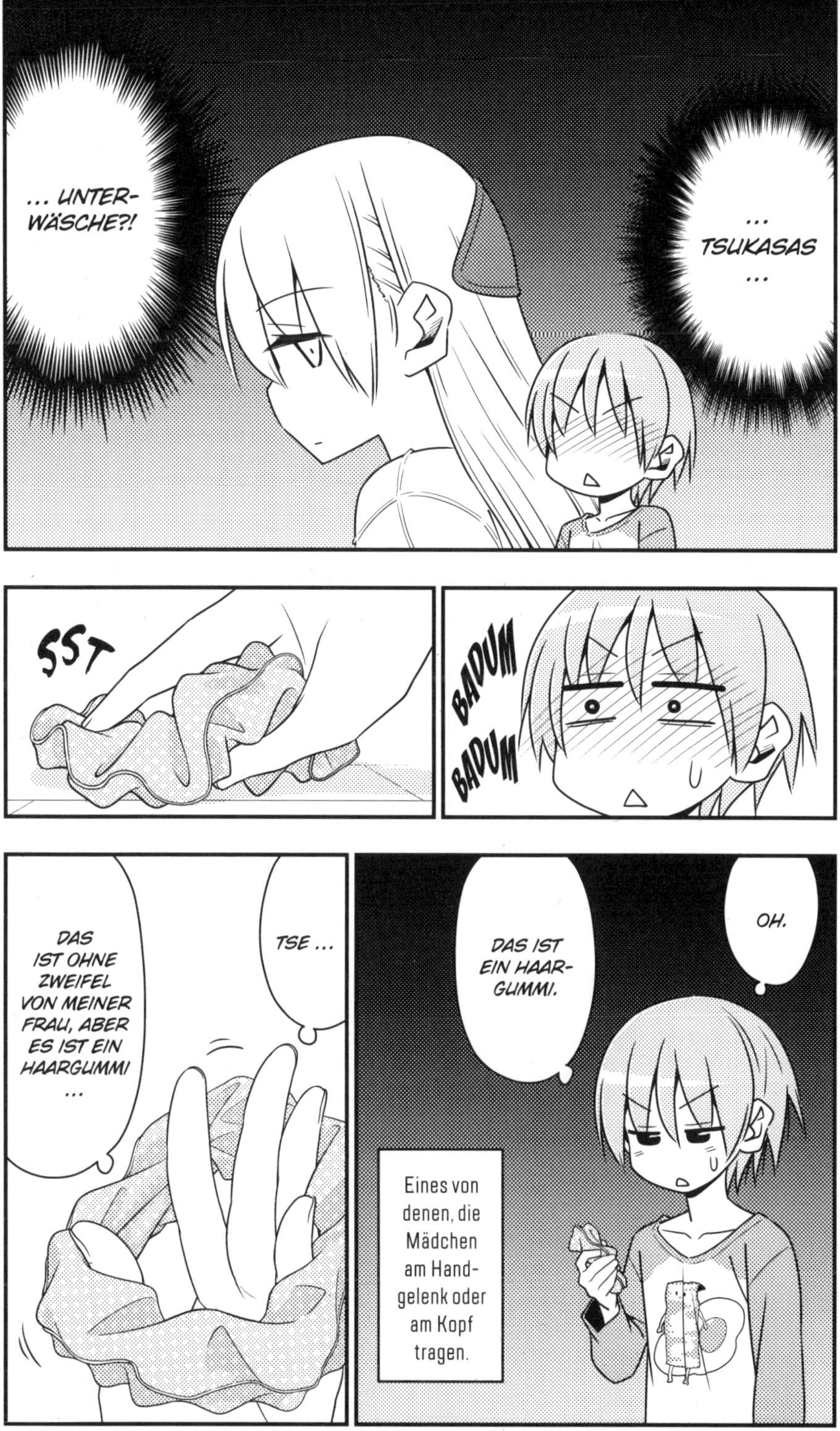
… TSUKASAS …
… UNTER-WÄSCHE?!
BADUM BADUM
SST
OH.
DAS IST EIN HAARGUMMI.
Eines von denen, die Mädchen am Handgelenk oder am Kopf tragen.
TSE …
DAS IST OHNE ZWEIFEL VON MEINER FRAU, ABER ES IST EIN HAARGUMMI …

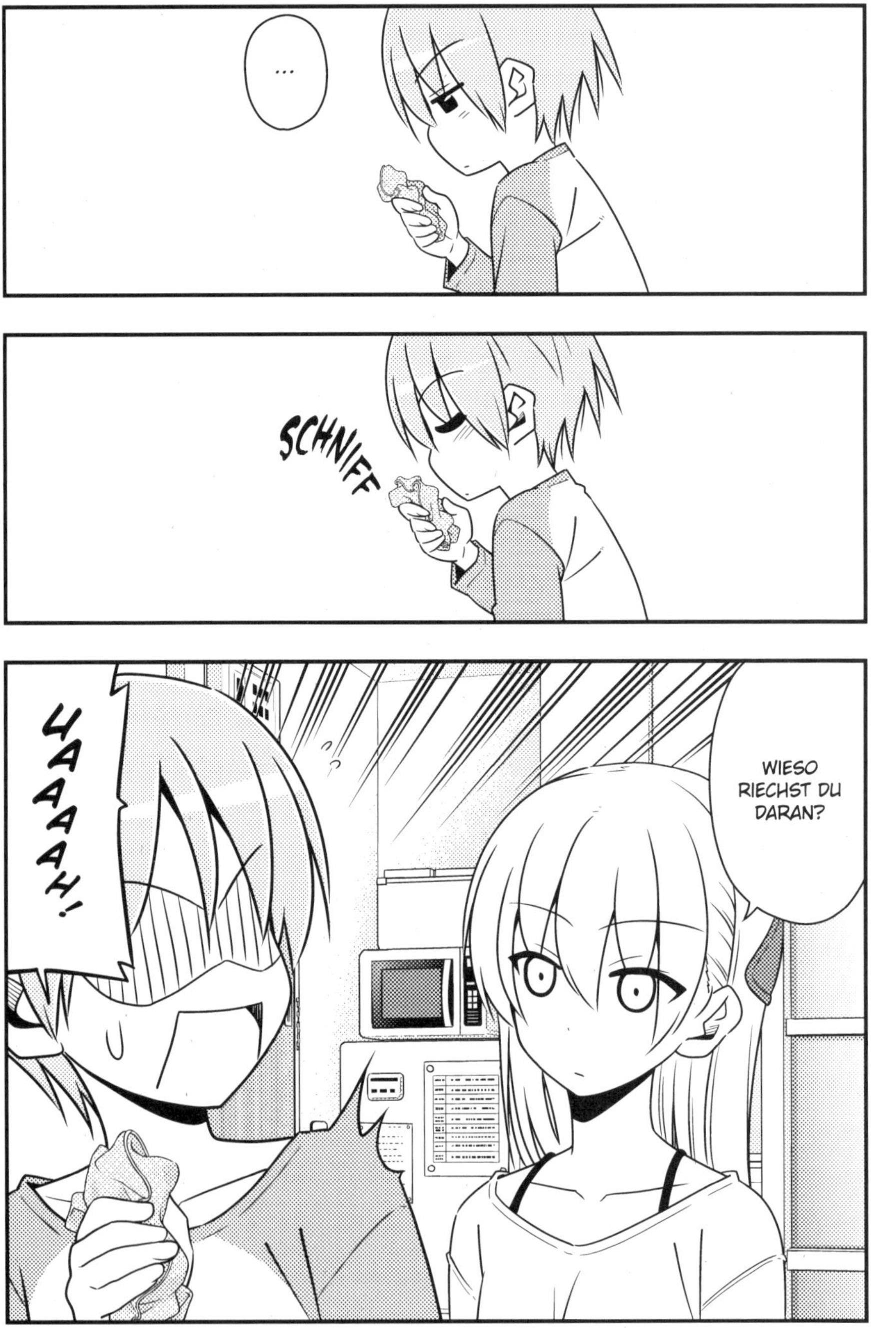
...
SCHNIFF
WIESO RIECHST DU DARAN?
UAAAAAH!

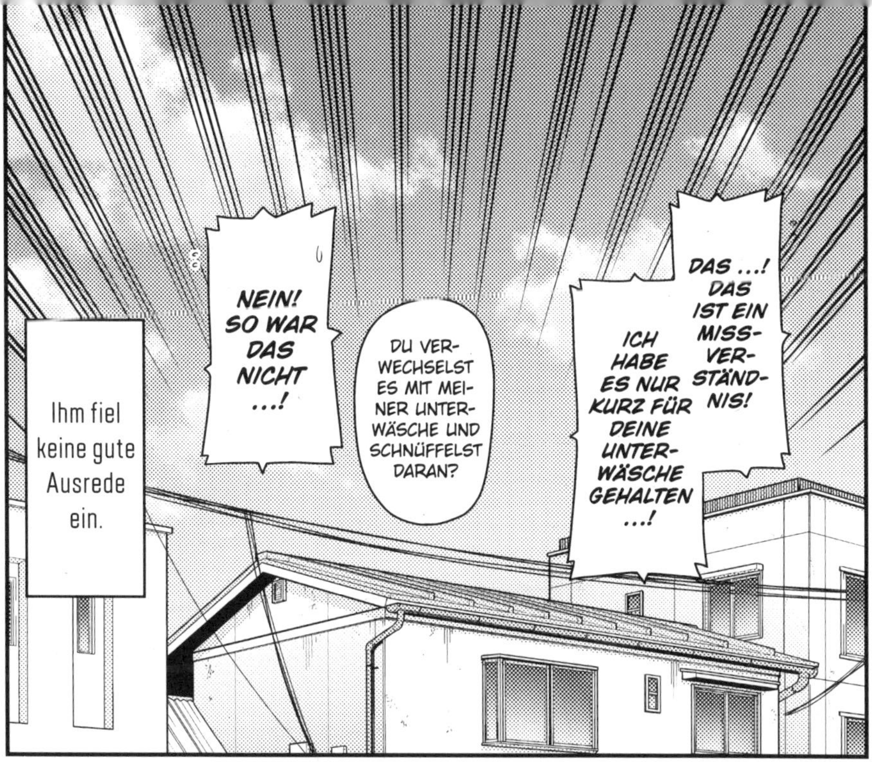

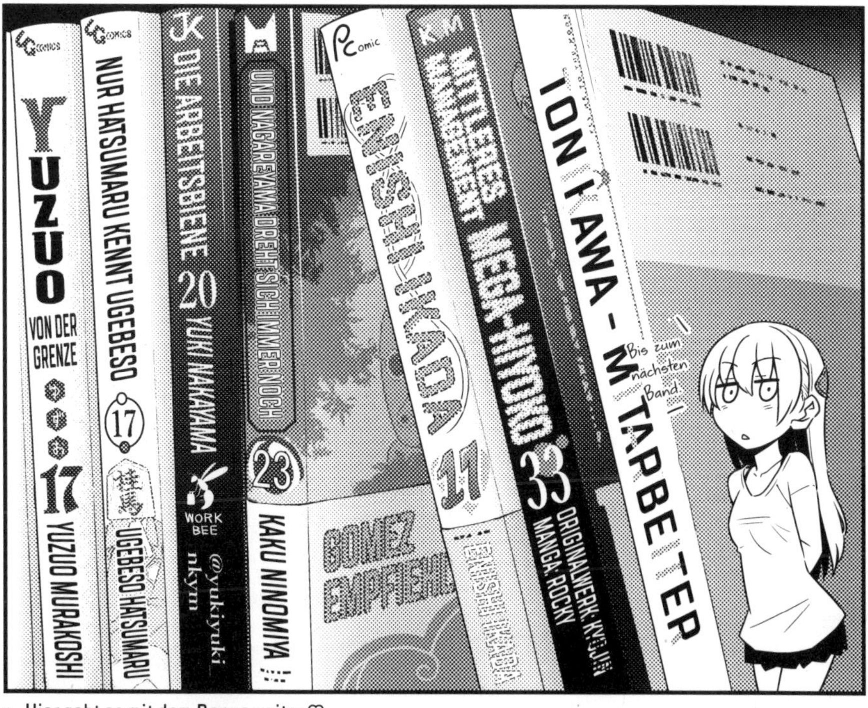

← Hier geht es mit dem Bonus weiter♡

Mit einem Kommentar von Kenjiro Hata

TONIKAWA

FLY ME TO THE MOON

Konzeptzeichnungen

!!

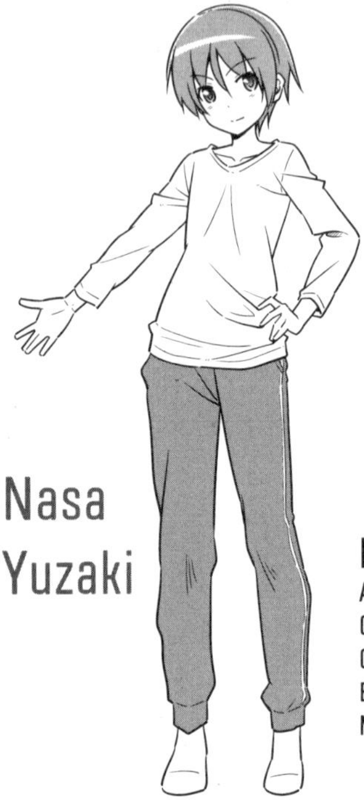

Nasa Yuzaki

Profil

Alter: 18 Jahre
Geburtstag: 5. Mai
Größe: 169,5 cm, Gewicht: 52,0 kg
Blutgruppe: A
Mag am liebsten: Mathematik, Physik, Finanzwesen

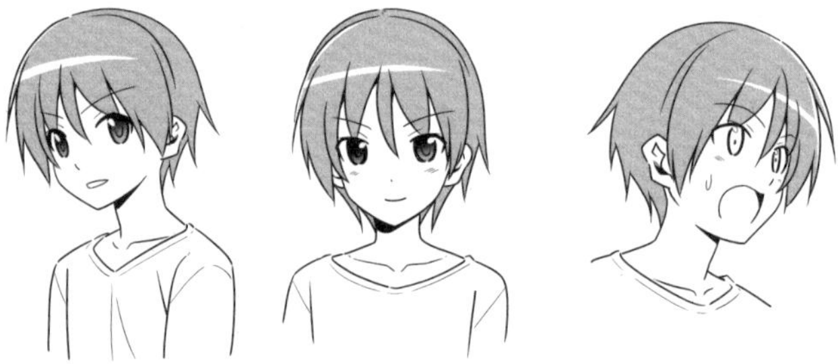

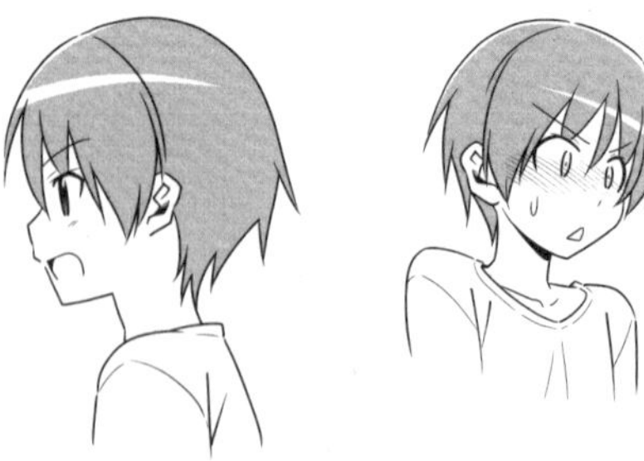

Hatas Kommentar

Der Held der Geschichte und ein ernster, rationaler, intelligenter Trottel. Dank seiner Pfiffigkeit hat er keine Geldsorgen, doch weil er so ein Trottel ist, hat er Schwierigkeiten in allen anderen Bereichen. Außerdem liebt er seine Ehefrau über alles.

Tsukasa Yuzaki

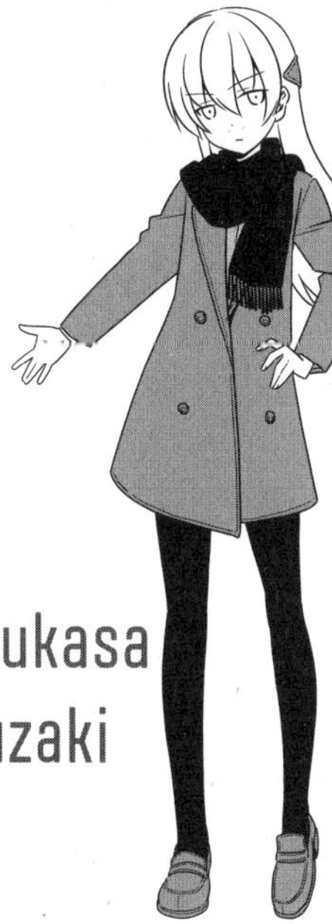

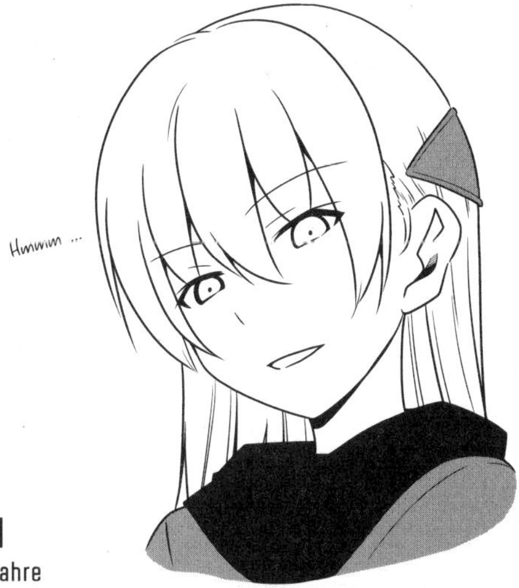

Profil

Alter: 16 Jahre
Geburtstag: 3. April
Größe: 154,0 cm, Gewicht: 41,0 kg
Blutgruppe: 0
Mag am liebsten: Animes, Spiele, Filme, Fernsehen, Radio, Musik, traditionelle Unterhaltungskunst, YouTube usw., alles, was unterhält und nicht langweilig ist

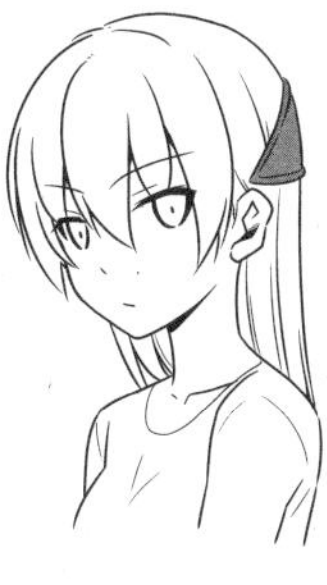

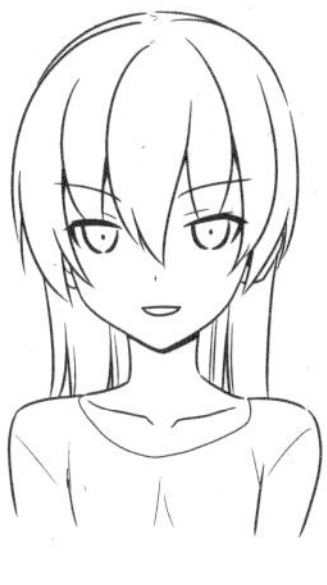

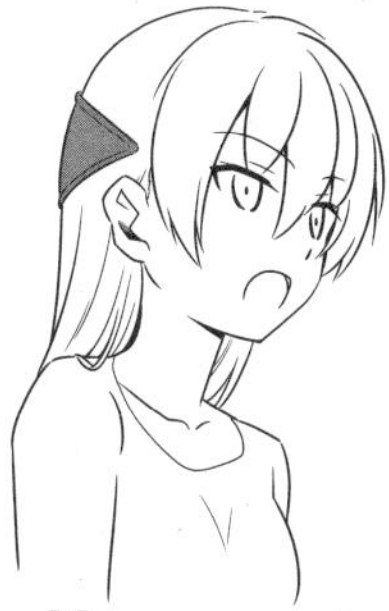

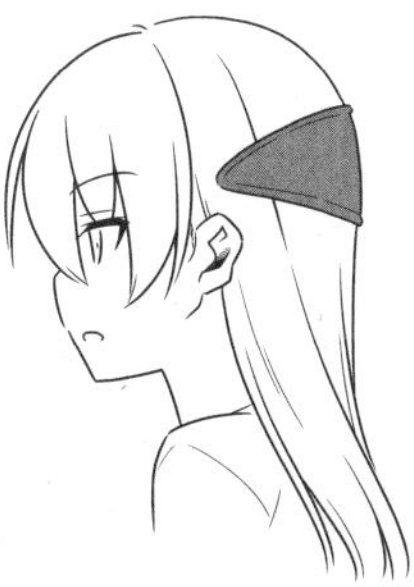

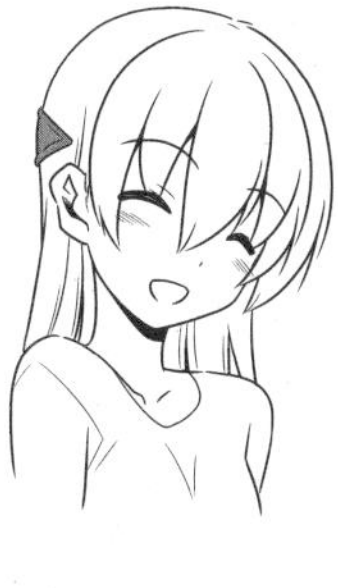

Hatas Kommentar

Zum jetzigen Zeitpunkt eine sehr mysteriöse Person. Eigentlich wollte ich sie erst als Ehepaar zusammenleben lassen, nachdem sie ihre Identität offenbart hat, doch ich habe viel hin und her überlegt und sie so in diesem Band zu dieser mysteriösen Person werden lassen. Ich denke, dass man diesen Band noch mal mit ganz anderen Augen lesen kann, wenn man weiß, dass irgendwann ihre wahre Identität enthüllt wird.

Das ist der erste Stock
vom Tachibana III!!

Tsukasa und Nasas Liebesnest

Die große Besichtigung

Außen-
ansicht

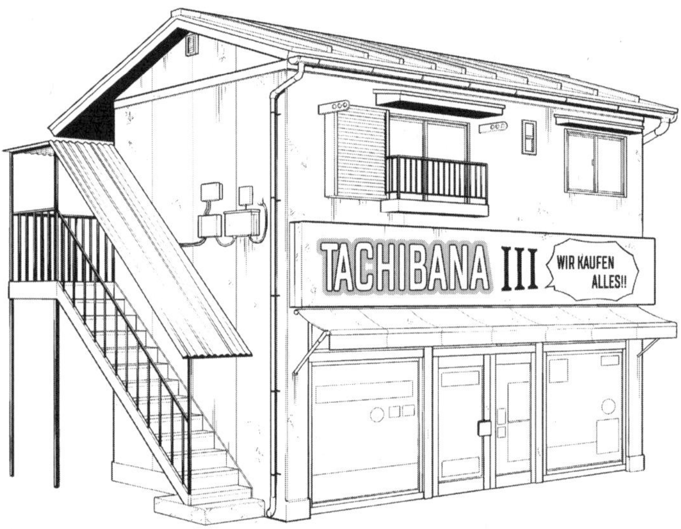

Hatas Kommentar

Nasas Wohnung über dem rätselhaften, schlecht laufenden Laden Tachibana III. Diese Unterkunft in Shibuya ist für ihre Größe mit 42.000 Yen Miete spottbillig. Es handelt sich um ein ehemaliges Lager, daher gibt es auch kein Bad. Übrigens ist in dem Haus ein Unglück geschehen. Viele Leute wollen dort einen Geist gesehen haben, der aussah wie ein Priester. Es gab jedoch eine Austreibung und aktuell zeigt er sich nicht.

Innen-
ansicht

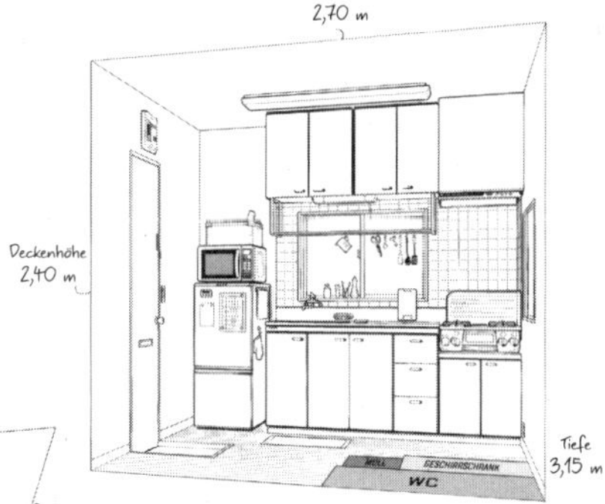

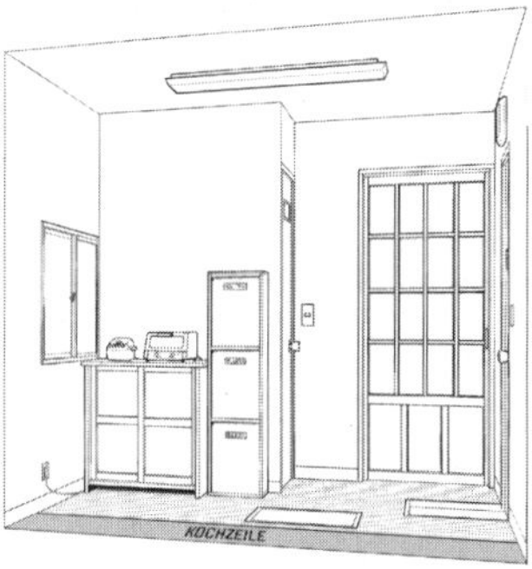

Hatas Kommentar

Eine aufgeräumte Wohnung, in der alles seinen Platz hat, so, wie es sich für Nasa gehört. Übrigens fehlen in dieser Wohnung die sonst üblichen Habseligkeiten. Davon wird Tsukasa noch sehr schockiert sein …

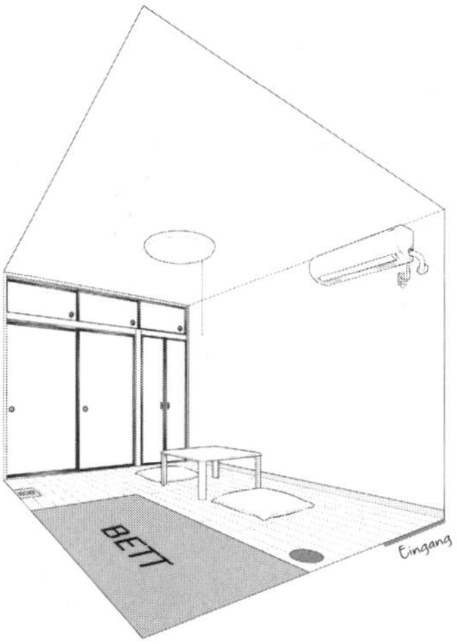

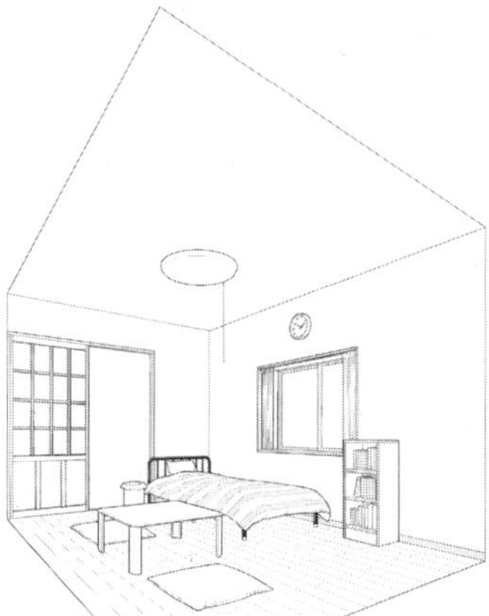

STOPP! DIES IST DIE LETZTE SEITE!

TONIKAWA ist ein Manga, und einen japanischen Comic liest man von hinten nach vorne. Auch die Lesereihenfolge der Bilder und Sprechblasen auf den Seiten ist anders als gewohnt: von rechts oben nach links unten.

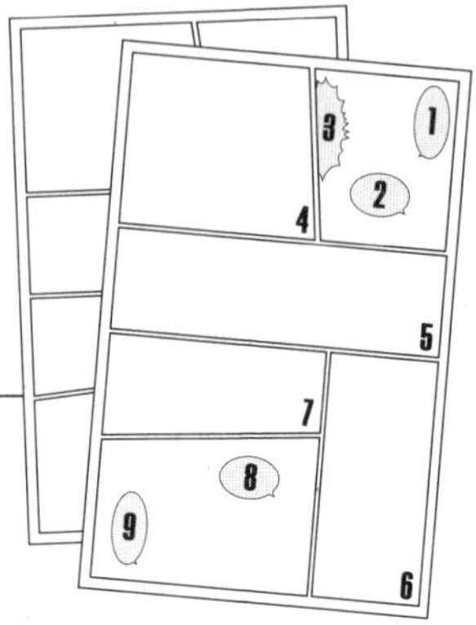

TONIKAWA 01

von
Kenjiro Hata

3. Auflage, 2023
Deutsche Ausgabe/German Edition

Verlagsleitung: Andreas Mergenthaler & Luciana Bawidamann

Aus dem Japanischen von Etsuko Tabuchi & Florian Weitschies

TONIKAKUKAWAII Vol. 1 by Kenjiro HATA

Original Japanese edition published by SHOGAKUKAN.
German translation rights arranged with SHOGAKUKAN through The Kashima Agency.
Illustration: Kenjiro Hata, Original Design: Emi Nakano (Banana Grove Studio)

Programmleitung: Alexandra Grimsehl
Redaktion: Sarah Elstner
Lektorat: Katrin Aust
Korrektorat: Beatrice Tavares
Grafik/Produktionsleitung: Elke Epple
Layout und Lettering: Manga Cult, Datagrafix GSP GmbH, Berlin
Druck: GGP Media GmbH, Pößneck

Print-ISBN: 978-3-96433-452-7

www.manga-cult.de | Juli 2021